Lanon

Diane
1.50

D1367640

s. H

Journal d'une fille de la rue

Conception graphique de la couverture: Violette Vaillancourt
Photo: Alex Waterhouse-Hayward

LES QUINZE, ÉDITEUR
(Division de Sogides Ltée)
955, rue Amherst, Montréal
H2L 3K4
Tél.: (514) 523-1182

Distributeur exclusif pour le Canada:
AGENCE DE DISTRIBUTION POPULAIRE INC.
(Filiale de Sogides Ltée)
955, rue Amherst, Montréal
H2L 3K4
Tél.: (514) 523-1182

EVELYN LAU

Journal d'une fille de la rue

Traduit de l'anglais par
Paule Noyart et Clifford Bacon

Données de catalogage avant publication (Canada)

Lau, Evelyn, 1970-

Journal d'une fille de la rue

Traduction de: Runaway.

ISBN 2-89026-407-6

1. Lau, Evelyn, 1970-   .   2. Prostitution juvénile —
Colombie-Britannique — Vancouver.   3. Adolescents fugueurs —
Colombie-Britannique — Vancouver — Biographies.   I. Titre.

HQ799.C22V3614   1991   362.7'4'092   C91-096551-X

© 1989, Evelyn Lau

© 1991, Les Quinze,
une division du groupe Sogides,
pour la traduction française

L'ouvrage original anglais a été publié
par Harper Collins sous le titre: *Runaway*
(ISBN: 0-00-215984-8)

Dépôt légal: 2ᵉ trimestre 1991
Bibliothèque nationale du Québec

ISBN 2-89026-407-6

Tous droits de reproduction ou d'adaptation réservés

À mon psychiatre, qui a pris soin de moi,
et à Fred Kerner, qui a cru en ce livre.

Prologue

À six ans, j'ai décidé de devenir écrivain. Ce n'était pas un caprice; je savais que j'en étais capable et que j'aimerais ça. J'étais déjà, à cet âge, une lectrice avide — la lecture me transportait dans le monde imaginaire qui était devenu mon refuge. Je me disais qu'en écrivant je ferais éprouver le même sentiment à mes lecteurs; qu'ils pourraient, en se plongeant dans un de mes livres, tout oublier pour un moment. Je savais déjà, à cette époque, à quel point il était important pour moi de m'évader de la réalité.

Je suis née à Vancouver, de parents chinois immigrés. J'étais une enfant timide et repliée sur elle-même, extrêmement sensible aux tensions et aux émotions. Mes parents étaient sévères, protecteurs à l'excès et méfiants à l'égard de cette société qui n'était pas la leur. Le jardin d'enfants, où ils avaient décidé que je devais exceller, était la première étape sur le chemin qui allait me conduire à la carrière de médecin ou d'avocat qu'ils avaient projetée pour moi. Comme il m'était presque toujours interdit de jouer avec les enfants du quartier, j'avais toujours le nez fourré dans mes livres.

Mon père me consacrait beaucoup de temps. Nous étions très attachés l'un à l'autre; il était calme, gentil et veillait à mon éducation. Ma mère, petite et mince, était nerveuse et pleine d'énergie; elle ne cessait de courir à droite et à gauche, cuisinant, nettoyant, et se fâchant sans raison valable. Le soir, il arrivait que mes parents se disputent. Cela me terrifiait — je craignais que ma mère n'en arrive à frapper mon père, ou à le chasser de la maison.

Lorsque je fus en âge de fréquenter l'école primaire, je commençai à me sentir harcelée de toutes parts. Mes parents voulaient que je sois la première de la classe et quelques-uns de mes professeurs exprimaient leur déception lorsque je n'obtenais pas les notes les plus élevées. Et ma mère était furieuse. Chaque après-midi, elle me faisait venir dans la salle de séjour et, assise sur le canapé, tapant impatiemment sur la paume de sa main avec une règle, elle me faisait réciter mes leçons. Elle devenait hystérique lorsque je ne donnais pas la réponse exacte. Je redoutais ces séances et commençais à avoir peur de tout le monde, et en particulier de mes parents. Je m'évadais en écrivant des pages joyeuses dans mon journal et en adoptant la personnalité de différentes héroïnes de roman.

Je ne manifestais pas ma révolte, je ne laissais jamais voir ma colère, celles-ci attirant sur moi le châtiment. Ce refoulement me rendit douloureusement sensible à tout ce qui m'entourait — il m'était devenu impossible de me protéger des blessures qu'on m'infligeait.

En cinquième année, je n'obtins que quatre-vingt-neuf pour cent à un examen. Je n'osais pas rentrer à la maison avec une note aussi basse; j'étais affolée et déclarai à une amie que j'allais me suicider. Le professeur m'entendit et décida aussitôt de me faire rencontrer la psychologue de l'école, mais il me fut impossible de prononcer un mot lorsque je fus en présence de cette dernière. Elle demanda à voir mes parents. Ma mère accepta l'entrevue. Elle me fit ensuite promettre de ne parler de cet incident à personne, prétendant que cela jetterait la honte sur notre famille.

J'avais dix ans lorsque mon père perdit son emploi. Ce fut un des événements les plus traumatisants de mon enfance, car il sonna le glas de notre séparation. Mon père se replia sur lui-même, travaillant au sous-sol jusqu'aux petites heures du matin, allant d'entrevue en entrevue pour essayer de trouver du travail, s'astreignant, pour assurer le pain quotidien, à des travaux temporaires qui le mobilisaient pendant quelques semaines, jusqu'à ce qu'il se remette à battre le pavé. À partir de ce moment-là, nous nous éloignâmes définitivement l'un de l'autre, d'autant plus qu'il me trouvait trop âgée pour s'occuper de moi; sans doute se disait-il que cette responsabilité incombait à ma mère. Ce dont celle-ci était manifestement persuadée, si l'on en juge par la frénésie avec laquelle elle prit mon éducation en main. Dès lors, je ne vis plus mon père que très rarement — nous nous saluions lorsqu'il rentrait du travail, sans plus. La tension a commencé à monter, augmentée par la nécessité de garder la maison et la voiture, signes extérieurs d'aisance. Ma mère accablait mon père de reproches, l'accusant d'être incapable de subvenir aux besoins de sa famille, de manquer à ses devoirs. Mais si elle se sentait impuissante face à l'incapacité de mon père de trouver un emploi, elle ne l'était pas en ce qui me concernait: toute son énergie était mobilisée par sa volonté de me voir réussir. Elle avait décidé que je rachèterais leurs échecs.

Au cours de ma dernière année d'école primaire, mes compagnes de classe furent sévèrement secouées par leur entrée dans le monde de l'adolescence. Les vêtements devinrent un des critères permettant de juger les autres. Mes parents auraient certes pu m'acheter un jean et un sweat-shirt, mais non, j'arrivais chaque jour à l'école dans un ensemble ridicule sorti tout droit du coffre à vêtements de ma mère, du genre pantalon vert pomme à pattes d'éléphant. Dès mon arrivée à l'école jusqu'à mon départ en fin d'après-midi, j'étais ridiculisée sans pitié. Chaque soir, dans mon lit, je suppliais le Seigneur de me faire mourir pendant mon sommeil, tant je redoutais les quolibets qu'allait m'apporter la journée suivante. Mes parents restaient sourds à mes supplications. Cette dernière année d'école primaire dura une éternité.

J'avais toujours pratiqué l'art du dédoublement, mais, cette année-là, je devins tout à fait experte à ce jeu. Dans mes fantasmes, je me voyais dans un sous-marin, au fond de l'océan, complètement isolée des autres. Mes rêves étaient si intenses que je n'aurais pas été surprise s'ils s'étaient réalisés. Je flottais de plus en plus loin de mon corps. En classe, j'ouvrais à peine la bouche; la peur me paralysait. Mes résultats s'en ressentirent sérieusement, et ma mère devint encore plus anxieuse. Elle m'obligeait à rester dans ma chambre pour y étudier sans répit. C'est à cette époque que j'écrivis mes premiers textes: nouvelles, poèmes et deux manuscrits plus importants.

Les années passées à l'école secondaire furent, dans un sens, plus faciles. Je me fis quelques amis et devins membre d'un mouvement pour la paix. Mon nom était au tableau d'honneur à la fin de chaque année; je commençai à publier des textes dans des magazines littéraires et à gagner des prix. Mes parents n'approuvaient pas plus mes activités littéraires que mon engagement pacifique. Ils ne les toléraient que parce que je ramenais à la maison les notes les plus élevées. Jusqu'à quatorze ans, âge auquel je quittai la maison, il me fut interdit de sortir, excepté pour aller à l'école ou à mes cours de piano. Je passais les week-ends et les soirées dans ma chambre, où je m'enfermais sans protester dès mon retour à la maison. J'y sombrai, dans les mois qui suivirent, dans une dépression que seule l'écriture pouvait soulager. Je plaçais la feuille sur laquelle j'écrivais sous un cahier de mathématiques. Quand ma mère passait la tête dans l'embrasure de la porte, je le redressais d'une main, continuant à écrire de l'autre. Je rabattais cet écran lorsque j'entendais ses pas s'éloigner. Je vivais dans une panique constante, une sorte de syndrome du combat ou de la fuite.

À la même époque, je devins boulimique. Mes parents étaient bien entendu incapables de comprendre ce problème. Je manifestai également de sérieux symptômes de stress, que je dois, encore aujourd'hui, traiter médicalement. Je tombais dans de terribles dépressions et m'y enfonçais si profondément que j'arrivais difficilement à en sortir. C'était comme vivre dans l'ombre d'un gros nuage. Je caressais souvent des idées de suicide, mais je ne pouvais supporter la pensée de la déception et de l'embarras que connaîtraient mes parents si je mettais ce projet à exécution.

Le courrier important que je recevais ne me simplifiait pas la vie; c'est d'ailleurs une dispute à ce propos qui précipita mon départ. Cette correspondance consistait principalement en aimables lettres de refus de la part d'éditeurs — avec «âge: *treize ans*» griffonné dans un coin —, en chèques ou en lettres d'acceptation. À cette époque, ma mère me terrifiait. Ses accès de colère, les sévices qu'elle m'infligeait m'épouvantaient. Elle me répétait sans cesse que j'étais une incapable, une bonne à rien. Je devins ce que l'on pourrait appeler une fille modèle — je ne sortais pas, j'aidais au ménage, je n'avais ni amies ni petit ami, je ramenais de bonnes notes à la maison, je ne prenais ni alcool ni drogue. En outre, je gagnais des prix littéraires. Mais mes parents en étaient plus furieux que fiers, me reprochant de négliger mes devoirs pour écrire. Je ne me suis jamais sentie aimée; il me semblait que jamais je ne pourrais les satisfaire, ni eux ni qui que ce soit au monde.

En bref, c'était là ma vie. Je me répétais sans cesse que, quoi que je fasse, je ne pourrais jamais justifier mon existence aux yeux de mes parents. J'étais convaincue que je ne mériterais jamais d'être leur fille. Parfois, lorsqu'ils étaient absents, je pleurais sans pouvoir m'arrêter. Être enfermée dans ma chambre pendant des heures et des heures était pire que tout. Ma mère ne m'accordait jamais le moindre répit. Quant à mon père, c'était comme s'il n'était pas là. J'en étais arrivée au point où je voulais tout abandonner, y compris l'écriture, pour m'échapper de cette maison. Je n'ai rien préparé; un beau jour je suis partie, c'est tout. Je savais que si je ne le faisais pas, je finirais par devenir folle ou par me tuer.

Ce journal couvre les deux ans qui ont suivi mon départ. Dans un sens, il n'est pas très différent des journaux que j'ai détruits. Il raconte l'histoire d'une survie. Bien que cela puisse sembler difficile à croire, tous les événements de ces deux années ont été moins pénibles pour moi, sur le plan émotif, que la vie à la maison. C'est la raison pour laquelle je n'y suis jamais retournée.

PREMIÈRE PARTIE

du 22 mars au 18 juin 1986

C'est le matin. Je suis dans le bureau d'un journal pour jeunes. Hier, je me suis enfuie de chez moi. Avant de quitter l'école, j'ai appelé de la bibliothèque pour supplier des gens que je connais au journal de m'héberger pendant quelques jours. Ensuite, j'ai sorti de mon casier les journaux intimes que j'y avais cachés et je les ai transportés au bout du couloir pour les jeter dans le vide-ordures. J'ai écouté le bruit sourd de leur chute tandis qu'ils dégringolaient au fond de la poubelle. De toute façon, il m'aurait été impossible de les mettre dans mon sac d'école, celui-ci étant rempli de poèmes, de nouvelles et de vêtements de rechange. J'ai aussi emporté un guide de publication. Et dix dollars.

Recroquevillée dans un coin du salon, je regarde les montagnes; j'essaie de me convaincre que mon passé n'existe pas, que mes parents ne verront pas leur fille rentrer à la maison après l'école. Je m'accroupis sur le sol et m'abandonne à mes fantasmes: je n'ai pas encore vécu. Je viens tout juste de naître.

Les employés du journal essaient de ne pas perdre les pédales. Pas question de s'affoler. Tommy, qui m'a prise sous son aile, semble comprendre mon désir de rester seule. Il fait semblant de trouver la situation marrante et ne cesse de m'adresser des sourires réconfortants.

Don est drôle, chaleureux; allongé sur le canapé, il raconte des histoires en faisant de grands gestes. Plus tard, près du poêle de la cuisine, dans son chandail gris, il prend des allures de père de famille et je me sens protégée. Pourtant, il pourrait être accusé, ainsi que son amie Crystal, de donner asile à une fugueuse: ils ont tous deux plus de dix-neuf ans*.

---

* En Colombie-Britannique, les habitants deviennent majeurs à dix-neuf ans. (*N.D.T.*)

Ils ont accepté de m'aider sans même me connaître. Je jette un coup d'œil au front soucieux de Crystal. On dirait qu'elle s'attend à tout moment à ce que la police frappe à la porte.

Le soir

Aujourd'hui, on a décidé qu'il était préférable que je quitte Vancouver. Les gens du journal ont un ami qui s'appelle Joe et qui vit dans une cabane près de la côte. La police a commencé à interroger plusieurs personnes ayant un lien quelconque avec le journal; après notre départ, ils sont même allés chez Don et Crystal.

Tommy et moi avons pris le traversier. J'étais terrifiée à l'idée de faire ce voyage; il me semblait qu'il valait mieux rester chez Don, bien à l'abri des regards.

Tommy ne m'a pas quittée. Installé à la table de la cuisine de Joe, il lit des poèmes à voix haute. On dirait qu'il se sent obligé de rester. Pourtant, il en a déjà trop fait pour moi, y compris manquer l'école en période d'examens.

Joe est un vieil hippie. Il porte les cheveux à la taille et est emmitouflé d'un grand châle à franges. La cabane est chauffée par un poêle à bois, mais il n'y a ni eau, ni chauffage, ni réfrigérateur. Le jardin est immense. Quelques tentes fantomatiques y sont plantées, dans lesquelles ses amis dorment pendant l'été. C'est incroyable, je vis dans une cabane, je mange des aliments naturels et, quand je regarde par la fenêtre, je vois des poules, un ruisseau et des arbres à perte de vue! Mais la nuit, je meurs de froid.

Joe me cite un vieux dicton pour me rassurer: «Aide ceux qui en ont besoin; laisse-toi aider quand c'est ton tour.» Il m'a assuré que j'étais en sécurité chez lui, puis il a ajouté que je pouvais y rester aussi longtemps que je le voudrais. Il n'a évidemment pas les moyens d'assurer ma subsistance pendant quatre ans. Mais on pourrait sans trop de difficultés me conduire dans d'autres endroits sûrs. Oui, mais pour combien de temps? J'entretiens toujours le vague désir de partir aux États-Unis; de toute façon, il va bien falloir que je quitte un jour cette province.

Tommy et Joe sont persuadés que je pourrais discuter avec mes parents. On voit bien qu'ils ne savent pas tout. S'il m'était possible de discuter avec eux, pourquoi me serais-je enfuie? Pourquoi leur aurais-je fait tout ce chagrin? Je me demande si je reverrai un jour mes camarades de classe, ma rue. Serai-je jamais libre un jour de m'aventurer dehors en toute quiétude?

Ce matin, je me suis sentie déprimée à l'idée qu'il me faudra peut-être renoncer à ma carrière d'écrivain. Cela dit, mis à part le coût des timbres, rien ne m'empêche de continuer à envoyer mes textes à des revues littéraires ou à des concours. La seule chose qui me tracasse c'est que, du fait que je n'ai pas d'adresse fixe, personne ne pourra me répondre pour m'informer du sort réservé à mes envois. Que va-t-il se passer si mon envie d'écrire m'abandonne, si je me contente de la satisfaire avec une lettre à l'occasion ou quelques lignes dans ce journal?

24 MARS

Je commence à me sentir un peu plus détendue. Enfin! Mais ce contentement, lorsque je pense à la souffrance de mes parents, me donne un sentiment de culpabilité. Tommy rigole lorsqu'il imagine la tête que feraient mes parents s'ils voyaient la cabane et ses occupants: «Des révoltés aux cheveux longs. Sales. Drogués. Ne mangeant que du granola!» La concrétisation de leurs cauchemars les plus horribles.

C'est vrai que ces gens croient dur comme fer à la révolution. Quand j'ai commencé à me tracasser parce que les recherches entreprises par la police pour me retrouver risquaient de nuire à leurs activités politiques, ils m'ont rassurée, m'expliquant qu'une telle expérience leur apprendrait comment réagir en cas d'arrestation. «Reste avec nous jusqu'à ce que la révolution ait triomphé; après, tu seras libre», m'a dit l'un d'eux. Ils sont très sérieux; je trouve leur attitude formidable.

Le soir

Silence désapprobateur de Tommy tandis que je partage un joint avec Joe: c'est la première fois que je fume de la marijuana. Il fait très froid. On vient d'apprendre que les États-Unis et la Libye ont fini par se rentrer dedans. Ils se tirent dessus et se lancent des missiles. Quelle merde!

Tommy va aller poster mes lettres (à des camarades de classe et à des amis écrivains) dans une autre municipalité. Hier, lui et moi avons lavé une montagne de linge dans la baignoire et, aujourd'hui, on a ratissé le parterre. Ce type est vraiment merveilleux. Joe a raison: LE TRIP DES HIPPIES EST LOIN D'ÊTRE TERMINÉ!

25 MARS

Hier, Tommy m'a dit que la meilleure chose à faire est d'essayer d'arriver à un compromis avec mes parents, puis de rentrer chez moi. Je sais très bien que j'ai tort de refuser de discuter avec mon père et ma mère, mais je sais aussi que si j'essayais de leur parler, ils laisseraient exploser leur colère et deviendraient encore plus sévères. Je ne peux pas retourner chez eux, mais personne ne me croit. Ils espèrent tous en secret que mon attitude changera d'ici quelques semaines.

Je commence à me sentir coincée. Tommy y est certainement pour quelque chose. Quand Joe est rentré, il m'a serrée dans ses bras, me demandant pourquoi j'avais l'air déprimée et au bord des larmes.

Hier soir, Tommy a raté l'autobus pour Vancouver. (Il est parti tôt ce matin.) Quand il est allé se coucher, je me suis mise à boire. Finalement, j'ai fondu en larmes en pensant à Patricia, ma camarade de classe, qui m'a si souvent aidée quand j'avais des problèmes. Je pense à sa maturité, à sa stabilité, au réconfort que je puisais en elle. Je n'ai même pas pu lui dire au revoir.

Et mes journaux intimes! Tous ces cahiers que j'ai dû flanquer à la poubelle parce que je n'avais pas assez de place dans mon sac d'école. Tout mon passé disparu en quelques secondes. Mon avenir supprimé d'un simple geste!

Et Don et Crystal, à qui je me suis littéralement imposée, et Joe à présent...

J'ai pleuré pendant des heures. La première fois depuis que j'ai quitté la maison. Joe est entré dans la cuisine, m'a prise dans ses bras et m'a bercée comme une enfant. Puis il m'a conduite à mon lit. De temps en temps, il répétait les mêmes paroles, comme une litanie, me murmurant qu'il n'y avait pas de quoi s'en faire, que tout finirait par s'arranger. Il ne s'est tu que lorsque je me suis arrêtée de trembler. Puis il m'a embrassée et m'a souhaité bonne nuit.

Il était à peine sorti de la chambre que je me suis endormie sous mes couvertures en désordre.

26 MARS

C'est comme si j'avais été violée. Je suis envahie par des sentiments qui me sont étrangers: haine et dégoût de moi-même et des hommes.

Hier soir, j'ai commis l'erreur de boire quelques verres sans avoir rien mangé; résultat: j'ai été prise de vertiges, puis de nausées. J'étais seule dans la cabane. Quand Joe est rentré, je suis allée m'asseoir sur son lit et on a bavardé. Je lui ai demandé si je pouvais dormir par terre, à côté de son lit — il fait du feu chaque soir —, car ma chambre est terriblement froide. Il est allé chercher un matelas et des couvertures, qu'il a installés sur le plancher, puis il m'a prise dans ses bras et m'a proposé de dormir avec lui.

Ce n'était pas une si mauvaise idée, après tout. Je me sentais très seule et j'avais envie de dormir avec quelqu'un dans un lit chaud et douillet. (J'étais bien naïve de croire qu'une fille peut se glisser dans le lit d'un homme et y passer la nuit sans histoire. Mais comment aurais-je pu savoir?) Pendant que Joe se déshabillait, j'ai ôté ma veste, puis j'ai plongé ma tête dans l'oreiller. J'étais morte de fatigue et j'avais mal au cœur. Mais ça ne l'a pas empêché de me retirer ma culotte et de me toucher partout avec ses doigts sales. Il me faisait mal. Prise de panique, je suis brusquement sortie de ma torpeur et je lui ai dit d'arrêter immédiatement. Mais il n'a rien voulu savoir. Puis il a joui dans ma main et sur les draps.

Ce matin, il a reconnu qu'il avait été trop loin. Ensuite, il m'a expliqué qu'il n'avait pas couché avec une femme depuis huit mois, et qu'en plus je l'excitais. Il a eu l'impression que j'étais d'accord. Il a ajouté qu'il risquait d'être jeté en prison et que la plupart de ses copains ne voudraient plus jamais le voir si je racontais ce qui s'est passé.

L'ai-je laissé faire pour pouvoir rester plus longtemps chez lui?

Je veux m'en aller, à présent.

27 MARS

Je ne sais plus comment réagir. La nuit dernière, on a de nouveau couché ensemble et, ce matin, même scénario. Ça fait très mal. Je me demande ce que les gens trouvent de si extraordinaire au sexe. Mais je suis responsable de ce qui m'arrive: j'ai peur de dormir seule.

Joe est allé se coucher, fatigué par les travaux de jardinage. L'incident de ce matin ne se reproduira *plus jamais*. Jusqu'à maintenant je n'ai pas voulu le blesser, mais j'en ai assez d'avoir mal.

28 MARS

Que vais-je faire de mon avenir? Je me suis enfuie — mais pour aller où? C'est drôle, je continue à croire que je vais faire quelque chose de ma vie. Au fond, ce que je désire avant tout, c'est peut-être me fuir moi-même, porter un masque qui me fasse oublier qui je suis vraiment.

C'est curieux, Joe semble prendre pour acquis que la tendresse naît de la relation sexuelle, et non le contraire. Il m'a déclaré, d'un air tout à fait étonné, que je commence à lui plaire. (Quelle générosité!)

Tout ce que j'ai à vendre, c'est ma personnalité et, comme on dit, mon cul. Mais je n'en arriverai jamais là, du moins je l'espère. La seule chose que je suis prête à offrir, c'est moi-même en tant que personne. Quant à mon corps, il est à moi.

Le soir

Tommy est arrivé cet après-midi. Il dit que dans l'ensemble tout va bien; les lettres ont été postées, et il a téléphoné à mes parents. Mon père est venu chercher sa lettre. Il a raconté à Tommy que son ancien patron allait défrayer le coût d'une annonce dans les pages centrales du *Vancouver Sun*. Il me demande de rentrer à la maison. On lui a offert un travail, mais il n'a pas donné suite.

Une colère soudaine m'a envahie. Il ne comprend donc pas que tout cela ne sert à rien! Je me suis jetée sur le lit de Joe, j'ai augmenté le volume de la radio au maximum et je me suis mise à fixer le plafond jusqu'à ce que la musique m'abrutisse complètement. Tommy est venu s'asseoir à côté de moi. Quand il a vu que je l'ignorais, il est parti, me laissant à ma mauvaise humeur.

Un peu plus tard, il est revenu dans la chambre. Sans faire de bruit, il a éteint la radio. En sanglotant, je lui ai dit que j'avais besoin de cette musique. Alors, il m'a dit que Crystal venait d'appeler: les flics savent qu'elle et Don m'ont cachée chez eux.

J'ai fini par apprendre ce qui est arrivé. C'est la sœur aînée de Crystal qui a été chargée de poster mes lettres. Aux informations de six heures, lorsqu'on a présenté un court reportage sur ma disparition dans lequel on montrait des photographies des lettres que j'ai envoyées à des amis (insinuant par la même occasion que j'avais sans doute été enlevée), elle a paniqué et a tout avoué à la police.

Je n'aurais jamais cru que de telles histoires pouvaient arriver, sauf peut-être dans les cauchemars. Crystal a demandé à Tommy de me dire que ce n'était pas de ma faute et que, même s'ils avaient pu prévoir la tournure que prendraient les événements, elle et Don m'auraient aidée de toute façon.

Je n'ai qu'une vague idée de ce qui s'est passé depuis que je les ai quittés. Je viens d'apprendre qu'on a encore parlé de moi aux informations — mes parents prétendent que j'ai été kidnappée. Tommy, qui risque d'être accusé d'enlèvement, vient tout juste de téléphoner à son avocat. Quant à Joe, il cherche désespérément un endroit pour planquer sa came... Je suis foutue. Ils vont tous se faire arrêter.

J'ai mis tout le monde dans la merde. Tout s'embrouille dans ma tête. La mère de Tommy est folle d'inquiétude; elle dit qu'elle va tout raconter à la police si jamais on l'interroge. Je devrais me suicider. Joe veut que je m'en aille. Les flics risquent de s'amener ici d'une minute à l'autre — le reportage a été diffusé à travers toute la province. Il y a certainement des gens qui m'ont vue ici.

Que faire? Je ne sais comment affronter tout cela.

Je suis assise à la table. Tommy pose une note devant moi: «Quand on trébuche sur un obstacle, c'est parce qu'on n'a pas fait attention où on mettait les pieds.» Non seulement j'ai trébuché, mais je me suis effondrée, entraînant je ne sais combien d'autres personnes dans ma chute.

J'ai téléphoné à Patricia. Il paraît que les flics ont rendu visite à plusieurs de mes camarades de classe. Tout le monde parle de moi à l'école.

J'ai aussi appelé Crystal pour lui dire que je suis vraiment désolée. En pleurant, je les ai suppliés, elle et Don, de me pardonner.

Il a été décidé que je rentrerais à Vancouver avec Tommy et que j'irais immédiatement aux services d'urgence du centre-ville. Je te hais, Joe. Mais il n'y a pas d'autre moyen d'en finir avec cette histoire. Je vais sans doute me retrouver dans un foyer d'accueil pour adolescents.

Je suis déchirée, mais je continue à ne penser qu'à moi. Il n'est pas question de revoir mes parents ou de rentrer chez moi (même si c'est pour y être libre, comme on me le prétend), ou de tomber dans les mains du gouvernement. Que Joe aille se faire foutre! Il n'a plus qu'une idée, c'est de se débarrasser de moi.

Je ne peux pas rentrer chez moi, mais il est impossible que je reste ici, car la police va certainement retrouver ma trace. Où aller? Il n'y a aucun endroit où je puisse me cacher. Un jour ou l'autre, on finira par mettre la main sur moi.

En fait, j'ai le choix entre trois solutions: ou bien je me présente aux services d'urgence, ou bien je me suicide, ou bien j'essaie de convaincre quelqu'un de m'offrir un refuge. C'est la dernière possibilité qui est la plus tentante. Ce qui montre à quel point je suis égoïste.

Il est deux heures du matin. Tommy est encore éveillé, sans doute, les yeux fixés au plafond. Plus tôt dans la soirée, alors que nous discutions autour de la table, j'ai déclaré que je ne voulais pas retourner à Vancouver, que j'allais trouver une autre cachette. Furieux, Joe a répondu que si j'étais vraiment attachée à Tommy, ainsi que je le prétends, je ne m'obstinerais pas comme une idiote à vouloir faire le contraire de ce qu'on me conseille!

«Merde, j'ai pas voulu dire ça! Je suis désolé», a-t-il ajouté en voyant les yeux de Tommy s'assombrir.

On a tourné en rond dans la maison, trébuchant contre les meubles, renversant tout sur notre passage, incapables de composer correctement un numéro au téléphone. Et tout ça à cause de moi. Je suis affreusement découragée. Si au moins c'était pour une cause valable, mais non, c'est seulement pour moi.

J'ai peur et je me sens coupable. Je suis incapable de prendre une décision. Il ne me reste que le suicide. Mais je ne suis pas encore prête à m'en aller; il y a tant de choses auxquelles je tiens, il me reste tant de choses à découvrir.

Et l'obscurité me terrifie.

29 MARS

Ce matin, j'ai avalé, non sans difficultés, une trentaine d'aspirines. Pendant ce temps, Tommy, à bout de nerfs, faisait les cent pas devant la porte de la salle de bain, où je m'étais réfugiée, se demandant s'il devait la défoncer ou s'il était tout simplement en train de se faire des idées. Quand je suis allée m'étendre sur mon lit, Bob Dylan chantait *It's All Over Now, Baby Blue*. Je me suis réveillée une heure plus tard et j'ai constaté que les pilules n'avaient pas produit l'effet escompté.

Nos efforts pour trouver un autre refuge se sont révélés infructueux. Tout le monde a répondu par la négative. Quand Joe est venu se coucher, il a marmonné qu'il désapprouvait ma décision de me cacher des flics et des services sociaux. Il m'a dit que c'était stupide.

Tout était organisé: Joe devait nous conduire au traversier de 16h30 pour Vancouver, où Tommy et moi irions directement aux services d'urgence. J'étais vraiment déprimée. J'avais envie de filer pendant qu'ils avaient le dos tourné, puis de faire du stop. Ou de me volatiliser pendant le trajet en autobus.

Puis le téléphone a sonné. C'était un reporter du *Province*. D'une voix monocorde, il m'a bombardée de questions. Sous le couvert de l'anonymat, un homme avait téléphoné au journal pour leur donner l'adresse et le numéro de Joe. J'étais dans une telle colère que j'en bredouillais. Puis j'ai raccroché.

Nous sommes montés dans le camion de Joe et on s'est mis en route pour le traversier. Pendant le trajet, Tommy m'a filé un billet de vingt dollars et Joe, roulant à toute allure sur le chemin de terre, s'est mis à chanter *Om Mani Padhme Hum* à tue-tête. La fenêtre était ouverte; sa voix se mêlait au vent. Tommy et moi nous sommes joints timidement à lui, essayant désespérément de nous détendre. Joe ne se contenait pas de joie à l'idée d'être interviewé par un journaliste, ce qui lui donnerait enfin l'occasion d'exposer ses théories sur l'anarchie.

Des policiers nous attendaient à l'embarcadère. Joe m'a serrée dans ses bras; puis on nous a fait monter, Tommy et moi, dans une voiture de police. En d'autres circonstances, j'aurais sans doute trouvé ça drôle — les gens qui attendaient le traversier nous regardaient avec curiosité, le nez aplati contre la baie vitrée de la salle d'attente.

Au commissariat de police, on nous a enfermés dans une pièce aux murs blancs, violemment éclairée par des néons. Il y avait un bureau au milieu. J'ai commencé à avoir des brûlures d'estomac. J'ai fini par avouer le coup des aspirines à Tommy, qui a aussitôt alerté un des policiers. Quelques instants plus tard, un autre type est arrivé; il m'a regardée avec des yeux globuleux et a demandé d'un ton sarcastique: «Si t'as vraiment pris trente aspirines, comment se fait-il que tu tombes pas dans les pommes?» Il ne me croyait pas!

Tommy a dû payer une amende pour infraction au code de la route, après quoi il a été relâché.

On m'a fait enlever mes chaussures et ma veste, on a pris mes effets personnels et on a déposé le tout dans un casier. C'est alors que j'ai été saisie d'horreur en touchant mes cheveux et ma peau — leur texture n'était plus la même; c'était comme si mon corps entier était recouvert d'une substance graisseuse.

Un des deux policiers qui m'escortaient — l'un avait le visage rouge, l'autre, les yeux globuleux — a pris une clé et a ouvert la grille d'une cellule. Celle-ci contenait deux couchettes recouvertes d'un matelas vert foncé, une toilette en métal et un lavabo. Puis il a fait glisser l'assemblage compliqué de barreaux et a refermé la grille.

Je me suis assise sur la première couchette. La cellule n'avait pas de fenêtre et l'air y était quasi irrespirable. Peu après, une femme aux grosses pattes charnues est venue me fouiller, explorant soigneusement mes poches, mes chaussettes, mon soutien-gorge. Puis elle s'est mise à faire les cent pas devant la cellule, ses chairs tremblant comme de la gélatine. Elle me surveillait. Si elle l'avait voulu, elle aurait pu m'étouffer entre ses seins. Tout à coup, elle a sorti de sa poche un vieux sac chiffonné rempli de jujubes — «Un des cadeaux de Pâques de ma fille» — et elle m'a tendu généreusement trois petits ours synthétiques. Quand ma nausée l'a emporté et que j'ai dû me précipiter au lavabo, j'ai vomi une substance couleur pastel, qui a bouché le tuyau d'évacuation.

Les lumières fluorescentes s'infiltraient par tous mes pores. Les murs et les cadres des couchettes étaient couverts d'inscriptions, la principale étant: LES FLICS SONT DES ENCULÉS. Trop hébétée pour faire un mouvement, je me suis de nouveau laissée tomber sur un lit. Les toilettes ne fonctionnaient pas, les robinets non plus. L'éclairage et l'air recyclé m'agressaient sans pitié; un bruit métallique incessant battait dans mes oreilles; les néons répandaient une lumière dure, huileuse, inhumaine. J'aurais fait n'importe quoi pour respirer de l'air pur, pour voir un ciel bleu et bienveillant.

En essayant de me lever, je me suis violemment cognée la tête contre le cadre de métal du lit. Puis, retenant mon souffle, j'ai attendu que quelqu'un s'amène pour me punir. Et si je faisais une autre tentative de suicide? Que reste-t-il quand personne ne vous accorde plus la moindre parcelle de confiance?

Enfermée dans une prison sans fenêtre. Acculée, prête à servir de cobaye. Regardez, papa et maman, on a enfermé votre petite fille! Des murs blancs, un plafond blanc, un bourdonnement d'oreille blanc. Les inscriptions sur le mur, sur le lit, sont dénuées de sens: de simples graffiti.

Le bourdonnement ne voulait pas s'arrêter; les petites pilules blanches étaient restées sans effet. Au bout de quelques heures, malgré l'intensité de la lumière, malgré le matelas couleur de bile, malgré le sol dallé taché de vomissures et de sang, je me suis assoupie.

J'étais en enfer.

2 AVRIL

La police m'a confiée à un travailleur social, Michael. Ensuite, on nous a conduits au traversier pour Vancouver. Lorsque nous sommes arrivés, dans la soirée, Michael m'a déposée dans une maison d'aide d'urgence du centre-ville, où l'on accueille des adolescents pour une durée limitée. Je partage une chambre avec Rachel, une fille de quatorze ans. Avant de nous endormir, nous discutons longtemps dans le noir. Rachel se demande s'il y a un Dieu et une vie après la mort. Elle est en liberté surveillée et va rester ici jusqu'à sa comparution devant le tribunal. Son assistante sociale va lui trouver un foyer permanent. Rachel a vécu pendant un certain temps avec des amis avant d'être mise sous surveillance.

«Ils ont fini par me dénoncer. Ils ont raconté des tas de mensonges et ils ont menacé mon petit ami de lui défoncer la tête.» Un de ses soi-disant «amis» l'avait entraînée dans une ruelle et lui avait donné un coup de couteau dans la main. Sa paume était profondément entaillée; une grosse tache brun noir entourait la blessure.

Pendant ce temps, la mère de Rachel était en Californie. Elle avait estimé que sa fille pouvait se débrouiller toute seule, sans doute.

Ce matin, quand je me suis réveillée, Rachel était assise au bord de son lit et changeait son pansement

— Bonjour, lui ai-je dit.

— Salut.

— Comment va ta main?

— Bien, a-t-elle fini par répondre.

Elle avait l'air étonné que quelqu'un puisse s'intéresser suffisamment à elle pour se rappeler sa blessure.

* * *

Le *Vancouver Sun* a étalé ma photo en première page, sous les grands titres. Le journaliste qui m'a téléphoné pour m'extorquer une déclaration a déformé mes mots, les malaxant comme de la pâte, les réduisant à des petits signes lumineux sur l'écran de son ordinateur. Denny Boyd* déclare: «Je n'ai jamais rencontré une gamine qui écrive comme ça.» (La seule phrase aimable de l'article.) On a arraché les mots de ma bouche pour les suspendre à un fil dans une chambre noire, et leur encre s'est égouttée sur le sol. On a volé mes mots et on les a vidés de leur sang, leur assenant des coups de matraque jusqu'à ce qu'ils gisent sans vie sur le plancher de la cellule, enfermés à double tour, noyés dans des vomissures couleur de bonbons à la gélatine. Mensonges. Grand titre *(Jeune femme recherchée)* aspergé de couleurs; article imprimé en colonnes serrées. Le journaliste a fouillé dans mes mots comme une vieille *amah* chinoise cherche les poux dans les cheveux de son enfant, pour les écraser ensuite.

L'encre du journal tache les doigts; elle peint en noir les ongles de la responsable du foyer où je vis.

* * *

J'ai décidé de téléphoner à Patricia, mon amie, du sous-sol. Le plancher est recouvert de taches collantes de bière d'épinette. À côté du téléphone, une bouteille de boisson gazeuse tiède, à moitié vide, dans laquelle surnagent des mégots. Je veux lui dire bonjour, lui annoncer que je vais bien et prendre de ses nouvelles. Quand je demande à parler à Patricia, elle me répond d'une voix doucereuse: «Elle n'est pas ici.»

— Pat, j'ai reconnu ta voix.

Je n'y comprends plus rien!

«Je sais», dit-elle en soupirant. Puis elle m'apprend que, depuis que la police a téléphoné chez elle pour savoir

---

* Nom véritable.

si je m'y trouvais, ses parents n'ont pas cessé de l'engueuler. Ils lui ont strictement défendu de me voir ou de me parler.

La voix de Patricia est monocorde, courtoise. J'essaie de garder ma bonne humeur. Avant de raccrocher, je lui dis que j'espère ne pas lui avoir causé trop d'ennuis. Sa réponse n'est guère de nature à me rassurer.

«Je l'espère aussi.»

Un fond noirâtre de bière d'épinette croupit dans la bouteille. Je grimpe à toutes jambes l'escalier sombre recouvert de moquette verte. Lorsque j'arrive au rez-de-chaussée, j'ai compris que mes amis, ma famille, toutes mes années d'école étaient loin derrière moi.

3 AVRIL

Étant donné qu'elle parle le cantonnais, on a décidé que May Wong serait mon assistante sociale. Tandis que nous regardions *1984,* de George Orwell, à la télévision, je me suis tournée vers Rachel pour lui déclarer que je préférerais que ce soit Michael qui s'occupe de moi. C'est lui qui est venu me chercher sur la côte pour me ramener à Vancouver. C'est encore lui qui, à la nuit tombante, m'a tendu la main pour m'aider à descendre de la voiture de police.

Mais peut-être est-il fait pour les services d'urgence, où il reçoit les laissés-pour-compte de la société avec un sourire accueillant et généreux? Il serait injuste qu'une seule personne ait le privilège exclusif d'une âme aussi compatissante. L'homme que j'ai rencontré devant le traversier était tout petit et disparaissait presque sous son manteau d'hiver. Il avait les yeux vert pâle, un visage las et sympathique. Comme j'étais en piteux état, ne distinguant plus ce qui m'entourait qu'à travers le brouillard déformant de ma nausée, Michael m'a tout de suite amenée à l'hôpital. Jusqu'à deux heures du matin, appuyé contre le mur blanc d'un couloir, il m'a tenu compagnie en attendant qu'une infirmière vienne me faire une prise de sang afin de voir si j'avais été empoisonnée par les aspirines. Tandis que je regardais mon sang couler dans l'éprouvette, mes yeux sont tombés sur une petite fleur rouge étalée par terre.

Plus tard, dans la voiture du gouvernement, installée sur la banquette de cuir brun, j'ai regardé les lunettes cerclées d'argent de Michael scintiller au milieu des vagues nocturnes. Il portait son jean rentré dans ses bottes de cuir. J'avais l'impression d'avoir trouvé un ami sur lequel je pouvais compter. Puisqu'on parle d'amis, voilà ce que je vais faire: je vais aller me traîner à quatre pattes devant les parents de Patricia, que je n'ai jamais rencontrés. Je vais me traîner à leurs pieds, m'accrocher à leurs chevilles. Qu'ont-ils à craindre d'une épave? Me voici, moi, la garce qui ai essayé de corrompre votre fille, celle qui a fait entrer des garçons en jean dans votre maison bourgeoise de bien-pensants.

Alors que la plupart des travailleurs sociaux et des conseillers essayaient de me faire parler — grâce à quoi ils pourraient me trahir ensuite en toute impunité —, Michael m'a tout simplement tendu la main dans un geste de réconfort. J'en ai marre de leurs dossiers médicaux, de leurs analyses, de ce poison qui se glisse insidieusement dans mes veines. Ces analyses finiront par me conduire au pavillon psychiatrique de l'hôpital. MES PARENTS NE M'ONT-ILS PAS SUFFISAMMENT PERSÉCUTÉE? Avec Michael, je me sens en sécurité, je me sens propre — il y a tellement longtemps que je ne me suis pas sentie propre. C'est comme si sa présence me procurait le sentiment que j'existe réellement, que tout va bien, que je ne suis pas vraiment perdue, que je ne suis pas une clocharde.

Je sais, un jour, Michael ne sera plus qu'un visage parmi tant d'autres, un de ces visages auxquels je me suis attachée en temps de crise.

Il n'y a plus rien, plus rien sur quoi je puisse compter. Même Michael prend ses distances, se dérobant comme les autres. Un pion qui s'éloigne sur l'échiquier.

4 AVRIL

Je ne savais pas que les jonquilles avaient fleuri, ma petite Karen. Il doit y en avoir plein le jardin; elles doivent s'épanouir partout comme des petites taches jaunes. C'est avec une certaine honte que j'accepte cette jolie fleur enveloppée dans du papier de soie, cette fleur que tu m'offres si généreusement. J'ai l'impression d'être traitée comme une invalide. Tes parents ont sans doute réussi à te faire croire que ta sœur aînée est cruelle et a très mal agi en s'enfuyant de la maison.

Je pose la jonquille sur la table. Sa tige, longue, verte, robuste, porte plusieurs pétales d'un jaune délicat. Comme cette fleur est belle, là, au milieu de la table; elle semble parfaitement à sa place. En m'éloignant un peu, je pourrais croire qu'elle ne m'appartient pas.

Réunion de famille. Nous voici tous assis autour de la table de la cuisine, cette cuisine que la responsable du foyer a si soigneusement nettoyée pour l'occasion. Mon père lui serre la main. Elle est toute petite comparée à lui. Ses énormes lunettes sont perchées sur sa tête.

Michael ne quitte pas Karen des yeux. C'est traumatisant. J'ai envie de taper sur cette petite main blanche qui rampe le long de ma cuisse comme une araignée. Je t'emmerde, espèce de garce. Je sais très bien que tu fais partie du complot. «Comment peux-tu te montrer si froide avec ta petite sœur, elle qui t'aime tant?» Oui, je suis froide, et ça ne fait que commencer. La situation est trop drôle. J'éprouve une irrésistible envie de me lever pour renverser la table, de faire tomber tout ce qui se trouve sur la nappe crème sur les genoux des convives. J'aimerais tant voir les magnifiques yeux verts de Michael s'écarquiller de stupeur; j'aimerais voir, sous sa petite moustache bien taillée, sa bouche s'ouvrir d'étonnement... J'aimerais le voir rire au nez de mes parents... Mais je ne renverserai pas la table; je vais me retenir; je vais me mordre les lèvres pour ne pas éclater de rire, un rire désespéré.

Un travailleur social est assis à ma droite: une ombre, rien de plus. Michael est assis à ma gauche: une bouée de sauvetage. Il ne montre qu'un signe de nervosité: il croise et décroise les doigts. Ça me soulage de savoir que je ne suis pas la seule à être tendue. Sur la table, il y a un sucrier et un cendrier rempli de mégots écrabouillés. Quel soulagement j'éprouverais si je renversais la table!

Je vous aime, papa et maman. Mais ne comprenez-vous pas que votre fille aimerait vous entendre rire de temps en temps? Sucre, crème, épices et autres délices répandus sur vos mains figées, sur vos genoux...

Les jonquilles sont fanées.

5 AVRIL

C'est toujours le matin qu'on vous amène dans la chambre d'isolement.

Je me souviens que, dans la salle d'attente, je me sentais supérieure aux patients du pavillon psychiatrique. Pour moi, ils n'étaient que des dingues, que je n'aurais jamais à côtoyer. Il y avait la petite Chinoise décharnée aux cheveux huileux et la femme qui murmurait continuellement entre ses dents. D'un geste nerveux, elle écartait les cheveux raides qui s'obstinaient à lui tomber sur le visage. Des cinglés. En tout cas, je ne comptais pas moisir dans un endroit pareil. Moi, je faisais partie du monde extérieur, du monde normal.

C'est alors qu'on m'a donné des vêtements d'hôpital: un uniforme bleu terne. Les murs se mettent à tourner. La porte donnant sur le couloir est fermée à clef; celle de la salle de bain, elle, ne peut pas être verrouillée. J'ai l'impression que mon cœur martèle mes côtes. La femme dont les cheveux sont si raides qu'elle a l'air de porter une perruque m'informe qu'ici on ne vit que pour les repas — on passe son temps à attendre le petit déjeuner, puis le déjeuner, puis le souper. On devient des enfants abasourdis, des cobayes tapis dans les couloirs de l'hôpital. La Chinoise accourt vers moi; elle ressemble à Big Bird avec ses grandes pantoufles jaunes (ces pantoufles sont un détail, parmi tant d'autres, destiné à humilier les patients). Elle me prend dans ses bras, son visage anguleux est tordu par la supplication; il a l'air de dire: «Ne lui faites pas de mal! Je vous en prie, ne lui faites pas de mal!» Un infirmier me jette par terre — ce geste est si coutumier qu'il n'a plus besoin de justifications. Je sens le carrelage froid sous mon dos; la peur m'écrase et se transforme presque en ivresse. Je me réfugie dans la salle de bain — ils m'ont trahie, ils m'ont tous trahie: les psychiatres, les travailleurs sociaux, les conseillers. Je leur avais pourtant fait confiance, en dépit des conseils de mon avocate; au fond de moi-même, je croyais naïvement que l'être humain est foncièrement bon et honnête. (Mes amis m'ont trouvé une avocate féministe, qui m'a donné cet avertissement: «Refuse d'être examinée par un psychiatre, sinon on va te placer dans un hôpital psychiatrique et tu ne pourras plus en sortir.») Une infirmière pénètre de force dans la salle de bain, puis une autre; une poignée de gardes-malades, habillées en blanc et parlant à voix basse, entrent à leur tour. On fouille mes poches pour voir si je ne n'y ai pas caché des objets dangereux. Ma liberté m'a été arrachée; je crie, je pleure, je donne des coups de pied.

J'aimerais mieux être dans la rue et marcher dans les flaques d'eau où, la nuit, on voit briller le reflet des enseignes lumineuses — au moins je serais libre.

J'essaie de sortir de la salle de bain d'un pas nonchalant, lorsqu'une main d'acier s'abat sur mon épaule. On me conduit à la chambre d'isolement n° 4 et on me jette sur un matelas comme un vulgaire sac de pommes de terre. Hauts murs de béton, matelas posé sur un bloc de ciment, murmure incessant du climatiseur. Pas de fenêtre, des néons, l'inévitable lavabo et les toilettes en métal. Au-dessus de la porte, l'œil d'une caméra surveille attentivement mes moindres gestes. Je n'ai pour compagnon qu'un *Reader's Digest* de 1984 que je me souviens avoir déjà lu. Dans une autre cellule, un homme hurle sans arrêt en se tapant la tête contre le mur. Des policiers, avec des airs importants, poussent brutalement de nouveaux arrivants dans la salle d'attente; les malheureux crient et essaient de les mordre. La salle d'hôpital, que je regarde à travers une fente de la porte de ma cellule, n'est plus qu'une masse confuse — l'infirmière a confisqué mes lunettes de peur qu'il ne me prenne une soudaine envie de les avaler. Appétissant!

Mes cris résonnent dans la chambre d'isolement n° 4. On me fait d'autres analyses de sang — le liquide rouge monte en bouillonnant dans l'éprouvette. Examens médicaux supplémentaires, mains palpant brutalement mes seins, doigts enfoncés dans le creux de ma taille. Shampooing bleuâtre dans une tasse de plastique assortie à la couleur des pyjamas. Ma résistance se borne au refus de porter le peignoir en laine et les chaussettes informes que l'on remet à chaque patient à son arrivée.

Trahie. À force de cajoleries, et en prétextant l'anniversaire de Crystal, j'ai fini par obtenir d'une infirmière hésitante la permission de donner un coup de fil. Sur la porte de ma cellule, une pancarte dit: PAS DE VISITES, PAS D'APPELS TÉLÉPHONIQUES, PAS DE JOURNALISTES. Une infirmière m'a dit que Tommy téléphone à longueur de journée. Je supplie Crystal de m'aider. Comment peut-on traiter ainsi une fille de quatorze ans? Avant de raccrocher, son amie Frannie prend le combiné et me dit: «On t'aime, tu sais...» Je sais, mais que voulez-vous que j'en fasse, ici, de votre amour? C'est terrible de penser qu'hier soir tout était parfaitement normal: magasinage avec la responsable du foyer; au lever, échange de maquillage avec ma compagne de chambre. Une vie on ne peut plus simple — la vie que toute adolescente de mon âge devrait pouvoir mener. Ce matin, nous étions censés rencontrer mes parents afin de les convaincre que la meilleure solution était de me confier aux services sociaux. Au lieu de cela, mon assistante sociale m'a amenée dans le bureau d'un conseiller où trois psychiatres avaient déjà décidé de m'interner. Un peu plus tard, mes parents sont venus à l'hôpital, mais je n'ai pas eu le courage de leur faire face.

* * *

Je suis au CEP (Centre d'évaluation psychiatrique). J'ai réussi à conserver mon masque de calme, alors on m'a élevée à un grade supérieur. Ici, les patients ressemblent à des morts vivants; leur état me semble pire que la mort. La télé est toujours allumée — ils ne vivent que pour ça et, bien entendu, pour les repas. Cloches et sonnettes font accourir les infirmières. Du matin au soir, une femme sourde, muette et aveugle, bourrée de thorazine, traîne méthodiquement les pieds sur le plancher. Tous les patients, qui portent les mêmes curieuses pantoufles, tournent en rond en traînant les pieds. Parfois, ils se mettent à gémir. J'essaie de retenir mes larmes, mais en vain; j'ai trop mal à l'idée qu'on m'ait trahie... et qu'on pourrait me garder ici jusqu'à la fin de mes jours. Tommy m'avait pourtant promis qu'en revenant à Vancouver, je n'allais pas perdre mes droits civils pour autant. M'a-t-il trahie lui aussi?

Tous ces murs dont l'unique raison d'être est de séparer, d'isoler, d'enfermer! On me permet de prendre l'air pendant quelques minutes. Les plantes près de la porte ressemblent à des ronces. C'est du houx. Est-ce vraiment tout ce que les patients du CEP sont autorisés à voir? Si près du monde extérieur! Je porte toujours mes vêtements d'hôpital. Et mon bracelet en plastique est aussi solide qu'une paire de menottes.

La seule pensée qui rallie les visions informes et fragmentées qui se bousculent dans ma tête, c'est le souvenir de Michael. Rien de tout ceci ne se serait produit si on lui avait demandé son avis! Je me souviens du traversier, après qu'on m'ait libérée de la Gendarmerie royale, de la banquette arrière de la voiture de police. J'ai envie de revoir Michael; lui est incapable de me faire du mal, n'est-ce pas?

Échantillon d'urine: rouge foncé. Il ne manquait plus que ça, j'ai mes règles! Ici, on vous donne des serviettes hygiéniques longues et incroyablement étroites qu'il faut attacher à une ceinture, comme dans le bon vieux temps. C'est le deuxième jour, je reste assise sans bouger, les jambes serrées — on ne peut pas porter de sous-vêtements — de crainte qu'une méchante tache rouge ne perce le tissu léger du pantalon d'hôpital.

Oh! Michael, où es-tu? Je revois ton beau visage, tes yeux voilés et rougis par la fatigue. Mon médecin m'accable de récriminations: il a des mômes, une femme, sans doute, et je l'ennuie — tu ennuies tout le monde! On me fait subir ce que, selon Michael, je n'aurais jamais dû subir: je me sens piégée, culpabilisée.

Autour de mon lit, des rideaux jaunes. Chaque matin, je me réveille en sursaut dans ma petite boîte jaune poussin. Les patients ne pensent qu'à bouffer, se plaignant bruyamment quand leur plateau n'est pas assez rempli, volant tout ce qu'ils peuvent à leurs voisins. On les gave de calmants, jusqu'à ce qu'ils ne puissent plus rien faire d'autre que de traîner les pieds, indifférents, l'œil vague, refermés sur la petite chose qui danse dans leur tête. Si seulement je pouvais me transformer en prince capable de tirer ces belles au bois dormant de leur léthargie! S'ils pouvaient se mettre à crier, à se battre! On pourrait fracasser la fenêtre, se sauver dans la rue et courir sous le ciel bleu; libres de courir dans ce monde qui tourne autour de la boule de verre dans laquelle on est enfermés.

Si seulement je pouvais être assez optimiste pour croire qu'on va me libérer. Toutes les communications ont été coupées. Hier soir, assise sur mon lit, j'attendais avec impatience que les infirmières s'en aillent pour aller donner mon précieux coup de téléphone à mon avocate. Mais avant de partir, elles ont pris le surveillant à part pour lui chuchoter leurs instructions. L'une de ces instructions me concernait, bien entendu: «La gamine... ni visites ni appels téléphoniques.» Je suis cernée de toutes parts.

La vieille dame dans le lit d'en face a les cheveux gris et frisés; elle ronfle et une toux caverneuse la tient éveillée presque toute la nuit. La Chinoise, elle, est persuadée qu'elle va rentrer chez elle lundi. Pourtant, elle continue à crier dans son sommeil. Son mari lui rend visite plusieurs fois par jour avec leurs deux enfants. J'ai tenu leur petite fille de trois mois dans mes bras: c'est fou ce qu'elle est musclée. La maman veut rentrer à la maison. On veut tous rentrer à la maison; enfin, presque tous. Pourquoi dois-je me plier à tous ces règlements alors que je n'ai aucun problème mental? COMMENT LES GENS, ET MOI-MÊME, POURRONT-ILS CROIRE QUE JE SUIS SAINE D'ESPRIT APRÈS TOUT CECI? La santé mentale est une chose insaisissable, difficile à définir. Ma situation est d'autant plus alarmante que je ne suis plus sous la tutelle des services sociaux. Mon sort est entre les mains des psychiatres du CEP.

* * *

Je viens tout juste de m'entretenir avec un autre psychiatre qui m'a appris que si May et les autres m'ont amenée ici, c'est parce que j'ai essayé de me suicider avec des aspirines. Lorsque trois médecins décident unanimement qu'un individu doit être hospitalisé, il n'y a plus qu'à s'incliner. Quand bien même on remuerait ciel et terre, ça n'y changerait rien; leur décision est irrévocable. Et on peut rester bouclé jusqu'à quatorze jours. Mon avocate ne peut rien faire. Pour qu'on me relâche, je dois prouver que je suis suffisamment calme, que je suis capable de me maîtriser et de prendre des décisions raisonnables. L'idée de devoir porter ce masque d'obéissance me met hors de moi.

Il faut absolument que je reste tranquille. Concentrer mon esprit sur des images paisibles: collines herbeuses caressées par le vent, murmure d'un clair ruisseau. Haut les cœurs, Evelyn, tu vas finir par les avoir, Mais non! tu n'es pas cinglée!

7 AVRIL

Coincée entre les barreaux de ma cage, une silhouette en pyjama bleu caressée par le vent. Il fait un temps superbe. Je suis à l'entrée du Centre d'évaluation psychiatrique. Une petite brise m'effleure la peau, imprégnée d'un parfum aussi doux que de la poudre de bébé. Le vent, léger, enjoué, duveteux, tourbillonne autour de moi, caressant le tissu léger de mes vêtements, soulevant mes cheveux. Je suis à l'ombre; le soleil paraît si près qu'il me semble que je pourrais le toucher en levant les bras. Mais un tel geste est formellement interdit, car (c'est ce que m'ont gravement déclaré les infirmières) il éveillerait la suspicion des hommes aux bras musclés, qui me rentreraient alors de force. Ça, j'aime autant ne pas y penser. Pas question que je me retrouve dans la chambre d'isolement.

Comme les murs de béton de l'hôpital contrastent avec le ciel printanier! On dirait qu'ils lui transpercent le cœur, qu'ils le saignent à bleu. Derrière la grille rouillée, il y a un buisson de houx. Je m'imagine dansant nu-pieds le long du sentier dallé, les bras levés vers la liberté.

Tout va s'arranger. Même si les psychiatres m'interdisent de voir mon avocate sous prétexte que je suis trop jeune, cette dernière n'en continue pas moins à s'occuper de moi...

Vendredi dernier, après avoir discuté avec les psychiatres, je me suis rendu compte que j'avais les idées vraiment embrouillées. Je n'avais pas compris qu'à partir du moment où prendrait fin le contrat entre mes parents et les services sociaux, je ne relèverais plus de la compétence de ces derniers. Autrement dit, que j'allais redevenir la propriété de mes parents, un simple jouet qu'ils pourraient plier, casser.

Cette prise de conscience a eu sur moi un effet dévastateur. J'ai l'impression d'être la reine des idiotes, d'avoir tout foutu en l'air. Si j'avais accepté, ce vendredi, de parler à mes parents, ceux-ci auraient peut-être signé un accord grâce auquel les services sociaux m'auraient prise en charge pour une période prolongée. Dans l'état actuel des choses, je n'ai que deux possibilités: ou bien rester au CEP (et être éventuellement transférée au pavillon des adolescents), ou rentrer chez mes parents.

* * *

Mon cher papa a débarqué sans tambour ni trompette. Il est convaincu que je suis cinglée, mais qu'en me reposant un peu, en mangeant correctement et en travaillant très dur à l'école, je vais me remettre en moins de temps qu'il n'en faut pour le dire. Tout cela m'emplit d'une amère tristesse. Je suis vraiment dans une situation impossible; je me fais l'impression d'être une de ces héroïnes malheureuses de téléroman.

J'ai repris courage lorsqu'on m'a dit qu'un de mes professeurs m'avait appelée. On m'a permis de lui téléphoner. Elle m'a beaucoup rassurée, me disant que j'ai eu raison d'agir comme je l'ai fait. Elle semblait même amusée à l'idée que j'étais «devenue dingue». La directrice adjointe est venue la trouver hier pour lui apprendre qu'on m'avait internée dans un hôpital psychiatrique. Ma prof sympathise avec moi: elle sait très bien que j'étais une bonne petite Chinoise obéissante, se pliant à tous les désirs de ses parents. Elle comprend les raisons pour lesquelles j'en ai eu marre. D'un ton cordial, elle m'a dit qu'elle m'admirait. C'est encourageant de savoir qu'il y a des gens qui comprennent.

Si j'ai pu tirer une leçon de cette expérience, c'est celle-ci: éviter à tout prix de se retrouver en prison ou dans un hôpital. Ça n'apporte absolument rien.

8 AVRIL

Une fois de plus, mon univers , cette boule de verre, est à l'envers; il faut que je marche les pieds au plafond concave du ciel, tandis que la neige jaillit du sol. Un monde en plastique, avec des flocons de neige qui ont pris une vilaine couleur brune à force de rester sur des étagères.

À midi, mes parents sont arrivés à l'hôpital; malgré mon appréhension, j'étais loin de m'attendre à ce qui allait suivre.

Le médecin en chef, vêtu d'un habit fait sur mesure et portant des souliers vernis (ne jamais faire confiance à un homme vêtu d'un habit fait sur mesure et portant des souliers vernis), me conduit dans une pièce adjacente pour me dire que les services sociaux ont décidé de cesser de s'occuper de moi, car ils sont convaincus que ma place est chez mes parents. Son visage bronzé et assez beau reflète une froideur de pierre, comme s'il était sculpté. Ses lèvres se tortillent comme deux serpents.

On m'amène ensuite dans la salle de conférences, une pièce entourée de miroirs, où le médecin me déclare que je ne suis pas cinglée, que les services sociaux ne veulent plus rien savoir de moi et qu'il va me remettre entre les mains de mes parents.

J'enfile mes vêtements civils; mes espadrilles sont couvertes de boue: souvenir d'une promenade en forêt avec Joe. Je dis à l'infirmière qu'il n'est pas question que je rentre chez moi, un point c'est tout. Comment peuvent-ils donner un tel espoir à mes parents? Je préfère encore ce trou crasseux à leur maison. Je ne comprends vraiment pas pourquoi on me fout dehors, alors que les médecins m'ont dit qu'ils attendaient qu'un lit soit disponible pour me transférer au pavillon des adolescents.

Je vais à la cafétéria de l'hôpital avec mes parents. Ma mère m'a apporté des vêtements et de la nourriture. Ce geste me touche; mon cœur saigne un peu.

À peine assise, je me lève d'un bond. «Il faut que j'aille aux toilettes», leur dis-je. D'un pas rapide, je passe devant les nombreux visages sans expression qui peuplent la cafétéria puis, dans le couloir, je prends mes jambes à mon cou — sans grand espoir; je n'ai pas un sou en poche. Je n'ai pas le choix. Je cours le long de la rue Broadway, filant à toute allure devant les piétons qui me regardent, la bouche ouverte et l'œil écarquillé. Je cours avec l'espoir fragile de ne pas être arrêtée. Le souffle coupé par la douleur, je me vois forcée de ralentir mon allure; je me faufile alors à travers des ruelles et des rues transversales. Jamais je n'aurais cru que j'étais en si mauvaise condition physique. Mes espadrilles pèsent une tonne; j'ai l'impression qu'elles sont en ciment. Mon cœur hurle. Le petit bonhomme jaune qui clignote de l'autre côté de la rue m'invite à traverser.

Un homme me dit bonjour. Il n'est pas mal et parle avec un léger accent étranger. A-t-il deviné mon désespoir? Il me suit dans une ruelle, puis, soudain, se jette sur moi et m'embrasse, me serrant cruellement le sein droit. Lorsque je baisse les yeux, je vois du sang sur mon tee-shirt. Il m'entraîne vers le stationnement souterrain d'un immeuble. Mon Dieu! personne en vue! Non, ce n'est pas possible! Ces choses-là n'arrivent pas en plein jour! On ne viole pas les élèves qui sont au tableau d'honneur! Mourir maintenant, et seule? Je continue à crier, mes espadrilles raclent le sol tandis que l'homme me pousse dans un coin, derrière des poubelles. Je cherche désespérément un visage aux fenêtres, mais celles-ci, dans leur cadre de métal, sont vides, muettes et opaques. La peur agite mon corps de soubresauts, comme s'il était traversé par des décharges électriques. C'est peut-être un cauchemar. Un cauchemar plein de cris... L'homme, en soupirant, relâche son étreinte. Je déguerpis.

Après avoir parcouru plusieurs kilomètres, j'arrive enfin au journal pour jeunes. Une poussée d'adrénaline a permis à mes jambes de faire leur office. La maison est plutôt facile à repérer, avec la musique qui gueule à l'intérieur. Je martèle la porte à coups de poing, pour m'apercevoir ensuite qu'elle n'est même pas verrouillée. Tommy est là — je suis en sécurité.

Peu de temps après, nous quittons la maison (c'est probablement le premier endroit que les flics visiteront) et suivons la route de macadam du métro aérien. Nous nous arrêtons dans le parc le plus proche. Il y a un étang. La surface de l'eau miroite; de petites vagues grises y frissonnent. Je suis libre. Au diable les vêtements d'hôpital! La pelouse est si verte que j'hésite à m'y aventurer. Au loin, des petits canards dansent sur l'eau comme des canards de bois. Un pêcheur sort un appât d'un carton de lait Dairyland et l'attache au bout de sa ligne, puis il la jette à l'eau. Nous l'observons, assis sur un banc. Il nous lance un regard indifférent.

Nous allons ensuite au bureau d'une assistante sociale pour adolescents, dans l'est de la ville. Mon avocate, vêtue de noir et très élégante, arrive peu de temps après. Elle a les yeux cernés, un sourire emprunté. Va-t-elle m'aider ou me laisser tomber comme l'ont fait les services sociaux?

Je suis assise dans son bureau — dans le rectangle de la lucarne, le ciel s'assombrit et revêt des couleurs d'ecchymose. Les murs sont couverts d'affiches d'Amnistie Internationale. Il y en a aussi sur l'Amérique centrale. Sur l'une des affiches d'Amnistie, on voit une chaise entourée d'une chaîne au milieu d'une cellule dont la fenêtre est munie de barreaux. Un bambou serpente sur une affiche noir et blanc chiffonnée; on y voit quelque chose de vert, de vivant: du lierre grimpant le long d'un mur comme une toile d'araignée. Ses feuilles s'ouvrent comme des mains suppliantes.

Je n'étais pas aussi abandonnée que je le craignais lorsque j'étais au pavillon psychiatrique. Mon avocate devait se rendre aujourd'hui au palais de justice pour essayer d'obtenir la permission de me voir. Ne suis-je pas sa cliente? Apparemment, l'hôpital n'avait pas le droit de m'empêcher d'avoir recours à une aide juridique. Les psychiatres ont pris peur, de là ma libération soudaine et inattendue. Ils prévoyaient pourtant me garder enfermée jusqu'à ce qu'il y ait une place disponible au pavillon des adolescents.

Tommy est parti à la recherche d'un endroit où je puisse passer la nuit. J'ai besoin d'une douche et d'un tee-shirt propre — cette tache de sang me soulève le cœur...

Dans une longue déclaration tapée à la machine, Crystal et Tommy ont expliqué en détail le rôle qu'ils ont joué dans toute cette affaire. Depuis quelques jours, mon avocate s'occupe de mon dossier avec acharnement, téléphonant sans cesse à l'hôpital, travaillant tard dans la nuit. Je me mets à trembler; impossible de m'arrêter. Peut-être faudra-t-il que je m'enfuie encore une quinzaine de fois avant que les services sociaux consentent enfin à me prendre en charge. Quelques belles heures en perspective!

16 AVRIL

Hier soir, j'ai eu Michael au téléphone. Ce n'était qu'une voix me parvenant à travers un appareil en bakélite, un son crachotant, sifflant comme une plainte — mais c'était Michael.

Il m'a dit qu'il s'en était voulu énormément quand il avait appris mon internement; le jour précédent, il avait déclaré à son patron que la pire chose que l'on pouvait me faire était de m'enfermer dans un hôpital psychiatrique. L'hôpital lui a refusé la permission de me rendre visite. Il a ajouté qu'une trop grande insistance de sa part aurait provoqué le mécontentement de son patron et celui de May, et qu'il aurait peut-être perdu son poste. «J'aurais fini par t'en vouloir. Je me félicite de ne pas avoir fait ce que j'avais envie de faire.»

Mon père avait vu juste en me disant dans la dernière phrase méchante de sa lettre: «Tu souffriras toute ta vie à cause de ce que tu as fait.» Je souffre, mais pour d'autres raisons. Je souffre de ne pouvoir prouver ma reconnaissance aux personnes qui m'ont si généreusement aidée au cours de ces dernières semaines.

26 AVRIL

Je loge chez ma copine Lana. Je suis seule depuis le matin; le monde extérieur est noyé sous la pluie. Il me semble que je ne serai plus jamais heureuse. Parfois, je suffoque de colère. La journée a été affreuse, je suis terriblement déprimée... Je me demande s'il ne vaudrait pas mieux retourner à l'hôpital psychiatrique. Comment puis-je avoir un tel désir! Je n'ai qu'une seule envie: fuir les gens. Bon Dieu, je suis une des filles les plus malheureuses du monde!

Hier, quand on s'est assis à table pour le dîner, le père de Lana s'est mis à hurler en voyant mon tee-shirt. Les traits déformés par la fureur, il m'a ordonné de l'enlever. «Je croyais que tu aurais assez de bon sens pour ne pas porter des cochonneries pareilles dans ma maison!» Je suis restée sans voix, et j'ai bien sûr remplacé le tee-shirt choquant (les slogans «Merde à l'Expo 86!», «Merde à la pauvreté!» et «Merde au gouvernement!» s'y étalaient) par un vêtement plus convenable. J'en ai oublié mon esprit révolutionnaire; seule me restait la blessure de l'humiliation.

Aucun individu ne peut me donner la sécurité que j'ai rejetée. Je voudrais me sentir protégée, mais ce serait une illusion. Je veux de l'amour, pas de l'indulgence. Et encore moins de la pitié.

9 MAI

Tout va mal. Arriverai-je donc un jour au bout du tunnel? La vie est un supplice imposé par un accident naturel. Cette planète verte et bleue n'est qu'un accident dans l'univers. Elle n'aurait jamais dû exister. En tout cas, elle n'aurait jamais dû être peuplée d'êtres humains.

Je me suis mise à boire avec Frannie, l'amie de Crystal, et avec d'autres gens. La sensation que m'apporte le liquide doré coulant dans ma gorge m'est devenue quasi indispensable. C'est la seule façon pour moi d'être heureuse.

Dans l'est de la ville, un homme portant un macaron sur le revers de son veston m'aborde. Il m'entraîne dans un pub. Trop sonnée pour être inquiète, je le suis, ne pouvant résister à la tentation de boire.

Ce type, avec un sourire dégoûtant et des yeux suppliants, me prend manifestement pour une prostituée. C'est un des bénévoles de l'Expo. Il est tellement saoul qu'il croit que je m'appelle Véronica. Soudain, il me déclare qu'il veut m'épouser, qu'il lui faut une femme. Je m'assieds pour me reposer un peu, pleine de pitié pour cet étranger. Je m'interroge sur sa vie, sur les circonstances qui l'ont mené là où il en est; je cherche les pourquoi, les comment. Me montrant son portefeuille, il me dit qu'il est prêt à me filer cinq cents dollars pour coucher avec moi. Mais je sais très bien qu'il ne les a pas, ces cinq cents dollars.

Je me lève avec l'intention de partir. Derrière ses lunettes, ses yeux me décochent un regard perplexe tandis qu'il gribouille mon nom sur un bout de papier. Je le laisse seul dans le pub, tout à son attente d'une apparition floue nommée Véronica accourant pour le sauver.

Lorsque j'arrive chez moi, ou du moins dans ce qui est censé être ma maison ce mois-ci (une autre de mes amies a bien voulu m'héberger), je me laisse tomber sur le carrelage vert foncé de la cuisine. Il y a encore de la bière dans le réfrigérateur. Je sors une bouteille et la casse sur un des pieds de la table. Elle se brise en mille morceaux brunâtres, en mille parcelles translucides. Les gouttelettes légères reflètent les couleurs de l'arc-en-ciel. Au moment où je m'apprête à jeter les plus gros morceaux contre le mur, quelqu'un entre dans la cuisine. C'est mon amie. Je m'effondre tandis que le verre craque sous ses pas. Elle ramasse les débris avec un balai. Étendue sur le sol, je ne cesse de me répéter: cette fois, tu as dépassé la mesure. TU AS VRAIMENT DÉPASSÉ LA MESURE.

11 MAI

Hier soir, aux environs de minuit, je me suis promenée dans l'est de la ville. C'est là que des bagnoles, impossibles à différencier dans l'obscurité, vont et viennent, leurs phares trouant la nuit, et s'arrêtent pour embarquer des femmes qui vendent leur corps. J'ai marché dans la nuit, prise en sandwich entre les sourires racoleurs des prostituées et les voitures qui ne cessaient de ralentir à ma hauteur.

Il faisait froid; le trottoir était couvert d'une mince couche de neige. J'ai essayé de téléphoner à Michael, la seule personne à qui j'arrive encore à parler, mais on m'a répondu: «Michael est avec un patient, il lui est impossible de vous parler en ce moment.» Je l'imaginais, assis sur une des chaises des services d'urgence, les mains croisées sur les genoux, ses yeux verts scrutant attentivement la personne qui lui fait face.

Les habitants du quartier tentent d'expulser les locataires de la maison de l'autre côté de la rue. Ces derniers font gueuler leurs haut-parleurs à longueur de journée. «Des hippies, des anarchistes, qui passent leur temps à boire et à fumer du pot», disent mes amis. Il est onze heures du soir; ils sont en robe de chambre dans leur salon et se plaignent de la musique: les hippies ont installé leurs haut-parleurs sur le toit.

À deux heures du matin, je sors de la maison en trébuchant et je vais frapper à la porte des hippies. Ma vie est un tel gâchis qu'il peut m'arriver n'importe quoi, je m'en fous.

Des yeux soupçonneux me dévisagent dans l'embrasure de la porte. Je me glisse à l'intérieur et m'étale dans le couloir, le regard rivé sur l'énorme couteau posé sur une des caisses empilées sur le sol.

— Qui es-tu? Qu'est-ce que tu fous ici?

La maison empeste la marijuana. Dans la pièce derrière moi, quelques hippies grattent leur guitare. L'individu qui vient de m'apostropher referme immédiatement la porte. On me questionne. Ces gens, qui se disent bohémiens, sont avares de sourires; ils ont les yeux méfiants. Ils croient que je suis là pour les espionner et les dénoncer ensuite à la police. Seul leur chien se montre amical; il vient vers moi en gambadant et me traite tout de suite en amie.

Un type m'offre une bière. Il s'appelle Dave; ses cheveux lui tombent sur les épaules. Il fait plus vieux que ses dix-neuf ans. Il me demande si je suis en manque. Vautrée par terre, je lui réponds: «Non, mais j'en prendrais bien quand même.» D'un air grave et méfiant, il me répond brusquement: «Désolé, ma vieille, j'ai pas de drogue.» Tandis que ses amis entrent et sortent nonchalamment de la pièce, Dave se met en tête de s'occuper de moi — il s'amuse à jouer les pères.

Ces gens prétendent que la politique est une perte de temps; Dave me dit qu'il faut que je vive, que je profite de la vie. «Les gens se foutent de l'Expo comme de leur première chemise.» Ils ont peut-être raison: on ne peut rien faire contre toute cette merde. Même si je trouve dégoûtant qu'on dépense dix mille dollars chaque soir pour un feu d'artifice alors qu'il y a des gens qui crèvent de faim, je ne peux absolument rien faire — il vaut mieux laisser tomber.

Du haut de l'escalier, un des copains de Dave me considère avec mépris. «Alors, t'es toute seule, c'est ça? Et t'as mis ton tee-shirt à tête de mort et t'as décidé de rester ici avec nous — et, bien sûr, tu t'imagines que t'es devenue adulte, c'est ça?» Ils se mettent tous à rire. «Tu peux monter, si tu veux, à condition, bien sûr, que tu nous suces à tour de rôle.» Les autres se marrent. Mais ils finissent par me rassurer: c'est une blague; je hoche la tête d'un air indigné et nous éclatons tous de rire.

La mansarde n'est éclairée que par une lampe bancale qui, au cours de la nuit, va tomber plusieurs fois par terre, nous laissant dans une obscurité totale. L'escalier est sombre comme un tombeau et très étroit. À l'étage, la chaîne stéréo marche à fond; des guitares, des vêtements, des cendriers et des bouteilles de bière sont éparpillés un peu partout. Des banderoles sont tendues au plafond; les matelas à même le sol disparaissent sous un amoncellement d'objets divers. C'est fou, ces gens-là sont branchés sur la spiritualité et prennent du LSD pour entrer en communion avec Dieu! L'ami de Dave se met à paniquer; il dit que si les flics s'amènent il sera dans la merde. On m'inviterait bien à me joindre au groupe, mais je suis «trop jeune». Tandis que la musique joue à pleins tubes, le copain de Dave saisit un rasoir argenté et divise adroitement un petit tas de cocaïne. Les lignes ont toutes la même longueur. De la neige inoffensive étalée sur une plaque de verre. Pendant ce temps, la bière circule. Je regarde la mousse qui recouvre le liquide trouble.

Je suis super heureuse. C'est vraiment chouette ici. Dave et ses amis me font de grands sourires; je sens qu'on m'a enfin acceptée. Je suis très contente. Dave me trouve différente des autres filles: «C'est pas comme cette salope qui a pris tout notre hasch, puis qui s'est mise à se rouler des joints, à boire notre bière et à fumer nos cigarettes sans même nous demander la permission.»

On a pris tellement de drogue qu'il nous est impossible de prononcer un mot. Un des gars est assis sur un matelas, complètement replié sur lui-même, l'air misérable et l'œil vide. Je m'étends sur le plancher, incapable de bouger, partagée entre l'envie de vomir et celle de dormir. La bile me monte à la bouche et la tête me tourne. Il est grand temps que je rentre chez mes amis, mais je n'arrive même pas à prononcer les mots «au revoir». La musique me casse les oreilles; les petits tas de hasch qui restent sont trop nombreux. Je regarde les têtes rejetées en arrière, les paupières mi-closes, les bouches paralysées. J'ai l'impression que les gens qui m'entourent sont dans ma tête; leur corps y occupe un espace si énorme qu'elle va sûrement exploser. Comment est-il possible que plusieurs personnes habitent dans une tête? Il n'y a pas assez de place!

Mes lèvres parviennent à retrouver une mobilité suffisante pour annoncer que je m'en vais. Il est presque cinq heures du matin. Dave m'accompagne jusqu'à la porte. Je le regarde et m'aperçois que j'éprouve une grande affection pour cet être qui s'est montré si tendre, si prévenant. Il étudiait au secondaire, mais il a abandonné pour vendre de la drogue. Maintenant, il voudrait changer de vie. C'est un être chaleureux, réfléchi, aimant, j'en suis sûre.

Une étreinte légère, puis il me conseille de prendre soin de moi, de ne pas trop m'en faire. Je descends les marches de la galerie et m'enfonce en chancelant dans l'aube hostile.

«C'est pas tous les jours qu'une inconnue frappe à ta porte à deux heures du matin pour venir s'effondrer dans ton couloir. Non, c'est pas tous les jours, ma petite vieille. C'est même plutôt bizarre, non?»

La lumière du réverbère s'étale comme un jaune d'œuf sur le pavé; les rayons filtrent à travers les stores vénitiens et tombent dans la corbeille à papier. La pluie semble jaillir de la lampe; elle s'écoule comme un jet orange. Il fait sombre, froid, et il pleut à verse.

Je suis dans la salle de conférences des services d'urgence. Michael est assis en face de moi. Les fleurs du papier peint et les coussins orange des chaises me rappellent un certain soir, il y a très longtemps de cela. Michael pose sa jambe sur le bras de son fauteuil. Il a changé. Mais c'est peut-être mon regard qui a changé. Sa chemise trop serrée fait ressortir des bourrelets de chair autour de sa taille. Il est très pâle. Je dirais même qu'il a l'air un peu ridicule. Mais vous savez quoi? Je m'en fous. Il n'a plus envie de me sourire; il ne pose plus la main sur moi pour me réconforter.

Je crois qu'il en a déjà trop fait pour moi. On est vendredi soir. Avant de sonner aux services d'urgence, j'ai erré dehors, cherchant un endroit pour m'abriter de la pluie. Finalement, je me suis décidée à appuyer sur le bouton de l'interphone. Lorsque j'ai prononcé mon nom, on m'a répondu que les services étaient fermés.

— Je vous en prie, laissez-moi entrer!

— Quel âge as-tu, Evelyn?

— Quatorze ans.

Quelques minutes plus tard, Michael est accouru à la porte.

Je suis entrée dans son bureau, trempée comme une soupe, les chaussures pleines d'eau. Il est de garde pendant huit heures et accepte que je reste avec lui. Je suis complètement paumée, comme d'habitude. Blottie dans un fauteuil, je regarde par la fenêtre. Difficile de parler avec cette déprime qui m'enveloppe comme un brouillard. Je ne prononce que quelques mots à la fois, après de longs silences. Michael attend patiemment que les phrases sortent de ma bouche. J'aimerais tant voir un sourire illuminer son visage. Mais les sourires qu'il m'adresse sont fugaces; ils disparaissent comme du sable emporté par le vent.

Je continue à émettre un mot de temps en temps tandis qu'on renvoie chez eux la plupart des gens qui viennent sonner à la porte. On laisse entrer des femmes qui ont été violées, d'autres qui négligent leurs enfants. Si seulement Michael n'était pas si distant, si seulement il se montrait plus chaleureux, plus aimable; si un sourire bienveillant pouvait se dessiner sur ses lèvres! C'est incroyable comme les gens se fatiguent vite des autres! J'aurais dû m'en douter.

On dirait que Michael a baissé un rideau devant ses yeux.

Pendant la nuit, un homme a demandé à être admis au centre. Il était censé être rentré dans son foyer d'accueil avant deux heures et demie du matin, mais il était plus de trois heures et il voulait que les gens des services d'urgence le laissent dormir dans un bureau vide. Au lieu de ça, on l'a renvoyé dans la rue sous la pluie battante. «Vous n'avez qu'à marcher dans les rues jusqu'à l'ouverture du centre, lui a dit un travailleur social. Il ne reste plus que quelques heures.»

Je sens la colère monter. Qui dit que cet homme n'est pas malade? Et si, au cours de ces «quelques heures», il se faisait tabasser, ou même poignarder?

«Je vais y aller à sa place. Je t'en prie, Michael, laisse-le entrer!»

Un employé passe la tête par la porte et surprend mes paroles. Il rit ouvertement, puis décoche un clin d'œil à Michael qui, n'ayant aucune envie de plaisanter ou de se moquer de moi, reste silencieux. Soudain, j'ai l'impression que mes paroles sonnent creux, que le souci que je me fais pour cet homme est fabriqué. Et je me rends compte à quel point je suis fatiguée.

Michael griffonne un mot sur son calepin. Mais qu'est-ce que c'est que ce truc? À croire qu'il se prend pour un psy! Je veux que mon dossier reste vierge.

Je me tords les mains, clouée sur ma chaise. Je cherche en vain sur son visage un signe d'affection; je ne vois que deux yeux voilés, assombris.

Je déteste cette pièce. On se croirait dans un tombeau. Michael m'écoute patiemment, mais il a tort: ce que je dis est absolument dépourvu d'intérêt. Mes paroles ne sont rien de plus que le reflet des petites idées qui me passent par la tête et que j'essaie d'exprimer tant bien que mal. Il essaie de me convaincre de passer le week-end sous surveillance temporaire. Après une longue réflexion, je décide de suivre son conseil. «Je suis ravi», me dit-il, mais l'expression de son visage ne s'accorde guère avec ses paroles. Il est blême, et ses yeux fatigués me considèrent sans affection. Tout est de ma faute.

J'ai profité de lui comme j'ai profité des autres. Il frissonne, puis se lève et se dirige vers la porte. Il est sale, ses yeux sont injectés de sang. Une bonne douche ne lui ferait sûrement pas de mal.

Il me fait signe de le suivre dans une autre pièce; je jette un coup d'œil par la fenêtre et constate qu'il fait grand jour. À l'aube, le ciel était tout bleu; maintenant il est gris, et la pluie bat contre la fenêtre ouverte. Il fait très froid, mais ça permet de rester éveillé.

Tandis que la pluie entre par la fenêtre, je discute avec mon père au téléphone, lui expliquant qu'il doit venir aux services d'urgence pour signer l'accord des quarante-huit heures de résidence surveillée. Il a l'air fatigué; on dirait qu'il a vieilli. (C'est de ma faute aussi, sans doute?) Il demande à parler à Michael, à qui je passe le combiné. J'écoute leur conversation sur un autre appareil: mon père dit à Michael que je n'ai que quatorze ans, que je me fais exploiter, qu'on ne recueille pas une fille de quatorze ans sans avoir une idée derrière la tête.

«Ouais, ouais», se contente de dire Michael, fatigué d'entendre ce sempiternel baratin. Ses yeux sont de plus en plus rouges. Il me dit au revoir avant d'appeler le travailleur social qui va me conduire en résidence surveillée. Je le regarde. Je crois que je l'aime.

1er JUIN

J'habite à New Beginnings, une maison d'accueil pour adolescentes. Le soir, je m'étends sur mon lit et regarde les voitures passer dans la rue. En fait, je ne vois rien de plus que des rectangles lumineux traversant le plafond oblique de la mansarde. Le ventilateur me souffle de l'air vicié au visage; tout ce que je possède est empilé sur une étagère. Le grondement des autobus et des camions étouffe la musique des quarante succès du palmarès qui parvient de la chambre à côté.

«I just wanna use your love tonight
I don't wanna lose your love tonight ...»

Je suis enfouie sous mes draps en désordre. Le sifflement du ventilateur, qui fait voler mes cheveux en arrière, envahit mes oreilles. J'en ai marre de ce bruit. Va-t-il cesser un jour? Ma chambre n'est éclairée que par une ampoule suspendue au plafond crevassé et couvert de taches d'humidité, et je dois plisser les yeux pour distinguer ce que j'écris. Je jette un coup d'œil par la fenêtre entrouverte; les montagnes noires se profilent à l'horizon.

Un soir, ayant quitté la maison d'aide d'urgence sans permission, j'ai décidé de téléphoner à Michael. J'étais ivre et flânais depuis longtemps dans l'est de la ville. Comme je n'arrêtais pas de pleurer, Michael s'est mis en colère, m'enjoignant d'être plus claire afin de ne pas lui faire perdre son temps. Peu après, je me suis traînée jusqu'au Co-Op Radio, un bar où j'ai continué à boire de la bière et à pleurer. Ils ont fini par me mettre à la porte. J'avais essayé, à la résidence, vraiment essayé d'être toujours ivre, ou alors d'avoir la gueule de bois, mais c'était quasiment impossible. On volait la bière que je cachais sous mon lit, puis on ramassait les éclats de verre dorés sur le tapis.

On m'a surprise en train de boire de l'alcool et d'acheter de la drogue dans l'est de la ville. Mon père a été mis au courant. Il a téléphoné illico aux services d'urgence. Ces derniers ont envoyé un travailleur social au journal. Le lendemain matin, quand je suis allée voir mes amis, ils m'ont engueulée comme du poisson pourri. En plus, j'avais la gueule de bois, la pire de ma vie. Plus tard, lorsque j'ai appelé la psychologue de l'école, je n'ai pas pu parler tant je pleurais. Elle a fait repérer la cabine téléphonique puis alerté la police.

Peu de temps après, je me suis réfugiée dans le sous-sol pour boire et pleurer sur mon sort. J'ai entendu un cliquetis métallique dans l'escalier. Des policiers sont entrés; l'un d'eux m'a prise par le bras, le serrant avec une telle force que j'ai cru qu'il allait le casser en deux. Puis il a posé une main sur mon épaule et a chuchoté: «Nous ne te voulons que du bien.» Je ne savais plus que faire, que dire, que penser. J'aurais peut-être dû lui faire confiance, mais j'avais l'impression que ce n'était qu'un piège. C'est pourquoi j'ai résisté. Je me suis retrouvée avec une paire de menottes nickelées écrasant mes poignets, puis on m'a traînée dans l'obscurité. C'est du moins l'impression que j'ai eue, malgré l'après-midi ensoleillé. On m'a mise sur une civière et on m'a emportée.

Je n'ai pu m'empêcher de rire lorsque, en ouvrant les yeux, je me suis rendu compte que j'étais à l'hôpital, et dans la chambre d'isolement n° 1 par-dessus le marché! Avant de me transporter dans cette pièce et de me jeter sur le matelas, un des ambulanciers m'a demandé mon adresse.

— Celle de tes parents fera l'affaire. L'important, c'est qu'on me paie ma course.

La pièce dans laquelle je me trouvais ressemblait en tout point à la chambre d'isolement n° 4, à la seule différence que le lavabo et la toilette étaient dans le coin droit plutôt que dans le gauche (bien entendu, pas d'eau). Il n'y avait pas de couvertures, je mourais de froid. J'avais dû réenfiler un des fameux pyjamas bleus. Il manquait un bouton à la veste.

Un médecin, me croyant ivre morte, en a profité pour enfoncer ses doigts dans différentes parties de mon corps, jusqu'à ce que je lui crie d'aller se faire foutre. Il a eu un petit rire puis est sorti de la pièce d'un pas nonchalant. Le visage brûlant, j'ai plongé ma tête dans l'oreiller. Un peu plus tard, une garde-malade m'a fait une piqûre, tandis que deux autres infirmières me maintenaient, bien que je n'aie eu ni la force ni l'envie de résister. La femme a planté la seringue d'un coup sec et l'a retirée aussi vite. J'espérais vaguement qu'on m'injecte une drogue quelconque qui allait m'aider à oublier la réalité.

Kristin, une assistante sociale des services d'urgence, est venue me chercher. Tout ce que j'ai vu d'elle pendant une demi-heure s'est résumé à deux talons roses. Je m'étais caché le visage pour pleurer. Plus tard, alors que j'étais assise par terre dans la salle d'attente — après avoir remis mes vêtements personnels —, une jeune patiente en pyjama bleu s'est agenouillée près de moi et s'est mise à me caresser gentiment. Elle était très belle. Est-ce qu'on va la détruire, elle aussi?

* * *

Kristin m'a ramenée à New Beginnings, où je partageais une chambre bleue aux murs écaillés avec une fille de douze ans. Elle avait l'air d'en avoir seize tant elle était maquillée. Elle s'est enfuie, tout comme je me suis enfuie de la maison d'aide d'urgence. Au bout d'un certain temps, tout nous devient égal; on finit par ne plus se soucier de ceux à qui on risque de faire de la peine. On cherche même à blesser encore plus de gens, car c'est le seul pouvoir qui nous reste.

Elle est partie en m'adressant un sourire complice, abandonnant ses vêtements et ses effets personnels. Le principal souvenir qui me reste d'elle est celui d'une ombre assise au bord de mon lit dans l'obscurité de la nuit, les phares des voitures illuminant son visage. Elle me confiait ses secrets, me racontait sa vie où se mêlaient sexe, drogue et alcool. À l'heure actuelle, cette petite fille de douze ans fait le trottoir, mais je suis trop exténuée pour pleurer sur son sort.

7 JUIN

Deux heures et demie du matin. La gare d'autobus. Crystal, debout sur la galerie de la maison du journal, ses cheveux recouvrant ses épaules blanches, les bras croisés sur la poitrine, m'a regardée partir d'un air on ne peut plus sévère... Son teint paraissait gris sous la lumière crue de l'ampoule électrique. Je me suis sauvée de New Beginnings, et maintenant je ne sais plus où aller. Je ne supportais plus d'être un simple numéro dans les ordinateurs des Services sociaux. D'entendre de tristes chansons d'amour à longueur de nuit. De voir des filles se maquiller aussitôt réveillées.

Ce soir, j'ai pour unique compagnie des hommes pas rasés fouillant dans les poubelles. Sans trop savoir pourquoi ni comment, j'en suis arrivée à me fondre dans l'odeur fétide de leur sueur et de leur désespoir muet.

Une voiture s'arrête à ma hauteur; il y a deux types à l'intérieur. L'un d'eux me demande s'il peut me déposer quelque part et si je suce. Le bruit strident des klaxons transperce la nuit. «Allez, mon chou, viens me sucer la queue, tu vas adorer ça», m'enjoint brutalement le conducteur. Il a les yeux vitreux. Debout derrière la grille, entourée de mes bagages, je les regarde, lui et son copain aux longs cheveux blonds.

Un homme, après avoir lutté un moment pour ouvrir sa braguette, baisse ses pantalons devant moi. Le vent me remplit les yeux de poussière.

Aujourd'hui, les finissants de trois écoles secondaires de mon quartier ont reçu leur diplôme de fin d'études. Ce soir, c'est fête: on se saoule, on se défonce. Dans les limousines, les filles échevelées se rient de la mort, tandis que les garçons en smoking se prennent pour des hommes.

Les types qui rôdent autour du dépôt ne se sentent certainement pas aussi sûrs d'eux. Ils se contentent de traîner les pieds, dans leurs chaussures de l'Armée du salut, se croisant sans même se voir.

Je me demande si ces gens confortablement assis dans leur bagnole sont conscients de la chance qu'ils ont de pouvoir compter sur la sécurité matérielle, avec leurs salles de bain où ils se lavent la figure, se peignent et se maquillent chaque matin. Grâce à quoi ils sortent de chez eux semblables à la majorité de leurs concitoyens.

Derrière moi, un homme, sur un banc, crache et tousse sans arrêt; je reçois la fumée de sa cigarette dans le visage. Douleur aiguë dans la tête. J'aurais peut-être dû escalader cette clôture pour aller baiser le beau mec aux cheveux blonds. Les lampadaires ressemblent à de petites lunes solitaires suspendues au-dessus de la ruelle. À cette heure tardive, il n'y a plus personne à qui je puisse téléphoner, personne qui ne soit fatigué de faire des pieds et des mains pour me tirer d'affaire. Un sac de chips s'envole tristement dans la rue.

Je suis entrée dans un restaurant; au moins il y fait chaud. Je pense à la pauvre May qui a passé des journées entières à s'occuper de moi en pure perte. Un autre assistant lui a succédé. Il s'appelle Frank.

Les serveurs viennent de chasser un clochard à coups de pied — il paraît que tous les soirs, à la même heure, ce pauvre homme en haillons s'amène au restaurant et s'installe sur une banquette pour y dormir. Je supplie les serveurs de le laisser tranquille, leur disant que je suis prête à payer son repas pour qu'il puisse rester. Ils refusent et retournent commérer dans la cuisine. Est-ce que ma colère va réchauffer le cœur de ce pauvre homme?

Un type en tee-shirt, les yeux à fleur de tête, tourne autour du dépôt d'autobus. Son pas est incertain. Je me souviens de ces types qui voulaient se faire sucer et qui m'ont traitée de garce parce que je ne bronchais pas. Parfois, je me pose de sérieuses questions, surtout lorsque je me rappelle

64

qu'il y a trois mois à peine je figurais au tableau d'honneur et que les filles de ma classe me trouvaient vieux jeu.

J'ai sommeil. Les choses auraient-t-elles tourné différemment si Tommy était resté ici plutôt que d'aller passer sept mois en Ontario? De toute façon, qu'aurait-il pu changer à ma situation, malgré sa patience et son bon sens? Ses yeux de jeune chiot, débordant d'affection, ne représentent rien pour moi à côté des yeux de Michael, même si ces derniers ont perdu leur éclat lorsqu'il a accepté qu'on jette des clochards crasseux à la rue en pleine nuit.

Le restaurant ayant fermé ses portes, je me dirige vers un snack-bar ouvert en permanence, où je retrouve le pauvre homme du restaurant. Assis au comptoir devant une tasse de café, tremblant comme une feuille, il me demande timidement: «Est-ce que je peux toucher ta jambe?» Cela dit, il pose sa main sur mon genou, un peu comme s'il s'y sentait obligé parce que je suis une fille. Je lui fais signe de la retirer. Il s'exécute sans un mot.

14 JUIN

J'habite maintenant avec quatre types dont j'ai fait la connaissance grâce à une amie rencontrée dans l'autobus. Hier soir, Ken, un de leurs copains, nous a fait prendre de l'acide T'ai Chi — on ne m'avait pas dit que cette drogue était renforcée avec du PCP (phéncyclidine). J'ai à peine eu le temps de glisser le buvard sur ma langue qu'ils étaient déjà sur leur planète respective. Puis nous avons décidé d'aller acheter à boire et de nous arrêter dans un parc pour contempler le coucher de soleil.

Quand on est sortis de la maison, c'était tout juste si Ken pouvait marcher. Plié en deux sur le trottoir, il fixait ses sandales d'un œil éteint. J'aurais dû me rendre compte, en voyant l'état dans lequel il se trouvait, des risques que comportaient de telles drogues. Le problème, c'est que je me croyais invulnérable, d'autant plus que ma première expérience avec le LSD avait été plutôt insipide.

Nous avons traversé le parc jusqu'à Commercial Drive. Peu à peu, un sentiment de vive excitation ainsi qu'une perception de plus en plus aiguë du paysage environnant se sont emparés de moi. Le lac brillait comme une mer d'acier; les collines ondulaient légèrement. C'était comme entrer dans ces livres d'enfants où, à chaque page, surgissent des figures de carton. Une sensation très agréable m'a envahie tandis que je contemplais les couleurs pastel inondant l'horizon.

Sur Commercial Drive, l'acide a commencé à faire son effet. Nous venions de nous arrêter à une intersection lorsque, dans la rue, les voitures se sont mises à onduler, à enfler. Dans le ciel qui s'assombrissait, une caisse de Labatt nous invitait à nous approcher. À chaque coin de rue, d'anciens camarades de classe jaillissaient de la chaussée. On aurait dit que j'avais été transportée dans une vie parallèle, plus étonnante, plus fantastique, où les objets se mouvaient d'une manière concrète; je n'arrivais pas à croire que les gens dans la rue voyaient les choses autrement. Dans une vitrine, il y avait des assiettes dont les motifs tournoyaient comme des toupies; dans un magasin de meubles, les canapés brillaient, roses et crème. Soudain, le trottoir s'est transformé en mer houleuse. Les bâtiments penchaient vers nous; l'air était rempli de minuscules glaçons scintillants. L'acide me submergeait par vagues oppressantes, m'entraînant au bord de la nausée puis battant en retraite à la dernière seconde. J'éprouvais de plus en plus de difficultés à maintenir mon équilibre sur le trottoir qui s'élevait et s'abaissait sans cesse. Les passants étaient très comiques — tantôt ils paraissaient gigantesques, déformés, tantôt ils étaient maigres comme des clous. Je riais convulsivement. Je ne me suis même pas arrêtée lorsque j'ai vu les yeux de Ken affreusement dilatés, s'élargissant en deux énormes cercles d'une blancheur éclatante. Il disait qu'il y avait du sang sur la bouche des filles.

Les jambes molles, nous avons descendu Commercial Drive en titubant; les enseignes des magasins clignotaient avec frénésie; la caisse de Labatt, dans le ciel, diffusait une lumière envoûtante. Dans les salles de billard, les clients jouaient avec des gestes saccadés, se déplaçant comme des robots. Les gyrophares des voitures de police balayaient la rue d'une lumière liquide; une excitante sensation de danger m'emplissait... Mes sens avaient acquis une étonnante acuité; j'étais sidérée par le pouvoir de la substance déposée sur le petit bout de papier rectangulaire qu'on avait mis sur ma langue. Je constatais avec ravissement que le simple fait de marcher dans les rues ne me ferait plus jamais le même effet. J'avais découvert l'ultime remède contre l'ennui. Si je l'avais voulu, je me serais élevée jusqu'au firmament pour y planer parmi les arcs-en-ciel chatoyants et les traînées iridescentes. C'était comme si je faisais partie d'un cirque extravagant; mon seul regret était de ne pouvoir m'attarder dans ma contemplation: mes amis m'obligeaient à avancer lorsque je faisais mine de m'arrêter.

Il y avait tant de choses à voir, tant de choses mouvantes, changeantes. Je n'ai même pas bronché lorsque les vagues d'acide ont commencé à me faire mal, lorsque, haletant et transpirant, j'ai dû lutter à chaque pas pour conserver mon équilibre. À mesure que le voyage se déroulait, chaque coin de rue revêtait un aspect différent; c'était un autre monde. Partout des mirages; même la couleur de l'air changeait: tantôt il fonçait, tantôt il s'éclaircissait. Des panaches de fumée toxique s'élevaient des voitures et tournoyaient au-dessus de nos têtes; les feux de circulation devenaient verts alors qu'en réalité ils étaient rouges; sur le trottoir, les piétons apparaissaient puis disparaissaient. Les autobus lumineux zigzaguaient d'un trottoir à l'autre; je me moquais ouvertement des adolescents qui buvaient leur coca-cola à petites gorgées en traversant la chaussée. Les enseignes des pubs et des restaurants s'étaient mises à danser. Des clients, un gobelet rempli de sang à la main, se portaient mutuellement des toasts avec des sourires sardoniques...

Nous étions dans une maison de fous.

Mes amis sont allés acheter de l'alcool. Je ne les ai pas accompagnés. J'étais inquiète, mais je ne voulais pas leur dire pourquoi. Les vagues d'acide étaient devenues trop brutales. Le trottoir continuait à s'élever et à redescendre. Je ne savais pas si j'allais pouvoir me maîtriser plus long-temps, assaillie comme je l'étais par tous ces mondes qui se précipitaient sur moi à une vitesse sans cesse croissante pour m'enfermer dans leurs prismes. Les édifices se gon-flaient, menaçant d'éclater; le ciel s'était transformé en océan déchaîné, bouillonnant.

Lorsque mes amis sont sortis du magasin, j'ai com-mencé à perdre le contrôle de moi-même. Ils m'ont rame-née au parc et m'ont fourré une bouteille de bière dans les mains. Celle-ci s'est mise à rétrécir, à se dilater, à s'aplatir, puis elle s'est gonflée comme un ballon. La pelouse grouillait de lézards qui essayaient de me mordre les pieds et, parmi les branches, des petits monstres à queue hérissée de piquants me giflaient à tour de rôle. J'étais à mille lieues du gentil prologue de mon voyage.

J'oscillais entre clarté et noirceur, traversant des plages absolument vides. Puis je me suis mise à fixer les lézards, qui continuaient à exercer sur moi une horrible fascination. J'ai soulevé la bouteille qui se contorsionnait dans mes mains et j'en ai bu une gorgée, comme si j'y étais obligée. Je me suis rendu compte que je ne reconnaissais plus les gens qui se mouvaient autour de moi. À un certain moment, ayant émergé d'un épisode de noirceur, je me suis mise à regarder au fond de ma bouteille en murmurant, d'une voix sanglotante: «Je suis désolée, Michael.» J'ai répété cette phrase à plusieurs reprises, puis j'ai commencé à m'excuser auprès de tous ceux qui avaient essayé de m'aider. J'étais là, au milieu du trottoir, à bredouiller mes excuses, lorsqu'un des gars m'a crié de me grouiller. J'ai trouvé la force de me traîner vers mes amis.

Soudain, je suis entrée dans un autre univers, un univers dans lequel, si l'on fait exception des nappes de lumière qui tournoyaient autour de moi comme des châles de soie, il faisait complètement noir. J'étais enfermée dans les plis d'un manteau de nuit et de magie. Mes amis avaient disparu, tout comme le trottoir sous mes pieds; je flottais à travers des myriades d'étincelles, comme dans un rêve. Quand je me suis réveillée, j'étais morte: nous étions allés au parc et j'avais trouvé la mort sous le métro aérien. Le Skytrain m'écrasait... pourtant je ne souffrais pas; je sentais le vent sur ma peau, j'entendais le glissement du train sur les rails. Ce n'était pas désagréable. Puis j'ai ouvert les yeux et j'ai vu que mes amis me regardaient d'un air horrifié: mon tee-shirt était couvert de sang. Mon sang! Le lac miroitait dans le lointain, je me suis levée; il fallait que j'aille vers lui; il était rose et bleu, je voulais me noyer dans ses couleurs.

Plus tard, un des gars m'a dit qu'après m'être laissée porter — quand ce n'était pas traîner — jusqu'à la maison, je me suis mise à tourner en rond et à parler toute seule. Un motocycliste, croyant qu'ils essayaient de me violer, les avait pourchassés de rue en rue.

Le pire, c'est qu'en me réveillant ce matin, je me suis dit qu'en dépit de ce qui s'est passé la veille, je vais continuer à prendre du LSD. Je ne suis pas devenue dingue, alors où est le problème? Difficile, aussi, de faire un plus mauvais trip que celui d'hier soir. Maintenant que je sais à quoi m'attendre, je saurai comment m'y prendre...

18 JUIN

La journée qui vient de s'écouler m'a apporté une nouvelle leçon d'humilité. Pour la première fois de ma vie, j'ai dû aller à une soupe populaire (celle de l'église Saint-Jude, rue Renfrew) pour trouver de quoi manger. Je me souviens, lorsque je vivais encore chez mes parents, d'être passée avec eux à côté d'une file d'attente s'étirant devant ce genre d'endroit. Je n'avais pas pu retenir mes larmes. C'était l'époque où, de l'autre côté de la barrière, je me croyais assez forte pour changer tout ça.

Je traverse la pelouse de l'église. Plusieurs hommes en blouson, les cheveux longs et graisseux, sont étendus sur le gazon, qu'ils souillent de leur crasse. Trois filles soigneusement maquillées se glissent dans la file, l'air embarrassé.

Ça pue l'alcool. À côté d'une des portes de l'église, une poignée d'hommes silencieux sont assis sous un escalier; le blanc de leurs yeux indifférents s'illumine vaguement lorsqu'ils regardent les filles. L'un d'eux se lève, trébuche, s'accroche à moi; une femme rit, puis lui saisit le bras. Certaines de ces femmes ont les cheveux décolorés; d'autres portent des pantalons de polyester vert voyant; une femme tient un bébé dont les yeux ressemblent à deux flaques d'eau.

Oh! Michael, rien de tout cela n'aurait dû arriver! La misère n'a rien, mais vraiment rien d'attirant. J'ai bien dégringolé depuis cette nuit à l'hôpital! Je te revois: il est deux heures du matin, tu es appuyé contre un des murs de la salle d'attente, ton jean rentré dans tes bottes de cuir.

J'entre, remplis une formule d'admission en donnant une fausse adresse, puis présente ma carte d'identité à l'homme qui m'a accueillie.

— Tu n'as que quatorze ans?

— Oui.

La question: «Pourquoi?» demeure suspendue dans les airs. Je ne la pose pas. L'église est pleine de fumée de cigarette. Au milieu de cet épais brouillard, des bénévoles aux joues tombantes, la tête couverte de bigoudis, se déplacent péniblement parmi les montagnes de sacs de provisions froissés empilés autour d'elles. Ces femmes, au bord de l'épuisement, regardent parfois avec mépris ceux et celles qui leur font face.

Serrant dans mes mains mon billet rouge poinçonné, j'attends parmi une foule qui ne cesse d'augmenter. La pelouse est noire de monde. Il y a un groupe d'Indiens; leurs cheveux sont mouillés de sueur. Certains d'entre eux se tiennent par la taille; une forte odeur d'alcool les accompagne.

Après nous avoir parqués comme du bétail, on nous fait faire la queue. Nous sommes rassemblés, nous sommes seuls, debout sous les nuages entre lesquels un coin de ciel bleu apparaît parfois. Une sorte de solidarité nous lie les uns aux autres.

Je suis à l'intérieur. Une femme me tend un sac à provisions. Nous défilons devant des tables, derrière lesquelles sont alignées des bénévoles. Elles laissent tomber des paquets au fond de nos sacs. Je les remercie sans conviction;

la plupart du temps elles m'ignorent, ou bien me regardent durement, avec un visage de glace. Mais il arrive que l'une d'elles m'adresse un sourire encourageant.

Lorsque je sors de l'église, les gars sont là, arrivés de nulle part. Maintenant, la bouffe est dans le réfrigérateur: lait, carottes, vieux paquets de bonbons à la réglisse... Je ne peux rien avaler. Qu'ils mangent tout, si ça leur dit.

Hier, j'ai vu mes yeux dans le miroir. J'ai détourné aussitôt la tête, mais je n'ai pas pu résister, j'ai regardé de nouveau. Anormalement brillants. Des yeux de droguée. Dans cette maison, on fume du hasch pratiquement vingt-quatre heures sur vingt-quatre.

Depuis que Joe m'a offert mon premier joint, je n'ai jamais refusé de la drogue. Hier soir, alors que j'essayais de dormir sur le divan, Dave s'est approché de moi en me tendant une pipe remplie de hasch. Quand j'ai fait signe que non, il s'est moqué de moi jusqu'à ce que je succombe.

Le goût âpre et herbacé du hasch ne reste dans la bouche. J'ai les paupières lourdes, la gorge râpeuse. Je sais, j'ai eu tort, je l'avoue. Jamais je n'aurais dû accepter de prendre de la drogue.

Deuxième partie

du 22 juin au 14 septembre 1986

Kim, un écrivain avec lequel je suis entrée en contact par l'intermédiaire de mes amis, m'a envoyé l'argent nécessaire pour prendre l'autobus jusqu'à Ottawa. Ensuite, lui et sa petite amie vont faire en sorte que je puisse me rendre dans une banlieue près de Boston, où ils habitent. Mes bagages sont déjà empilés dans le salon. Je n'oublierai jamais les gars; ils sont pratiquement devenus ma famille.

L'un d'eux souffle paresseusement la fumée de son joint au plafond et, de sa voix rauque, déclare: «Même si on ne te connaît pas super bien, tu fais maintenant partie de notre vie. On ne t'oubliera jamais. On se demandera toujours où tu es et si tu vas bien.» Je le regarde sans rien dire, émue. Je ne sais pas si c'est parce qu'ils sont drogués, mais ces gens sont si généreux, si affectueux! Le lendemain matin, lorsque la musique stridente de Led Zeppelin me réveille, les paroles du gars tournent toujours dans ma tête. Je ne peux pas m'empêcher de pleurer.

Je me demande ce que je vais faire à quatre mille milles de ces gens qui m'aiment. Mais tout sera peut-être différent là-bas. Qui sait? Je vais peut-être arriver à résoudre mes problèmes sans avoir recours à la drogue. Mais je n'ai pas envie de quitter mes amis. Ça m'arrangerait bien si quelqu'un décidait de m'attacher à un lit ou un truc du genre.

30 JUIN

J'ai eu l'impression, durant ce voyage à travers le pays, de me balader sur une carte géographique. Ces villes qui pour moi n'étaient que des noms mémorisés pour les examens sont devenues vivantes. Elles grouillaient de monde. En Alberta et en Saskatchewan, les Rocheuses se sont enfoncées dans la terre; le paysage s'est aplati. Crystal, qui paraît toujours un peu oppressée lorsqu'elle contemple les montagnes, ne se sentirait guère en sécurité devant un tel paysage. Tandis que les arbres filaient à toute allure de chaque côté de l'autobus, j'ai repensé à mon séjour au pavillon psychiatrique et à mes rêves d'évasion.

J'aurais donné n'importe quoi pour revoir Michael emmitouflé dans son manteau brun. Je m'en foutais pas mal d'être une folle dans un monde raisonnable, j'avais besoin de l'avoir à mes côtés.

Des lacs apparaissaient çà et là sur les plaines. Le vent ridait leur surface, les transformant en milk-shakes épais. Les arbres s'accrochaient aux falaises; les nuages étaient si bas que j'aurais pu en saisir un entre les doigts et le fourrer dans ma poche.

Kim et Ruth m'attendaient à la station d'autobus. Kim est un grand type avec de longs bras (celui de gauche a brûlé au soleil tandis qu'il accourait à ma rescousse au volant de sa voiture). Une barbe en broussaille, des cheveux châtains ondulés qui commencent à se dégarnir. Ruth est petite; ses cheveux blonds flottent librement sur ses épaules.

Quelques heures plus tôt, une femme costaude aux cheveux frisés était entrée précipitamment dans l'autobus à destination de New York. Elle portait un uniforme gris et un revolver sur la hanche droite. «Douanes américaines. Tout le monde descend. Prenez vos bagages et mettez-vous en ligne!» Elle avait accompagné ses paroles d'un geste autoritaire. À la frontière, un stop au néon brillait de tous ses feux.

La panique m'a prise à la gorge; j'avais les jambes molles comme du coton. Par contre, à l'intérieur des bureaux de douane, ce fut une tout autre histoire: c'était tout juste si je pouvais m'empêcher de rire. Pourquoi s'en faire autant? De toute façon, je ne m'en sortirai pas — je suis foutue, quoi qu'il arrive; j'ai laissé mon avenir au fond d'une bouteille d'aspirines dans la pharmacie de Joe.

Ma fausse carte d'identité d'étudiante américaine m'a permis de passer sans problèmes. «Bon week-end au Canada? Ainsi, vous habitez New York! J'y étais justement la fin de semaine dernière pour magasiner.»

À New York, Kim me serre très fort dans ses bras. Il est beaucoup plus maigre que je ne le croyais. Ruth est restée dans la voiture. Elle bondit de joie en me voyant et se met à taper avec ses poings sur le plafond de la bagnole en poussant des cris de triomphe. «On a gagné!» s'écrient-ils tous les deux. Oui, mais contre qui? Malgré mon humeur morose, j'essaie de sourire. Je suis passée au travers de la souricière, mais au fond ça n'a rien changé à ma situation.

Il fait une chaleur torride. Dans la rue, un homme se gratte nonchalamment l'entre-jambes.

2 JUILLET

C'est mon anniversaire. Quinze ans. Quand j'étais petite, il y avait toujours du soleil le jour de mon anniversaire. Je me réveillais bien avant tout le monde, tout excitée. Puis je rejetais mes couvertures et sautais en bas de mon lit. Il y avait du gâteau et des sourires. Ce jour-là se passait toujours dans la bonne humeur, sans crises de colère. Mais le lendemain... Un jour — je venais d'avoir cinq ans —, ma mère s'est mise à crier après moi en balayant le plancher reluisant de la cuisine. J'étais triste. J'aurais voulu que ce soit tous les jours mon anniversaire pour qu'on ne crie plus jamais après moi.

Je me revois, couchée aux pieds de mon père, près du foyer. En adoration. Mes parents étaient des dieux.

Hier soir, j'ai dit à Kim que c'était mon anniversaire. «Tu veux qu'on te fasse un gâteau? m'a-t-il demandé en riant. On t'inviterait bien au restaurant, seulement on ne sait pas si ceux qu'on trouve ici te plairaient.»

J'ai fait non de la tête. «Laisse tomber. Je préfère ne pas y penser. Oublions mon anniversaire, ça vaut mieux.» Il faut que je me laisse le temps de guérir. C'est trop difficile d'oublier tous ces anniversaires à la maison. Pourquoi célébrerait-on mes quinze ans si loin de ma famille et de mes amis?

Kim est devant son ordinateur. La chaîne stéréo beugle sans arrêt la même musique punk. Slogans hurlés avec colère. La nuit, j'essaie de m'endormir en écoutant de la musique de méditation enregistrée au Taj Mahāl: je voudrais flotter sur ces sons harmonieux, mais je n'arrête pas de me tourner et de me retourner dans ma niche. Je rêve de Michael, je rêve que je suis en train de lui parler, puis je me réveille avec un terrible besoin d'être près de lui. On est quel jour? Mercredi? Je vais me renseigner sur ses heures de travail, puis j'irai le voir aux services d'urgence. Je fixe les yeux sur le papier peint à motifs flous et m'aperçois que je ne pourrai pas aller aux services d'urgence pour la simple et bonne raison qu'ils se trouvent à quatre mille milles de distance.

6 JUILLET

Sans inspiration. Je me promène dans les rues sans enthousiasme, ma veste en jean sur les épaules. Je me sens tellement étrangère à ces mémères assises sur leur perron, devant leur pelouse impeccable. L'air est dense et m'écrase tandis que je déambule devant les rangées de maisons. Elles sont toutes pareilles, et les arbres qui les entourent ont l'air d'être en plastique.

Rares sont ceux qui peuvent donner libre cours à leurs impulsions. Leur famille, leur métier, leurs responsabilités les en empêchent. Moi, je suis libre comme l'air. Pouvoir me déplacer d'un endroit à l'autre en savourant cette liberté est une des choses qui comptent le plus dans ma vie.

Deux gerbilles tournent en rond dans leur cage. Je me demande comment elles peuvent rester dans une cage d'à peine trente centimètres de côté, comment elles peuvent passer toutes ces années, et parfois leur vie entière, derrière ces barreaux de fer, avec pour seul amusement une petite roue qui tourne furieusement. Et pourtant, si je les relâchais, elles n'auraient aucune chance de survivre. Aurais-je fait la même chose si j'étais restée chez moi? La maison de mes parents était semblable à une prison; j'en ai forcé les barreaux, puis j'ai fait le saut dans un monde inconnu. Un monde nu, brutal, dans lequel je me trouve totalement démunie. Pourquoi ne m'est-il jamais venu à l'esprit que les barreaux d'une cage pouvaient aussi protéger?

Malgré tout, je crois qu'il est préférable de mourir libre que de mourir seule et à moitié folle dans une chambre. L'épaisseur de l'air me donne mal aux yeux et à la tête; la chaleur est insupportable. Une autre mauvaise nuit en perspective.

7 JUILLET

Il était une fois un homme qui s'appelait Michael. C'était un travailleur social qui œuvrait pour les services

79

d'urgence, ce département des services sociaux qui reste ouvert vingt-quatre heures sur vingt-quatre. Et puis il y avait une jeune fille qui, ayant abandonné son foyer et son identité, s'est mise à compter sur lui. Alors, elle a commencé à écrire des choses sur le jeune homme en question, jusqu'à ce que ses lecteurs fantômes émettent un bâillement collectif.

Tout cela n'a pas d'importance. La jeune fille sait très bien qu'elle se nourrit de chimères lorsqu'elle se dit qu'un jour ses lecteurs vont se mettre à exister et que ses gribouillis vont se transformer en livre. Auparavant, il y avait tous ces journaux intimes qu'elle tenait depuis l'âge de six ans, mais elle s'est enfuie et a réduit à néant ces innombrables pages noircies. Pour se consoler de cette perte, elle s'est mise à noter ses découvertes et ses désillusions, processus d'apprentissage qui va précéder son anéantissement. Elle n'a aucune motivation, si ce n'est que l'écriture signifie pour elle vie et liberté intérieure.

J'aime bien Kim et Ruth, mais j'ai beaucoup de mal à supporter certaines choses dans cette minuscule banlieue: la chaleur, mes allergies, le manque d'amis, la privation d'identité. J'essaie de rester sagement à la maison, sortant le moins possible pour éviter de me faire repérer. La vie d'une immigrante illégale n'a rien de passionnant; la fascination disparaît très vite dans la grisaille de la vie quotidienne.

* * *

Encore saoule. Loin de l'être au point de ne pouvoir écrire, mais complètement dépourvue d'inspiration. Ma main ne fait que tracer des mots sur le papier, machinalement. La pièce dans laquelle je me trouve sent la menthe que ma mère cueillait dans son jardin. La nuit dernière, j'ai rêvé que mes parents me pourchassaient. Je courais comme une folle en criant, mais ils refusaient d'abandonner la partie.

Je tombe, je tombe dans un abîme. Si seulement j'avais quelqu'un à qui me raccrocher...

8 JUILLET

Aujourd'hui, j'ai parlé à un gardien de sécurité. Jeune. Les cheveux blond roux décolorés, des yeux comme des miroirs. Il portait une chemise blanche amidonnée, un revolver sur la hanche. Ça faisait un quart d'heure qu'il était planté devant une échoppe, bavardant avec la vendeuse. Je me suis avancée vers lui pour lui demander où se trouvait le poste de police le plus proche.

Je me voyais dans ses yeux. «Qu'est-ce qui ne va pas?» m'a-t-il demandé.

Qu'est-ce qui ne va pas? Comment faire pour résumer ce qui m'est arrivé depuis trois mois et demi? La seule chose que ce long voyage m'a apprise, c'est que les frontières et les kilomètres ne m'empêcheront pas d'éclater un jour, pas plus qu'ils ne contiendront indéfiniment cette rage qui, en moi, frappe violemment contre les barreaux de mon corps et qui veut sortir à tout prix. Je m'étais trompée en croyant que le fait d'aller loin me procurerait non seulement l'illusion d'être libre, mais un sentiment d'infaillibilité, de pouvoir et d'audace provocatrice. Est-ce May qui m'a demandé un jour pourquoi j'accordais tant d'importance au pouvoir? J'ai hoché la tête et changé de sujet, car elle se trompait — je voulais la liberté, rien d'autre.

Qu'est-ce qui ne va pas? Ce qui ne va pas, c'est que j'ai tout fichu en l'air: mon cerveau, mon corps, mes relations avec les autres; j'ai tout simplement dépassé les limites. C'est aussi simple que ça. Pendant une brève période, j'ai cru qu'il était impossible de tomber plus bas, mais c'est faux, lorsqu'on en arrive à ce point, on se rend compte que l'abîme n'a pas de fond et qu'on s'y engloutit de plus en plus profondément. J'ai une vie à vivre — mais sans règlements, sans frontières, sans conscience. C'est ce qui pend au nez de ceux qui s'arrachent à leur asservissement.

C'est aujourd'hui que l'on doit nommer, en cour, ceux qui vont me prendre en charge. À l'heure qu'il est, une certaine May Wong au teint cireux et au sourire moqueur se trouve au tribunal pour enfants, convaincue que les services sociaux vont me retrouver. Quelle a été la décision du juge? La sentence se balance au-dessus de ma tête comme l'épée de Damoclès: mes parents ou le gouvernement. Je serais contente d'être placée sous tutelle judiciaire. Ça me mettrait à l'abri des accidents — je pourrais cesser d'avoir peur des ruelles où on vous entraîne derrière des poubelles pour vous empoigner les seins. FINI LES RUELLES!

— Qu'est-ce qui ne va pas? a répété le gardien de sécurité en fixant sur moi ses yeux pâles.

— Tout va bien, lui ai-je vivement répondu. Les muscles de son visage se sont détendus, puis il m'a indiqué du doigt la sortie la plus proche: à gauche, puis à droite, puis sous le pont et de nouveau à droite. Ayant décidé entre-temps de ne pas aller au poste de police, je me suis assise sur un banc pour me plonger dans la lecture du journal.

Ce soir, alors que nous étions assis autour de la table de la cuisine, Kim m'a regardé d'un air pénétrant et a laissé tomber: «Tu ne penses pas à te rendre à la police, n'est-ce pas?» Difficile de le regarder dans les yeux après cette question, mais j'y suis quand même arrivée. Puis je me suis mise à rire en secouant négativement la tête.

«Grand Dieu, non! Qu'est-ce que tu vas chercher?»

9 JUILLET

J'ai la nostalgie de ces après-midi d'été ensoleillés où, après avoir jeté nos sacs d'école dans un fossé, mon amie Lana et moi nous étendions dans les hautes herbes bordant le trottoir. Puis nous sautions la clôture de pierre de la cour de mes parents pour aller jouer avec les chiens de Lana. Une chose vient de me frapper: si les gens se comportaient tous comme moi, le monde n'arriverait à rien. Parfois il m'arrive de remettre en question le bien-fondé de toute création, surtout quand on sait que tout ce que l'on construit finira un jour par être détruit — pas nécessairement à cause d'une guerre nucléaire, mais en raison des entreprises d'autodestruction dans lesquelles l'être humain finit toujours par s'engager. Rien n'est éternel (excepté la mort).

Les cimetières sont merveilleusement simples. Quand j'étais plus jeune et qu'une mince couche de duvet me couvrait encore les joues, je fréquentais une école d'été située près d'un cimetière. Après la classe, je marchais jusqu'à la voiture, aux côtés de ma mère, lui tenant la main, chassant de mon visage les moustiques qui sortaient des buissons. Je l'aimais dans ce temps-là. Je suis sûre de l'avoir aimée.

J'aimais mes parents. Mes souvenirs d'enfance sont comme des photographies: assise sur la banquette arrière d'une voiture; buvant, un jour de grosse chaleur, une limonade rafraîchissante; debout devant une tente indienne; posant avec de la barbe à papa bleue dans une foire. Des photos dans un album. Mais j'ai appris que les photographies sont non seulement inutiles, mais elles sont encombrantes lorsqu'on voyage. À la fin de mon existence, je me rendrai sans doute compte que j'ai vécu une vie tout à fait anonyme. Tout est éphémère. Même ces pensées que je griffonne dans mon journal malgré la chaleur desséchante — à vrai dire, ce ne sont même pas des pensées, ce n'est rien de plus que les mouvements de mes doigts sur du papier. Est-ce que tout cela est juste?

Rien n'est différent de Vancouver dans cette banlieue. À part ceci: je n'ai rien à faire ni personne à voir. On ne peut pas dire que ce soit rassurant. Peut-être suis-je venue ici pour trouver quelque chose. Mais voilà, je n'ai rien trouvé. J'en ai marre de moi-même.

10 JUILLET

Je me suis mise à pleurer en pensant à Crystal et à sa froideur. Un jour, elle m'a dit qu'il fallait que je sois forte, puis elle m'a serrée affectueusement dans ses bras. Je la vois encore entrer dans la cuisine comme un bolide, ses cheveux flottant sur son grand manteau noir couvert de badges de toutes les couleurs, puis laissant tomber ses sacs de provisions pour me serrer sauvagement dans ses bras: «Je suis si contente de te voir! Que s'est-il passé?»

Et Tommy. Sa patience, sa joie de vivre, ses yeux remplis d'affection. Tout cela me manque terriblement. Tommy qui voulait être enfermé avec moi dans cette cellule, sur la côte, pour que je n'aie pas à rester toute seule. Quand j'ai envie de voir les flics, ils sont invisibles, et quand je n'ai pas envie de les voir, c'est le contraire, ils sont toujours là à m'attendre, comme au traversier. C'est toujours la même histoire. On croit qu'on les a eus parce qu'on a bu ou fumé de la drogue ou traversé la frontière sans se faire pincer, mais en réalité ce ne sont là que des victoires bien illusoires. Des victoires qui se retournent contre vous sans avertissement pour vous flanquer une gifle.

Il n'y a plus d'homme en camionnette rouge qui s'arrête à ma hauteur à deux heures du matin et qui pose une main sur mon épaule pour m'empêcher de casser en mille morceaux. Plus de travailleurs sociaux prêts à me sauver de moi-même.

Michael. Je suis désolée d'avoir fait de toi un être qui n'existe pas. Il fallait que quelqu'un soit là lorsque tout a commencé, c'est toi qui t'es présenté. Je ne te connaissais pas; tu n'étais pour moi qu'une entité au sein d'une agence gouvernementale. Un jour, Kristin m'a assuré qu'elle se sentait profondément concernée par tout ce qui m'arrivait; c'est sur ce même ton embarrassé, emprunté, que tu m'as dit que je comptais beaucoup pour toi. Qui dit que tu n'as pas prononcé ces mots en te forçant, en serrant les dents? Je serais curieuse de savoir à combien d'individus tu as raconté la même blague. Si tu n'avais pas eu ces yeux fatigués et ce sourire charmeur, je ne serais jamais tombée dans les griffes du système. Mais ça n'arrivera plus. PLUS JAMAIS.

11 JUILLET

Kim, assis à la table de la cuisine, lève les yeux et me regarde bien en face. «Tu es libre de retourner à Vancouver. Tu peux même partir aujourd'hui, si tu veux.»

Ruth, remuant sa crème glacée d'un air distrait, reste silencieuse. J'entame la mienne avec un intérêt soudain. Les yeux de Kim sont légèrement voilés, impénétrables.

«Je suis sûre que dans quelques années j'aurai envie de rentrer à Vancouver. Mais pas maintenant. Pour l'instant, je veux vivre aussi loin du système que possible.»

Ils se mettent à rire, puis on parle d'autre chose. Trop tard.

Ce soir, on est allés faire un tour au Harvard Square. Les étoiles avaient l'air de se balancer ironiquement dans la voûte céleste, au-dessus de la cité universitaire et de ses jeux de lumière. Des verres s'entrechoquaient. Des gens étaient rassemblés autour d'un orchestre; un parfum capiteux planait dans l'air pourpre. Des types aux cheveux mi-longs, vêtus de jeans troués avec des symboles pacifistes dessinés sur les genoux, marchaient à grandes enjambées sur les pavés ronds; une bande de filles portant des colliers de perles les suivaient, laissant derrière elles une odeur de santal. Des hommes plus âgés, barbus, le nez surmonté de lunettes à monture métallique, me dépassaient d'un pas plus mesuré, suivis de femmes mûres aux cheveux longs, enveloppées dans des châles ruisselant de franges. L'air de la nuit était rempli de musique et d'excitation. Il m'enveloppait comme une force vive, essayant de pénétrer en moi, mais je restais lucide, l'esprit entièrement tourné vers l'extérieur.

La nuit était parsemée d'étoiles; les promeneurs riaient. Le vin coulait en tournoyant dans les verres, sous les yeux brillants des convives. Tout les matériaux nécessaires à un roman à l'eau de rose étaient là, et les vendeurs de drogue aussi. Malheureusement, je n'avais pas un sou.

Peut-être finirai-je par gagner ma vie en vendant de la drogue, puis j'écrirai un best-seller sur mes expériences. Gloire et fortune assurées. Heureuse jusqu'à la fin de mes jours.

Vancouver me manque, ainsi que ces hommes aux yeux vitreux qui me glissaient des petits paquets de hasch aux arrêts d'autobus. La sécurité offerte par les services d'urgence me manque également, sans parler d'un travailleur social du nom de Michael qui, pour moi, était comme un phare allumé dans la nuit.

16 JUILLET

Hier soir, dans un square, j'ai téléphoné aux flics pour leur dire, en prenant l'accent américain, que j'avais rencontré une jeune Canadienne qui s'était enfuie de chez elle. Après avoir décrit les vêtements qu'«elle» portait, j'ai raccroché et je me suis assise sur un banc au milieu du square désert. Quelques minutes plus tard, une voiture de police est arrivée et s'est arrêtée devant moi. Un jeune policier au teint basané en est sorti avec, sur les lèvres, un petit sourire ironique.

«J'ai à te parler», a-t-il dit en posant une main réconfortante sur mon épaule. Je me sentais étrangement vide; j'avais l'impression de flotter. Il m'a interrogée pendant plusieurs minutes, me regardant avec attention. Je n'ai presque rien dit; j'étais fatiguée. Comme l'aurait si bien fait remarquer un travailleur social des services d'urgence, *je jouais aux charades*.

Le flic a été extrêmement gentil, du moins jusqu'à ce que je lui dise d'aller se faire foutre. Sur ce, il m'a saisi les poignets pour me passer les menottes. Il y avait dans son regard un curieux mélange de tristesse et de colère. Au poste de police, on a passé quelques heures à discuter de choses et d'autres en compagnie d'un officier. Tandis que ce dernier me parlait sur un ton paternel, le policier, lui, m'adressait des sourires rassurants. Les circonstances se prêtaient mal aux mensonges: difficile d'inventer une histoire. Comment étais-je arrivée à Boston? Où est-ce que je

87

logeais? Depuis combien de temps? Mes réponses étaient ponctuées de silences interminables, mais cela ne semblait pas trop les déranger. On a surtout parlé de la vie. En fin de compte, le policier a dû nous quitter, mais l'officier, lui, est resté. Après le départ de son confrère, il est allé acheter du café et des beignes.

Puis il a téléphoné aux services d'urgence à Vancouver. Mais il fallait aussi me trouver un endroit pour la nuit. L'officier a contacté plusieurs services sociaux, mais en vain, la plupart d'entre eux n'acceptant pas de gens venus de l'extérieur. Nos regards se sont croisés au-dessus de son bureau, puis il a secoué la tête, découragé. Plus tard, il a réussi à joindre la responsable d'un service social appelé Bridge Over Troubled Waters, qui s'occupe de jeunes fugueuses, de droguées et d'alcooliques. Il lui a expliqué que je ne désirais pas vraiment habiter dans une maison pour adolescentes, que je souhaitais plutôt vivre d'une manière indépendante ou dans une famille adoptive.

Pendant que nous attendions Janet, la responsable, l'officier est sorti de son bureau un moment. Quelques instants plus tard, il est réapparu avec un tee-shirt portant l'emblème des forces de l'ordre de Boston. Il m'a tendu le vêtement avec un sourire timide qui, dans son visage charnu, m'a paru un peu ridicule.

— Je ne veux pas que tu nous oublies. Alors, voici un souvenir du poste de police de Boston.

Je ne savais pas si je devais rire ou pleurer. J'ai pris le tee-shirt et j'ai dit merci.

Janet est une jeune femme énergique qui ne mâche pas ses mots. Elle est très engagée dans le mouvement pour la paix. Elle m'a conduite en voiture à une maison pour adolescentes autonomes, située dans une banlieue de Boston. La maison peut loger jusqu'à douze filles; heureusement pour moi, il restait de la place. Les résidantes étaient toutes couchées. Après avoir pris ma douche, je me suis immédiatement mise au lit, fort contente de me retrouver dans des draps propres. Je n'avais pas grand-chose avec moi, mais je m'en fichais: mon journal, les vêtements que je portais et deux plaquettes de LSD subtilisées à Kim. Je me suis assise sur le couvre-lit rose et, dans l'obscurité totale, je me suis séché les cheveux. Il y avait de la lumière chez les voisins, je les voyais à travers le moustiquaire. Un bébé vagissait dans la chambre à côté. Je songeais à Kim et à Ruth. J'avais peur — ce qui venait de se passer me rappelait ma fuite, puis ma douleur et ma culpabilité. J'ai eu beaucoup de difficultés à m'endormir.

Le lendemain, à sept heures du matin, la responsable du foyer m'a réveillée. J'avais peine à ouvrir les yeux. C'est devant la salle de bain, que chacune réclamait à cor et à cri, que j'ai fait la connaissance des autres résidantes. Deux des filles ont un enfant — l'une un garçon, l'autre une fille. Les bambins ont les cheveux frisés. Ils bavent encore: ils ont un an à peine. La responsable du foyer est une vieille femme un peu revêche qui fait régner la discipline dans la maisonnée.

Vers huit heures et demie, j'ai téléphoné à Kim pour lui dire que tout allait bien. J'ai dû lui mentir; je détestais ça. Avec le plus grand calme, il m'a répondu qu'il comptait téléphoner aux services d'urgence pour essayer de les persuader de me laisser aux États-Unis pour un certain temps.

Une jeune fille en «réadaptation» à Bridge Over Troubled Waters est venue ce matin. Elle est chargée de placer les jeunes fugueuses. Nous avons pris l'autobus, puis le métro jusqu'au centre-ville de Boston; elle m'a raconté qu'elle avait fait le trottoir pendant trois ans et qu'elle était devenue droguée et alcoolique.

À Bridge, j'ai rencontré Allan, le collègue de Janet. On m'a dit de rester dans la salle d'attente avec trois gars. L'un d'eux avait la tête recouverte d'une masse de cheveux bruns frisés. Si l'on faisait exception de ses yeux, qui n'avaient pas la douceur de ceux d'un jeune chiot, il ressemblait beaucoup à Tommy; ses vêtements noirs tailladés étaient couverts de chaînes. On s'est lancés tous les quatre dans une conversation sur la drogue et sur la vie dans la rue. Le garçon aux cheveux frisés, qui fait plus vieux que ses quinze ans, me regardait d'un air interrogateur. Sa voix était étonnamment douce.

Ces trois adolescents sont restés dans la rue pendant des périodes allant d'une semaine et demie à plusieurs mois. On a parlé des drogues qu'on peut trouver facilement à Boston et à Vancouver. Au fond de moi-même, je me sentais triste; j'aurais voulu les aider, en particulier le garçon qui ressemble à Tommy. Mais je riais quand même quand ils racontaient leurs blagues sexistes; je riais et me sentais en sécurité, loin des services d'urgence.

Frank a appelé de Vancouver. J'ai pris le téléphone dans le bureau de Janet. Je l'entendais très mal à cause de la distance, mais son message a été on ne peut plus clair. Je regardais par la fenêtre, essayant de concentrer mon attention sur Boston Common. Un tramway est passé lentement dans la rue. Les poings serrés, j'ai regretté une fois de plus que les trente aspirines n'aient pas produit leur effet.

Frank m'a d'abord dit tout net que le billet d'avion pour Vancouver coûterait six cent treize dollars et que je pouvais être sûre et certaine qu'il n'allait pas cracher le fric pour me permettre de m'enfuir une fois de plus. Mes parents sont censés payer une bonne partie du billet. «Il y a des tas de jeunes qui ont besoin d'aide, alors je ne vais pas perdre mon temps à me casser la tête pour toi si tu continues à vouloir te débrouiller toute seule.»

Il m'a annoncé que la date de ma comparution au tribunal avait été remise au 5 août, parce qu'il fallait que je sois là en chair et en os — «et de préférence en bon état». J'ai réitéré mon désir d'être placée dans une famille adoptive, mais il a refusé catégoriquement. Il m'a donné une heure pour décider si je voulais retourner ou non à Vancouver; il faut que je tienne compte du fait qu'un Canadien ne bénéficie pas de services à long terme aux États-Unis. Je n'ai pas le choix, dirait-on. Il faut que je rentre... Je caresse tendrement le LSD dans la poche de ma blouse.

17 JUILLET

Je passe mes nuits dans ma famille adoptive et mes journées à Bridge Over Troubled Waters, où j'ai de longs entretiens avec Janet et Allan. Ils s'occupent constamment de moi. À présent, je crois être en mesure de rentrer à Vancouver sans risquer de tout gâcher. Janet et Allan m'ont apporté la stabilité qui me manquait. Avec eux, pas de sermons; ils m'ont vraiment aidée à voir les choses différemment. Ils croient que je mérite d'être aidée et que la première chose à faire est d'essayer de convaincre les services sociaux de Vancouver de ne pas me renvoyer chez mes parents.

18 JUILLET

Ce matin, avant d'aller au centre, j'ai pris l'acide qui me restait. C'est effrayant de voir à quel point la drogue peut tout foutre en l'air. Tout ce que Janet et Allan m'ont aidée à construire ces derniers jours s'est effondré. Tout cela à cause d'un petit carré de papier humide. Avec quelle avidité je me suis léché les doigts après avoir placé le buvard sur ma langue! Quelle dérision!

Je me suis rendue au centre sans trop de difficultés. Le responsable m'avait conduit en voiture jusqu'à la station de métro, où j'ai pris une rame à destination de Boston Common. En cours de route, j'ai aperçu une fille que j'avais rencontrée le jour précédent dans la salle d'attente. Elle allait au centre elle aussi. On a décidé d'aller se promener d'abord dans le centre-ville et dans la «zone de combat», le quartier réservé situé aux abords du Chinatown où, hier, un ivrogne m'a lancé une bouteille à la tête. Le quartier grouillait de prostituées et de vendeurs de drogue. Une odeur nauséabonde flottait dans l'air; sur le trottoir, de pauvres femmes aguichaient des hommes aux yeux luisants d'envie. Au milieu de la poussière qui tournoyait, des travailleurs de la construction, une cigarette au bec, fumaient en regardant les filles. L'air chaud, pollué, se mêlait à la saleté; on pataugeait dans les ordures.

C'est lorsque nous nous sommes assises dans la salle d'attente que l'acide a commencé à faire son effet. J'en connaissais bien les symptômes: une boule dans la gorge et un sentiment pénible de lourdeur dans la poitrine. Les bonbons d'un casse-tête Lifesavers accroché au mur d'en face se tortillaient comme de grosses chenilles colorées. J'ai dit à la fille que je tripais. Elle est restée là, amorphe.

Janet est entrée et m'a fait signe de la suivre dans son bureau. Quand elle m'a demandé comment j'allais, j'ai répondu: «Pas mal», puis j'ai éclaté en sanglots. Je me suis précipitée aux toilettes. Au bout de quelques minutes, elle m'a fait sortir de force et m'a obligée à la suivre jusque dans Boston Common. On s'est assises au pied d'un monument et je me suis mise à rire stupidement sans pouvoir me dominer. J'ai dû m'appuyer sur elle pour rentrer au centre. Tout était devenu trop brillant, trop coloré; tout vacillait autour de moi. À ma demande, Janet m'a laissée seule dans un des bureaux. Quand elle est partie, j'ai appuyé mon front contre la vitre de la fenêtre donnant sur Boston Common. La vitre s'est déformée et j'ai cru un instant qu'elle allait éclater sous la pression de ma tête et se répandre en mille morceaux sur le trottoir. Quand Janet est revenue, j'avais les yeux fixés sur une photo encadrée représentant des paniers de fleurs à l'intérieur d'une serre. Les feuilles et les pétales bougeaient, puis elles se sont mises à danser; j'ai dû faire un effort pour détourner les yeux.

Nous sommes allées dans son bureau où, recroquevillée sur une chaise, j'ai piqué une crise de nerfs. Je me protégeais la tête avec mes bras. Des policiers en uniforme bleu m'encerclaient; tantôt ils faisaient de grands gestes de la main en riant, tantôt ils se précipitaient sur moi avec des bâtons. Je criais à tue-tête que personne ne m'obligerait à retourner à Vancouver. Personne ne me forcerait à revoir cette bande d'enculés de travailleurs sociaux, et encore moins mes parents. C'est à ce moment-là que Allan est arrivé. Il m'a emmenée à la clinique dentaire, où c'était plus tranquille. Mais à la vue des murs nus je me suis remise à crier.

De retour dans la pièce aux fleurs dansantes, où se trouvait Janet, j'ai bredouillé de vagues menaces à propos de May. «Elle est si petite», ai-je ajouté. Puis j'ai déclaré que j'allais me suicider. Je me disais que l'acide supprimerait les pensées parasites et atténuerait ma culpabilité. Mes yeux étaient posés sur mes poignets, recherchant l'emplacement des veines. La drogue me donnait l'impression qu'ils étaient très vigoureux. Au fond, ce serait comme découper un morceau de viande, pensai-je.

Janet ne voulait pas me quitter. Entre-temps, la pièce s'était vidée et tout était redevenu calme — jusqu'à ce que deux ambulanciers en uniforme vert olive surgissent dans l'embrasure de la porte. C'est ce qui a fait déborder le vase. Derrière eux se trouvaient d'autres hommes en uniforme, parmi lesquels des policiers. J'ai perdu la tête. Ils m'ont coincée près de la fenêtre, devant le radiateur. Je me suis défendue à coups d'ongles et de pied, criant comme une possédée. Ils ont dû se mettre à plusieurs pour m'étendre sur une civière, puis quelqu'un m'a passé les menottes et attachée solidement. J'étais complètement immobilisée. Il paraît qu'un des policiers s'est montré excessivement brutal, c'est du moins ce que Janet m'a dit après; l'assistant des ambulanciers se serait d'ailleurs excusé de la conduite de ce type. Plus tard, je me suis aperçue que mes cuisses et mes bras étaient couverts de bleus et que mon coude droit dégoulinait de sang.

Les gyrophares orange des ambulances tournaient. J'avais la tête vide; par moment, j'oubliais que Janet était assise à mes côtés. J'avais l'impression d'être dans une chambre à coucher plutôt que dans une ambulance. Je venais tout juste de me réveiller d'un étrange cauchemar.

On m'a amenée directement à la salle d'urgence de l'hôpital. J'y ai passé la journée; Janet est restée avec moi jusqu'à l'heure du souper. Puis un psychiatre est venu me voir. Je serais curieuse de savoir combien de drogués ont réussi à parler avec un psychiatre sans que celui-ci s'aperçoive qu'ils avaient pris de l'acide. Ce n'est pas si simple. Je n'arrêtais pas de me perdre dans le labyrinthe de mes pensées et j'oubliais souvent les questions qu'il me posait.

Le psychiatre a mis fin à notre entretien en me disant que j'étais une fille extraordinaire. «J'aurais bien aimé te recontrer en d'autres circonstances», a-t-il ajouté. Puis il s'est levé, me laissant là, bouche bée.

Malgré mes supplications et mes protestations, il a été décidé que je passerais au moins une nuit à l'hôpital. Je ne suis pas allée aux toilettes de la journée: une infirmière est censée vous accompagner — incroyable! Je fais les cent pas; c'est à mourir d'ennui. Il est question que Frank prenne l'avion pour venir me chercher. Ils disent qu'on ne peut pas compter sur moi pour rentrer toute seule.

Je suis fatiguée. Un image flotte dans ma tête: celle d'un jeu de cubes multicolores s'effondrant sur le sol. Je ne reverrai sans doute plus Allan. La dernière chose que je lui ai dite, à lui comme aux autres, était d'aller se faire foutre.

20 JUILLET

Ça fait déjà plusieurs heures que l'avion a décollé. À six heures du matin, l'infirmière m'a réveillée. J'ai dû attendre les policiers une bonne demi-heure. J'avais été tenue éveillée presque toute la nuit par des infirmières qui changeaient de poste et des médecins qui entraient tranquillement dans ma chambre avec des lampes de poche. Maintenant, je suis coincée à l'arrière de l'avion, assise à côté d'une vieille femme bavarde qui essaie constamment d'engager la conversation. On me surveille, on m'escorte quand je vais aux toilettes. J'en ai marre.

Une infirmière, un policier et un gardien de sécurité m'ont conduite à l'aéroport. Ils étaient tout le temps sur mes talons, l'un devant moi, l'autre derrière, et le troisième un peu plus loin. Pendant le trajet en voiture, je mourais d'envie de fendre la grosse tête chauve du gardien de sécurité de l'hôpital avec une hache. J'aurais voulu voir son sang et des morceaux de sa cervelle se répandre partout dans la voiture.

Pendant notre escale à Chicago, plusieurs stewards et hôtesses de l'air m'ont surveillée; ils avaient sans doute peur que je quitte l'avion! Quand nous arriverons à Vancouver, ma rage aura sans doute fait insensiblement place à la peur, mais ça ne changera rien à mon attitude. Si les travailleurs sociaux me posent trop de questions, je ferai ce que Ruth m'a conseillé: je me roulerai en boule dans un coin.

Ils ne réussiront jamais à me culpabiliser. Quel ennui d'être dans cet avion avec cette grosse femme en pantalon de polyester à fleurs qui ne cesse de lancer des coups d'œil furtifs à mon journal! Je suis furieuse contre ces gens qui, après m'avoir dit qu'ils voulaient m'aider, m'ont serrée hâtivement dans leurs bras et repoussée presque aussitôt.

J'en ai marre. J'en ai marre de ne pas pouvoir aller aux toilettes toute seule. Je n'ai pas besoin d'acide; je n'ai pas besoin de béquilles.

21 JUILLET

Il y a quatre mois que j'ai quitté mes parents. Une éternité. Les voix des travailleurs sociaux résonnent encore dans ma tête: «Evelyn, tu ne crois pas qu'il est temps de rentrer à la maison?» Je ne peux pas; ma seule certitude, c'est que je ne peux pas, alors je m'y accroche.

J'étais aux toilettes lorsqu'on a annoncé l'atterrissage à l'aéroport Richmond et qu'on a demandé aux passagers de bien vouloir attacher leur ceinture. Pendant un moment, j'ai été prise de panique. Je suis sortie et me suis collée à la porte de secours, la tête appuyée contre le hublot. Le ciel était bleu; des nuages anémiques couraient dans l'air vaporeux. La terre, couverte de carrés multicolores, ressemblait à un casse-tête. Le souvenir du pavillon psychiatrique ne cessera jamais de me hanter — les quatre murs, la caméra, les seringues, la toilette en métal. Cette peur ne me quittera jamais. Il y a des endroits où, peu importe où l'on se tourne, on ne voit que des murs stériles, des endroits dont on ne peut s'échapper, excepté par la mort.

Une hôtesse de l'air portant une jupe moulante et des talons hauts m'a accompagnée aux douanes. J'ai cherché désespérément un moyen de m'enfuir — j'aurais pu semer l'hôtesse sans trop de difficultés —, mais l'aéroport, en plus d'être immense, fourmillait de monde et de gardiens de sécurité.

Le travailleur social censé venir me chercher n'était pas encore arrivé et on m'a laissée dans une salle d'attente à l'intérieur des douanes. Une employée aux yeux très maquillés me regardait avec mépris tandis que je me marchais de long en large. Je ne pouvais pas rester en place. Pour finir, je me suis assise en face d'un petit homme qui se trouvait également dans la salle — un pauvre malheureux approchant la quarantaine, recroquevillé sur lui-même, les jambes tremblantes. J'ai aussitôt engagé la conversation et je ne l'ai pas regretté, car, lorsqu'il m'a raconté son histoire, ma peur a fait place à la colère. Cet homme, originaire des Philippines, a utilisé une fausse carte d'identité pour entrer à Vancouver. Mais il a fini par se faire attraper.

Un employé des douanes est venu lui dire qu'il serait placé pendant vingt-neuf heures dans une cellule de la Gendarmerie royale, après quoi on le renverrait dans son pays. Une terreur panique se lisait sur le visage maigre et sombre du malheureux. Quelque chose a éclaté en moi, qui s'est mis à faire rage comme un feu de fournaise — des images de la cellule à la GRC, sur la côte, le vomi dans le lavabo, les lumières fluorescentes. Tout tournait furieusement dans ma tête. J'ai dit à l'employé qu'il n'avait pas la moindre idée de ce que c'était que d'être enfermé dans une cellule. Il devait certainement y avoir d'autres solutions. Et si on le plaçait dans un foyer? Et si...?

— Ferme-là! s'est-il contenté de répondre.

L'hôtesse de l'air a fini par retrouver le travailleur social des services d'urgence qui, apparemment, était là depuis plusieurs heures. Il y avait eu un malentendu: on lui avait dit de m'attendre dans une autre section de l'aéroport. J'ai dit au revoir au petit homme tremblant, qui m'a remerciée. Cette rencontre m'a vraiment réchauffé le cœur, mais je regrette de n'avoir pas pu l'aider.

Le travailleur social m'a emmenée en voiture jusqu'à Seymour House, une maison d'aide d'urgence pour adolescents! J'avais envie de sauter de joie sur mon siège et de donner des coups de poing au plafond en poussant des cris de triomphe, exactement comme l'avait fait Ruth. Quels cons! Je vais pouvoir m'enfuir sans la moindre difficulté.

Le soir

Pendant que je regardais un film à l'étage, je me suis à moitié endormie. J'étais fatiguée de mon voyage et j'aurais dû me mettre au lit. Il fallait que je sois en forme pour rencontrer Frank le lendemain matin. J'aurais dû être raisonnable, accepter de rester là où le système m'avait placée. Mais quelque chose en moi se révoltait. Après avoir promis que je remonterais avant minuit, j'ai dit bonsoir et je suis descendue, puis je me suis dirigée vers la porte d'entrée. Le travailleur social m'a arrêtée pour me demander à quelle heure je voulais qu'on me réveille le lendemain matin.

Le lendemain matin! Pourquoi les autres mènent-ils une vie normale et pas moi? Pourquoi les autres savent-ils toujours à quoi s'attendre quand ils ouvrent les yeux le matin? Pourquoi les autres ne ressentent-ils pas comme moi un besoin constant de fuir? J'ai répondu, en haussant les épaules, que je serais probablement réveillée avant que Frank ne téléphone. Puis je suis sortie et j'ai refermé la lourde porte blanche derrière moi. L'air vivifiant de la nuit m'a redonné des forces et le vague sentiment que tout allait bien.

J'ai commencé par téléphoner à Kim et à Ruth. Quand j'ai réalisé que je les avais réveillés (j'avais oublié le décalage horaire), j'ai pouffé de rire. On ne peut pas dire que mon appel les ait transportés de joie, mais ils ont quand même essayé de me remonter le moral.

Je me suis ensuite dirigée vers l'ouest de la ville, où habite une amie journaliste. Avant mon départ pour Boston, elle m'avait dit qu'elle ne voulait plus jamais me voir traîner dans la rue et que, bien que son appartement soit très petit, je pouvais habiter chez elle pendant quelque temps. J'aurais préféré passer la nuit dans la rue pour prouver mon indépendance, mais j'avais grand besoin d'une douche.

Elle est restée bouche bée lorsqu'elle m'a vue devant sa porte. Un peu plus tard, confortablement installée dans un sofa imprimé de fleurs de style oriental, je lui ai raconté très brièvement ce qui m'était arrivé depuis notre dernière rencontre. Son anxiété à propos de mon vagabondage nocturne semblait s'être évaporée. Je regardais ses paupières se plisser sur ses yeux noirs, ses lèvres rouges et brillantes se mouvant avec lenteur me fascinaient. Ses deux sœurs étaient en visite pour la semaine; il n'y avait pas de place pour moi dans l'appartement.

J'ai haussé les épaules, puis je lui ai dit que de toute façon je n'étais pas fatiguée. En plus, son petit appartement tiré à quatre épingles me tapait sur les nerfs; j'avais l'impression d'être dans une maison de poupée où on ne peut pas toucher un objet sans craindre de le briser. Elle m'a conseillé de rentrer chez mes parents. C'est alors que ses sœurs ont fait leur apparition. Un silence embarrassant s'est installé, qui s'est prolongé jusqu'à ce que je me décide à me lever en leur débitant la phrase consacrée: «Eh bien, il se fait tard, je crois que je vais rentrer.»

Mon amie, dans l'embrasure de la porte, m'a adressé un sourire indulgent. «Bon, qu'est-ce que je fais, maintenant?» me suis-je alors demandé. Je me suis dirigée vers le centre-ville d'un pas rapide, me reprochant d'être assez stupide pour m'imaginer que la voiture gouvernementale de Michael allait s'arrêter à ma hauteur et que j'allais enfin me sentir en sécurité. Je suis montée dans un autobus avec l'intention de me rendre chez la mère d'une activiste politique.

Une vieille maison cachée sous les arbres. Deux heures du matin. Je mourais de faim; j'étais sale et épuisée. Après avoir traversé la pelouse en trébuchant, cernée de tous côtés par des toiles d'araignée, je suis arrivée devant les marches de la porte d'entrée. Une femme aux cheveux blancs a ouvert prudemment la porte, les yeux plissés, me regardant d'un air soupçonneux. Elle m'a finalement reconnue. La maison était dans un désordre épouvantable; le chat m'a mordue lorsque j'ai voulu le caresser. La femme m'a servi un repas gargantuesque, me traitant comme si j'étais sa fille. Plus tard, je me suis endormie sur le canapé, fatiguée de réfléchir sans arrêt.

Ce matin, après le petit déjeuner, j'ai téléphoné à Kim; je suis restée sans voix lorsqu'il m'a annoncé que Ruth avait pris l'avion pour Vancouver et qu'elle serait là en fin d'après-midi. Piégée, j'étais piégée. Pendant un bref instant, je me suis souvenue de Allan, planté devant la porte de la maison de ma famille adoptive à Boston, me conseillant de toujours dire aux gens ce que je voulais réellement. Et voilà que Ruth venait me «sauver», voilà qu'elle accourait pour m'aider à retourner clandestinement aux États-Unis, alors que c'était à cause d'elle et de Kim que je m'étais enfuie! C'était le bouquet. Hochant sottement la tête, j'ai quand même accepté de rencontrer Ruth dans l'est de la ville, plus tard dans la soirée. Je crois que je vais tout simplement laisser aller les choses.

25 JUILLET

Je suis en train de gâcher ma vie, et tout ça sans broncher. Suis-je devenue folle? Je baigne dans une tranquillité étrange, alors que je devrais être en ébullition.

Il y a plusieurs jours, je me suis traînée à mon rendez-vous avec Ruth dans l'est de la ville. Elle m'attendait, ses cheveux lui dissimulant la moitié du visage, embarrassée de se trouver dans cet endroit hanté par les clochards. Un élan de tendresse m'a submergée lorsque je l'ai aperçue. J'ai crié son nom puis j'ai traversé la rue en courant. Elle s'est levée, a regardé autour d'elle puis s'est avancée vers moi avec un air absent, comme si elle ne me connaissait pas. J'aurais voulu la serrer dans mes bras, mais elle se montrait très distante. Lorsque nous nous sommes trouvées à l'abri dans la voiture louée, elle est devenue complètement hystérique à l'idée que la police nous avait peut-être repérées.

Nous avons roulé sur la Transcanadienne jusqu'à minuit; mes parents auraient sûrement été impressionnés s'ils avaient vu avec quel sang-froid j'indiquais la route à suivre. Ruth devenait de plus en plus paranoïaque: elle se sentait seule sans Kim; nous risquions à tout moment de nous faire arrêter; je me montrais trop directe avec les autorités; elle était déprimée... J'étais plutôt mal placée pour la réconforter. Dans une aire de repos, elle m'a demandé de me débarrasser de tous mes effets personnels, y compris les vêtements que j'avais sur le dos et mes journaux intimes. Heureusement, j'ai pu cacher ces derniers. Elle m'a poussée à l'intérieur d'une toilette avec des vêtements qu'elle avait apportés. C'était ridicule; la petite jupe bleue était trop courte et les chaussures beaucoup trop étroites. Le conseil de Allan, à savoir que je dois toujours dire aux gens exactement ce que je veux, m'est venu à l'esprit, mais l'idée de dire à Ruth que je n'avais pas envie de me conformer à son plan me paraissait difficile. J'étais intimidée. Pour justifier ce manque de courage, je me suis dis que tout cela se passait sans qu'on m'ait demandé mon avis.

Plus tard, l'angoisse de Ruth est devenue si intense qu'elle a voulu faire demi-tour pour retourner à l'aire de repos où nous avions abandonné mes effets personnels, convaincue que le type qui avait garé sa camionnette à côté de notre voiture nous espionnait et s'était emparé du sac de vêtements pour le porter à la police. Que pouvais-je faire d'autre que de me plier aux désirs de mon «ange gardien»? Bien entendu, les vêtements avaient disparu, emportés sans doute par un camion à ordures.

Nous avons passé la nuit dans un motel. Ruth s'est endormie immédiatement. Avant de sombrer dans le sommeil, elle m'a donné l'ordre de diviser mon bagage en deux. Nous devions donner l'impression que nous revenions d'un séjour chez des amis canadiens.

Le lendemain matin, nous avons poursuivi notre chemin en direction de l'est, nous arrêtant de temps à autre pour nous reposer ou pour manger dans des *fast food* au

bord de la route. Ruth conduisait et j'essayais de me démê-
ler dans les cartes routières. Vers le soir, il s'est mis à pleuvoir — des éclairs traversaient le ciel et la pluie battait
contre les vitres. Jusqu'alors le ciel avait été bleu, avec des
nuages qui s'enroulaient comme des rubans de brume autour des montagnes recouvertes de forêts. Nous avons logé
dans un motel pas trop cher — les chambres étaient au-
dessus du bar. Chaque fois qu'on s'arrêtait quelque part,
Ruth en profitait pour téléphoner à Kim. Cette nuit-là, j'ai
fait des cauchemars; je me sentais affreusement coupable
d'avoir volé du LSD à Kim. Il était là, suffoquant de colère.
(«Après tout ce que nous avons fait pour toi!»)

Des hommes et des femmes ivres sont sortis du bar en
chancelant, hurlant sous la pluie battante. Ruth m'a demandé de fermer la fenêtre. La chambre était surchauffée; des
rideaux moutarde pendaient aux fenêtres, les serviettes de
bain étaient plus que douteuses. J'ai sorti ma carte d'identité de ma chaussure (je l'avais mise là pour qu'elle
«vieillisse» un peu) et je l'ai examinée. Ruth l'avait fabri-
quée le matin même. Assise au bord du lit, je scrutais le visage collé sur la carte d'identité d'étudiante du secondaire.
(Ruth avait dû refaire la photo; la première fois, elle avait
laminé la carte en oubliant de me la faire signer d'abord.)

Vers midi, nous sommes arrivées à Calgary. Comme
on ne devait pas rendre la voiture avant quatre heures, nous
en avons profité pour nous promener un peu dans le centre-
ville. Ruth était terriblement nerveuse — elle n'arrêtait pas
de me dire de parler plus bas. Terrifiée à l'idée de se faire
arrêter. Si quelqu'un devait être arrêté, c'était moi, pas elle.

Le soir, nous avons acheté deux billets d'autobus pour
Winnipeg. Pendant le trajet, j'ai pris de la dramamine. Mon
sommeil s'est allégé. Malgré des hallucinations qui, depuis
quelques semaines, précèdent même mes petits sommes, je

me sentais bien. Tant pis si je suis folle. Comment pourrait-il en être autrement avec le LSD, mes rêveries, les sensations intenses qui m'habitent, mes séjours à l'hôpital et le souvenir de mon enfance solitaire?

À Winnipeg, ce fut le tour des billets pour le Minnesota. À partir de là, les projets de Ruth devenaient plutôt vagues. Des kilomètres et des kilomètres de verdure se déroulaient sous mes yeux; je ne pouvais m'arracher à ce spectacle. Nous approchions des douanes. À force de me concentrer sur le paysage, j'ai attrapé un terrible mal de tête. J'étais fermement décidée à me faire arrêter à la frontière. L'autobus était pratiquement vide; on n'a pas dû faire la file à l'extérieur du poste de douane.

Un douanier — un homme maigre aux cheveux gris, plus très jeune — est monté à bord. Au début, il m'a paru assez gentil, mais en le regardant de plus près, j'ai remarqué que les traits de son visage étaient très sévères. Il est passé devant les autres passagers d'un air dégagé. Pour avoir l'air nerveuse, j'ai commencé à me tordre les mains. Après avoir rempli la déclaration devant lui, j'ai commencé par griffonner un «E» au bas de la page, mais je me suis ressaisie juste à temps pour écrire «Susan Young». Après cette hésitation, j'ai levé les yeux vers l'officier. Il m'a demandé mes papiers. Je lui ai tendu la carte d'identité, convaincue qu'il remarquerait le carton mal découpé, mais non, il s'est contenté de la retourner plusieurs fois dans ses mains, puis il me l'a rendue d'un air dégoûté. Il n'avait rien vu d'anormal.

«Alors tu t'appelles Susan Young?» m'a-t-il dit d'un ton sarcastique. Sans dire un mot, il a saisi mon fourre-tout pour en examiner rapidement le contenu, ouvrant ma trousse de toilette contenant l'argent et le billet d'autobus, soulevant l'imperméable cachant les autres vêtements, fouillant dans la doublure intérieure. Ouille! J'avais oublié la drogue. Après m'avoir lancé un dernier regard soupçonneux, il a tourné les talons et est retourné au poste. Le conducteur a sauté sur son siège et fait ronfler le moteur. Trempée de sueur, j'ai rangé mécaniquement la carte d'identité dans le fourre-tout. La nuit coulait à travers la vitre. Un peu après minuit, nous sommes arrivées à Fargo, dans le Dakota du Nord; la gare d'autobus fourmillait de monde; Ruth, me tournant le dos, s'est dirigée tout droit vers une cabine téléphonique.

En face de la gare, quelques ivrognes aux yeux écarquillés se traînaient en titubant devant des cinémas porno miteux. Sûre que les voyageurs m'épiaient, j'ai jeté un coup d'œil derrière moi puis je suis sortie discrètement de la gare pour m'enfoncer dans la nuit. À quelques coins de rues de là, dans une ruelle, je me suis glissée entre une poubelle et le mur d'un bâtiment et me suis cachée entre une chaise cassée et une caisse de raisins pourris. J'étais assaillie de toute part par la puanteur. Je suis restée un moment assise sur mes talons, piétinant les raisins, puis je me suis redressée et faufilée tête baissée à travers les rues pour aller me réfugier dans l'entrée d'un bâtiment gris. J'étais entourée d'ombres. Hors d'haleine, je me suis appuyée contre un mur et j'ai pressé ma joue contre la surface froide. Les rues étaient sombres, silencieuses. Au bout d'un quart d'heure, j'ai traversé la pelouse comme une flèche. Un rêve que je faisais quand j'étais petite, dans lequel je vivais cachée sous les branches d'un arbre vert, m'est revenu à l'esprit. Je me suis dirigée vers l'arrière d'un autre bâtiment, dans un terrain de stationnement où se trouvaient deux voitures de police. Lorsque j'ai levé les yeux, j'ai vu ma récompense: une enseigne lumineuse indiquait un poste de police. J'ai eu la présence d'esprit d'arracher l'étiquette de mon sac, puis je suis entrée.

Du fond d'un couloir lugubre, inondé d'une lumière fluorescente, un policier s'est avancé vers moi. Je lui ai demandé s'il y avait un endroit à Fargo où je pourrais prendre une douche et passer la nuit — un foyer, par exemple. Il m'a regardée d'un air méfiant, puis m'a amenée dans un bureau où il a fait un rapport. J'ai essayé de répondre à ses questions d'une manière aussi naturelle que possible, inventant une histoire de toutes pièces. Il s'est renseigné auprès de plusieurs familles d'accueil, mais celles-ci, jugeant qu'elles n'avaient pas suffisamment d'informations, ont toutes refusé de me prendre pour la nuit.

— Le seul endroit qui reste, c'est le centre de détention pour mineurs.

Un autre policier m'a conduite à sa voiture. J'étais épuisée, sale comme un peigne; tout ce que je voulais, c'était un endroit sûr où passer la nuit. Lorsque la voiture est passée devant le terminus Greyhound, j'ai jeté un coup d'œil furtif par la vitre arrière. Ruth était là, son sac à la main. Elle attendait devant la gare. Je l'ai vue s'éteindre comme la flamme d'une chandelle tandis que nous nous éloignions.

Nous sommes arrivés au centre de détention — un édifice en briques, net, solide. Le flic, avec un petit sourire narquois aux lèvres, m'a assurée que c'était exactement comme un motel, sauf que je serais enfermée. Dans le couloir, un essaim de mouches nous a attaqués au moment où nous nous apprêtions à entrer dans la salle d'admission. Une femme m'a dit de m'asseoir, puis elle m'a posé un tas de questions, principalement d'ordre médical. Dans une autre pièce, des gens se sont mis à discuter pour savoir si le centre de détention pouvait me détenir légalement. Le problème a été résolu lorsqu'un policier a déclaré que je mentais sûrement et que la meilleure solution était de me garder jusqu'à ce qu'on retrace mes parents.

«Bonne chance!» me suis-je dit, furieuse. On m'a placée ensuite face au mur pour me fouiller, après quoi on m'a
amenée aux douches, où une femme m'a déshabillée. Toute
résistance était inutile; j'ai fini par leur remettre mon
fourre-tout dans lequel se trouvaient mes journaux et mes
deux fausses cartes d'identité (j'avais également celle utili-
sée lors de mon séjour à Boston), l'une portant le nom de
Kathy Wong, l'autre de Susan Young. On m'a conduite à
une cellule avec un «L» sur la porte. C'était comme la
chambre d'isolement, sauf que les murs étaient blancs; il y
avait une grande fenêtre, un tabouret, une table en plastique
(censée servir de bureau) et une plaque en métal (censée
servir de miroir) au-dessus du lavabo en fer. La fenêtre était
couverte de graffiti; l'orange répugnant de la porte jurait
avec le matelas vert bile.

J'étais étendue sur le matelas de plastique lorsqu'une
voix provenant d'un interphone encastré dans le mur s'est
fait entendre dans l'obscurité. Je me suis redressée, inquiète.

— Tu viens du Canada, Kathy?

Mon ombre tassée se profilait sur le mur. J'ai demandé
pourquoi on me posait cette question.

— Réponds. Tu nous a raconté des mensonges, et à la
police aussi, n'est-ce pas? C'est très grave, Kathy.

On avait sans doute fouillé mon sac. Il y a eu un silence, puis le type a dit: «Susan Young. Tu ne t'appelles
pas Kathy, n'est-ce pas, Susan?»

La voix m'a encore posé d'autres questions. J'étais
coincée. Sans la lumière venant de la rue et balayant la
double fenêtre, la chambre aurait été plongée dans les ténèbres; le silence n'était brisé que par les voix s'entrelaçant
à deux heures du matin dans cette cellule du Dakota du
Nord.

La nuit, les conseillères se promènent dans les couloirs avec des lampes de poche. Un rayon de lumière orange passe alors à travers la fente de la porte, éblouissant; puis le bruit de pas s'affaiblit et l'obscurité s'installe de nouveau.

Hier matin, on m'a réveillée à sept heures moins le quart, après quoi on m'a conduite à la cafétéria pour déjeuner. Une fille de seize ans était là. Elle n'arrêtait pas de se gratter. Elle séjournait au centre depuis plusieurs semaines, mais on devait la transférer le lundi suivant dans un foyer pour adolescents. Au moins, j'ai quelqu'un pour me tenir compagnie. On nous garde enfermées dans nos cellules au moins cinq heures par jour («les prisons ne sont pas faites pour s'amuser», m'a expliqué une conseillère). Une heure après le déjeuner, une avant le dîner, une autre durant l'après-midi, et les deux dernières avant et après le souper. Nous réintégrons nos cellules en traînant les pieds, les yeux pleins d'ennui, avec deux ou trois livres sous le bras pour nous aider à tuer le temps. Je lis, je m'étire ou bien je regarde fixement par la fenêtre aux vitres incassables. Le panorama est composé d'un terrain de stationnement, d'une voiture et d'une camionnette de police, et d'une rue bordée d'arbres. Parfois, un vieil homme passe en bicyclette, ou un flic traverse le parking avec un sac en papier contenant son repas du midi.

Vers la fin de la matinée, la contrôleuse judiciaire, accompagnée d'une autre femme, m'amène dans une pièce pour me bombarder de questions. Je me mets en boule dans le fauteuil et, résignée, je réponds aussi honnêtement que possible. La femme me sourit, tandis que la contrôleuse — une femme très costaude — me regarde avec sévérité. À la fin de l'interrogatoire, elle déclare d'un ton brusque: «Gare à toi si tu ne m'as pas dit toute la vérité.» Sur ce, elle sort du bureau avec ses notes, ajoutant que mon audience aura lieu lundi ou mardi.

Quelques heures interminables dans ma cellule. Interdiction d'écrire; quand on nous enferme, on nous enlève tout moyen de le faire. Un conseiller de Red River Runaway, une organisation chrétienne qui s'occupe de jeunes fugueurs à Fargo, est venu me voir. Il m'a beaucoup parlé de Dieu. Je me sentais tellement vulnérable que je me suis mise à pleurer — s'il m'avait parlé plus longuement, je crois que j'aurais fini par avoir la foi. Il a participé au mouvement contestataire des années soixante et a fait l'expérience de la drogue. Derrière sa barbe touffue se cache un sourire spontané qui creuse deux fossettes dans ses joues. Il est compréhensif et compatissant.

C'est alors qu'une des conseillères est venue m'informer que j'allais comparaître devant le tribunal... aujourd'hui! J'ai bondi de ma chaise et, sans prendre la peine de mettre mes chaussures, je l'ai suivie vers la porte d'entrée. C'est alors que j'ai appris que nous n'allions pas sortir du centre. Quelle déception! Après avoir longé un couloir couvert de moquette, nous sommes arrivées dans une pièce où se trouvait un avocat, à qui on m'a présentée — un homme assez âgé aux cheveux gris et rares, pommadés et peignés vers l'arrière. Il m'a conduite dans une autre pièce, a fermé la porte et m'a tendu un document à signer. Un peu plus loin se trouvait la petite salle de tribunal intégrée au centre de détention. Nous nous sommes assis à une table où nous attendaient la contrôleuse judiciaire et l'une des conseillères. Quelques minutes plus tard, le juge a fait son entrée. La séance a été très courte. Je n'ai prononcé que deux mots, leur confirmant que oui je m'appelais Evelyn

Lau, et que non je ne m'appelais ni Kathy Wong ni Susan Young. Sur ce, à l'unanimité et avec beaucoup d'emphase, ils ont déclaré: «Cette enfant doit rester au centre de détention jusqu'à ce que les arrangements nécessaires soient pris afin qu'elle rentre à Vancouver en avion.»

Mon père a téléphoné dans l'après-midi. Je ne voulais pas lui parler, mais la conseillère m'a tendu le téléphone avec un petit sourire narquois en me disant: «Si tu veux sortir d'ici, tu ferais mieux de lui parler.» Pourquoi discuterais-je avec mes parents? Je n'ai absolument rien à leur dire! La voix de mon père trahissait à la fois sa colère et sa confusion — colère parce que je m'étais enfuie aussitôt rentrée à Vancouver et parce que j'étais dans un centre de détention; confusion parce qu'il ne comprenait pas comment les choses avaient pu tourner aussi mal. Il a offert de venir me chercher en avion et de me ramener à la maison. Sinon je devrai attendre l'arrivée des services sociaux jusqu'à mercredi.

— Je n'ai pas envie de rentrer à la maison, lui ai-je répété pour la énième fois.

— Pourquoi?

J'ai soupiré, agacée.

— T'en fais pas. Je survivrai.

— Tant pis, a-t-il dit d'une voix accablée, puis il a raccroché.

30 JUILLET

L'avion a rasé le sol puis a atterri et, surprise! personne ne m'attendait pour m'escorter vers les douanes. J'ai suivi les autres passagers qui se mettaient en ligne et tout, à coup, j'ai aperçu Frank.

«Salut, Evelyn.» J'ai regardé son visage aux traits inachevés; c'était bien lui. M'efforçant de dissimuler ma panique, j'ai traversé la douane et l'immigration et me suis dirigée vers la sortie. C'est alors qu'il m'a arrêtée et m'a fait signe de m'asseoir sur un des sièges en plastique fixés au mur. Il m'a expliqué que mes parents m'attendaient de l'autre côté des portes vitrées et qu'il allait nous conduire au bureau des services sociaux pour que nous discutions gentiment de la situation.

Le soleil était brûlant. Nous nous sommes dirigés dans le plus grand silence vers la voiture de Frank. Ce fut une longue promenade. Timidement, je lui ai demandé où il comptait me placer. Il m'a répondu sèchement que plus on me donnait des explications, plus je devenais confuse. Ma sœur Karen s'est mise à courir pour me rattraper et m'a pris la main.

On m'a désigné la banquette arrière, où je me suis assise à côté de ma mère et de Karen. Le trajet jusqu'au bureau m'a paru interminable; je regardais par la vitre avec des yeux vides. De temps à autre, Frank me lançait un regard à travers le rétroviseur. Si ses yeux étaient empreints de sympathie, ses lunettes de soleil le cachaient bien! Papa, assis à l'avant, n'a pas soufflé mot pendant toute la durée du trajet. Karen, par contre (encouragée par maman), n'a pas arrêté de parler. Je souriais en l'écoutant, attendrie par sa petite queue de cheval. Elle me racontait, d'un air extasié, ses cours de natation et la fête donnée pour l'anniversaire d'une amie. Le trajet s'étirait. Par moment, je me tordais les mains — pour m'ôter l'envie de bondir et d'étrangler Frank, sans doute. Pourquoi m'avait-il fait ce coup-là? Maman, qui ne cessait de me tripoter, m'a demandé à haute voix si j'avais eu mes règles. J'aurais voulu la tuer, elle et tous les autres. Je me suis juré que, désormais, je n'irais plus jamais nulle part sans prendre d'acide. Jamais.

Au centre des services sociaux, les choses ne se sont guère améliorées. Notre petite réunion de famille dans le bureau de Frank a duré assez longtemps; heureusement, la conversation s'est déroulée entre lui et moi; mes parents, eux, écoutaient sans avoir l'air de comprendre.

Frank a commencé par me dire que ma fuite à Boston et au Dakota du Nord témoignait d'un comportement anormal. J'ai marqué mon désaccord, invoquant comme argument le fait que je voulais visiter Boston depuis le jour où j'avais quitté la maison (c'était vrai), et qu'ensuite je voulais aller à Minneapolis, une ville plus grande, et non au Dakota du Nord (vrai également). Frank, sur un ton sarcastique, a déclaré que mes expéditions avaient peut-être un but touristique, mais que celui-ci était vaguement teinté du désir de m'évader de la réalité. Il m'a cassé les pieds à propos des contribuables et du coût de mes voyages en avion et des appels téléphoniques défrayés par les services sociaux. «As-tu une idée du nombre de personnes qu'il a fallu mobiliser pour te ramener ici? Te rends-tu compte qu'on a dépensé plus de cinq cents dollars en appels interurbains? Les gens des services sociaux sont convaincus que tu es incapable de prendre ta vie en main.» Ouille, ça se gâte!

Frank a déclaré ensuite qu'étant donné que faire des choix semait la confusion dans mon esprit, il allait décider lui-même de mon sort. C'est alors que le téléphone a sonné. Frank a décroché et a parlé un bon moment. L'idée de me retrouver au pavillon psychiatrique me remplissait de terreur.

Frank est revenu s'asseoir. Me fixant durement, il m'a dévoilé ses intentions (à un rythme beaucoup trop lent; c'était insupportable). Il fallait d'abord que je voie un psy-

112

chiatre. «Sur ce point, je suis formel», a-t-il insisté. Ça ne me dérangeait pas, pourtant j'ai fait semblant d'être peu disposée à suivre ses directives afin de lui donner l'impression qu'il remportait une victoire. Puis, alors qu'il regardait fixement par terre, je lui ai dit soudainement: «Regarde-moi.»

Il a levé lentement la tête et a répondu d'un ton maussade: «Pourquoi te regarderais-je?» Il avait l'air d'un petit garçon, tout à coup. J'avais envie de rire. Avec un grand sérieux, je lui ai déclaré: «J'irai chez le psychiatre. Je sais que tu n'as plus confiance, que tu crois que je vais m'enfuir à la première occasion. J'ai l'impression d'être comme le petit garçon qui a crié au loup, mais...»

— Tu es encore plus *stupide* que le petit garçon qui a crié au loup.

J'ai eu un léger mouvement de recul, puis j'ai haussé les épaules.

— D'accord, tu as raison. J'ai fait une connerie en allant au Dakota du Nord. Une vraie connerie. Mais j'irai voir le psychiatre. Je vais coopérer.

Il a continué à développer son plan. Après avoir critiqué ma définition de la famille adoptive, il m'a demandé si j'accepterais qu'il n'y ait qu'un seul parent dans cette famille.

— Bien sûr, lui ai-je répondu, curieuse de savoir où il voulait en venir.

— Alors, on peut considérer New Beginnings comme une famille adoptive. La responsable du foyer ne peut-elle être ce parent?

Il m'a ensuite demandé si je ne préférais pas plutôt vivre en milieu familial. J'ai fait signe que oui. Sur ce, il m'a prise au mot et m'a montré mes parents. «En voilà une famille!» Bravo, une victoire de plus pour Frank! Pour la millionième fois, j'ai répété que je ne voulais pas rentrer chez mes parents.

En fin de compte, je suis ravie de la tournure des événements. Frank a fini par déclarer que si je refusais de rentrer chez moi, j'irais à New Beginnings. C'était ça ou retourner chez mes parents. Bien entendu, j'ai opté pour le foyer d'accueil.

À New Beginnings, Frank s'est chargé de remplir la formule d'admission. Bien qu'il ait permis à ma famille de téléphoner et de me rendre visite, je n'ai pas le droit de recevoir des amis. Lorsqu'il en est arrivé à la section où on demande de décrire la personnalité de l'enfant, il a écrit: Bizarre! Je n'en croyais pas mes yeux. Puis il s'est levé pour partir, ajoutant qu'il viendrait me chercher pour me conduire à mon rendez-vous chez le psychiatre, fixé le vendredi matin à neuf heures et demie. Il s'imaginait vraiment qu'il me trouverait encore là!

5 AOÛT

Je n'ai aucun souvenir de ces derniers jours. Même le nom des gens m'échappe. La terre ondule. Je consomme de l'acide journellement, dormant dans la rue, avalant des tranquillisants. Toute cette drogue me plonge dans une sorte de coma.

Rue Granville, la nuit. Des hommes surgissent de l'obscurité; ils étendent leurs bras pour empoigner mes seins, puis m'entraînent dans leur voiture. Leur appartement est vide; ils ferment la porte à clef. Je suis trop droguée pour être prudente. L'expression de leurs yeux me fait horreur. J'ai besoin d'amour et d'affection, pas de cela, c'est tellement répugnant! Ils essaient ensuite d'acheter mes faveurs

114

avec de la drogue. Plus tard, je me retrouve devant un McDonald. Un soir, je rencontre une des filles du foyer d'accueil Changes, où j'ai passé quelques nuits après avoir quitté New Beginnings. Ses cheveux blonds tombent sur ses épaules. Elle marmonne entre ses dents: «Hasch?»

Elle se souvient de m'avoir vue à Changes. Nous entrons dans un McDonald pour y rejoindre une fille cachée derrière des lunettes de soleil miroir et un adolescent couvert de boutons. Des *dealers,* un verre de coke arrosé de vodka à la main, s'avancent vers nous d'un pas nonchalant pour parler affaires. La fille voudrait que j'aille à Changes, que je cesse de traîner dans les rues. Je lui achète du California Sun. Elle me raconte qu'un type à qui elle a vendu deux plaquettes d'acide l'autre soir a fait une crise cardiaque. Aux dernières informations, il s'en est tiré. Mon corps est complètement à l'envers avec ce mélange d'acide et de tranquillisants. Je peux rester immobile pendant des heures — mes muscles sont tout à fait détendus.

Vers cinq heures du matin, je me retrouve à Changes — Dieu seul sait comment. Le travailleur social est allongé sur le canapé de la salle de séjour, ses cheveux blonds étalés sur l'oreiller. Il doit être soulagé de me voir enfin rentrée au bercail. Il lève le bras, jette un coup d'œil à sa montre, pousse un grognement et se rendort aussitôt. Tu ne comprends pas que j'ai besoin de toi pour me sortir de cet abîme? Les larmes aux yeux, je titube à travers la maison. Puis je m'écrase sur un canapé.

Le lendemain midi, avant de quitter la maison, j'ai avalé des tranquillisants. Je n'ai pratiquement aucun souvenir de ce qui s'est passé ensuite. Il y avait beaucoup de voitures, beaucoup de drogue; j'étais crevée. Je suis allée boire un verre dans un pub, puis un café dans une station-service, pour me retrouver ensuite complètement inconsciente dans l'appartement d'un des employés. J'ai marché dans les vagues d'English Bay qui déferlaient sur le rivage, puis je me suis dirigée vers les montagnes et le coucher de soleil couleur pêche. La mer était rose et ondulait comme les plis d'un manteau. Je me suis étendue sur le sable froid et mouillé et me suis endormie.

* * *

C'est aujourd'hui que je dois comparaître devant le tribunal, mais j'ai décidé de ne pas y aller. Il doit sûrement y avoir des gens à qui je reste profondément attachée, car je souffre beaucoup lorsque j'agis de la sorte. Je suis allée manger deux ou trois fois chez ma tante Gayle qui, en plus de me nourrir, me prête de l'argent. Pourtant je ne l'aide jamais à faire la vaisselle et je laisse traîner mes vêtements partout. Ça ne me ressemble pas. Je n'arrive plus à me sortir du canapé, ni à faire quoi que ce soit.

Cet après-midi, chez une amie, je me suis endormie sur le sofa pendant qu'elle me parlait. J'ai fait un rêve horrible dans lequel je me voyais errer sur une autoroute remplie d'eau où les voitures allaient et venaient... Plus tard, j'ai rencontré un travailleur social de la maison Seymour. J'ai repris de l'acide et des tranquillisants. Nous nous sommes assis sur un banc dans un parc. Je me suis aussitôt repliée sur moi-même; je voulais l'éloigner de moi, je voulais qu'il me déteste. Il m'a déclaré que j'étais au bout du rouleau et que j'avais besoin d'aide.

Après qu'il m'ait déposée au foyer d'accueil, j'ai repris l'autobus vers la maison Seymour. Sans savoir pourquoi. Je me suis installée dans la cuisine et j'ai avalé des vitamines. Puis, trébuchant, je suis allée à la fenêtre de la salle à manger et j'ai allumé un joint.

— Dis-donc, c'est du hasch que tu fumes là?

Le travailleur social n'avait pas l'air très content.

— Non.

Sans doute voulais-je tout simplement le mettre en colère. Il a dû le comprendre, car il ne s'est même pas approché de moi. D'un ton brusque, il a ajouté: «Si c'en est, je te suggère d'éteindre tout de suite cette cigarette.» Pendant les quelques minutes qui ont suivi, je l'ai entendu parcourir la maison de long en large pour ouvrir portes et fenêtres. J'ai écrasé le joint sur le rebord de la fenêtre et me suis mise à trembler. Puis j'ai commencé à flotter sur mon nuage.

6 AOÛT

Je vais résoudre mes problèmes et me guérir toute seule, comme ces jeunes Indiens qui vont dans la forêt pour jeûner et consulter les esprits. Les esprits se trouvent au plus profond de moi-même et il faut que je les découvre. Rien n'est simple, surtout la quête de l'épanouissement personnel; la solitude a dû rendre fous quelques-uns de ces jeunes Amérindiens. Je suis loin d'être un exemple éclatant de stabilité émotionnelle, mais je fais de mon mieux. Je dois essayer de comprendre pourquoi je ne cesse de m'enfuir; je dois évaluer mes sentiments envers les autres et ma peur de m'engager.

Si je suis en train d'écrire à trois heures du matin, c'est parce que j'ai trop froid pour dormir; je suis épuisée; tout vacille autour de moi. Mais j'écris aussi pour me tenir éveillée. Il ne reste plus personne à qui je puisse faire confiance. Les hommes essaient de profiter de moi dès qu'ils me voient, complètement paumée, traîner dans les rues du centre-ville. Ces hommes qui me lorgnent de leur voiture me glacent.

Comment différencier celui qui cherche une bonne baise de celui qui s'inquiète pour moi? Je me demande s'il y en a un parmi eux qui se donnerait vraiment du mal pour m'aider. Cela me laisse sceptique et j'ai horreur de ça.

Si je suis capable d'écrire aujourd'hui, c'est parce que je n'ai pas pris de drogue — je crois que j'y allais vraiment un peu trop fort. Janet m'avait promis de se battre pour moi et de ne jamais, au grand jamais, me laisser revenir à Vancouver si les choses tournaient mal. Que s'est-il passé? Je lui ai menti quand je lui ai dit que tout allait bien. Et je me suis menti à moi-même.

Je ne sais pas si cette expérience me sera un jour profitable, mais je sais maintenant ce que c'est que de dormir dans la rue. Le froid piquant, cette continuelle recherche d'un endroit abrité qui domine vos pensées jour et nuit, cette lutte acharnée contre la fatigue, cette saleté qui s'incruste dans la peau et qu'on n'arrive jamais à faire disparaître complètement... Je ne suis pas libre. Mes pensées et mes sentiments sont comme des chaînes que je traîne partout avec moi. Dans la rue, on apprend à être égoïste lorsqu'on commence à comprendre à quel point le monde peut être laid, lorsqu'on se rend compte que la seule manière de survivre est de prendre tout ce qu'on peut. Les autres peuvent se débrouiller, mais moi, je n'ai peut-être pas l'étoffe nécessaire pour survivre dans de telles conditions.

Bon Dieu qu'il fait froid! Mais qu'est-ce que j'essaie de prouver?

7 AOÛT

Hier soir, dans un autobus, je me suis étendue un moment sur la banquette arrière. Les gens montaient et descendaient. Des silhouettes confuses. Un Amérindien dans la vingtaine s'est avancé vers moi à grands pas lourds, puis m'a secoué rudement l'épaule. J'ai poussé un gémissement.

— Ça va? Tu sais, j'aime aider les gens.

Quelle ironie! Les rôles étaient renversés! À présent, c'était moi — moi qui avais toujours eu l'intention de changer le monde — qui étais couchée à l'arrière d'un autobus et qu'un Amérindien offrait d'aider!

J'ai passé le reste de la nuit à boire du café dans un Dunkin' Donuts et à m'aventurer dehors de temps à autre pour faire du pouce sur une rue pratiquement déserte. Il faisait glacial. Heureusement, je pouvais me réfugier à l'intérieur, où il faisait moins froid. Je me disais que la seule chose que je prouvais en agissant ainsi, c'était ma stupidité et que, même si je détestais dépendre des autres, je devais trouver un foyer. C'est une chose de traîner dans la rue quand on a pris de la drogue; c'en est une autre d'y être quand on n'en a pas pris.

Pourquoi ma vie est-elle si affreusement difficile? Mes vêtements sont dégoûtants. Est-ce que par hasard j'essaierais de me punir d'avoir quitté mes parents? Difficile à croire.

Je suis tellement fatiguée que je vois trouble; pour la énième fois, je regrette que la mort ne vienne pas me tirer du merdier dans lequel je patauge. Je voudrais retourner à Boston, mais il est très difficile d'y trouver du LSD. Tandis qu'ici, à Vancouver, il y en a autant qu'on veut. Quoi qu'on en dise, je trouve cette drogue formidable.

La vie est merdique. Comme cette môme assise en train d'écrire. Pourquoi faut-il toujours qu'il fasse ou trop chaud ou trop froid? Pourquoi les gros types ne mettent-ils pas de déodorant? Merde.

— Je t'aiderai tant que je le pourrai, mais je ne t'aiderai pas à mourir.

Le docteur Hightower, le psychiatre chez qui Frank m'a envoyée, m'adresse un sourire bienveillant. Son bureau est entouré de murs blancs. Je n'avais pas de rendez-vous aujourd'hui, mais, comme je n'avais rien de mieux à faire, je suis venue. Le fauteuil dans lequel je m'installe est noir et moelleux; je m'y enfonce avec gratitude. Le docteur, un homme grand et fort, très jovial, ferait un très beau père Noël. Des livres de psychologie garnissent les rayons de la bibliothèque; sur son bureau repose l'inévitable boîte de kleenex.

Un spectacle d'aviation se préparait; les avions étincelaient au soleil. On aurait dit des missiles projetés des fenêtres des bureaux, laissant derrière eux des traînées rouges, vertes et blanches, semblables à de la pâte dentifrice multicolore sortant d'un tube.

— Savais-tu que tu n'étais plus sous la tutelle temporaire des services sociaux? Elle leur a été retirée.

Le docteur s'installe confortablement dans son fauteuil. J'en suis catastrophée. Je ne m'attendais pas du tout à cela. À force de me frapper la tête contre les murs pendant des mois, ils ont fini par s'écrouler. Il n'y a désormais plus de barrières entre Evelyn et ses parents.

— Selon les maigres informations qui me sont parvenues, le juge aurait décidé que ce sont tes parents qui doivent te prendre en charge.

Je me sentais vidée. Les spectres des travailleurs sociaux, des conseillers et des autres individus du même acabit, avec leur tête cornue et leur queue à épines, ne me donneraient plus de coups de fourche. Ils s'étaient volatilisés. Leur boulot était discrédité. J'aurais aimé savoir si à ce moment précis il y avait des gens qui, aux services sociaux, s'épongeaient le front en s'exclamant: «Ouf! Bon débarras!»

Étant donné que je n'avais pas pris de rendez-vous, notre conversation a été très courte; à la fin, le docteur Hightower a dû littéralement me chasser de son bureau. J'ai étalé mon imperméable sur les dernières marches de l'escalier et je me suis couchée. J'ai dormi pendant une heure.

C'est absurde de prétendre que j'essaie de me punir d'avoir quitté mes parents; si je voulais vraiment me punir, j'y retournerais et je ferais comme si rien ne s'était passé. Si vous croyez que traîner dans la rue ne représente pas autre chose qu'un châtiment corporel, vous vous trompez. Si je voulais vraiment me détruire, je retournerais chez mes parents. Je leur rapporterais des notes dignes d'une élève modèle; je vaquerais aux soins du ménage et j'aurais constamment le sourire aux lèvres. Je pourrais tout expliquer, et d'une manière si éloquente! Les services sociaux ont raison; mes parents ont changé. Janet considère que l'habileté dont je fais preuve dès qu'il s'agit de trouver des explications logiques à mes gestes est plus un désavantage qu'une force.

Le docteur Hightower, qui devait se rendre à l'hôpital, m'a déposée à Vancouver. D'un ton réservé, il m'a invitée à lui téléphoner quand j'aurais envie de le revoir. J'ai d'abord été déconcertée, mais j'y ai réfléchi et je me suis dit: pourquoi ne pas t'engager dans une relation qui, pour une fois, ne sera pas une question de vie ou de mort? Quand j'ai dit au docteur que Frank me détestait, il a répondu que je ne savais pas ce que je disais. «Au contraire, a-t-il ajouté, on se fait tous du souci pour toi, y compris Frank. Seulement, il faut que tu comprennes qu'ils sont tous un peu déçus, et même fâchés contre toi.»

Il m'arrive souvent de prendre l'autobus simplement pour me promener. Cela ne fait qu'accentuer mon sens de l'irresponsabilité, mon sentiment d'être dans les limbes, d'être «libre». Ce matin, je suis allée porter une lettre d'excuses aux services sociaux. C'est Frank qui m'a fait entrer; j'ai été tellement surprise de le voir que je lui ai simplement tendu la lettre. Plus tard, je me suis rappelé qu'une certaine personne avait déclaré que j'avais tout «provoqué» et, en y repensant bien, je crois qu'elle n'avait pas tout à fait tort. Frank m'a dit pas mal de conneries; j'aurais dû m'écouter et me débrouiller toute seule.

— J'imagine qu'on t'a appris que tu n'es plus sous la garde des services sociaux?

M'interrogeant du regard, il s'est dirigé vers son bureau avec ma lettre, qu'il tournait et retournait dans ses mains.

— Que s'est-il passé au juste?

Dans ma tête, ce qui était fait était fait. Je n'avais aucune raison de me plaindre, c'était moi qui avait tout fichu en l'air.

— Nous sommes allés en cour pour dire au juge que tu refusais d'être prise en charge, que tu te sauvais de tous les foyers où on te plaçait, que nous ne savions jamais où tu étais et que cela ne servait à rien de te maintenir en tutelle. Et le juge s'est montré d'accord avec nous. Résultat: tes parents te reprennent en charge.

L'abri importait peu, mais j'avais besoin de protection. J'avais pu compter jusqu'alors sur cette masse anonyme et gélatineuse du gouvernement — mes «seconds parents» — pour me venir en aide, pour m'offrir une zone de protection. Ce n'est pas facile d'être un travailleur social, de servir d'écran entre l'enfant et les parents, entre l'enfant et le monde extérieur.

«Je peux l'ouvrir avant que tu t'en ailles?» m'a demandé Frank en agitant l'enveloppe. Il en a sorti la lettre. «Cher Frank,» a-t-il lu à haute voix, puis il a levé les yeux et a improvisé la première phrase: «T'es un connard.»

Ai-je été si injuste envers lui? Il a replié la lettre en me disant qu'il la lirait plus tard.

Nous avons discuté pendant quelques minutes et, chose étonnante, ça s'est très bien passé. Je suis sortie de son bureau encouragée par cet entretien, contente qu'il m'ait parlé à moi, Evelyn, et non à une môme bourrée de LSD et de petites pilules blanches.

J'ai téléphoné à Michael qui, contrairement à Frank, n'était pas d'humeur à me pardonner. «Oh! Evelyn», a-t-il soupiré lorsqu'il a reconnu ma voix au téléphone. Il était manifestement exaspéré. Je me suis de nouveau confondue en excuses. Michael m'a suggéré d'essayer de rentrer chez moi. «Tu ne crois pas que cette histoire a assez duré?»

Je me déteste, mais je ne retournerai jamais chez mes parents. Michael, dont les conseils sont toujours aussi prévisibles, a terminé la conversation en disant: «Tu sais où nous trouver si jamais tu as besoin de quoi que ce soit.» J'ai ri, puis répondu: «Cela ressemble à ce que dirait un travailleur social.» Son silence évocateur criait: C'EST CE QUE JE SUIS. Il n'y a pas d'individus séparés au sein du gouvernement; ce n'est qu'une masse gélatineuse. Tous des salauds.

10 AOÛT

Les journées flottent, emportées par le vent capricieux comme les semences vaporeuses des fleurs de pissenlit qui ressemblent à de minuscules parachutes. C'est l'été; il fait chaud à Vancouver. Je suis chez tante Gayle, où je récupère. Je ne vais pas mourir, car j'ai décidé de transformer ce journal en livre. Ensuite, je ferai en sorte qu'il soit jeté dans les entrailles du monde. Ce livre va me racheter, justifier mon existence.

La vie a repris son cours, son semblant de normalité — je me réveille tôt, j'écris, je passe beaucoup de temps à discuter au téléphone avec des amis. J'ai toujours l'intention d'avoir mon propre appartement et, chaque jour, je me plonge dans les annonces classées pour essayer de trouver cet emploi qui s'obstine à m'échapper.

Les choses sont loin d'être parfaites; heureusement, il y a ce journal. Il raconte ce que c'est que d'entrer dans le monde avec de merveilleuses illusions et de s'enfoncer jusqu'au cou dans la merde.

12 AOÛT

Le docteur Graham, qui s'occupe de moi depuis que j'ai quitté la maison, prétend que je pourrais, maintenant que je sais que je peux me libérer chaque fois que je le désire, adopter un genre de vie plus régulier, une conduite plus raisonnable. Sachant que je peux rompre les amarres à tout moment, je ne devrais plus éprouver la nécessité de partir *réellement,* dans le sens physique du terme. Il m'a expliqué que mes voyages ont été une nécessité: ils avaient pour but de me prouver qu'on ne peut pas m'enfermer. Contrairement à la majorité des gens, j'ai défié le caractère fastidieux de la vie de tous les jours; en conséquence, personne ne peut plus jamais m'opprimer comme auparavant. Selon lui, je peux rentrer chez moi parce que je sais que je peux repartir n'importe quand. Personne ne peut plus me forcer à faire quoi que ce soit.

J'essaie de trouver un certain équilibre entre vivre «normalement» et vivre «intensément». Le docteur Graham n'est pas d'accord avec ma décision de ne pas retourner à l'école et, lorsque je lui ai annoncé que je cherchais du travail, il a grogné.

— Bravo! C'est exactement ce dont tu as besoin: passer le reste de ta vie à travailler pour un minable salaire de soixante-quinze cents l'heure et être obligée de payer un loyer.

Je me sens étrangement heureuse à l'idée qu'il soit si sûr de mes dons.

La chasse à l'emploi et l'écriture ne me laissent guère le loisir de chômer. Quelles devraient être mes priorités? Ne plus prendre de drogue? Faire en sorte d'arriver à subvenir à mes besoins? Me concentrer sur l'écriture? Tout ce que je sais, c'est que je donnerais beaucoup pour regagner le respect de moi-même que le système m'a fait perdre.

18 AOÛT

Tout s'arrange, lentement mais sûrement. J'ai trouvé un emploi de solliciteuse — mon travail consiste à demander aux gens, par téléphone, d'envoyer leur contribution à une association pour athlètes aveugles. Je travaille depuis deux jours seulement et il semble que je me montre plus efficace que les autres vendeurs. Il faut dire que je tiens beaucoup à cet emploi, grâce auquel je gagnerai suffisamment d'argent pour payer mon loyer. D'ici quelques mois, je pourrai emménager dans mon propre appartement et devenir indépendante, glorieusement indépendante. Il faut absolument que ça marche.

Hier soir, j'ai téléphoné à mes parents (le comble du courage). Mon père et moi avons parlé longtemps; il a été merveilleux, me donnant des conseils sur les différentes façons de payer mon loyer. Pendant ce temps, j'entendais ma mère crier qu'elle regrettait que je sois née. J'ai bavardé avec ma sœur Karen. Tout compte fait, les choses ne vont pas si mal. En septembre, je vais m'inscrire à quelques cours, le jour seulement, puisque le soir je travaille. Ce job est épuisant; il me prend toute mon énergie.

20 AOÛT

Tout a commencé à se défaire, puis les choses se sont complètement désintégrées. J'étais si épuisée lorsque je suis rentrée de mon travail l'autre soir que j'ai dormi jusqu'à midi. Quand je me suis enfin réveillée, j'étais toujours aussi épuisée. Les quatre heures de voyage par jour ne me laissent ni le temps ni l'énergie nécessaires pour me livrer à une autre occupation. J'étais rongée par le besoin maladif de prendre de la drogue, même dans mon sommeil; je rêvais constamment d'acide et j'avais des sortes de *flashbacks*. Pour m'empêcher de penser au pavillon psychiatrique, ce qui m'arrivait très souvent, j'allumais la radio et augmentais le volume. Lorsque je quittais mon travail, j'avais l'impression qu'on m'avait arraché les entrailles.

Ce soir, pendant mes heures de travail, j'ai téléphoné à un travailleur social de la maison Seymour. On a discuté pendant presque une demi-heure. Je n'attendais que le moment où l'on me prendrait en flagrant délit. Je voulais perdre mon emploi et, conséquemment, mes buts. Le directeur, qui faisait sa ronde, m'a entendue et réprimandée pour ma négligence. Devant mon cendrier débordant de cendre et de mégots, je lui ai lancé, à travers un épais nuage de fumée, un regard furieux. Je n'ai pas fait beaucoup de ventes ce soir et j'ai délibérément ignoré les autres employés — qu'ils aillent se faire foutre; je n'ai qu'une vie, pourquoi passerais-je mon temps dans ce cauchemar: sonneries de téléphone, formules d'engagement, tickets de ventes...? Pourquoi me laisserais-je assommer par tout le monde simplement pour gagner plus d'argent? Pourquoi continuerais-je à extorquer leurs derniers sous aux chômeurs, à prendre une voix sexy pour convaincre des types d'envoyer du fric, à supplier, à implorer? J'ai dit salut et j'ai pris la porte.

Demain après-midi, j'ai rendez-vous avec le docteur Graham et, en soirée, je compte aller faire un tour à Changes pour discuter avec les travailleurs sociaux. Je voudrais aller dans un centre de désintoxication; il le faut, j'ai l'impression que ma santé mentale se détériore petit à petit. Le centre en question a l'air très bien — pendant la première semaine, les patients n'ont pas le droit de sortir. Je prendrais cela comme un sursis, bien que je n'aie aucun désir de m'astreindre à une résidence forcée. Il me faut trouver un asile le plus vite possible sinon je vais devenir folle.

22 AOÛT

Il y a cinq mois que j'ai quitté la maison. Ça ne va pas si mal, tout compte fait; je suis encore vivante. Je viens de prendre de l'acide. Après tout, qu'est-ce que ça peut foutre?

Hier matin — je m'étais levée tard — j'ai fait ma valise pour partir au centre de désintoxication. Cette corvée m'a rendue d'une humeur massacrante — combien de fois ai-je fait mes bagages au cours des derniers mois? Je ne sais pas pourquoi j'ai pris du LSD; en fait, je veux tout simplement faire un bon trip, pour une fois. Un trip de plus ou de moins, où est le mal? Tant pis si l'acide qu'on vend depuis quelque temps dans la rue est bourré de strychnine. Tant pis si je n'arrive pas à me défaire de cette image de Janet, les coudes sur la tablette d'un lit d'hôpital, me demandant gentiment de cesser de prendre de l'acide. «Je n'ai pas l'habitude de donner ce genre de conseil, mais dans ton cas, je crois qu'il fallait que je te le dise.»

Une heure et demie plus tard, j'étais dans la salle d'attente du bureau du docteur Graham, essayant de m'absorber dans la lecture d'un journal. Le goût de l'acide persistait toujours dans ma bouche. Mon cœur battait la chamade, mes yeux étaient douloureux, comme si mes pupilles luttaient pour se libérer. Je me sentais très calme. Soudain, la pièce a commencé à s'élargir et à s'illuminer d'une lumière intense, comme si j'allais voir une apparition. Tout brillait, tout était amplifié; mes yeux, épuisés par l'effort qu'ils faisaient pour tout absorber, me faisaient affreusement mal.

Mon entretien avec le docteur Graham s'est aussi bien déroulé que d'habitude. À un certain moment, je me suis exclamée: «Vous savez, je n'en reviens pas que vous m'ayiez soutenue pendant si longtemps. Les autres ont tous fini par se sentir frustrés.»

«C'est que tu es *tellement* casse-pieds, Evelyn!» Il a regardé vers le plafond en roulant de gros yeux. Il avait l'air tout à fait ravi.

Je crois qu'il me comprend. Il me laisse faire ce que je veux et ne s'érige jamais en juge. Quand je lui ai appris que je me m'apprêtais à entrer dans un centre de désintoxication, il s'est écrié: «Pourquoi fais-tu cela? Je croyais que tu en avais ras le bol des institutions!»

— J'ai besoin de me cacher pendant un certain temps.

Il n'a pas bronché, puis il a secoué la tête et m'a ramenée à la porte en me disant que ce serait certainement «une expérience». «C'est ça que tu cherches, n'est-ce pas, les expériences?» Il m'accepte comme je suis. D'autres gens m'accusent de les faire marcher, et j'admets qu'il m'arrive parfois de dépasser la mesure. On me donnait si rarement l'occasion de jouer, de m'amuser quand j'étais petite.

L'acide n'a pas eu d'incidence sur notre conversation, sauf que j'étais peut-être un peu plus détendue et que je gloussais sans arrêt. Le docteur Graham m'a redonné la force nécessaire pour croire en moi-même. C'est avec une sensation de bien-être que j'ai quitté son bureau; à l'arrêt d'autobus, j'ai ouvert une autre plaquette de California Sun et l'ai placée distraitement sur ma langue, la retournant dans ma bouche jusqu'à ce qu'elle soit réduite en pulpe. Le bonheur qui m'habitait m'emplissait d'allégresse. J'éprouvais, dans mes coudes, une sensation de plus en plus marquée de relâchement; c'était presque douloureux. Je pouvais à peine bouger les bras. C'est ce qui arrive quand je prends de l'acide ou de la coke. C'est comme si, à la place des os, il y avait des glaçons dans mes coudes.

Avant de rentrer, je suis allée m'étendre dans un parc, à quelques pâtés de maisons de Changes. Des morceaux de terre séchée apparaissaient çà et là dans la pelouse jaunie par le soleil. Sur le terrain de base-ball retentissant de cris, des nuages de poussière brune s'élevaient chaque fois que les joueurs glissaient d'un coussin à l'autre. Le parc était suffisamment grand pour que le bruit provenant du terrain de jeu soit réduit à de simples voix se mêlant au vent et aux bourdonnements de l'été.

J'avais téléphoné à ma mère plus tôt dans la journée pour lui parler du centre de désintoxication. Elle était contente que j'y aille, mais ne comprenait pas très bien pourquoi, se disant que j'allais être en manque après et que ça se passerait à la maison (chez elle). Puis elle a ajouté que c'était la drogue qui avait transformé sa petite fille en monstre. Elle s'est mise à suffoquer de colère, prétendant que l'hôpital s'était trompé de bébé le jour où elle m'avait mise au monde. Comment sa propre fille aurait-elle pu la quitter? Ma tristesse a encore augmenté quand elle m'a raconté que mon père, le lendemain de mon retour du Dakota du Nord — le jour de ma comparution au tribunal —, était si sûr que j'allais rentrer à la maison qu'il avait lavé mon gobelet préféré. Triste, pathétique. J'ai été m'asseoir sous un arbre et, les yeux parcourant l'étendue d'herbe sèche, j'ai vu un homme au cœur brisé qui nettoyait les petites choses appartenant à sa fugueuse de fille, comme si ce geste allait purifier sa vie et la ramener à la maison. J'avais le cœur gros; il n'avait pas mérité d'avoir une vilaine enfant comme moi. Après toutes ces années sans emploi, à refouler ses sentiments auprès de cette femme qui ne cessait de crier après lui... Merde! Ma mère a toujours eu le don de me mettre à bout. Parcourant des yeux l'étendue verte, j'ai vu un homme qui avait perdu sa fille et célébrait un rituel pour qu'elle lui revienne. Il y a quelques jours (toujours selon ma mère), mon père est rentré avec des sacs remplis de matériel scolaire, qu'il a empilé un peu partout dans la maison, car «elle va en avoir besoin pour ses cours». Si un jour ces deux-là se retrouvent dans un asile d'aliénés, je veillerai à ce qu'ils ne reçoivent pas de visites inattendues — celle de leur fille, en l'occurrence.

Vers trois heures du matin, je me suis rendue au centre de désintoxication. Le bâtiment est caché au milieu d'un labyrinthe de murs de pierres fendues rappelant beaucoup trop les centres de détention et le pavillon psychiatrique.

Une chaise bloquait la porte d'entrée; je me suis appuyée dessus pour y passer le reste de la nuit. J'étais à bout de forces. Un employé est arrivé et m'a installée à contrecœur dans la bibliothèque où, après m'avoir tendu un oreiller, il m'a montré un canapé du doigt. Puis il a éteint la lumière. J'ai mis beaucoup de temps à m'endormir; j'étais tellement vidée à cause de l'acide que j'avais dépassé le stade de l'épuisement.

On m'a réveillée, en même temps que les autres patients, à sept heures et demie du matin. J'ai compris tout de suite que je ne resterais pas au centre: les peignoirs bleus des patients ressemblent beaucoup trop à ceux du pavillon psychiatrique. Quant aux pensionnaires, on les fait asseoir à des petites tables pour manger docilement un petit déjeuner qui a l'air d'être en plastique, et cela me rappelle vraiment trop le centre de détention. J'ai bavardé un moment avec un membre du personnel, puis je suis partie. Nous étions tous les deux d'accord: il était inutile que je reste. Je n'étais pas suffisamment atteinte pour être en manque et en souffrir — même s'ils me gardaient pendant deux ou trois semaines, je ne perdrais pas les pédales. Et, surtout, je n'avais pas la motivation nécessaire pour en finir avec la drogue.

27 AOÛT

J'en étais arrivée à me convaincre, inconsciemment, que cela ne faisait que cinq mois qu'Evelyn existait; quelques fragments de mon enfance, cependant, commençaient à émerger.

J'ai environ quatre ans, je suis dans mon lit. Il est passé minuit. Mes parents sont dans leur chambre au fond du couloir. Ils se disputent. Les barreaux de mon lit sont peints en blanc, le plancher qui mène à la chambre de mes parents est nu. Ma mère crie qu'elle aurait dû épouser un autre homme. Je souffre pour mon père, qui parle à voix basse; il essaie de discuter calmement. Sitôt que je me mets à pleurer, il se glisse dans ma chambre; la lumière du réverbère qui coule à travers la fenêtre se reflète dans ses lunettes. Il me soulève, puis me berce quelques instants dans ses bras. Quand il me remet dans mon lit, je saisis sa grosse main réconfortante à travers les barreaux, le suppliant de ne pas s'en aller. Il reste avec moi jusqu'à ce que ma mère, le visage pâle et tordu par la colère, pénètre dans l'obscurité de la chambre. J'ai un mouvement de recul en la voyant. Elle me crie que si je n'arrête pas de pleurer, elle va s'en aller pour ne plus jamais revenir — et il n'y aura plus personne pour prendre soin de moi. Je fais tout mon possible pour étouffer mes larmes; l'idée de me retrouver seule et sans défense me terrifie. Mes parents retournent dans leur chambre.

Quand j'étais petite et que mon père se montrait gentil et affectueux, j'avais toujours peur que ma mère lui fasse si mal qu'il ne puisse plus jamais prendre soi de moi.

30 AOÛT

Je ne pense plus au suicide. Il y a une époque où il me semblait que c'était la meilleure, sinon la seule issue possible. Mais je suis devenue un monstre, et les monstres n'ont pas envie de mourir, n'est-ce pas? Ils s'en foutent.

Je passe beaucoup de temps à lire, à regarder la télé, à chercher un emploi et à planifier mes études. Selon le docteur Graham, j'ai atteint une autre phase de ma vie, celle de la «reconstruction». «Les événements dramatiques sont révolus», a-t-il dit. Pour l'instant, le docteur Graham est mon principal soutien.

J'ai peur d'entrer de nouveau dans ce cycle de fuites, de rechutes et de sauvetages. Pour finir, des gens sont obligés de me ramasser. Pourtant, hier soir, j'étais décidée à me sauver à Calgary, où je ne connais personne et serais fatalement sans abri. Je projetais de me trouver un emploi et d'y vivre quelque temps et, en cas d'échec, d'aller en Ontario où se trouvent toutes les maisons d'édition. Je dois cependant tenir compte de l'aspect pratique de la chose; comment vais-je pouvoir rester en bonne santé si je n'ai pas d'argent pour manger et me loger? De plus, je me suis inscrite à trois cours dans une école secondaire et je n'ai pas l'intention d'y renoncer. Un cours d'anglais! C'est formidable!

1ᵉʳ SEPTEMBRE

Certains événements de mon enfance deviennent de plus en plus clairs dans mon esprit. Je me souviens de la fascination qu'exerçaient sur moi les endroits fermés, vides et exigus — je m'enfermais dans le placard ou dans la salle de bain et je restais là, me demandant: «Est-ce que je préfère demeurer ici et ne jamais en sortir, ou continuer cette vie (avec mes parents)?» La réponse était toujours la même: «J'aime mieux le placard.»

C'est peut-être pour ça que mes souvenirs de la chambre d'isolement ont tourné à l'obsession; d'une certaine manière, c'était la réalisation des rêves de liberté que je faisais quand j'étais gosse. Je me suis rendu compte de cela hier soir, alors que je me trouvais enfermée dans la salle de bain et que je regardais autour de moi: «Est-ce que je préfère demeurer ici que...?» J'ai compris cela.

Il y a d'autres choses qui se sont éclaircies. Et c'est parfois très pénible. Je me souviens de ce jour où Michael et moi avons traversé le terrain de stationnement de l'hôpital. Les ambulances attendaient; nos pas étaient presque inaudibles dans l'épaisseur de la nuit. J'ai remercié Michael de ne pas m'avoir abandonnée. Il a haussé les épaules et a répondu: «Je suis payé pour ça.» J'aurais peut-être dû l'écouter un peu plus attentivement.

Je suis assise dans le salon de tante Gayle. Elle est dans la cuisine avec mon oncle; ils préparent de la confiture de bleuets. Une mouche verte explore les pages d'un livre de Jack Kerouac. Une chaleur accablante s'est abattue sur la maison silencieuse.

2 SEPTEMBRE

Selon le docteur Hightower, mes parents ne sont que deux personnes qui vivent quelque part à Vancouver et que je ne serai plus jamais obligée de revoir. Ni même de leur parler. Ce qui me fait vraiment peur, c'est cet homme et cette femme qui sont tapis dans ma tête. Ils me suivent partout, m'accablent de leurs exigences, me critiquent, me condamnent.

«Les seules personnes avec qui tu dois traiter sont les parents qui se trouvent dans ta tête. Je t'aiderai à t'en débarrasser», me promet le docteur Hightower. Un autre entretien dans son bureau spacieux. Il est toujours aussi rassurant, mais il n'en jette pas moins des coups d'œil sur le cadran qui se trouve sur l'appui de la fenêtre tandis que je parle sans arrêt. Ce fut une semaine plutôt pénible — il est plus facile de continuer à tourner à l'intérieur du même cycle que d'essayer de mûrir, de prendre des responsabilités. Il y a quelques jours, j'ai commencé à faire mes valises avec l'intention de filer à Calgary — ce qui m'a arrêtée, ce sont mes autres fugues. Et comme me l'a fait remarquer le docteur Graham, les choses commencent à changer de façon positive.

11 SEPTEMBRE

Une autre journée truffée de contrariétés. Qu'ils aillent tous se faire foutre; comment peuvent-ils afficher un si grand calme? Même le docteur Hightower a tort quand il me dit qu'il faut d'abord que je règle la question de mes parents. Comment peut-il me regarder avec cet air suffisant, confortablement installé dans son bureau lumineux, et me déclarer qu'il ne voit pas pourquoi je ne réussirais pas, que ce soit à l'université ou dans l'écriture. Il se trompe royalement; je préfère m'étendre sur un canapé et regarder la télé.

Hier, à la sortie d'un cours, j'ai vu, parmi le flot d'étudiants bruyants qui défilaient en se bousculant dans le couloir de l'école, deux ombres émaciées s'avancer vers moi, l'air intimidé. C'étaient mes parents. Un sentiment d'horreur, jusque-là réprimé, a fait jour en moi. Je me suis précipitée dans la classe où avait lieu le cours suivant. Plus tard, l'horreur s'est transformée en colère. Je ne pleure jamais, docteur Hightower, mais je me mets en colère; je ne vois pas pourquoi je laisserais voir ma vulnérabilité. Le conseiller m'a appris que mes parents étaient venus se renseigner sur mon assiduité scolaire et sur les cours que je suivais le matin. J'étais furieuse. JE NE POURRAI JAMAIS ME DÉBARRASSER D'EUX TANT QUE JE RESTERAI À VANCOUVER. Je ne comprends pas comment deux êtres humains aussi frêles que mes parents peuvent exercer un tel pouvoir.

Hier soir, ma tante Gayle a téléphoné pour me dire qu'ils avaient apporté de l'argent pour que je puisse m'acheter une passe d'autobus, payer mes repas à l'école et avoir un peu d'argent de poche pour mes menues dépenses — «ainsi qu'ils l'avaient promis si tu retournais à l'école». J'ai refusé l'argent. Je ne voulais pas avoir le sentiment d'aller à l'école simplement pour leur faire plaisir. Je sais bien que cette idée ne leur a pas effleuré l'esprit, mais je n'y peux rien, c'est ce que je ressens. J'ai l'impression que l'argent qu'ils m'offrent est comme ces carottes qu'on balance devant un âne pour le faire avancer.

À l'école, c'est merdique. Je m'ennuie à mourir. J'ai envie de prendre de l'acide, de dire au docteur Hightower d'aller se faire foutre. Les psychiatres sont tous des menteurs; tous ceux qui essaient de me garder à Vancouver sont des menteurs. Un jour, j'irai saccager le bureau du docteur Hightower et je lui flanquerai une raclée; ça lui apprendra à sourire comme le père Noël. Ne peuvent-ils donc pas, lui et le docteur Graham, me foutre la paix?

Il commence à faire froid; ce matin, vers cinq heures, il faisait un temps à geler le mercure dans le thermomètre. Devant l'étrange panorama qui s'offrait à mes yeux, j'avais l'impression de triper avec de l'acide. Le ciel fumait et flamboyait; les rues sombres étaient trempées.

Me faisant passer pour une fille de dix-sept ans, j'ai réussi à me trouver du travail dans un bureau. Assise devant l'écran d'un ordinateur, je passe mes après-midi à recopier des tonnes de lettres. Les jeunes qui travaillent ici — ils ont tous été dans la rue à un moment ou à un autre de leur vie — ont tous été recommandés par des travailleurs sociaux ou des amis. L'atmosphère est très relax. Le seul problème est que je me suis aliénée certains employés parce que je ne tape que quatre-vingts mots à la minute.

Je n'ai aucune raison de rester ici, à Vancouver. Je rêve d'aller quelque part où une personne comme Allan lirait mes sentiments sur mon visage, puis me ferait signe de le suivre à l'extérieur pour tout m'expliquer.

14 SEPTEMBRE

Je n'en peux plus. Il faut que je m'en aille. L'important n'est pas de savoir où, mais simplement de m'éloigner au plus vite. Cela ne sera pas facile; l'hiver approche et il faut que je trouve un logement. Mes bagages sont pratiquement faits. Cette fois, c'est pour de bon. Je sais bien que ça ne pouvait pas durer; le destin l'a voulu ainsi. Ou je fous le camp ou je deviens dingue. Si seulement j'avais de la drogue — si j'avais autant d'acide que j'en voulais, je ne m'en irais pas. L'ennui se dissiperait. Voici en quoi consistent mes journées: je me lève — beaucoup trop tôt —; je me dépêche d'aller à l'école; je me dépêche d'aller à mon travail; je rentre à la maison, je soupe, je me flanque devant la télé, puis je vais me coucher. Comment peut-on créer dans de telles conditions?

Au fond, je ne veux pas m'en aller, mais il n'y a plus rien qui me retient ici; je n'ai pas d'amis. Je dois cesser de me cacher dans une matrice qui n'existe pas. Je veux rester, mais pourquoi? Parce qu'il m'est plus facile d'avoir un toit ici? Et de la bouffe? Pourquoi? Il y a des choses beaucoup plus importantes: il faut que j'arrive à me débarrasser de mes cauchemars avec mes parents. Les choses les plus insignifiantes, les plus banales, me font penser à eux, à l'époque où nous formions encore une famille. Oui, je les aime; il y a quelque chose en moi qui les aime tellement que je voudrais parfois les écraser dans mes bras — docteur

Hightower, pourquoi avez-vous déterré tout ça? J'éprouve une tristesse affreuse, des remords lancinants.

Mardi prochain, j'irai voir le docteur Graham et le docteur Hightower, puis je partirai pour Calgary. Il fera froid, mais je m'en fous. C'est ainsi que les choses doivent être.

TROISIÈME PARTIE

du 17 septembre au 30 décembre 1986

Je dois continuellement me rappeler les raisons pour lesquelles j'ai quitté Vancouver. J'ai l'impression d'avoir fait une bêtise. Je n'aurais jamais dû refuser de saisir la main secourable de mon bon docteur Hightower au visage rouge de tristesse de me voir partir. Il avait même l'air un peu fâché, pour une fois. Il m'a donné son numéro de téléphone et m'a suppliée de l'appeler si j'avais besoin de lui. Il craignait de s'être montré un peu trop insistant lors de ce dernier entretien au cours duquel il avait tenté de déterrer les sentiments que j'éprouvais pour mes parents. Il fut un temps où sa bienveillance m'aurait été d'un précieux secours, mais ce jour-là, assise dans son bureau, lasse et sans ressort, je ne pouvais m'empêcher de penser que le monde n'était que mensonge et que le docteur était idiot de s'en faire pour une fille aussi peu intéressante que moi.

L'autobus est arrivé à Calgary ce matin, un peu avant six heures. Le ciel était couleur ardoise; il pleuvait sur la ville grise. On pouvait à peine distinguer le jour de la nuit.

Le soir. Je suis au YMCA. Je ne sais plus trop où j'en suis; j'ai l'impression de voguer sur une mer d'irréalité. Il y a un programme ici qui s'appelle Runaway/Homeless Youth, qui recueille des jeunes de dix-sept ans et moins pour une période de deux semaines, jusqu'à ce qu'ils se trouvent du travail ou un logement plus adéquat. Mais les travailleurs sociaux doivent d'abord contacter les parents. Comme j'ai refusé qu'on téléphone aux miens, je ne pourrai rester qu'une nuit. J'ai rencontré un travailleur social très chouette qui est visiblement frustré du fait qu'on ne peut rien faire de plus pour moi. J'ai fini par obtenir ce que je voulais: être seule et indépendante. C'est loin d'être aussi formidable que je ne le croyais.

Passé une partie de la nuit dans un Dairy Queen, partageant une table avec un clochard calé entre un sac à dos et des oreillers. L'homme était plongé dans ses pensées. Quand je me suis adressée à lui, cependant, il a commencé à déverser un flot de paroles intarissables. Quarante-cinq minutes sans pouvoir l'arrêter. Le tout avec un terrible accent étranger.

L'homme est polonais et vit depuis près de vingt ans au Canada. Il déteste ce pays, où il a perdu sa femme et s'est attiré pas mal d'ennuis avec la police, ce qui lui a valu plusieurs séjours forcés dans divers «hôpitaux de fous». La voix teintée d'indignation, il n'arrêtait pas de répéter qu'après avoir été sergent durant la guerre, il en était maintenant réduit à jouer les concierges. Catholique, anticommuniste, il se montrait plein de préjugés, ne cessant de m'affirmer qu'il n'avait pas d'objections à parler avec une Chinoise. Incapable de placer un mot. Ce vieux fou, avec sa barbe grisonnante, sa peau étonnamment douce et ses yeux bleus innocents, m'impressionnait beaucoup. Sa voix a commencé à s'enfler, son débit à s'accélérer tandis qu'il débitait ses rodomontades, jusqu'à ce que ses jambes et ses bras se mettent à battre l'air. J'avais peur qu'il ait une crise cardiaque et rende l'âme devant moi. De toute évidence, il n'avait parlé à personne depuis longtemps. Les autres clients le regardaient fixement tandis qu'il pointait ses doigts vers mon visage. Une vieille femme s'est approchée et m'a dit, dans un murmure, qu'elle me plaignait d'avoir à partager ma table avec cet homme.

Il n'était pas pauvre. C'est ce que j'ai conclu en le voyant m'offrir un grand nombre de cigarettes. Puis, sans la moindre hésitation, il a sorti son portefeuille pour en tirer, en dépit de mes protestations, un billet de deux dollars. C'est assez étrange, mais ce vieil homme m'a conquise.

Je suis arrivée à me tenir au chaud en marchant dans les rues du centre-ville. La température était à zéro. Il faisait de plus en plus noir.

19 SEPTEMBRE

Hier soir, j'ai téléphoné aux Alcooliques Anonymes dans l'espoir d'y trouver de l'aide. La monitrice qui a pris mon appel a eu la gentillesse de m'offrir de venir passer la nuit chez elle. Auparavant, j'avais appelé, sans me nommer, plusieurs services sociaux et ils m'avaient tous donné la même réponse: «Tu n'as que quinze ans et tu n'es pas de la province. Nous ne pouvons rien faire.»

La dame des A.A. s'appelle Sparky. Elle et son mari sont venus me chercher au centre-ville où, tremblant de froid, je les attendais au coin d'une rue. Le docteur Hightower avait raison: mourir de froid n'est pas aussi douloureux qu'on le pense.

Le couple habite une maison entourée de mauvaises herbes, à l'écart de la ville. Malgré ma fatigue, nous avons discuté jusqu'à deux heures du matin. C'est à ce moment-là que j'ai constaté que je m'étais trompée d'adresse.

Sparky, qui a subi les mêmes épreuves que moi et regretté la manière dont elle s'est comportée, m'a vivement conseillé de rentrer chez mes parents. Elle était très agitée, ne cessant de remplir nerveusement de sucre sa tasse de café. Son mari a dû intervenir à plusieurs reprises pour la calmer. C'est une femme aux cheveux roux, aux yeux bleus brillants et au visage abîmé, boursouflé, ravagé par l'alcool. Son père était alcoolique lui aussi. Elle a quitté la maison à l'âge de quinze ans. Un type l'a violée, puis elle a fait le trottoir et vendu de la drogue. À son arrivée à Calgary, où elle ne connaissait personne, elle a eu la chance de rencontrer un chauffeur de taxi sympathique chez qui elle a vécu pendant un an.

Sparky a fini par me conduire à mon lit. C'était au sous-sol. Je me suis endormie comme une masse. Mais ce fut une nuit très agitée, comme celle au YMCA, partagée entre des périodes d'insomnie, des moments de dépression et des cauchemars sur l'exil et la mort.

Vers deux heures de l'après-midi, je me suis réveillée et j'ai pris une douche. En attendant le retour de Sparky, j'ai épluché les journaux à la recherche d'un emploi. Puis j'ai entendu son pas lourd. Un peu plus tard, tandis qu'elle caressait le chat en me regardant d'un air interrogateur, je lui ai annoncé que je ne rentrerais pas chez mes parents. J'ai ajouté que j'avais beaucoup apprécié ses conseils et lui étais très reconnaissante de m'avoir hébergée.

Sparky m'a jeté un regard glacé, puis elle s'est assise à la table de la cuisine et est entrée dans une fureur qui a duré tout l'après-midi. Je l'ai écoutée, figée sur place, pendant cinq heures. «N'apprendras-tu jamais?» criait-elle. Que je le veuille ou non, elle allait m'emmener aux services d'urgence et veiller à ce que je prenne le premier autobus pour Vancouver.

Je pouvais la comprendre. C'était si triste. Elle voulait tout simplement me donner une seconde chance de vivre ces années d'adolescence qu'elle avait perdues. Mais elle manquait de discernement; elle s'acharnait à arracher ma vie d'entre mes mains pour se l'approprier, ce qui ne pouvait mener qu'à l'échec et au ressentiment. Elle m'a raconté que le matin, en s'éveillant, elle s'était mise à genoux et avait prié le ciel pour que je retourne chez mes parents. Elle était persuadée que si j'étais entrée dans sa vie, ce n'était pas par hasard, que Dieu m'avait mise entre ses mains. La situation était pour le moins pénible, d'autant plus que j'étais fatiguée, affamée et que je n'arrivais pas à mettre de l'ordre dans mes idées.

Alors, j'ai voulu la rendre heureuse et la convaincre qu'elle s'était montrée à la hauteur en me sauvant d'une situation dramatique. J'ai consenti à rentrer chez mes parents — avec l'intention cachée de m'enfuir des services d'urgence ou, si nécessaire, de descendre de l'autobus avant qu'il n'arrive à Vancouver. Je me suis souvenue de ce qu'avait dit Allan à propos de «cendriers remplis de mégots» (comparant ma manière de régler les problèmes au comportement d'une femme qui, plutôt que d'exposer franchement ses récriminations à sa compagne de chambre, laisse traîner ses cendriers remplis de mégots pour lui faire comprendre qu'elle est furieuse contre elle).

Sparky et son mari m'ont conduite aux services d'urgence (pratiquement impossibles à trouver à Calgary). Leurs bureaux sont cachés au-dessus d'une boutique de fleuriste et d'un centre de culture physique, dans un édifice situé loin du centre-ville. Jouant une de mes dernières cartes, j'ai remercié le couple pour tout ce qu'ils avaient fait pour moi et j'ai rassemblé mes bagages pour sortir de la camionnette. Mais Sparky n'est pas née de la dernière pluie.

— Oh non! tu ne te débarrasseras pas de nous aussi vite! Je veux te voir monter dans l'autobus de Vancouver.

Nous sommes entrés aux services d'urgence. Je me suis mise à faire les cent pas dans la salle d'attente, tout comme l'avait fait Sparky quelques heures auparavant, alors qu'elle me bourrait le crâne de ses conseils et de ses remontrances. Un travailleur social à qui j'avais parlé au téléphone un peu plus tôt est venu nous voir. Ses yeux bleus ont exprimé l'étonnement le plus profond lorsqu'en me montrant du doigt Sparky a déclaré: «Cette fille veut rentrer chez elle.» Il nous a emmenés dans une autre pièce. Sparky lui a crié de se dépêcher de me renvoyer chez moi. Au bout de quelques minutes, je lui ai dit que je désirais lui parler seule à seul.

Le travailleur social était un homme très calme, aux gestes lents et aisés. Le ton brusque et perçant sur lequel Sparky lui avait parlé l'avait interloqué. D'autant plus que son attitude n'avait en rien provoqué cette véhémence. Lorsque je me suis trouvée seule avec lui, je lui ai raconté ce qui s'était passé, ce qui n'a pas été facile. J'aurais préféré de loin faire plaisir à tout le monde en prenant l'autobus pour Vancouver. Je serais descendue au premier arrêt, puis je serais revenue à Calgary pour rembourser les services d'urgence et retrouver ma liberté. Cela aurait eu l'avantage de donner à Sparky la conviction qu'elle avait bien agi et que, grâce à elle, j'avais une seconde chance de m'en tirer.

Au bout d'un certain temps, quelqu'un a commencé à donner de grands coups sur la porte. C'était Sparky. Le travailleur social lui a ouvert. «Nous partons», a-t-elle crié en le fusillant du regard.

Sans dire un mot, il a suivi docilement Sparky et son mari. C'est là qu'il a cessé de me prêter l'oreille. Il m'a expliqué que la seule chose à faire était de leur exposer clairement la situation. Avec résignation, j'ai regardé le couple s'asseoir tandis que le travailleur social essayait de leur expliquer le fond de ma pensée. Sparky n'a même pas daigné me regarder; son visage paraissait de plus en plus bouffi et abîmé.

L'attitude de son mari m'a fait venir les larmes aux yeux. Rempli de tendresse et d'indulgence, réfléchissant bien avant de parler, il s'est excusé pour sa femme, m'assurant qu'il n'avait jamais eu l'intention de me forcer la main pour que je retourne chez mes parents. Lorsqu'elle s'est mise à l'engueuler, il a continué à prendre ma défense.

— Écoute, chérie, il n'est pas question de tes sentiments à toi. Tes opinions n'ont rien à voir dans tout ceci. Il s'agit d'Evelyn, pas de toi.

C'était la chose la plus juste à dire. Si seulement nous nous étions mieux compris! Ils sont partis peu après. Le mari de Sparky m'a souhaité bonne chance tandis que sa femme sortait du bureau d'un pas lourd et bruyant, sans m'accorder un regard. Après avoir discuté quelque temps avec le travailleur social, ce dernier m'a conduite en voiture, sous une pluie battante, au YMCA. Il m'a déclaré que je pouvais y passer le week-end.

— Vous n'allez pas téléphoner à mes parents, j'espère? lui ai-je demandé à plusieurs reprises. Voyant son visage rouge de colère, je me suis excusée.

— Vous devez me trouver parano?

— Plutôt.

Il m'a avertie que si je revenais aux Services d'urgence, ils allaient devoir faire quelque chose, tandis que si je restais dans la rue, on me laisserait en paix. Loin des yeux, loin du cœur.

20 SEPTEMBRE

Me voici de nouveau dans un Dairy Queen — un des seuls endroits qui restent ouverts toute la nuit à Calgary — regardant les aiguilles de l'horloge se rapprocher de minuit. Je suis épuisée. Cette nuit ne finira-t-elle jamais? Il n'est même pas minuit! Demain, cela fera six mois que j'ai quitté la maison, et me voici dans un Dairy Queen, attendant l'arrivée du matin, tout en sachant très bien que cette nouvelle journée ne m'apportera ni sécurité ni abri. Ni chaleur.

On dirait que mon cerveau n'est plus capable de fonctionner. J'ai peur. Les rues sont sombres et désertes; des voitures de police ratissent le centre-ville. Je crains la solitude; je me languis d'une présence humaine. J'ai peur de me faire attraper. Les yeux du docteur Graham, qui m'insufflaient tant de courage, le rire bon enfant du docteur Hightower, qui m'emplissait de chaleur, me manquent terriblement.

Mon cœur est rempli d'une tristesse infinie, une tristesse qui m'accable, m'empêche d'entrevoir aucun espoir. Bon Dieu, ce n'est pas possible, ce n'est pas à moi que tout cela arrive! Trop d'orgueil et pas un sou.

21 SEPTEMBRE

L'automne envahit peu à peu Calgary, jaunissant le feuillage des arbres, étalant des tapis de feuilles sur le pavé. Je marche sans arrêt. Minuit vient de sonner; je tremble de froid et essaie de me tenir éveillée dans un restaurant sur le point de fermer. Deux hommes sont entrés et se sont assis à la table voisine. Je me suis tournée vers eux pour leur demander s'ils savaient quel autobus je devais prendre pour me rendre aux services d'urgence. Ils se sont regardés et ont éclaté de rire. C'étaient des chauffeurs de taxi; ils m'ont offert de me déposer quelque part, mais il fallait d'abord que je m'asseoie à leur table en attendant qu'ils aient fini de manger. Sans entrer dans les détails, je leur ai expliqué que je cherchais un endroit où passer la nuit. Ce qui a amené Henry à évoquer ses souvenirs de l'époque à laquelle il était pauvre et à laquelle certaines personnes l'ont tiré d'embarras — un hippie l'a recueilli et lui a offert plusieurs bols de céréales, et un gérant d'hôtel l'a mis à l'abri d'une tempête qui faisait rage depuis quelques jours en lui donnant une chambre pour deux nuits. En outre, il lui a préparé ses repas. Henry me racontait tout cela, l'air pensif. J'ai soupiré et fait le vœu de résister à la chaleur du YMCA. Les travailleurs sociaux m'ont fait comprendre que je dois «me brancher ou me démerder toute seule». «Il est parfois nécessaire d'être cruel avec les gens quand on veut leur bien», avait déclaré sombrement Sparky tout en écrasant un mégot.

Nous sommes montés dans le taxi appartenant à l'ami de Henry et nous nous sommes dirigés vers les services d'urgence. Henry a soulevé le voile de désespoir qui s'abattait sur moi en me disant — la lumière d'un lampadaire illuminant son visage: «J'ai beaucoup hésité, mais si tu le veux, tu peux habiter chez moi pendant quelques jours. Ce sera ma façon de rembourser tous ces gens qui m'ont donné un coup de main quand j'étais dans la merde.»

Je lui étais vraiment reconnaissante. Un lit! La chance de dormir en paix. Oui, il doit y avoir un Dieu là-haut qui prend soin de Ses enfants. J'allais être à l'abri, enfin.

Le chauffeur s'est tourné vers Henry et, fronçant les sourcils d'un air interrogateur, lui a demandé s'il parlait sérieusement. Ce dernier lui a répondu par un signe de tête résolu. Les deux hommes se sont mis ensuite à chercher un endroit où ils pourraient acheter de la drogue. Ils ont hélé des types qui se trouvaient devant le terrain de stationnement d'une épicerie. Henry m'a fait signe de le suivre et nous sommes montés dans son vieux taxi stationné au fond du stationnement. Son ami a baissé la vitre de la portière et, de ses grands yeux marrons, m'a regardée gravement.

— Henry est un de mes meilleurs amis, tu ne cours aucun risque avec lui. Mais si jamais tu as des ennuis, n'hésite pas à m'en parler, d'accord?

J'avais envie de tomber à genoux pour remercier le ciel, mais j'y ai renoncé; je me serais probablement endormie.

Dans la voiture, Henry a changé d'humeur. Il m'a dit qu'il avait des problèmes qui le mettaient en colère, mais qu'il ne voulait pas en parler, car il détestait se plaindre. Alors on a parlé de drogue — il ne prend de l'acide qu'une ou deux fois par année et ne sniffe de la cocaïne que pendant la période de Noël. Mais il boit beaucoup, fume du hasch en quantité et prend pas mal de tranquillisants. En ce qui me concerne, la drogue n'est qu'un divertissement, sans plus. Un moyen de m'évader.

Henry vit seul dans un appartement au sous-sol, dans lequel règne un désordre indescriptible — des romans de Kurt Vonnegut empilés sur le plancher, des boîtes de céréales renversées sur le tapis. Il m'a installé un lit pliant, a allumé la radio puis a filé au boulot. Après avoir déballé mes vêtements, je me suis laissée tomber sur le lit et j'ai aussitôt sombré dans un sommeil profond, sans rêves, ne me réveillant qu'une seule fois au milieu de la nuit. J'étais enfin à l'abri!

Vers huit heures du matin, après seulement cinq heures de sommeil, Henry m'a secouée pour me réveiller. Faisant la moue, je me suis retournée dans le lit, me cachant la tête sous l'oreiller. Mais il s'est montré inflexible.

— Allez, debout! Il faut qu'on te trouve du travail.

Je suis sortie du lit à contrecœur pour aller m'asperger le visage d'eau froide. Henry voltigeait nerveusement d'un meuble à l'autre. Difficile d'imaginer un homme de six pieds et de plus de deux cents livres «voltigeant», mais c'était pourtant le cas. Il fumait, buvait du café et épluchait les petites annonces. Ses moindres mouvements soulignaient sa puissante musculature. Ce n'est pas le genre de personne à qui on chercherait querelle. Il arpentait fiévreusement la pièce en attendant que je sois prête.

Nous nous sommes arrêtés d'abord au centre de main-d'œuvre. Tandis qu'il m'attendait dans un bar et y buvait «quelques verres», j'ai rassemblé l'information nécessaire pour obtenir un certificat de naissance et une carte d'assurance sociale, puis noté quelques offres d'emploi épinglées au tableau d'affichage. Ensuite, je suis allée le rejoindre au bar. Assis près de la fenêtre, il pompait du whisky et de la bière. Nous sommes restés là jusqu'à ce qu'il ne lui reste plus d'argent, discutant, apprenant à mieux nous connaître. L'alcool éliminait nos inhibitions, nous déliait la langue. Nous avons discuté politique — anarchie, théorie sur la suprématie de la race blanche, pauvreté. Lorsque nous avons commencé à parler de suicide, Henry a étalé ses gros bras bronzés sur la table. Ses poignets, ainsi que la partie inférieure de ses bras, étaient couverts d'horribles cicatrices. Le cœur serré, je me suis mise à regarder fixement par la fenêtre.

Puis nous sommes allés au centre de main-d'œuvre pour jeunes, où j'avais pris rendez-vous. De retour à la maison, nous avons fumé du hasch et rassemblé de l'argent pour acheter de l'alcool.

Après mon rendez-vous, j'avais retrouvé Henry dans un cabaret de strip-tease minable. Des projecteurs rouges illuminaient la scène; une femme nue tournoyait au rythme de la musique, se caressant les seins, les jambes largement écartées. Je frissonnais en la regardant, me disant que cela me faisait une expérience de plus, puis je me suis mise à la recherche de Henry. J'ai fini par le retrouver, très ivre et déprimé. Il chantait pourtant à tue-tête en donnant des coups sur la table. Il a refusé de me dire ce qui le contrariait (heureusement, ce n'était pas moi).

La strip-teaseuse se contorsionnait sur la scène, présentant ses seins aux hommes qui la regardaient en sifflant à qui mieux mieux. Elle se cambrait, se pavanait, faisait le grand écart, puis roulait sur elle-même. Je me demandais si elle se sentait souillée, si elle caressait l'espoir d'échapper un jour à cet endroit.

Une autre strip-teaseuse, une femme blonde portant un minuscule bikini, des talons aiguilles et une blouse extrêmement ajustée, s'est mise à tournoyer et à se caresser le corps. Sur ce, Henry a grogné d'une voix à peine intelligible: «Allons-nous en.» Nous sommes rentrés à la maison je ne sais trop comment.

23 SEPTEMBRE

On est mardi. En rentrant du strip-tease hier après-midi, Henry et moi sommes allés nous coucher. Le tapage que faisaient les gens vivant à l'étage supérieur m'a réveillée moins d'une heure plus tard. Henry avait réglé son réveil à sept heures et demie. À sept heures et demie précises, après que le réveil eût sonné pendant cinq minutes, je suis entrée dans sa chambre et j'ai réglé le réveil pour qu'il sonne cinq minutes plus tard. J'ai répété ce geste cinq ou six fois, lui demandant chaque fois s'il était réveillé, à quoi il répondait: «Oui» pour se rendormir aussitôt. Sachant que la sonnerie ne servirait à rien, j'ai d'abord essayé de lui parler, puis de le secouer, mais en vain. Finalement, j'ai menacé d'allumer toutes les lumières — bref, j'ai joué le rôle d'une responsable de foyer trop indulgente. Je faisais vraiment tout mon possible. Une heure et demie à essayer de le réveiller! Après tout, il m'avait beaucoup aidée.

Soudain, vers neuf heures, un homme enragé est sorti de son lit en trébuchant, prétendant que c'était de *ma faute* s'il ne s'était pas réveillé à temps pour aller acheter de la drogue à un ami avant de se rendre au boulot. Nous nous sommes disputés. Bien que blessée, j'ai fini par m'excuser (naturellement!), et je l'ai invité à me confier ses problèmes. Après m'avoir déclaré, plein d'admiration pour lui-même, qu'il pourrait me tuer d'un coup de poing si l'envie lui en prenait, il a fait demi-tour et est retourné se coucher.

Ce matin, Henry m'a mise à la porte. Je l'ai remercié pour sa gentillesse, lui ai dit que je comprenais et je suis partie.

Tu n'es qu'une conne, Evelyn. Une chose est certaine: c'est la dernière fois que je me montre aussi aimable.

Le travailleur social des services d'urgence a manqué son coup. Après m'avoir accusée d'être paranoïaque parce que je ne lui faisais pas confiance, il s'est jeté sur le téléphone pour appeler mes parents. Il a également signalé ma disparition à la brigade de recherche dans l'intérêt des familles. Plus question que je me fie aux autres ou que je compte sur leur compréhension.

Henry, tu crois vraiment que le hasch peut m'aider à oublier? (Tu savais, n'est-ce pas, tu savais que je te sourirais et que je te dirais: *je comprends*.) Je t'aimais beaucoup, tu sais. J'aimais cette voracité avec laquelle tu lisais, ta mémoire exceptionnelle, ton honnêteté. J'aimais quand tu me montrais tes cicatrices aux poignets, quand tu buvais, aussi, parce que ça te rendait vulnérable. J'aimais ton air d'ours en peluche, dans ton chandail couleur moutarde; tu semblais si responsable, si paternel, si protecteur.

153

Je suis venue à Calgary dans l'espoir d'y trouver une vie meilleure, puis je me suis aperçue que c'était du pareil au même. Je me sentais très près d'une personne, mais elle n'a fait que se moquer de moi, en fin de compte. Bon Dieu, comme je me sens misérable! Henry, je t'en veux à mort de m'avoir trompée par des promesses, de m'avoir fait croire que tu étais M. Macho le sauveur. Je t'en veux de m'avoir flanquée à la porte. En l'espace de deux jours seulement, j'avais appris à t'aimer, ne serait-ce que parce que derrière ta solide charpente tu n'étais en réalité qu'un bébé en mal d'affection qui avait peur d'admettre que, oui, il avait un problème d'alcool. Ce n'était pas parce que tu pouvais envoyer un mec à l'hôpital pour six mois que tu n'étais pas un grand blessé toi-même.

Après deux jours de jeûne, j'ai décidé d'aller dans une soupe populaire. Je m'en voulais terriblement. Partager une table avec des clochards, leur disputer du fromage moisi autour duquel tournoie un essaim de mouches me faisait horreur. Comment avait-on osé installer une soupe populaire dans cette vieille échoppe aux murs de planches et sans chauffage, avec des sacs de nourriture se répandant sur le plancher? Comment osait-on faire semblant de se soucier des pauvres miséreux qui passaient la porte en se traînant les pieds? Quelle sorte de charité était-ce là?

25 SEPTEMBRE

Une chose m'est apparue clairement hier: il faut absolument que je retourne à Vancouver. Ce n'est plus une question d'échec ou de perdre la face. Hormis cette halte à la soupe populaire, je n'ai ni mangé ni dormi convenablement depuis plusieurs jours. Et j'ai froid. On dirait que le froid s'est infiltré à travers ma peau pour prendre joyeusement possession de mon corps. J'ai touché le fond.

Aujourd'hui, je suis allée dans un centre d'accueil. Après être entrée dans le bureau en résistant à l'envie d'enfoncer la porte, j'ai déposé mes bagages et déclaré à haute voix: «J'ai besoin d'un endroit pour dormir. Ne me dites pas que vous ne pouvez rien faire — je veux dormir *maintenant*. Allez-y, bande de connards, appelez les flics, je m'en fous.» J'ai donné encore plus de poids à cette menace en jetant un regard dégoûté au plancher crasseux.

Un membre du personnel a fait aussitôt venir une conseillère, et les gens de la cuisine m'ont apporté du thé, du café et des sandwiches. Après avoir écouté mon histoire, la conseillère a appelé un pasteur rattaché à une maison d'aide pour prostituées. Ce dernier est un petit homme charmant avec des cheveux frisés lui tombant sur les épaules, l'air tout à fait insolite dans son habit noir de pasteur. Bien que donnant parfois des signes d'impatience au récit de mes aventures (j'ai discouru pendant un bon moment), il m'a posé beaucoup de questions, surtout à propos de la drogue. Puis la conseillère m'a parlé d'une jeune prostituée que son souteneur a blessée parce qu'elle refusait de lui obéir: il lui a entaillé le visage en diagonale de la pommette au menton.

Le pasteur a décidé de m'amener à la maison d'accueil. Nous avons traversé la salle à manger principale du centre, où plus d'une centaine de personnes, pour la plupart des hommes, étaient en train de manger. Visages boursouflés, corps gonflés, le cheveu rare; tous vêtus de hardes. J'aurais eu envie de les aider si les circonstances avaient été différentes...

En chemin, le pasteur a fait une halte dans un hôpital pour aller prier au chevet d'un mourant. J'en ai profité pour dormir sur la banquette arrière de la voiture. Lorsqu'il est revenu avec la conseillère, je dormais toujours — ils m'ont dit que je parlais dans mon sommeil, demandant avec insistance si nous étions arrivés à Vancouver. Ils trouvaient cela très drôle, mais ce n'était pas une blague: je voulais rentrer chez moi à tout prix. Lorsque je me suis réveillée et me suis rendue compte que nous étions toujours à Calgary, j'ai senti les serres de la dépression se refermer sur moi.

Le foyer d'accueil, qui a ouvert ses portes il y a quelques mois à peine, se trouve dans une vieille maison dont les fenêtres ont été recouvertes de planches. Sur le porche, qui s'est affaissé par endroits, sont entassés des meubles poussiéreux. Le responsable de jour (plus tard, j'ai été très étonnée d'apprendre qu'il faisait du bénévolat) m'a serrée dans ses bras — un geste tellement inattendu que j'en ai perdu l'équilibre. Je me suis dégagée aussitôt. Je voulais un *lit*, pas de l'amour ou de la compréhension.

Le travailleur social et moi avons eu un entretien dans la salle de séjour. Le pasteur et la conseillère étaient également présents. Je leur ai précisé d'emblée que je n'étais pas venue ici pour y vivre, mais simplement pour y passer la nuit. Le travailleur social n'a rien voulu savoir. Le pasteur et la conseillère non plus. On m'a posé d'autres questions. Après cela, les filles qui habitaient la maison ont commencé à défiler dans la salle de séjour par petits groupes. Elles ont embrassé et serré le travailleur social dans leurs bras, lui proclamant leur amour, ensuite elles se sont livrées entre elles au même cérémonial.

Ce spectacle m'a laissée bouche bée. Le travailleur social s'est assis tout contre moi et m'a expliqué que la maison était dirigée selon des principes d'amour et de spiritualité — d'amour véritable plutôt que physique, cette dernière forme d'amour ayant entraîné beaucoup de souffrances chez la majorité des filles. À ces mots, je me suis roulée en boule dans un coin du canapé et, entourant mes genoux de mes bras, j'ai regardé dans le vide. Une Jamaïquaine portant un jean moulant s'est pendue au cou du travailleur social, l'étreignant et le caressant.

Le pasteur a jeté un coup d'œil à sa montre. Il avait offert de me prêter l'argent pour le ticket d'autobus pour Vancouver — «si c'est ça que tu veux réellement» —, et ce dernier partait dans peu de temps. Les filles étaient affalées un peu partout dans la salle de séjour, dans les fauteuils, sur le tapis. Certaines se réconfortaient, d'autres essayaient de me convaincre de rester avec elles. Le pasteur me fixait de ses yeux marrons limpides; le travailleur social a posé une main sur mon épaule.

Une Amérindienne au visage vaguement simiesque m'a fait signe d'approcher. Elle avait vingt et un ans, mais n'en paraissait que seize. Elle m'a suppliée de rester.

«Essaie pendant quelques jours», m'a-t-elle dit, me regardant de ses yeux bruns empreints de gravité. Le travailleur social l'avait présentée comme un véritable boute-en-train mais, ce jour-là, elle ne disait pas grand-chose. J'étais saisie d'un sentiment de panique dont je n'arrivais pas à me débarrasser. Une voix me disait: «C'EST L'OCCASION POUR TOI D'ÊTRE ENFIN HEUREUSE, EVELYN. PROFITES-EN.» Il n'y a pas si longtemps, quelques mois peut-être, ces filles vendaient encore leur corps pour faire vivre des maquereaux, se faisant tabasser et même parfois poignarder. Il y a à peine quelques mois, ces filles étaient dévorées par la colère et on n'aurait même pas pu les aborder...

«VA-T-EN, EVELYN. RENTRE CHEZ TOI. RETOURNE À VANCOUVER, OÙ TU PEUX TROUVER TOUT L'ACIDE QUE TU VEUX; RETOURNE DANS LA RUE, À CETTE VIE SUICIDAIRE

QUE TU Y MENAIS. QU'AS-TU FAIT POUR MÉRITER CET AMOUR? C'EST TROP BEAU POUR ÊTRE VRAI. COURAGE, EVELYN — TU PEUX TE DÉBROUILLER TOUTE SEULE.»

J'ai fait non de la tête. J'ai eu l'impression que les yeux du travailleur social s'enfonçaient plus profondément encore dans leurs orbites, au-dessus de ses pommettes saillantes. Il avait tout à coup l'air très fatigué. Le visage du pasteur s'est assombri lui aussi. Quant à la conseillère, on aurait dit qu'elle en avait ras le bol. Alors que nous montions dans la voiture et que la jeune Amérindienne, seule sur le porche, me faisait au revoir de la main, il me semblait que je venais, une fois de plus, de me payer un échec monumental.

Le trajet jusqu'à la station d'autobus s'est fait en silence. Plus tard, alors que je faisais la file pour acheter mon billet, je me suis tournée vers le pasteur: «Pourquoi ai-je le sentiment d'avoir échoué une fois de plus?» lui ai-je demandé.

Sur un ton neutre, il a répondu: «C'est peut-être la fille qui t'a donné ce sentiment. Peut-être sait-elle ce que l'avenir te réserve — le trottoir —, ce qui explique pourquoi elle avait l'air si triste. Son corps est couvert de cicatrices de coups de couteau et il porte aussi une marque de balle. Un souvenir de ses expériences dans les rues du centre-ville.»

Lorsque le pasteur et la conseillère m'ont quittée, je suis restée là, sans bouger, mon ticket à la main, plus morte que vive.

Tu te plains d'avoir été trahie, Evelyn. Tu prétends que ton séjour à Calgary est un fiasco parce qu'on t'a livrée aux autorités, parce que certaines personnes t'ont déçue, t'ont laissé tomber. Combien de personnes as-tu *toi-même* laissé tomber? Penses-y, pour une fois.

La vérité est dure à entendre, n'est-ce pas?

Me voici donc à Vancouver. Où sont passées toutes ces merveilleuses choses que tu étais censée y retrouver, Evelyn? Je ne te vois pas courir à ton journal pour jeunes, ou téléphoner à tes bien chers docteurs — non, au lieu de cela, tu restes assise dans une bibliothèque, sans un sou dans ta poche, envisageant d'aller dîner et dormir chez les Krishnas, après avoir passé la journée à courir après ce vague emploi qui persiste à t'échapper. Rappelle-toi ce que le travailleur social du foyer d'aide t'a dit. «Je t'imagine dans cinq ans. Une clocharde errant dans les rues.» J'avais réussi, sur le moment, à tourner la chose en plaisanterie, mais aujourd'hui il me faut bien reconnaître que, même si je ne pousse pas un caddie devant moi sur le trottoir, j'ai toutes les caractéristiques d'une vieille vagabonde.

Un jour, on se fait prendre par surprise... Non, Evelyn, tu te trompes. Tu as toujours su ce que l'avenir te réservait.

28 SEPTEMBRE

Un adepte se tenait devant l'entrée du centre Hare Krishna. Il portait un jean sous sa robe et affichait un large sourire resplendissant de santé. Il n'avait rien de l'ascète replié sur lui-même et refoulant ses sentiments.

Nous avons passé plusieurs heures à chanter et à lire à l'intérieur d'une grande salle: *Hare Krishna, Hare Krishna, Krishna Krishna, Hare Hare, Hare Rama, Hare Rama, Rama Rama, Hare Hare...* Le ciel s'assombrissait, la réunion n'en finissait pas. J'ai fermé les yeux et me suis laissée submerger par les chants. Je me sentais très triste, et pourtant j'étais en paix. Des volutes d'encens flottaient au-dessus de nos têtes. Une personne s'est glissée derrière moi et a placé un collier de fleurs autour de mon cou. Leur parfum, mélangé à l'odeur de l'encens, m'enivrait. Tout à coup, je me suis mise à penser à mon père, qui me berçait dans ses bras quand j'étais bébé et qui, lorsque je suis devenue une petite fille, me lisait des histoires. Cherchant un substitut, mes yeux sont tombés sur l'adepte vêtu d'une robe couleur safran qui lisait devant ses coreligionnaires.

Après le *prasadam,* que nous avons reçu à l'étage inférieur, je me suis assise sur une natte à côté de quelques personnes et nous nous sommes aussitôt engagés dans une discussion. Il faisait très froid et beaucoup de personnes étaient parties. Un des adeptes a émis la possibilité de me laisser passer la nuit au centre. Il est monté à l'étage pour en discuter avec les autres et, lorsque je suis montée à mon tour pour aller chercher mes bagages, j'ai surpris quelques bribes de leur conversation, ainsi que des protestations étouffées.

— Elle n'est *pas* folle, rétorquait-il aux autres. Elle est très jeune, et je crois qu'il est de notre devoir de la protéger. On ne peut tout de même pas la renvoyer dans la rue!

Je suis restée immobile derrière mes sacs à dos, ses paroles retentissant à mes oreilles. «Elle n'est *pas* folle.» Comment pouvait-on croire que...?

Cette nuit-là, malgré les chants religieux qui me parvenaient à différentes intensités, diffusés par la chaîne stéréo, j'ai dormi d'un sommeil profond dans le sous-sol du centre Hare Krishna. Je me souviens d'avoir rêvé du docteur Hightower. Nous étions dans sa voiture, en train de causer, lorsqu'une voiture de police s'est arrêtée derrière nous. Mon psychiatre est demeuré silencieux. Lorsqu'un des flics s'est avancé vers nous, il m'a poussée hors de la voiture et a démarré en trombe.

Le lendemain matin, j'ai été réveillée vers onze heures et demie par un des adeptes qui, d'un ton ferme, me chuchotait: «Excusez-moi, excusez-moi» dans l'oreille. Je me suis levée, ai reçu un *prasadam* et pris ma douche. L'adepte m'a demandé de nettoyer et de passer l'aspirateur dans le centre, y compris au sous-sol — ceci étant considéré comme une forme de «*Bakhti Yoga,* l'acte de dévotion le plus important que l'on peut offrir à Krishna». Il marchait de long en large, me tenant à l'œil tout en chantant ses mantras. «Ouais, ouais», ai-je grommelé entre mes dents en commençant à ranger coussins et nattes. Pendant que je m'affairais au nettoyage, un homme appelé Darryl est entré. Trente ans, plus de six pieds, une moustache et un regard suffisant. Son expression pleine d'assurance me déplaisait au plus haut point. Mon surveillant lui a décrit ma situation. Darryl m'a examinée avec sans-gêne et a déclaré qu'il pouvait me garder chez lui pendant quelques jours.

Tandis que j'attendais Darryl, qui était parti faire des courses, devant la porte du centre, un homme qui avait reçu le *prasadam* ce matin-là s'est approché pour me parler. Il portait d'énormes bottes, des pantalons de ski et deux manteaux d'hiver couverts de boue. Il ne me déplaisait pas, même si sa philosophie krishnaïenne me paraissait tirée par les cheveux — cette religion commençait à me taper sur les nerfs. Il avait fait un séjour dans un hôpital psychiatrique et avait consommé beaucoup de drogue dans sa vie — peyotl, mescaline, amphétamines. Il essayait d'arrêter par amour pour Krishna.

Au bout de quelques minutes, il a sorti une petite bouteille remplie de comprimés blancs ovales et m'en a offert quelques-uns. Je m'en suis emparé avidement et les ai avalés d'un trait. Ils m'ont laissé un goût amer dans la bouche. «Les personnes à qui j'en ai offert m'ont dit que ça les rendait heureuses», a-t-il déclaré.

Lorsque Darryl est revenu au centre, nous nous sommes aussitôt mis en route pour son appartement. Il m'a appris qu'il était végétarien, qu'il ne fumait pas et ne prenait pas de drogue. Toutefois, il n'obéissait pas au quatrième règlement des Krishnas — le célibat — et avait déjà hébergé une jeune fille de quinze ans qui se prostituait. «Une blonde, très très belle. On a couché ensemble, mais c'était plus que ça: on s'aimait réellement.» Sans blague! À vrai dire, je le trouvais plutôt ennuyeux. Je n'ai prêté aucune attention à sa dernière déclaration, sachant très bien que s'il essayait de me faire du plat, je saurais comment réagir.

Tandis que nous mangions du melon d'eau, Darryl m'a questionnée à propos de mes expériences concernant la drogue. Ensuite, il a ôté sa chemise et m'a fait signe de le suivre dans la chambre à coucher. Les comprimés commençaient à faire leur effet; je me suis étendue docilement sur son lit, puis il m'a fait un massage. J'étais complètement détendue, inconsciente de ce qui m'arrivait. Quelques minutes plus tard, il a enlevé presque tous mes vêtements. Je n'avais pas la moindre idée de ce qui se passait et, pour parler honnêtement, je m'en foutais comme de l'an quarante. Après nous être rhabillés, nous sommes allés nous asseoir dans la cuisine, où son camarade de chambre avait préparé une énorme quantité de spaghetti et de pain à l'ail. Ces comprimés! Ils m'empêchaient de penser, éliminaient tout sentiment de malaise. Je restais là, assise sur ma chaise, n'ayant pas conscience de la conversation dans laquelle s'étaient engagés Darryl et son copain. Puis je me suis mise à déambuler dans les pièces, me cognant contre les meubles, zigzaguant à travers l'appartement, jusqu'à ce que Darryl m'emmène à l'extérieur afin de me faire prendre une bouffée d'air frais. Il m'a priée de lui décrire ce que je voyais. Mais je n'avais rien de particulier à raconter, et son obstination m'agaçait.

Nous sommes allés nous recoucher. J'étais toujours sous l'effet des comprimés. J'aurais voulu qu'un autre homme soit allongé à mes côtés.

Le lendemain matin, j'ai vu pour la première fois de quoi avait l'air la chambre à coucher. Pas de fenêtres, un papier peint à rayures jaune moutarde. Un matelas posé sur le plancher. J'avais l'impression de me trouver dans une boîte vide. J'ai quitté l'appartement au plus vite, sans prendre congé de Darryl (qui s'imaginait que j'allais partager d'emblée le coût du loyer), après avoir avalé un comprimé que m'avait offert son camarade de chambre. Cette pilule m'a rendue si malade que j'ai dû me tenir le ventre tout le temps du trajet en autobus. J'ai téléphoné au docteur Hightower qui, lorsqu'il a appris que j'étais à Vancouver, a poussé un soupir de soulagement. Il m'a proposé de passer la nuit chez lui et d'attendre au lendemain pour essayer de trouver une solution à mon problème. «Je suis ton docteur; il est de mon devoir de prendre soin de toi.» C'est vraiment pour ça, n'est-ce pas, docteur? On vous critiquerait tellement si vous ne réussissiez pas à me «sauver»! N'est-ce pas, docteur Hightower?

2 OCTOBRE

«En général, les suicidaires sont des personnes ennuyeuses», a déclaré le docteur Graham. Le seul fait d'être en sa présence me paralysait. C'était bon, pourtant, de me retrouver dans ce bureau en compagnie de la seule personne qui, au cours des six derniers mois, avait toujours été là, ne m'avait jamais abandonnée. «En ce qui me concerne, si une personne me disait qu'elle veut se suicider, je lui ouvrirais volontiers la fenêtre. Bien entendu, en ma qualité de médecin, je n'ai pas le droit d'agir ainsi. Non, vraiment, je les trouve très ennuyeux.»

En effet, une fois la crise passée, les suicidaires ne sont ni productifs ni créatifs. Écoute, ma vieille, ta vie, tu vas la vivre, que cela te plaise ou non.

«C'est aux services d'urgence qu'on s'est rencontrés, a rappelé le docteur Graham. Je leur ai dit, tout comme je le leur répéterais aujourd'hui: Voici une fille intelligente — troublée, peut-être —, mais une fille qui a l'étoffe d'une lutteuse. Je sais que tu as l'étoffe d'une lutteuse.»

Me voici donc revenue chez moi. Même si ce chez-moi n'est qu'un petit bureau mal éclairé avec un docteur dedans, cela me suffit. Mais mes parents me manquent. Chaque fois que j'observe des petits enfants avec leur mère et leur père, j'ai un pincement au cœur.

Le père de Lana prétend que mes amis se détournent de moi, car ils me voient répéter sans cesse le même scénario, rejetant leur aide comme si je m'en foutais. J'ai demandé aux parents de mon amie de m'héberger pour quelques semaines, leur promettant de les rembourser dès que j'aurai trouvé un emploi. Le docteur Hightower m'a parlé de plusieurs foyers d'accueil pour enfants caractériels.

— Seriez-vous déçu si, après avoir accepté d'habiter dans un de ces foyers, je pliais à nouveau bagage?

— Evelyn, quand ai-je été déçu par toi? Dis-moi, *quand* me suis-je montré déçu?

— Je ne sais pas. Peut-être que vous ne voulez pas le montrer. Mais vous l'êtes sûrement.

Octobre est un mois bizarre. Je pourrais m'apitoyer sur moi-même et me dire que je n'aurai qu'un remerciement à exprimer le jour de l'Action de grâces: ma reconnaissance d'être encore en vie. N'est-ce pas merveilleux, si on y pense bien?

J'ai passé la semaine à errer sans but, écrivant dans des stations d'autobus. Après deux nuits chez Crystal, j'ai rencontré mon ami Art à la maison Changes. Il m'a invitée à venir voir son nouvel appartement. J'ai saisi immédiatement l'occasion qui m'était offerte et me suis présentée chez lui le soir même.

Voyant que je tremblais de froid devant la porte, la locataire du deuxième étage — une mère célibataire d'une petite fille de six ans, bénéficiant de l'aide sociale — m'a invitée à entrer chez elle. Elle m'a raconté qu'elle avait quitté le foyer familial à quinze ans. La pauvre femme fait de l'embonpoint; son visage est boursouflé, rouge comme de la viande crue. Regard vide et cheveux en broussaille qui ont terriblement besoin d'un shampooing. Les chaises et les fauteuils sont recouverts de vêtements d'occasion de chez Sally Ann; l'aspirateur, en panne, est abandonné dans un coin, et la table de la cuisine ploie sous un amoncellement de vivres, vieux d'une semaine au moins, provenant d'une banque de nourriture. Ce lieu mériterait d'être préservé comme une sorte d'objet d'art! J'ai balayé de la main les quelques morceaux de nourriture non identifiable répandus sur une chaise et me suis assise. La petite fille, une gamine adorable, semble très éveillée, mais la mère, pour employer l'expression de Art, n'est pas «normale». Il paraît que partager sa salle de bain avec un adolescent la met complètement à l'envers. Son plus grand fantasme est de prendre un bain avec lui — «pour conserver son énergie».

Elle m'a trouvée suffisamment sympathique pour m'offrir de dormir dans le lit d'ami. J'observais cette femme dont la jeunesse s'est envolée. Elle était assise devant moi à la table, débraillée, se grattant nerveusement. Puis elle a poussé les restes d'un bol de gruau dans ma direction. Tandis qu'elle me parlait avec enthousiasme de mon ami, je ne pouvais m'empêcher de penser: ELLE A QUITTÉ LA MAISON À QUINZE ANS.

Le lendemain matin, l'objet de ses fantasmes a fait son apparition, à moitié endormi, les cheveux lui tombant sur les épaules. Il portait un chapeau et des sandales noires brodées de fils dorés. Art mène une vie indépendante — bien qu'on lui paie son loyer, ses frais de scolarité et sa carte d'autobus. Et si j'essayais de me débrouiller comme lui, de vivre seule? C'est la seule chose que je n'ai pas encore tentée; peut-être que ça marcherait.

Hier, un membre de l'Église unie m'a convaincue d'aller voir un travailleur social. Il m'a conduite en voiture jusqu'aux services d'urgence, où il voulait me placer pour le week-end. (Même si je fugue, le fait d'être prise en charge et cataloguée comme «une gamine de rue» me donne accès aux services offerts par le programme Outreach: une petite allocation, des bons de repas et des vêtements. *Même* si je reste dans la rue.) J'ai détourné la tête et regardé par la fenêtre. De l'endroit où j'étais assise, je ne voyais qu'un morceau de ciel gris.

Aux services d'urgence, j'ai rencontré Kristin. Nous avons discuté, puis elle a décidé de m'envoyer à la maison Changes pour le week-end. Le mot d'ordre était qu'il fallait me placer dans un endroit où les services sociaux pourraient garder un œil sur moi. Nous avons trouvé ça assez comique. Mais le plus drôle était ce message qu'avaient envoyé Frank et May de leur bureau régional, disant qu'on devait me renvoyer chez mes parents si jamais je me pointais.

166

J'ai appelé Kristin pour lui dire que je ne passerais probablement pas le week-end à la maison Changes. Elle m'a paru un peu contrariée, mais elle savait que je ne pouvais échapper au contrôle des services sociaux puisque je devais me présenter au foyer d'aide le lundi suivant pour rencontrer l'assistant social de Outreach.

— Il y a quelqu'un ici qui a demandé de tes nouvelles il y a quelques jours, a-t-elle ajouté d'un ton enjoué.

— Qui?

— Michael. Il est justement à côté de moi. Tu veux lui parler?

J'ai jeté un coup d'œil autour de moi. L'homme qui occupait l'autre cabine téléphonique me souriait d'un air étrange. L'endroit grouillait de clochards, nombre d'entre eux buvaient du café, le regard perdu dans le vague.

— Salut, Evelyn.

Michael. J'ai rendu son sourire à l'homme de l'autre cabine, puis j'ai entamé la conversation.

— Tu vas bien?

Michael avait finalement obtenu son diplôme de travailleur social et jouissait pleinement de cette réussite. Je me disais que tout avait vachement changé. «Je crois que j'ai fini par comprendre qu'il faut accepter de faire certaines choses si on veut obtenir ce qu'on veut vraiment... comme le programme Outreach par exemple. Et je crois aussi que je ne suis plus aussi têtue. En somme, je me rends compte qu'il faut parfois faire certains compromis.» Dans la cabine voisine, l'homme s'était assis et attendait, un large sourire sur les lèvres. Ses yeux avaient une expression horriblement suggestive. Ce que je venais de dire à Michael m'était venu aux lèvres tout à fait spontanément, presque malgré moi. Je me suis mise à rire.

Michael était ravi. «On dirait que tu as acquis un peu de maturité. Je suis impressionné.» Avant de raccrocher, il a ajouté: «Je pense beaucoup à toi, tu sais. Je me demande souvent comment tu te portes.» Ces paroles m'ont fait beaucoup de bien. Le salaud de la cabine d'à côté avait disparu.

6 OCTOBRE

J'ai passé la nuit au journal pour jeunes. Ce matin, lorsque je suis arrivée à la maison Changes, on m'a informée que May Wong avait téléphoné et qu'elle désirait que je la rappelle. Lors de notre conversation, elle a insisté plusieurs fois sur le fait qu'elle était toujours mon assistante sociale et que, si elle le voulait, elle pouvait retarder la visite du travailleur social de Outreach. M'ayant rappelé que je devais comparaître devant le tribunal le mercredi suivant, May a également critiqué mon désir de me faire prendre en charge et exigé d'innombrables explications jusqu'à ce que, épuisée, je me mette à bafouiller lamentablement. La travailleuse sociale de Changes m'a dit de ne pas m'inquiéter, qu'elle s'arrangerait avec May.

— Tu ne vas pas t'enfuir, j'espère, a-t-elle ajouté. C'est plutôt embarrassant de prendre la défense d'une fille dont on ne sait même pas où elle se trouve.

Je suis restée assise un moment dans une chambre, puis je suis partie. Cela compromettra sans doute les efforts de Kristin et de l'assistante sociale. Néanmoins, lorsque j'ai téléphoné à May, celle-ci a confirmé mon sentiment que je n'aurais jamais dû retourner aux services sociaux. Selon elle, j'ai énervé tous ces gens pour rien et je leur ai fait perdre leur temps et leur énergie. En bref, j'ai eu tort de refuser de rentrer au bercail.

168

J'ai appris hier qu'on avait accepté de s'occuper de mon cas à Outreach. Soit je serais mise sous tutelle pendant quarante-cinq jours, soit ce serait ou bien May ou bien Frank qui me représenterait au tribunal pour la jeunesse. Kristin veut absolument qu'une assistante sociale pour jeunes m'accompagne afin de servir d'intermédiaire entre May, Frank et mes parents, et pour intervenir au cas où le juge déciderait de me placer à New Beginnings.

J'ai d'abord carrément refusé d'être «tenue par la main» par qui que ce soit, mais plus Kristin parlait, plus son bon sens m'apparaissait. May m'a démontré que je savais très peu de choses sur le programme Outreach. «Tu t'aventures comme une aveugle dans un domaine que tu ne connais absolument pas, alors que les assistants sociaux pour jeunes, eux, connaissent bien le programme et pourraient sûrement t'aider.»

Très inquiète à l'idée de voir mes parents au tribunal, j'étais complètement ivre lorsque, d'un pas chancelant, je suis entrée dans le bureau du travailleur social.

Après lui avoir demandé de l'argent, j'ai foncé au bar le plus proche et avalé quelques bières supplémentaires. Un type m'a offert un verre, puis il a extirpé une liasse de billets de sa poche et m'a proposé de venir avec lui aux toilettes pour «un petit coup vite fait». Pouffant de rire, je lui ai répondu que j'avais mes règles, sur quoi il a aussitôt retiré son bras de mon épaule. L'alcool m'avait fichu la nausée. J'avais envie de vomir.

Je ne me souviens plus très bien du trajet en taxi, ni du moment à partir duquel les choses ont commencé à se gâter. Tout ce que je voulais, c'était d'être capable de faire face à mes parents. Mais lorsque l'assistant social m'a fait entrer dans la salle de tribunal et que je les ai aperçus, assis sur un banc, tête baissée, quelque chose en moi a craqué. En moins de temps qu'il ne faut pour le dire, je me suis retrouvée dans le terrain de stationnement, gueulant comme une enragée. L'assistant social essayait de me calmer en me frottant le dos, tout en murmurant: «T'en fais pas, mon petit, personne ne t'oblige à y aller, surtout dans un état pareil.»

May, qui se tenait derrière moi, me tapotait le bras. Je n'arrivais même plus à lever la tête. L'assistant social essayait de me faire comprendre que personne ne pouvait m'obliger à aller au tribunal. Ne comprenait-il donc pas dans quel état je me trouvais? Je ne pouvais quand même pas passer toute ma vie à me conduire comme un bébé! Il fallait que j'arrive à affronter mes parents, à supporter leur présence.

Je voulais à tout prix retourner à la salle de tribunal en affichant un calme imperturbable. Je voulais leur montrer à tous (et surtout à moi-même) que j'étais forte et capable de me conduire en adulte. Au lieu de cela, je suis tombée en sortant du taxi et on a dû me soutenir jusqu'au bureau de l'assistant social, tandis que je bredouillais des excuses et essayais de faire croire à tout le monde que je me sentais bien. Les murs tournaient autour de moi.

Je me suis encore enfoncée dans la merde jusqu'au cou. Qu'à cela ne tienne, j'ai rendez-vous demain avec une assistante sociale du programme Outreach. Elle s'appelle Jennifer.

J'ai la gueule de bois. J'ai réussi à entrer dans la maison d'une amie... espérons qu'elle va me laisser dormir dans un coin.

D'après un de ses collègues, Kristin est «la meilleure assistante sociale des services d'urgence. Elle n'a jamais l'air d'en avoir marre, et ça fait une *éternité* qu'elle est là.»

Kristin a bien ri lorsque je lui ai répété ces paroles. «Oh! tout n'est pas toujours aussi rose, tu sais. Tiens, l'autre soir, par exemple, j'ai reçu au moins une demi-douzaine d'appels de parents furieux qui m'ont dit qu'ils avaient payé quelqu'un pour me descendre parce que j'avais enlevé leur fils ou leur fille! C'est très difficile par moments; parfois, je n'en peux plus. Mais il faut essayer d'oublier la frustration des parents et s'assurer que les enfants ont ce dont ils ont besoin.

«Et puis il y a tant de choses qui me désolent. L'autre soir, je me promenais dans le centre-ville avec une amie lorsque, soudain, un homme et une femme ont surgi de l'obscurité en titubant et se sont dirigés vers nous. Ils étaient complètement saouls. La femme a laissé tomber son pantalon et s'est mise à uriner sur le trottoir. Puis, ayant réussi tant bien que mal à remettre son slip, elle a essayé de remonter son pantalon, mais en vain. Quel spectacle! C'était *dégoûtant*. On se demande comment les gens peuvent s'abaisser ainsi. Un peu plus tard, on a vu un type se faire jeter à la porte d'un restaurant de fruits de mer. Il a fait demi-tour et a balancé une bouteille à travers la fenêtre. La vitre s'est brisée en mille morceaux; les éclats ont volé partout, jusque dans le réservoir à poissons. Le pire, c'était d'entendre des touristes de l'Expo qui criaient: "Formidable! Une attraction gratuite!"»

Jennifer est venue me chercher chez l'amie chez qui j'ai passé la nuit. Je la trouve très sympathique. Elle me fait beaucoup penser à Kristin. Je crois qu'elle va faire tout son possible pour m'aider.

Ne pouvant me trouver un endroit pour dormir, j'ai passé la nuit à me promener au hasard dans les rues. Tandis que j'errais dans le centre-ville, j'ai vu un homme étendu par terre devant un pub. Il portait un pantalon bleu clair et une casquette jaune rabattue sur les yeux. Je l'ai secoué. Aucune réaction. Je suis entrée d'un pas assuré dans le hall du pub, où un gérant à moitié ivre m'a accueillie. Il s'est planté devant l'homme inconscient, bombant le torse d'un air méprisant. Je ne savais plus quoi faire — je n'avais jamais vu un homme aussi saoul de ma vie. Il était dans un état trop lamentable pour être abandonné là. Il était passé minuit.

Il avait manifestement reçu un coup de poing entre les yeux; une énorme bosse noire, sur son front, laissait suinter une traînée de sang qui s'écoulait lentement jusqu'à sa bouche. Sa nuque était couverte de bleus, du sang sortait d'une blessure à sa cheville et entrait dans sa chaussure. Malgré mes appels au secours, les gens qui passaient dans la rue poursuivaient leur chemin. Le gérant, pendant ce temps, nous regardait en ricanant. Ce petit manège s'est poursuivi jusqu'à ce que l'ex-petit ami de Frannie s'amène.

Il était accompagné d'une femme qui poussait une bicyclette. Lorsque nous avons enfin réussi à ranimer l'homme, ce dernier, levant vers nous des yeux troubles et clignotants, nous a dit de foutre le camp. Il était dans un état lamentable, trop amoché pour nous agresser physiquement ou pour nous lancer des insultes. Chose certaine, il n'était pas en mesure de rentrer chez lui à pied, quel que soit l'endroit.

L'ex-petit ami de Frannie m'a lancé un regard perçant.

— Où loges-tu? Tu cherches un endroit pour dormir?

J'étais sur le point d'éclater en sanglots. Abandonner ce pauvre homme aurait été honteux. J'ai fait non de la tête. Le couple a repris lentement sa route, se fondant dans l'obscurité.

L'homme ne cessait de me répéter de foutre le camp. Il pouvait à peine bouger. M'asseyant en tailleur à côté de lui sur le trottoir, j'ai posé une main sur lui, puis je me suis mise à pleurer. Ce type était peut-être un connard, il était ivre mort, mais on aurait dû s'occuper de lui. Mais les gens s'en foutaient, c'était dégueulasse. Finalement, il a cessé de dire: «Ffffous le camp!»

Lorsque j'ai ôté sa casquette, il m'a regardée. Ses yeux étaient comme des nuages bleus égarés. «Tu as de beaux yeux», lui ai-je dit, un peu hors de propos. Alors, avec beaucoup d'efforts, il a bredouillé: «T'es... t'es une dame.» Puis il s'est affaissé contre le mur.

Une voiture s'était arrêtée dans la ruelle en face de l'établissement. Le conducteur est sorti et s'est dirigé droit sur nous. Des lunettes, les cheveux frisés et un sourire bienveillant. C'était un assistant social qui travaillait occasionnellement aux services d'urgence! Je débordais de joie. Je lui ai expliqué la situation, il s'est montré très charitable — il voulait manifestement nous venir en aide.

«Je croyais que j'étais le seul à être fou», a-t-il dit en riant. Il m'a serrée dans ses bras, ce qui m'a fait fait un bien immense. «Je n'en croyais pas mes yeux quand je t'ai vue — ce type couché par terre, l'obscurité, le mur, et toi. Il fallait que je m'arrête.»

Il m'a confirmé que l'homme était très mal en point et, au bout d'une demi-heure, nous avons décidé d'appeler une ambulance. Au début, je ne voulais pas, mais l'homme était très lourd et pratiquement impossible à soulever; nous ne pouvions pas l'abandonner là. Nous n'avions tout simplement pas le choix. Alors que nous discutions, un type s'est arrêté et a eu le culot de fouiller les poches de l'homme étendu. Devant nous! Nous avons crié. Il s'est relevé et a levé les mains d'un air innocent.

— Hé, tout ce que je veux, c'est une cigarette!

On avait sans doute déjà fouillé le pauvre homme, car ses poches étaient vides. Quelques minutes plus tard, il a pissé dans ses culottes. Il était là, baignant dans son urine. C'était déprimant.

Tandis que nous attendions l'ambulance, nous avons aperçu un autre ivrogne qui se contorsionnait sur le sol au coin de la rue. Laissant les autres derrière moi, je me suis avancée vers lui; il s'est redressé subitement et a essayé de me frapper. Il avait de l'écume aux lèvres, des cheveux hirsutes, un visage effrayant. J'ai battu en retraite.

Les ambulanciers sont arrivés et ont donné les premiers soins à l'homme étendu par terre, me bousculant sans ménagement — la femelle qui dramatise, le bon Samaritain. Je me sentais triste et découragée; j'aurais voulu qu'on puisse en faire davantage pour cet homme. Pourtant, je me souvenais à quel point j'avais détesté que l'on s'occupe de moi au centre psychiatrique. On ne devrait jamais obliger quelqu'un à faire une cure de désintoxication. Si une personne veut se détruire, on n'a pas le droit de l'en empêcher.

L'assistant social m'a empoignée et m'a serrée très fort dans ses bras. J'ai senti qu'il était en érection. Il a tourné brusquement mon visage vers lui et m'a embrassée. Écœurant. Puis il a mis ses bras autour de mon cou et, entre ses dents, a grommelé: «Je ne te laisserai pas partir.» Au bout de quelques minutes, cependant, il m'a relâchée. Quelle misère!

La seule personne qui sait que j'éprouve une certaine envie de rentrer chez mes parents est Fred, mon assistant social. Il est le collaborateur de Jennifer et s'occupe de certains jeunes qui ont été confiés à cette dernière, leur accordant beaucoup plus de temps que ne le fait normalement un travailleur social. Bien entendu, je n'ai aucune intention de retourner chez mes parents; ce serait ridicule, du moins pour l'instant. Mais j'avoue que certaines choses me manquent, comme ce lit douillet et ces repas que je prenais pour acquis. Il n'est jamais facile de s'enfuir de chez soi. Ce serait si reposant d'arrêter de lutter! De retomber dans mes vieilles habitudes, de cacher mes écrits sous mon livre de mathématiques, de nettoyer la maison, d'aider à préparer le souper. La famille, c'est magique, c'est irremplaçable.

Ce soir, je dois aller à New Beginnings. Ce dernier mois a peut-être été profitable, malgré tout — en tout cas, il y a eu Jennifer et le programme Outreach, sans compter Kristin et l'appui qu'elle a bien voulu me donner, qui est authentique. Ici, quand on trouve quelque chose d'authentique, *on s'y accroche.*

La vie est un cadeau. Il est trop tôt pour mourir.

— Parfois, il m'arrive de perdre la raison pendant quelques heures.

Le docteur Hightower a ri.

— Eh bien, à ma connaissance, tu es la seule personne capable d'accomplir un tel exploit!

N'empêche que c'est vrai. Hier soir, personne n'a provoqué l'humeur dans laquelle je suis tombée. La dame qui remplaçait la responsable de foyer avait l'air plutôt déroutée tandis que je m'agitais nerveusement, lui parlant méchamment, saisie d'une envie de faire du mal. À n'importe qui. Sans raison.

J'ai téléphoné au docteur Hightower et à Fred, mon assistant social. Deux personnes à qui je peux faire du mal. Bien que je l'aie interrompu au beau milieu de son repas, le docteur semblait heureux de m'entendre. Sautant sur l'occasion, j'en ai profité pour lui demander d'annuler notre rendez-vous de mardi.

— Pourquoi?

— Parce que je ne veux pas y aller. J'aurais pu ajouter: «Et parce que je n'ai pas envie de vous voir», mais j'en étais incapable.

— Très bien. Comme tu voudras. Personne ne t'oblige à faire ce dont tu n'as pas envie.

— La seule chose qui vous intéresse, ce sont vos évaluations psychiatriques à la con!

Je ne voulais plus être dupe de son petit jeu.

— Non, Evelyn. Je veux simplement T'AIDER.

Son aide! Qu'est-ce qui lui permettait de croire que j'avais besoin de son aide? J'ai raccroché, puis j'ai téléphoné à Fred pour annuler nos projets pour le dimanche suivant, allant jusqu'à lui dire que le programme Outreach et le fait d'être sous tutelle ne me convenaient peut-être pas. «Tu as mon numéro de téléphone. On est sortis une fois ensemble et il me semble qu'on peut s'entendre. Peu importe si tu suis le programme ou non — on peut toujours se parler.» Comme il y avait de la friture sur la ligne, Fred s'est mis à démonter son téléphone pour voir si son appareil était défectueux. J'ai raccroché avant qu'il finisse de rassembler les pièces. Puis je suis montée à l'étage. Lorsqu'il a rappelé, j'ai prié la remplaçante de lui dire que je ne voulais pas lui parler.

«Evelyn?» D'un air maussade, elle m'a fait signe de la rejoindre au haut de l'escalier. «Je lui ai fait ton message. Il veut que tu saches qu'il est vraiment désolé d'avoir pris autant de temps pour réparer son téléphone.» Je trouvais ça triste de voir que c'était lui qui tout à coup me présentait ses excuses. Et pourtant, c'est ce que je voulais. Je voulais me sentir moche, je voulais me détester. Je ne voulais pas me retrouver à New Beginnings; en fait, je ne voulais me retrouver nulle part.

J'ai essayé de rappeler le docteur Hightower pour lui dire que je ne voulais plus *jamais* le revoir, mais sa femme m'a répondu qu'il n'était pas là.

Après avoir demandé à la remplaçante de me laisser seule dans la salle de séjour, j'ai éteint les lumières et augmenté le volume de la chaîne stéréo. Puis je me suis blottie sur le canapé. Je suis restée ainsi, dans l'obscurité, pendant une demi-heure. Vers huit heures, en ce vendredi soir, je me suis maquillée et j'ai quitté la maison.

J'ai fait du stop. L'obscurité n'était pas encore dense; un voile léger descendait lentement sur la ville. Le gars qui s'est arrêté, G., avait près de trente ans et portait un jean. Bien bâti, des cheveux marrons ondulés lui tombant sur les épaules, une moustache et un sourire tout à fait charmant. Sa voiture, d'une saleté repoussante, était pleine de mégots et de canettes de coke. Après m'avoir révélé qu'il était un ex-drogué, G. a extirpé un petit paquet de sous son siège. C'était du hasch. Tandis que nous nous passions le joint et que la voiture faisait des embardées sur le pont, j'ai souhaité qu'on ait un accident mortel.

Nous sommes allés à son appartement, rue Davie. J'ai commencé à me sentir un peu mieux. Il habitait un vieil immeuble crasseux. Dans le hall, les lumières du plafond projetaient de mystérieux rayons liquides dans les boîtes à ordures alignées sur le sol; des fils électriques couraient au-dessus des entrées des appartements. Les ascenseurs ressemblaient à des boîtes en bois; une ampoule de Noël s'allumait au-dessus de la porte à chaque étage.

Dans l'appartement, G. a ôté son chandail et est allé acheter à boire. J'ai téléphoné au docteur Hightower et à Fred pour m'excuser et confirmer nos rendez-vous. Puis je me suis assise confortablement et j'ai attendu G. À son retour, nous avons bu et fumé de la marijuana. Puis je l'ai masturbé pour qu'il me donne encore de la drogue.

Je l'ai quitté peu après et j'ai fait du stop jusqu'aux environs de chez moi. L'homme qui m'a prise était un Oriental approchant la quarantaine. Il portait un manteau de cuir noir. Solidement charpenté, le visage bronzé. Il me jetait des regards luisants et n'arrêtait pas de parler de sa femme et de ses enfants. Ça ne l'a pas empêché d'étendre le bras et de me caresser les seins.

— Tu as de gros nichons. C'est rare pour une Chinoise.

Comme nous n'étions pas loin de chez moi, il n'a pu les presser qu'à deux reprises. Un peu plus tard, alors que je traversais la rue pour entrer à New Beginnings, je souriais en pensant que ça doit faire l'effet d'une bulle qui éclate lorsqu'un Chinois fait un truc de ce genre.

21 OCTOBRE

«Je n'étais pas du tout en colère contre toi la dernière fois qu'on s'est vus. Juste un peu irrité. Et j'ai continué de l'être pendant les quelques jours qui ont suivi.»

Le docteur me regardait d'un air pensif, mesurant chacune de ses paroles. «Parfois... j'ai l'impression que je suis responsable de ton état, parce que je ne te donne pas ou ne te montre pas l'affection dont tu as besoin. En réalité, j'ai beaucoup d'affection pour toi, mais je ne le montre pas. Tu as besoin de parents. Je ne peux pas me permettre de jouer ce rôle, parce qu'il faut que je sois plusieurs personnes à la fois pour toi.»

— Omnipotent? ai-je répondu avec un sourire méprisant. La vérité, c'est que le docteur, avec son air paternel, a sans doute découvert mon plus grand besoin, et cela me fait peur.

Pris une bonne dose d'acide aujourd'hui. «Sous médication!» a constaté le docteur Hightower. Oui. Bien que je me sente éteinte et que j'aie un peu mal au cœur, j'éprouve un sentiment de joie et de bien-être total. Je ne ressens plus ce besoin urgent d'aller de l'avant, de me laisser toucher par l'extérieur.

Aucune hallucination — le trip précédent est encore trop proche —, mais je me sens très droguée.

Ce n'est que maintenant, longtemps après notre entretien (truffé de longues périodes de silence; je n'avais pas la tête à la discussion), que je me souviens d'avoir eu très envie de parler au docteur au cours de ces derniers jours. Résultat: je me sens très seule.

* * *

J'ai dit au docteur Graham que j'abandonnais la lutte. J'ai décidé de passer le restant de mes jours à me droguer et à me saouler, à vivre comme une épave. La fin d'un trip est encore meilleure que son point culminant. Je fume de la mari dans une des toilettes de l'Institut de santé mentale, où se trouve le bureau du docteur. Inerte. Morte. Qui est Evelyn?

Il était furieux de voir mon état: paranoïaque, droguée, terriblement nerveuse. «Je ne peux accepter que tu te présentes droguée à mon bureau! Imagine un peu les dégâts si tu interprétais mal mes paroles tout simplement parce que tu as pris de l'acide...

«J'étais vraiment fier de toi quand j'ai lu ton article dans cette revue pour la paix. Tu as l'âme d'une guerrière, Evelyn!

«Étant donné qu'elle voit un psychiatre privé, on peut fermer son dossier, ont-ils dit. *Un dossier.* C'est ainsi qu'on te considère, comme un *dossier!* Mais pour moi tu es un être humain à part entière. Je veux partager tes frustrations et tes déceptions lorsque tout va mal, et t'aimer et t'embrasser quand tout marche comme sur des roulettes...

«Tu crois qu'ils avaient raison? Que tu n'es qu'une adolescente perturbée qui n'en fait qu'à sa tête? Allons, Evelyn! Tu peux faire beaucoup mieux que de passer le reste de ta vie à traîner dans le centre-ville... Il y en a des milliers qui font ça...

«Qu'est-ce que tu veux être? Un gamine? Une étudiante brillante? Une fille de rue? Allons, choisis!» Le docteur Graham a frappé du poing sur son bureau en me jetant un regard furieux.

Vous avez tout à fait raison, ai-je eu envie de lui répondre. J'ai essayé de prononcer les mots à voix haute. Oui, je veux être une fille de rue. Je veux être anonyme, je ne veux plus penser.

— Je m'en fous de mon potentiel! ai-je crié.

— Je vois. Donc on s'est trompés, c'est ça? Tu n'as aucune envie de faire mieux que les autres! J'ai mis trente ans à trouver ma voie, mais toi, tu veux trouver la tienne tout de suite. Tu es plus clairvoyante que les autres.

180

Vous ne comprenez donc pas que j'en ai rien à foutre de cette «réceptivité» et de cette «perspicacité» blablabla, qui ne sont que des euphémismes pour le mot lutte. POUR-QUOI N'AURAIS-JE PAS LE DROIT D'ÊTRE UNE ADOLES-CENTE INCONSCIENTE?

Le bombardement de paroles auquel me soumettait le docteur Graham était insupportable au travers des vapeurs de l'acide. Il était beau comme un père dans son chandail gris. J'étais triste, en colère, sous la forte emprise de la dro-gue. Comment pouvait-il se faire autant de souci pour moi aujourd'hui — plus de souci qu'il ne s'en était jamais fait —, alors qu'il était peut-être trop tard? Alors qu'il devrait ABSOLUMENT CESSER DE ME POIGNARDER AVEC SES PAROLES.

«Je suis content d'avoir eu cet entretien avec toi, a-t-il fini par dire en s'efforçant de sourire. Moi aussi, j'avais un tas de choses sur le cœur.» Il ne pouvait qu'ébaucher ce sourire, parce que je n'aurais pas accepté qu'il sourie pour de bon. Je ne pouvais l'accepter! Une fois sortie du bureau, j'ai fait du stop et, peu après, je me suis retrouvée dans la camionnette d'un gros Italien qui m'a offert cent dollars pour coucher avec lui et vingt dollars pour le peloter. J'ai pensé: ALLEZ VOUS FAIRE FOUTRE, DOCTEUR GRAHAM ET, S'IL VOUS PLAÎT, NE VOUS SOUCIEZ PAS DE MOI et j'ai lais-sé le gros connard me mordre les lèvres et me lécher le vi-sage et m'arracher pratiquement la langue, pensant pendant tout ce temps-là à mon docteur qui voulait à tout prix se faire comprendre. Comme il se faisait du souci pour moi! Comme il ressemblait à mon père, dont l'amour irradiait malgré sa colère, ses accusations! QUI AIME BIEN CHÂTIE BIEN.

Je ne sais plus où j'en suis. En tout cas, ce soir je sors avec A., à qui j'ai fini par accorder, après ses supplications, un autre rendez-vous. Grâce à lui, je peux me saouler tant que je veux — où est le mal? Les hommes n'ont qu'une idée en tête. Ne se servent-ils pas de *moi* eux aussi?

22 OCTOBRE

J'ai reçu une terrible leçon.

Hier soir, on a bu comme des trous. J'ai l'impression d'avoir consommé plus d'alcool en l'espace de deux heures que dans toute ma vie. Après m'avoir amenée dans un parc isolé, A. s'est contenté de me regarder me saouler méthodiquement. Ce que j'ai fait avec un sentiment de défi, en pensant au docteur Graham et au souci qu'il se faisait pour moi. Le ciel, marqué par les lumières de la ville, était sombre; des nuages roses planaient au-dessus de l'horizon. Le parc aussi était sombre, les carrés de sable y formant les seuls points lumineux perçant l'obscurité. L'alcool atténuait ma douleur. J'entendais la voix du docteur Hightower me dire: «Je vois que tu t'administres toi-même tes médicaments.» L'ironie dans tout ça, c'est que je suis prête à prendre n'importe quoi maintenant *pour que ça cesse.* «C'est exactement ce que veulent les gars et les filles de rue, a-t-il ajouté. Ils veulent que *ça cesse.*»

A. m'a proposé de devenir mon souteneur. «J'ai des tas d'amis qui ne demanderaient qu'à te baiser. Pense un peu à l'argent que tu gagnerais; tu pourrais t'acheter de beaux vêtements, tout ce que tu voudrais.» Je me suis remise à boire tandis qu'il me caressait, rêvant que ses mains et ses lèvres étaient celles du docteur Graham. J'essayais de m'imaginer ce que j'aurais ressenti si j'avais fait l'amour avec cet homme aux cheveux gris et aux yeux bleus lumineux qui, depuis plus de six mois, m'écoute et me donne des conseils.

A. a dû littéralement me porter jusqu'à l'arrêt d'autobus. Je suis montée dans le bus en trébuchant. «Tout va bien», a-t-il dit au chauffeur.

«Je vois ça!» a répondu ce dernier. Tout tournait autour de moi. Les visages qui me fixaient étaient comme des gouffres sans fond. Je me suis évanouie. Je n'ai vraiment repris conscience que lorsque le bus est arrivé au terminus. Je suis descendue et me suis écroulée sur un banc où, malgré le froid, je me suis de nouveau évanouie. Lorsque j'ai repris conscience, j'ai été prise d'une nausée soudaine et j'ai vomi sans pouvoir m'arrêter. Les regards des gens m'étaient complètement indifférents; l'orgueil n'est qu'un concept idiot quand on a mal. Les vomissures jaillissaient de ma bouche. J'avais l'impression de nager dans une flaque d'eau noire — le visage de la femme assise sur le banc d'en face n'était qu'une forme floue, comme s'il flottait sous l'océan. J'ai appelé à l'aide. Une dame a hélé un taxi et une autre une ambulance. Quelques minutes plus tard, un infirmier s'est approché de moi et a essayé de me convaincre d'aller à l'hôpital, mais en vain; je voulais me débrouiller seule. Un chauffeur de taxi m'a aidée à marcher jusqu'à sa voiture et m'a conduite à New Beginnings. Au foyer, je me suis laissée tomber sur le canapé. La responsable du foyer est restée à mes côtés; je criais, la pièce tournait autour de moi. J'étais persuadée que j'allais mourir, tant j'avais mal. Tout n'était plus que masse confuse de douleur et d'obscurité.

J'ai vomi au moins une demi-douzaine de fois durant la nuit. La responsable, pendant ce temps, dormait d'un sommeil agité sur l'autre canapé. Je n'ai cessé de gémir: «J'ai mal, j'ai mal», et c'était vrai. Je trouvais injuste qu'un être humain ait suffisamment de résistance pour survivre à une douleur aussi atroce. Je n'ai pu quitter le canapé où je m'étais écroulée que cet après-midi (lorsque les murs ont cessé de tourner autour de moi). Boitillant prudemment jusqu'à la salle de bain, je me suis aspergée le visage d'eau froide.

Plus jamais, ai-je dit à la responsable. J'ai passé toute la journée et toute la soirée à la maison, renonçant à mon cours de formation professionnelle ainsi qu'à un dîner avec une amie. Rien que de penser à l'alcool me soulève le cœur. Combien de temps vais-je arriver à tenir parole? Cette horreur devait sans doute arriver, ne fût-ce que pour me prouver que ça n'en valait pas la peine. Le docteur Graham avait raison: je vaux mieux que cela. Je ne vais pas gâcher ma vie d'écrivain! Une seule chose compte: l'écriture.

26 OCTOBRE

Aujourd'hui, j'ai fainéanté comme une bonne à rien vivant aux dépens de l'État. Les foyers d'accueil sont un fardeau pour la société. La vie y est trop facile. Trop facile d'abandonner, de renoncer à surmonter les obstacles (réels ou imaginaires), de rester vautrée sur un canapé à regarder la télé, de sortir le soir. C'est la vie d'un adolescent, paraît-il. Et après? Après, c'est pareil; on touche des prestations d'aide sociale après quelques avortements ou quelques enfants non désirés, ou on meurt dans un accident de voiture, quand ce n'est pas d'une overdose. Je me suis réveillée avec une affreuse gueule de bois, complètement abrutie. Je crois qu'il aurait été plus sain de m'enfuir, de marquer mes différences.

Il est difficile de distinguer le mensonge de la vérité quand le mensonge n'est qu'une déformation des événements réels. Il y a une fille ici qui se vante de dépenser dix mille dollars par mois pour satisfaire sa cocaïnomanie, de dépenser plusieurs centaines de dollars par semaine pour acheter de l'acide et de faire le trottoir, où elle s'est pratiquement fait poignarder l'autre jour. En fait, elle se vante d'être toxicomane. Une autre se targue d'avoir sept petits amis, de ne pouvoir marcher dans la rue sans recevoir d'innombrables propositions, et de servir de «souteneur» à une de ses copines. Une autre nous apprend qu'elle a eu deux avortements et qu'elle s'est fait violer «plusieurs fois» dans un terrain de stationnement (ce qu'elle déclare sans avoir l'air de trouver ça anormal). Je me fous de vos souteneurs et de vos michetons et du vieux protecteur de votre petit ami qui vous a fait cadeau d'une maison remplie de meubles volés. Je me fous de ces types qui vous mettent la main aux fesses. J'en ai marre de vous entendre parler de vos soi-disant problèmes de drogue et de vous entendre raconter les avances sexuelles dont vous êtes victimes (quelle blague!), alors que ça ne fait même pas un an que vous buvez de l'alcool et que la responsable du foyer ne sait même pas pourquoi on vous a placées sous tutelle.

Et puis il y a Evelyn et ses trips d'acide. C'est bête, vraiment bête. Il y a tant de gens qui foutent leur vie en l'air pour des conneries. Si seulement quelqu'un pouvait m'aider à trouver mon chemin. Est-il vrai qu'on ne peut échapper à son destin? Le docteur Graham m'aidera-t-il?

«Je ne crois pas que les gens se rendent compte à quel point ton talent et tes aptitudes constituent un fardeau pour toi», m'a dit un jour un copain du journal pour jeunes. Il était songeur, tandis que nous marchions dans l'obscurité grandissante, des pétards d'Halloween éclatant autour de nous. En fait, ce n'est que tout récemment que je m'en suis rendu compte moi-même; j'ai constaté qu'avoir de l'imagination et du talent entraîne de grandes responsabilités.

Hier soir, je suis sortie avec un gars qui s'imaginait qu'il pouvait marcher sur les pieds des gens, y compris les miens — il a menacé de me brûler la cervelle si jamais je dévoilais son adresse. Lorsqu'il s'est mis à me peloter un peu partout, un dégoût terrible m'a envahie, une haine atroce de moi-même. Mais c'était un marché: je le laissais faire et il me filait un gramme de cocaïne.

Depuis quelque temps, je ne prends plus l'autobus. Je fais du stop comme une perdue, surtout quand il commence à faire nuit, espérant que la mort elle-même va s'arrêter pour me prendre.

Demain, Jennifer m'amène voir un parent adoptif potentiel. Vais-je pouvoir tenir le coup jusque-là? Pourquoi est-ce si difficile?

31 OCTOBRE

«Je vous en prie, aidez-moi.» Il est six heures du soir et, à l'extérieur du bureau du docteur Hightower, le ciel est sombre.

— Je suis ici pour t'aider, de quelque façon que ce soit.

— Mais comment?

— En commençant par être ici au moins une fois par semaine pour te parler. Je ne peux pas t'amener chez moi, Evelyn. Je ne peux pas jouer les pères; je suis ton psychiatre, rien de plus.

— J'ai envie de mourir. Je voudrais être morte...

— Si tu continues à dire ça, Evelyn, je n'aurai d'autre choix que de te faire enfermer. Tu le sais très bien. Ne m'oblige pas à agir contre mon gré, simplement pour te donner le plaisir de me haïr, ou pour te prouver à toi-même qu'on t'a laissée tomber. Écoute-moi bien, si à dix heures ce soir tu as envie de te suicider et que tu donnes suite à ce désir, tes parents pourront m'intenter un procès et, fort probablement, obtenir gain de cause. «Comment se fait-il que le psychiatre n'a rien fait?» se demandera-t-on. Voilà le risque que je cours.

— Pouvez-vous me donner des médicaments?

— Non. Tu n'es pas psychotique, tu n'es pas maniaco-dépressive... À la limite, je pourrais te prescrire des antidépresseurs, mais tu finirais sans doute par les avaler tous à la fois. Je m'occuperai toujours de toi, Evelyn, quoi qu'il arrive.

— Même si je n'écris plus? Le docteur Graham y tient tellement...

— Même si tu n'écris plus un seul mot.

— Vraiment? Mais je *suis* ce que j'écris. Comment pouvez-vous continuer à vous occuper de moi si j'arrête d'écrire?

— Je m'occuperai toujours de toi, Evelyn. C'est ton humanité profonde que j'aime, ton besoin d'aider les autres.

Est-ce assez? Je ne suis rien sans mon écriture. C'est tout ce que j'ai — cette pile de papiers chiffonnés dans mon sac à dos, qui me suit partout. Des mots respirant la vie, ma vie.

Le docteur Hightower a rencontré mes parents mardi dernier et m'a appris qu'ils vont beaucoup mieux que moi.

«Pourquoi es-tu si triste?» me demande le docteur Graham avec curiosité.

Le tic-tac de l'horloge résonne dans la pièce silencieuse. «Parce que... j'ai l'impression de vous avoir laissé tomber. S'il y a deux choses que je ne peux pas supporter, c'est de décevoir et de provoquer la colère. Je ne peux pourtant pas vivre pour les autres!»

Le docteur réagit promptement. «Mais c'est ce que tu fais présentement! Plus que jamais! Quand vais-je te retrouver sur la rue Seymour en talons aiguilles et en bas de nylon fluorescents?»

«Moi aussi, j'ai le sentiment de t'avoir laissée tomber», poursuit-il. Ses yeux ne brillent pas comme à l'habitude; il ne sourit pas. Son visage paraît plus vieux. «J'ai le sentiment de n'avoir pas suffisamment compté dans ta vie pour que tu t'échappes de l'existence que tu mènes. De ne pas t'avoir apporté l'aide qu'il te fallait pour t'empêcher de sombrer à jamais dans ce trou noir. Je serai toujours là, Evelyn, les années passeront, et je serai toujours là. Je suis ton *ami*. À qui parleras-tu si tu ne peux plus me parler?»

Deux entretiens en l'espace d'une journée. C'est beaucoup trop. La pluie tombe, les feuilles aussi, comme des larmes. Dans un restaurant, un vieil homme a sorti une rose du vase qui se trouve au milieu de sa table et en respire le parfum. Je me suis promis un jour de ne jamais devenir une vieille dame seule qui passe son temps à respirer le parfum des fleurs. Un professeur de droit m'a prise dans sa voiture et, plus tard, dans son appartement, m'a saoulée à la vodka. Son statut social ne l'empêchait évidemment pas d'amener des gamines chez lui. Je suis rentrée vers minuit. Écroulée sur le canapé, j'ai pleuré toutes les larmes de mon corps dans les bras de la responsable du foyer — pleuré en pensant au docteur Graham et à tout ce que je voulais faire mais finissais toujours par détruire.

3 NOVEMBRE

J'ai passé le week-end dans une famille adoptive. Décidé d'habiter avec eux. C'est mieux que de céder à l'envie de quitter une fois de plus la province. Mélanie m'a déplu; elle s'est montrée froide et distante lorsque Jennnifer nous a présentées. Elle vit avec son ami et les enfants de celui-ci. Je lui ai dit que je ne me sentais pas capable de m'engager. Mais les choses se sont arrangées lorsqu'elle m'a assuré qu'elle ne s'était pas attendue à cela.

Le plus difficile, c'est que j'ai encore tellement de choses à prouver; je ne vis pratiquement que dans ce but. Kristin part en vacances demain, pour deux semaines. Vais-je pouvoir continuer à jouer la comédie jusqu'à son retour? Je dois prouver que je me suis améliorée, que je peux évoluer d'une manière positive, sans commencer par tout foutre en l'air. Il ne faut absolument pas qu'on se rappelle de moi comme d'une adolescente qui s'est servie de ses dons pour manipuler les gens autour d'elle afin qu'ils la prennent en charge. Puis qui les a laissés tomber avec mépris.

Je veux rester en vie. Aider les gens. Pour me changer un peu les idées, j'ai décidé de faire du bénévolat à la banque de nourriture. Autrefois, j'avais de grandes espérances. Que sont-elles devenues? Je me vois dans plusieurs mois, vivant chez Mélanie, regardant la télé, dormant, essayant peut-être de retourner à l'école en janvier, puis laissant tout tomber au bout d'une semaine. J'entends déjà la question:

si elle peut prévoir tout ça, pourquoi ne se remue-t-elle pas les fesses ET NE FAIT-ELLE PAS QUELQUE CHOSE? Comme si c'était aussi simple!

9 NOVEMBRE

Hier soir, je suis sortie avec J. Grosse déception. On est allé jusqu'à Chilliwack en voiture (j'adore faire semblant de m'enfuir). Nous nous sommes arrêtés dans un endroit isolé au bord d'une rivière. Le ciel était bleu très foncé et, mis à part quelques rares camions passant à toute allure sur le pont, hors de portée de voix, il n'y avait personne sur la route. J'avais confiance en J., que je considérais comme un ami. Il semblait m'accepter inconditionnellement, sans attendre quelque chose en retour, de nature sexuelle par exemple. C'est un homme qui a beaucoup d'esprit; il m'amuse. Et puis voilà, sans crier gare, il s'est penché et a sorti de la camionnette un sac contenant une demi-douzaine de joints énormes. Nous nous sommes mis à fumer. Avant même de prendre une première bouffée, il était déjà sur moi. Tout était foutu. Parfois, je me demande s'il reste des gars sur terre qui sont prêts à devenir des amis sans exiger qu'on couche avec eux. Pour avoir plus de hasch, j'ai dû le laisser faire. Je ne sortirai plus avec lui. Est-ce déraisonnable de ne pas avoir envie de coucher avec un type qu'on n'aime pas ou pour lequel on n'a pas d'attirance physique?

18 NOVEMBRE

Aujourd'hui, lors de mon entretien avec le docteur Hightower, je lui ai parlé très franchement de mes sentiments envers Mélanie, n'hésitant pas à dire que je la détestais et qu'il ne faudrait qu'un très petit incident pour que je plie bagage. Je n'ai pas encore écrit suffisamment au sujet de mes rapports avec ma famille adoptive — bien que monotones, mes journées sont très remplies. Comment est-ce possible? Depuis que j'habite chez Mélanie, je passe la moitié de mon temps à dormir — c'est la première chose dont je me suis plaint à mon psychiatre. Je dors beaucoup trop, et pourtant je ne me sens jamais tout à fait reposée; mes rêves, peuplés de visages, sont parfaitement incompréhensibles. Habituellement, ce sont des visages d'amis qui évitent de s'approcher de moi, m'excluant de leurs activités. Affreux de se réveiller le matin avec les yeux brûlants, comme si on avait sans cesse cligné des paupières pendant le sommeil. Le ciel est gris; tout semble mort. Le docteur Hightower attribue mon problème de sommeil à la drogue. Je ne partage pas cette opinion.

Tout va mal. La droite est sortie gagnante des élections municipales et provinciales. En plus de faire de la dactylo deux fois par semaine à la banque de nourriture, je viens d'accepter un emploi de solliciteuse téléphonique pour une période de trois semaines. Mon patron et pratiquement tous les employés penchent très fort vers la gauche. Je passe le reste du temps à dormir, à manger et à regarder la télé. J'ai beaucoup de difficultés à lire; je crois que la drogue m'a enlevé ma capacité de concentration.

La vie est aussi grise que les murs de cette chambre. Mélanie me tombe sur les nerfs avec ses règlements fastidieux. Parfois, j'ai envie de lui écraser mon poing sur la figure. «Comment faire pour exprimer ma colère?» ai-je demandé au docteur Hightower. Mais la violence n'aurait pour conséquence que de me culpabiliser davantage et me causerait plus de tort à moi-même qu'à n'importe qui d'autre. Les choses ne changeront donc jamais?

4 DÉCEMBRE

J'ai finalement rencontré mon ancienne conseillère à l'école secondaire. Elle voudrait que je m'inscrive pour le deuxième trimestre. Tout s'est bien passé. Elle a remarqué que même le ton de ma voix avait changé: «Tes syllabes sont plus serrées, plus rapprochées. La dernière fois que nous nous sommes vues, tu parlais d'une manière très vague; tes phrases s'étiraient en longueur, comme si tu regardais les choses de très loin. Tu étais très mal en point, je crois; j'étais sûre que tu allais mourir de malnutrition ou d'une overdose. Ou que la prostitution finirait par te tuer, si ce n'était toi-même. Mais je crois qu'on peut reprendre espoir à présent!»

J'ai également rencontré Jennifer. Je n'étais pas particulièrement contente de la revoir, et encore moins de me retouver dans les bureaux de Outreach, ne sachant vraiment pas ce que j'y foutais. Mais Jennifer s'est montrée très encourageante — me faisant remarquer qu'en deux mois je ne m'étais sauvée ni de chez Mélanie ni de New Beginnings et que, pendant cette période, je m'étais passablement bien comportée. J'avais du mal à m'expliquer cette surprenante indulgence; May, elle, aurait été exaspérée et serait sortie de ses gonds. Jennifer m'a dit qu'elle allait chercher un autre endroit où me placer, mais que cela prendrait plusieurs semaines. En attendant, il me fallait choisir entre Mélanie et New Beginnings.

Comment pouvait-elle continuer à croire en moi alors que je n'y croyais plus moi-même?

Noël.

La veille de ce grand jour a été très pénible. Art, mon ami de la maison Changes, est venu faire un tour. Nous étions aussi mal à l'aise l'un que l'autre. On ne s'était pas vus depuis un bon moment et on n'avait pas grand-chose à se dire. Fuyant la grisaille de ma chambre à coucher, nous sommes allés nous promener au centre-ville, échangeant des blagues idiotes et riant comme des demeurés. Les rues étaient désertes. Je n'attendais que le moment où Art s'en irait. J'aurais dû rester dans ma chambre. Me trouver dans la rue la veille de Noël ne faisait que rendre ma solitude plus pesante. Il me semblait que j'étais la seule à ne pas avoir de foyer, un nid où il fait bon et chaud. La seule à ne pas être aimée.

Ce matin, j'ai quitté la maison aussitôt réveillée. Il était très tôt. Les autobus étaient pratiquement vides; les rues étaient grises et silencieuses, sauf dans la cour des miracles où les clochards, assis sur des bancs, hochaient la tête comme des pigeons perchés sur un fil. J'ai passé la journée chez Lana. On a fait les folles et brisé quelques verres sans le faire exprès. Bien rigolé. Elle est la seule personne avec qui je peux me comporter comme une gamine.

Sur un coup de tête, j'ai téléphoné à mes parents. C'est papa qui a répondu. Loin d'être ravi d'avoir de mes nouvelles, il en a profité pour me sermonner. L'amie de Mélanie prétend que je constitue une cible parfaite pour les moralisateurs.

À tous et à toutes, un joyeux Noël à la con!

Je sais que mon écriture témoigne de mon égocentrisme et de mon immaturité. On serait déprimé à moins. La dépression est une pierre qui pèse sur la tête, réduisant les pensées à de simples pépites de plomb.

J'ai peur de dire à certaines personnes que je les aime, car elles comprendraient alors à quel point je me sens seule et abandonnée.

Ma mère, dans sa cuisine, femme trop maigre s'affairant à nettoyer les placards, à balayer les planchers, à préparer les repas, à laver la vaisselle — ça n'arrêtait jamais. Elle n'avait jamais fini! Quelle arnaque! Elle gardait l'édifice debout tandis que chacun de nous s'effondrait petit à petit.

Je me souviens, après mon départ de la maison, de Michael qui, dans la salle de conférences, nous a regardés avec un petit sourire en coin lorsque ma mère est entrée et m'a prise dans ses bras. Mal à l'aise chaque fois que mes parents, habituellement très distants, s'approchent un peu trop près de moi, c'est tout juste si je n'ai pas reculé de dégoût. Pourquoi était-il venu me retrouver dans le couloir pour me suggérer de rester quelques jours de plus à l'abri de mes parents? Qui aurait pensé qu'un jour je l'en blâmerais?

Le docteur Hightower a parfaitement raison. Si seulement tout cela n'était pas arrivé. Mon père avait raison lui aussi quand il prédisait qu'un jour je le regretterais, alors même que je me moquais d'eux, les tourmentais, leur jetais ma nouvelle vie à la figure, faisant semblant d'être une dure à cuire pour qui seule compte la liberté. Quelle énorme blague! J'ai eu tort bien sûr de vouloir goûter à la vie. Pourtant les services sociaux ont fini par me recueillir, non? Pourquoi? Pourquoi Jennifer essaie-t-elle de satisfaire les envies contradictoires d'une fille qui, au fond, n'a qu'un désir: rentrer chez elle.

J'ai décidé de ne pas retourner à l'école. J'ai très bien appris la leçon de Joe lorsque, dans sa cabane sur la côte, il m'a déclaré que l'école était une perte de temps et qu'il savait de quoi il parlait. Cela fait vingt-cinq ans qu'il est anarchiste, alors que moi, je n'ai que trois ans d'expérience dans ce domaine! Presque tout le monde me dit qu'il faut que je retourne à l'école si je veux réussir dans la vie, et même en tant qu'écrivain. Et pourtant, j'ai décidé de croire un hippie vieillissant, terré dans une cabane, vivant aux crochets de l'État, fumant du hasch et buvant de la bière en rêvant aux années soixante.

Voilà où j'en suis. Je veux rentrer chez moi. Je veux avoir des amis, je veux être aimée. Me suis-je mise suffisamment à nu?

QUATRIÈME PARTIE

du 16 janvier au 26 avril 1987

Ce soir, j'ai l'intention de me poser quelques questions essentielles, ici, chez ma tante Mary, après avoir décidé de quitter Mélanie et de prendre un congé sabbatique. Au cours des derniers jours, un doute a commencé à germer dans mon esprit. Soyons honnête: ai-je les dons nécessaires pour devenir écrivain? Ou me suis-je tout simplement bercée d'illusions pendant ces dix dernières années, m'efforçant d'atteindre un but qui, en définitive, n'était qu'un mirage?

Quand j'étais petite, il ne m'est jamais venu à l'esprit qu'il s'agissait peut-être là d'une ambition déraisonnable. J'étais si déterminée que je ne doutais pas de mon succès. À force de me répéter, année après année, que j'avais du talent pour l'écriture, j'ai fini par le croire — tout comme aujourd'hui, après quatorze ans de déni parental, je commence à concevoir de sérieux doutes sur mes aptitudes. J'en veux beaucoup à mon père et à ma mère. Je déteste ne pas savoir où je me trouve, ni où je vais. Je m'imagine trop souvent que je vais devenir une prostituée droguée qui finira par crever au fond d'une ruelle ou dans une chambre d'hôtel; je me trouve trop de prétextes et d'excuses pour ne pas continuer à m'instruire, pour ne pas aller à l'université. Je ne fais rien de bon, à part fainéanter; j'erre d'un endroit à un autre, m'arrêtant là où on me prend en pitié et accepte de me recueillir. Je ne travaille pas, je ne vais pas à l'école; je ne fais rien de ma vie. Les gens ont raison, j'ai des possibilités: d'ici cinq ans, je pourrais devenir une clocharde. Comme le dit ma tante Gayle: «Les services sociaux ne s'occuperont de toi que jusqu'à tes dix-neuf ans.» Et ensuite? Le bien-être social? Elle a ajouté que mes cousins, qui ont mon âge et qui vivent aux États-Unis, sont les meilleurs de leur classe et qu'ils savent déjà à quelle université ils s'inscriront. Voilà de jeunes adultes motivés, talentueux et pleins de promesses. Des modèles. Et moi, je me situe où dans tout ça?

Et si tous ces projets d'écriture n'étaient que de vagues chimères? L'autre jour, mon professeur d'anglais (maintenant affilié à la Commission scolaire à titre de chargé de leçons particulières), qui vient chez moi deux fois par semaine pour me donner un cours de littérature, a sévèrement critiqué ma dernière nouvelle, *Working the Corner*. Qui a dit que je pouvais écrire? Moi. Je me croyais si douée; j'étais convaincue qu'un grand avenir s'ouvrait devant moi. Peut-être ai-je eu tort. Peut-être vais-je devenir une vieille femme effrayante, assommant quiconque veut l'entendre avec ses discours fanatiques. Il n'est pas rare de rencontrer ce genre de personne dans le quartier des clochards, traînant leurs sacs de poubelle remplis d'occasions manquées.

La vérité, c'est que je n'arrive à m'intégrer nulle part. Tout ce qui me reste de précieux sur la terre, c'est l'écriture — une sorte de bouclier qui me protège de mes vulnérabilités. Ce n'est pas Evelyn qui vit, c'est son écriture. *Son écriture.* Eh bien, il est temps qu'on lui dise que cette écriture n'est rien d'autre que de la merde! Il est temps qu'on lui dise la vérité. Elle patauge dans un semblant de vie obscure, un sombre marécage où elle rêve de voir ses livres sur des étagères, des livres qui seraient lus par des tas de gens, des livres qui auraient le pouvoir d'amener les autres à réfléchir, à vibrer.

J'en ai assez de me faire des illusions. C'est trop con. J'en ai marre de n'appartenir à rien. Et si je n'arrivais jamais à faire quelque chose de ma vie?

Rien n'a changé, pas vrai? Vers cinq heures, j'ai avalé un tas d'aspirines (il est maintenant huit heures). Une trentaine en tout. Une de plus et j'aurais vomi. Imaginez la scène: debout dans la cuisine, une bouteille de jus d'orange à la main, une montagne de comprimés blancs sur le comptoir. Je riais. Tout est devenu parfaitement net autour de moi, d'un blanc éblouissant.

Je ne vais pas mourir. Je vais tout simplement être très malade — mes oreilles vont bourdonner, une purée blanche va sortir de ma bouche, mon estomac sera en feu. Pendant quelques jours, ma peau et mes cheveux vont ruisseler de sueur. Je dormirai sans arrêt. La vie s'interrompra temporairement. La douleur aura préséance sur tout le reste.

Mais cette fois, il n'y aura pas de Tommy pour frapper à la porte de la salle de bain. Où sont les travailleurs sociaux, le traversier, la nuit, la promesse d'un monde meilleur? Suis-je un parasite, une bonne à rien sans talent, tout juste capable de rester collée à la télé toute la soirée et de fainéanter au lit jusqu'à trois heures de l'après-midi?

Ça ne marchera pas. Le docteur Hightower m'a dit que si je ne m'évanouissais pas d'ici une heure, je ne mourrais pas.

Tout se désagrège, plus rien n'a de sens. Je ne suis même pas une bonne écrivaine. Et c'est la seule chose qui compte pour moi. Je suis incapable de m'aimer ou de me sentir égale aux autres. Il ne me reste que la télévision vide et le canapé. Tous les autres ont des projets; ils prennent de plus en plus d'avance sur moi.

Je veux mourir. Mais, en réalité, je vais finir par aller me coucher en attendant que ça passe; je ne dirai rien à personne. Ma famille, mes amis et le gouvernement me soutiennent, bien qu'à contrecœur. Tout vibre... la maison a l'air d'avoir grandi; elle est toute blanche et pleine d'angles et de couloirs. Tu me donnes envie de chialer, Evelyn.

19 JANVIER

Pendant un certain temps, Jane a été ma meilleure amie à l'école secondaire, et elle est la seule dans le groupe d'étudiants que je fréquentais à cette époque qui accepte encore de me parler. J'ai failli éclater en sanglots lorsqu'elle a téléphoné pour me demander ce que je fabriquais. Qu'est-ce que je manque en refusant de retourner à l'école? Quelles sont exactement les connaissances que j'ai envoyées au diable avec tant d'insouciance — me précipitant vers un lever de soleil de pacotille — comme s'il s'agissait de choses absolument inutiles?

Jane sort avec un gars qui va à l'université. C'est son premier petit ami et ils font pratiquement tout ensemble: ils étudient, ils se divertissent. Il n'exige pas, comme le font tant d'autres garçons, qu'elle couche avec lui. Comment se fait-il que je n'ai jamais eu un petit ami comme celui-là, un véritable ami? Qu'est-ce qui ne va pas avec moi?

27 JANVIER

Le téléphone a sonné deux fois. Devinez qui?
Mon cher papa.
Résistant à la tentation de raccrocher avec violence, je me suis contrainte à écouter ce qu'il avait à dire. Sa voix était hésitante, pleine d'amertume. Je l'imaginais, debout dans le salon, pieds nus, dans son pyjama plein de trous, le

front creusé de sillons. J'entendais les bavardages de la télé en arrière-plan; ma mère criait après ma sœur Karen. Toujours la même histoire. J'ai ressenti un profond soulagement à l'idée d'avoir échappé à tout cela.

Il m'a annoncé qu'ils allaient donner un grand souper le lendemain soir à l'occasion de la nouvelle année chinoise. Occupés ou non, tous les Chinois, a-t-il ajouté, se font un devoir d'assister à cette fête. Il espérait que j'allais venir et aider à préparer le repas.

C'est dans ces moments-là que je me dis: «docteur Hightower, aidez-moi!» Je lui ai répondu que je viendrais peut-être, tout dépendait de ce que j'avais à faire (rien, à ma connaissance). Karen a saisi le téléphone et a bredouillé quelque chose au sujet de son école et de ses cadeaux de Noël, comme si elle répétait une leçon. Sur quoi ma mère a pris le téléphone à son tour et s'est mise à m'engueuler lorsque je lui ai appris que j'aurais probablement autre chose à faire le lendemain soir. Dix mois après mon départ, mes parents ne comprennent toujours pas que je vis ma vie. Que je peux respirer sans l'aide de personne, aller aux toilettes toute seule, et même (Dieu merci!) sortir quand j'en ai envie!

«Tu sors demain soir? Où?» Elle se montrait naïvement étonnée; existait-il vraiment un monde au-delà des murs de la maison? Je m'étais engagée dans quelque chose d'irréel, mirages dans lesquels elle se perd.

Mes parents s'attendaient à ce que je redevienne, pour cette nouvelle année chinoise, la petite fille soumise qu'ils avaient connue. Comme l'avait dit le docteur Hightower, si jamais je retournais chez mes parents, ceux-ci croiraient que «Dieu t'a flanqué un coup sur la tête et leur a renvoyé leur petite fille docile».

Écoute, même si tu as de la peine pour eux, regarde les choses de ton point de vue: ta mère criant comme une folle toute la soirée; Karen essayant pitoyablement de te saisir la main; ton père et son air renfrogné. Ta mère critiquera tes chaussures, ta veste en jean pas assez chaude pour la saison, ton drôle de parfum, ta coiffure bizarre, tes ongles vernis et surtout ton poids. Il y a quelques jours, je me suis décidée à parler de mon appétit insatiable au docteur Hightower. Mon père et ma mère n'ont jamais pu comprendre cela, bien que j'aie souvent passé des heures et des heures à essayer de leur expliquer ce qu'était la boulimie. Le docteur a dit que les enfants boulimiques ont souvent des parents trop autoritaires et que cette maladie est en fait leur manière à eux d'exercer une certaine forme de pouvoir.

Si j'accepte d'aller chez eux demain soir, mes parents vont me reprocher sans cesse mon manque d'instruction, le fait que je n'ai pas d'emploi, et Dieu sait quoi encore. Ils vont tout me reprocher, y compris de parasiter. Je n'ai vraiment pas besoin de cela. C'est probablement de ma faute aussi si je suis née! Non, à part une sérieuse dose d'humiliation, je ne gagnerai rien à y aller. Êtes-vous en train de me dire que mes problèmes ne les concernent pas, que je suis injuste et têtue? Que je n'ai jamais essayé de discuter avec eux, que je ne leur ai jamais donné la chance de me comprendre? Alors, écoutez. J'ai passé d'innombrables heures à tenter de leur expliquer ce qu'est la boulimie — se goinfrer, manger en cachette, voler de la nourriture. Si vous croyez que c'est facile, vous manquez vraiment de jugeotte! Je leur ai parlé de mon insécurité, de mes longues périodes de déprime, qui duraient parfois un mois, de mes frustrations, de ma colère. Alors, ils me regardaient et me traitaient de «grosse cochonne». Leur regard disait: «Ce n'est pas une fille qu'on a élevée, c'est une cochonne!» Ma mère surveillait tout ce que j'avalais; elle tenait rigoureusement compte de la quantité de nourriture se trouvant dans les armoires et le réfrigérateur; elle m'examinait lorsque je me déshabillais et m'obligeait à me peser chaque samedi.

Aujourd'hui, je suis entrée comme un ouragan dans le bureau du docteur Hightower en brandissant une lettre de mon père. Un nouveau sermon parce que j'ai quitté l'école, accepté de l'argent des services sociaux («c'est honteux»), parce que je fume. Il affirme que même si je ne fume pas beaucoup, cela me tuera quand même (si seulement j'en avais la preuve, si je savais que ça va se passer rapidement et sans douleur, je me mettrais à fumer comme un Turc!). Mes parents ont enfin consenti à me laisser disposer de mon compte en banque, qui totalise à peu près deux cents dollars. Cet argent m'appartient. «Cela t'a pris beaucoup de temps pour économiser cette somme; je me demande combien de temps ça va te prendre pour la dépenser», écrit mon père. Sinistre. Il ne daigne même pas me féliciter d'avoir laissé tomber la drogue. Il se contente d'écrire: «C'était le premier pas à faire avant d'être en mesure de corriger tes autres défauts.» Il n'est même pas sûr que je dis la vérité; il se montre sceptique. Quelle confiance! De toute façon, mon père n'arrête pas de me dire que j'ai la «vie facile». Vraiment! Où a-t-il vu ça? Je vais essayer de la trouver parmi mes effets personnels...

Bon, cesse de pleurnicher. Je suis hors de moi. Le docteur Hightower m'a fait remarquer que mes parents sont comme l'enseigne Ford devant la fenêtre de son bureau — il peut lui parler ou lui crier des insultes, les lettres restent immuables: F-O-R-D. Elles ne changeront jamais, jamais, jamais! Si seulement la vie pouvait ressembler à un film, où les choses finissent toujours par s'arranger.

205

Je ne sais pas si je vais pouvoir continuer à habiter chez ma tante Mary. Je suis désespérée à l'idée de ne pouvoir trouver un endroit permanent qui me convienne vraiment. Ma tante est une femme déconcertante. Dans sa maison, j'ai l'impression d'être *chez moi,* avec tout ce que cela implique d'effrayant. Tante Mary peut rester immobile dans un fauteuil à regarder dans le vide. Elle a toujours l'air d'être dans les nuages; impossible de prévoir son humeur. Sa colère latente, qui menace d'éclater à tout bout de champ, est inscrite dans les plis grisâtres de son visage. Ça me terrifie. On dirait que quelque chose me retient dans cette maison, bien qu'aujourd'hui l'air printanier se presse contre moi avec insistance!

Tante Mary hésite à me donner de l'argent de peur que je ne le dépense pour acheter de la drogue. C'est pareil avec le reste de ma famille — ils ne se rendent pas compte que leurs réticences m'énervent au plus haut point.

J'ai été rejetée par tous les membres de ma famille de bien des manières et, pour une raison qui m'échappe complètement, cela m'a obligée à les voir avec d'autres yeux, comme des individus à part entière. Autrement dit, le rejet dont je suis victime a pris une connotation tout à fait personnelle.

J'ai un peu la nostalgie de la maison de Mélanie. Ce fut ma maison pendant deux mois. Il y a quelques jours, j'ai pensé y retourner, mais je dois me méfier de ce désir: si cet endroit me paraît si attirant, c'est sans doute parce que je n'y habite plus. Je suis comme ça; je ne m'attache aux gens et aux endroits qu'après les avoir quittés.

Hier soir, j'ai lu d'un trait *Lives of the Poets,* de E. L. Doctorow, dévorant les pages les unes après les autres. Parfois, je refaisais surface comme un plongeur qui vient aspirer un peu d'air, puis je me replongeais dans ma lecture. C'était fantastique de pouvoir lire à nouveau avec une telle concentration.

Au cours des dernières semaines, j'ai traversé des périodes où je me sentais tantôt très forte, tantôt plus dingue que jamais. Il y a des moments où je peux sourire à tout et où j'ai l'impression d'être un être humain à part entière, comme si le docteur Hightower se tenait derrière moi, souriant avec bienveillance. J'ai envie de jeter un coup d'œil par-dessus mon épaule afin de m'assurer de sa présence. Ce sont des moments où je fais partie du monde qui vit et qui respire.

À d'autres moments, tout tourne à l'intérieur de moi. Ma tête se scinde en fragments, entre lesquels mes pensées s'engloutissent, absorbées puis rejetées; à l'intérieur, je ne suis qu'un miroir brisé aux couleurs trop vives. J'ai des étourdissements; je ne tiens plus en place.

3 FÉVRIER

Aujourd'hui, je suis allée voir mon rafistoleur hebdomadaire, le docteur Hightower.

Depuis un certain temps, nos entretiens n'aboutissent à rien, ou du moins à pas grand-chose; on dirait qu'il ne fait rien d'autre que répéter indéfiniment les mêmes gestes et les mêmes paroles. Comme je ne le vois plus qu'une fois par semaine, j'ai l'impression de devoir le partager avec d'autres patients; il a sa propre vie, et je n'ai rien à faire dans cette vie.

Il fallait s'y attendre.

Je suis toujours un peu contrariée quand j'entre dans son bureau, mais cela ne change généralement rien à nos entretiens. Aujourd'hui, cependant, ce fut une autre histoire. Lorsque je suis entrée dans la salle d'attente, il restait encore sept minutes à ceux qui me précédaient. Tandis que je regardais fixement les murs séparant les deux bureaux, j'ai constaté qu'on pouvait entendre tout ce qui se disait dans le bureau du docteur.

Ce dernier s'entretenait avec un couple. Ordinairement, le patient qui attend ne peut saisir que quelques bribes de conversation, mais aujourd'hui les gens se disputaient. J'ai senti la colère monter. L'homme et la femme parlaient très fort — la femme disait que ce n'était pas de sa faute s'il ne voulait pas manger de poulet pour souper, et qu'il lui restait encore beaucoup de cuisine à faire, sans compter qu'il fallait aussi nettoyer la maison; l'homme criait que non, il n'avait pas eu de relations sexuelles avec mademoiselle une telle — et le docteur Hightower, le fameux psychiatre, faisait entendre ce petit rire plein de compréhension que j'ai toujours trouvé si attachant et qui, aujourd'hui, m'exaspérait au plus haut point. Ne pouvait-il rien faire d'autre que de glousser comme le père Noël? Puis il a fait remarquer que le mari savait que sa femme devenait grincheuse la semaine précédant ses règles. C'est alors que l'époux, s'emportant bruyamment, a rétorqué qu'on ne pouvait tout de même pas s'attendre à ce qu'il subisse sans broncher toutes ces conneries pendant une semaine — parce que c'était infernal. J'entendais tout. Je m'en voulais de ce sentiment protecteur qui m'envahissait soudainement — pauvre Evelyn, qui ressent toujours le besoin de protéger, de s'occuper des autres. Je voulais désespérément tirer le docteur Hightower de l'embarras dans lequel il se trouvait, même si je savais très bien qu'il était assez fort — au moins cent fois plus fort que moi — pour se débrouiller tout seul.

Puis, le docteur leur ayant souhaité de vivre heureux, l'homme et la femme sont sortis du bureau. Ils étaient transfigurés. Ils souriaient tous les deux; le mari plaisantait avec le docteur Hightower. C'est incroyable les masques que nous nous fabriquons.

Oubliant ma colère, provoquée aussi par l'incapacité du docteur à découvrir plus vite les raisons du problème, je l'ai informé que les voix de ses patients se faisaient entendre jusque dans la salle d'attente. Inquiet, il s'est excusé et est allé chercher une radio afin de couvrir notre conversation.

J'ai commencé par lui parler de la semaine que je venais de traverser, puis de ma tante Mary et du fait que je m'inquiétais de ne pouvoir trouver un endroit où habiter en permanence (rien de bien nouveau). Ôtez les parenthèses et cela devient: IL N'Y A RIEN DE NOUVEAU SOUS LE SOLEIL. J'ai discuté des choix qui s'offraient à moi; ce qui est marrant, c'est que j'en ai plusieurs, que ce sont toujours les mêmes et qu'ils sont toujours aussi inintéressants, sans exception.

«Tu as détesté tous les endroits où tu as habité», a fait remarquer le docteur Hightower.

C'est vrai. (Que répondre à cela?) Parfois les choix se modifient quelque peu — ils deviennent moins nombreux, ou d'autres viennent s'ajouter —, mais jusqu'à présent, cela ne les a pas rendus plus intéressants. Nous nous sommes accordés pour dire que les choix importants sont relativement peu déterminants; ce sont ceux que nous faisons au jour le jour qui comptent.

Après cela, j'ai parlé de ma colère contre lui, mais cela n'a pas mené à grand-chose. Le docteur semblait très bien s'accommoder de mes longs silences, ce qui me rendait doublement furieuse, sans compter qu'il ne cessait de me répéter qu'il «comprenait».

J'aurais voulu qu'il me pose un tas de questions. Mais non, il ne l'a pas fait. Je me moquais de lui lorsqu'il choisissait soigneusement ses mots et que son front se plissait sous l'effort de concentration. «Ce qui m'exaspère le plus, lui ai-je dit, c'est que je viens vous voir chaque semaine en me disant que les choses vont changer, et que ce n'est jamais le cas. Je suis triste, découragée. Après cet entretien, je vais m'en aller, traverser une autre semaine, et tout va rester pareil.»

Vers la fin de notre entretien, qui a duré une heure, le docteur Hightower m'a déclaré d'un air songeur qu'il ne croyait pas que nous avions fait beaucoup de progrès ce jour-là. Je lui ai répondu: «C'est comme une drogue. J'ai l'impression d'avoir pris quelque chose qui, jusqu'à présent, a toujours marché, et qui tout à coup cesse de faire effet. J'ai le sentiment d'avoir été trompée.» Sur ce, nous avons pris congé l'un de l'autre. Mon cher papa psychiatre m'a accompagnée à la porte et l'a ouverte devant moi avec courtoisie.

5 FÉVRIER

Hier, j'ai jeté avec exaspération les notes que j'avais commencé à écrire dans mon journal. «J'ai l'impression d'avoir perdu mon psychiatre bedonnant...» Oui, je l'ai vraiment perdu. Vous me connaissez, je perds tout avec une telle facilité — alors un truc de plus ou de moins! Ç'aurait pû être un stylo, ou une boucle d'oreille, ou une boîte d'allumettes... mais non, c'est un être humain. C'est peut-être encore plus facile.

J'ai passé une heure et demie en compagnie de mon professeur; c'était vraiment chouette. Il vient deux fois par semaine. En ce moment, nous étudions James Joyce et un recueil de poésie. Parfois, aux moments les plus inattendus, par exemple en faisant la vaisselle, il me vient quelques vers à l'esprit. En de tels moments, je me berce de l'illusion que rien ne pourra m'arracher à mon destin d'écrivain.

Hier, il m'est venu une idée brillante: écrire une nouvelle inspirée de ma première visite à l'hôpital psychiatrique, exposant tout en détail à partir du moment où le personnage principal entre dans la salle d'attente d'un pas nonchalant jusqu'au moment où, trois jours plus tard, il est libéré. Je me suis étendue sur le tapis, avec une tasse de café et une couverture pour ne pas prendre froid, et je me suis mise à écrire. Au bout de quelques heures, j'ai continué sur le canapé. Au milieu de la soirée, j'avais écrit quarante pages et il me restait encore une journée et demie à raconter. Chaque petit détail m'était revenu, apparemment dépouillé de toute sentimentalité et de ce que mon professeur appelle «apitoiement sur soi-même». Hélas, ces quarante pages ne sont que gribouillage insignifiant. C'est tellement mauvais que cela m'a rendue furieuse.

Le merveilleux chef-d'œuvre inachevé gît éparpillé sur le sol, à côté d'une autre nouvelle intitulée *Working the Corner* et de la trentième version (je le jure devant Dieu) de *The Waiting Room*.

Il n'y a rien de plus dégoûtant qu'un tas de nouvelles inachevées, parmi lesquelles on n'en trouve pas une qui en vaille vraiment la peine. Quant aux autres, elles sont répugnantes, même si elles ont été révisées plusieurs fois. Et moi, assise au milieu du salon, inconsolable, fumant cigarette sur cigarette, regardant la télé et me demandant si je ne devrais pas aller prendre une bouffée d'air frais.

Un des hommes qui m'a prise en stop ce matin — je me rendais chez le docteur Graham — était d'âge moyen, conduisait une voiture luxueuse et m'a proposé de devenir mon souteneur. De plus en plus difficile de dire non. Qu'est-ce que j'essaie de protéger au juste? Si ces hommes, avec leurs bourrelets de graisse, leur bouche dure et baveuse, n'étaient pas aussi répugnants, ce serait facile. Pourquoi ai-je toujours le sentiment d'être une nullité chaque fois qu'ils s'approchent de moi avec des yeux qui ne s'aperçoivent pas que j'ai un visage? Ces types ignorent même que j'ai des pensées.

Si j'étais un homme, je n'essaierais jamais d'encourager une gamine à faire le trottoir, même si elle n'a pas de fric et fait du stop. Je commence à détester les hommes, sauf ceux qui, dans mon imagination, tiennent le rôle du père, sont doux, réconfortants et ne peuvent avoir de pénis.

Le docteur Graham est sorti de son bureau avec une demi-heure de retard. «Désolé — il y a eu une urgence. On m'a amené une jolie petite Indienne de dix-huit ans en pleine crise. Elle voulait se suicider.» Bien qu'il fût brillamment éclairé, il régnait dans le bureau du docteur une atmosphère d'intimité; je me sentais plus vulnérable. À mon grand soulagement, il a immédiatement pris la direction de l'entretien. Je lui ai raconté ce qui s'était passé au cours des derniers mois, puis nous nous sommes engagés dans une longue discussion à propos de la dépression. Il pense que mes sautes d'humeur sont dues à mon environnement; il lui est difficile de déterminer l'incidence des facteurs biologiques dans ce problème. C'est à ce moment-là que j'ai émis la possibilité de prendre des antidépresseurs.

Le hic, c'est que le docteur Hightower refuse de me prescrire des médicaments et que, jusqu'à présent, il m'a été impossible de me procurer des somnifères. J'ai décidé, si aucune revue littéraire n'accepte mes écrits ou si je ne remporte pas de concours littéraire dans les mois qui viennent, de me jeter une poignée de comprimés dans le gosier. Ensuite, je regarderai s'évaporer la vie que m'a donnée quelque créateur inconscient. Les pensées qui me traversent l'esprit se sont remises à hurler, toutes plus fort les unes que les autres, comme si elles rivalisaient entre elles; j'en ai le tournis.

Le docteur Graham m'a promis qu'il parlerait au docteur Hightower à propos de mon état dépressif et qu'il lui demanderait s'il était opportun de me prescrire des médicaments. J'aurais tellement voulu me suicider! Le docteur Graham était redevenu l'expert d'autrefois, avec ses yeux clairs et ses cheveux gris acier ondulant autour de son visage. Il était toujours là; il ne me demandait pas pourquoi j'avais disparu pendant plusieurs mois. Il semblait comprendre que j'avais cru pouvoir me passer de lui, puis que j'avais constaté que je m'étais trompée.

D'après le docteur Graham, je suis déprimée parce que j'habite chez ma tante. Pour lui, la meilleure solution serait de retourner dans un foyer d'accueil. Nous avons passé une bonne heure ensemble. Il a été décidé lors de cet entretien que je devais rencontrer le travailleur social qui m'a envoyée au pavillon psychiatrique en avril dernier.

— C'est un con, ai-je déclaré.

— Tu te trompes, a rétorqué le docteur avec un air pincé. Il te connaît depuis longtemps et désire vraiment t'aider.

Le travailleur social m'a fait signe de le suivre dans son bureau. Cela faisait presque un an jour pour jour que j'avais pénétré dans cet endroit pour la première fois, accompagnée de May, qui me tapotait dans le dos tout en m'assurant que l'hôpital était l'endroit idéal pour se reposer pendant quelque temps. J'avais quatorze ans et venais tout juste de faire mon entrée dans le monde. La vie avait pris l'allure d'un drame. Evelyn était l'héroïne qu'on traitait injustement.

«Assieds-toi», m'a dit le travailleur social en souriant avec gentillesse. J'ai remarqué que la peau de son visage s'affaissait. Il émettait un sifflement en parlant, comme si l'air était aspiré par une ouverture étroite entre ses dents. Mais tous ces détails étaient trompeurs; au bout de quelques minutes, je me suis rendu compte que son regard était plus assuré que le mien et qu'il n'était pas aussi faible et apathique que son apparence me l'avait fait croire au premier abord.

J'ai réclamé à nouveau des antidépresseurs. En réalité, je ne demandais qu'à être hospitalisée. Je lui ai décrit ma dernière overdose à l'aspirine. À l'extérieur, le ciel gris semblait flotter, onduler; de l'autre côté de la rue, une femme laissait son enfant se pencher dangereusement à une fenêtre. Les obstacles qui m'empêchaient de me suicider disparaissaient petit à petit — il y a tellement de gens qui s'ôtent la vie, il y en a beaucoup, et il y en aura toujours. Bientôt, le suicide deviendra quelque chose d'aussi ordinaire qu'un simple rhume. Les tabous tombent petit à petit; le suicide est en voie d'être accepté.

Le travailleur social soutenait que j'avais besoin d'amis. Bon, d'accord, si on allait magasiner pour me dégoter «l'ami idéal»? Je lui ai décrit avec beaucoup de passion mon travail d'écrivain et mes inquiétudes à ce sujet, ainsi que mon problème principal: où habiter? D'après lui, Jennifer est prête à m'intégrer à un programme grâce auquel je pourrais obtenir mon indépendance, étant donné que rien d'autre n'a marché. Il m'a proposé d'avoir un entretien avec elle. Pendant les trois semaines où tante Mary est partie en voyage d'affaires, je me suis débrouillée toute seule. J'ai dit au travailleur social que j'étais prête à retourner à l'école à condition qu'on m'autorise à avoir un appartement à moi.

Il m'a fixé un second rendez-vous pour le lundi suivant. Incroyable. Il y a maintenant trois personnes qui s'occupent de ma pomme. Si jamais j'arrive à me suicider, ce ne sera pas seulement à cause du pauvre docteur Hightower!

16 FÉVRIER

Ma tante Gayle vient de me téléphoner: un paquet est arrivé pour moi. L'expéditeur est *Alberta Poetry Yearbook*.

Les fils du pantin ont été tirés, et je me retrouve courbée contre le vent, sous un ciel rafraîchi par la pluie. Ai-je gagné le concours? Ça ne sert à rien de se préparer aux déceptions — quoi qu'on fasse, on réagit toujours avec la même stupidité. Les gouttelettes d'eau, suspendues aux branches des arbres, scintillent comme des diamants.

Ce sont les doigts d'une autre personne qui s'affairent à ouvrir l'enveloppe froissée. J'examine mes mains — aux ongles vernis tout rongés — avec curiosité. J'ai l'impression de me noyer; mes yeux implorent les pages innocentes...

C'est bien vrai! Vis-à-vis de la section pour jeunes, on peut lire: Troisième prix: Evelyn Lau, pour *Bobby-Pin Scratches*. Un poème sur les enfants maltraités. Je marche jusque chez moi, le magazine à la main; des sentiments de fierté et de soulagement se bousculent dans ma tête. Ce texte est nul; d'ici un an, il s'écaillera et la page réservée aux jeunes découvrira un écrivain plus talentueux.

23 FÉVRIER

Il y a quelques jours, j'ai commencé à me demander si les sentiments négatifs que j'éprouvais n'étaient pas dus aux vacances du docteur Hightower. Notre dernier entretien, censé me permettre de me maintenir à flot pendant quatre semaines, a lieu demain. Depuis quelques jours, je dors d'un sommeil agité; je fais des rêves affreux dans lesquels le docteur Hightower m'abandonne. Il fut un temps où j'étais impatiente de le voir partir — c'était chouette pour lui, et cela me donnait l'occasion de me débrouiller toute seule. Mais que se passera-t-il les mardis? Sans lui, je serai comme une méduse rejetée sur le rivage — flasque, vulnérable.

Mon professeur est arrivé au moment où j'entrais dans le lugubre salon. Je venais tout juste de me lever et ne pouvais pas faire un pas sans trébucher. J'aurais préféré qu'il ne vienne pas; le courage me manquait. Alors, je lui ai remis mes travaux, puis je suis allée m'étendre sur le canapé, où je me suis endormie.

Cet après-midi, j'ai parlé de mon problème de sommeil au docteur Graham. Il m'a aussitôt prescrit douze rivotril, des somnifères qui permettent aussi aux muscles de se détendre. On les utilise dans certains traitements thérapeutiques. Je sais que le docteur Graham n'aime pas prescrire des médicaments et, lorsqu'il a capitulé, j'ai immédiatement senti une partie de l'estime que j'avais pour lui m'abandonner. Pourtant, une douzaine de somnifères ne peuvent pas me faire de tort et, quoi qu'on en dise, j'en ai vraiment besoin. J'ai été prise de nausées. Les comprimés signifiaient le début de quelque chose; une barrière avait été renversée.

Le docteur Graham m'a appris qu'il a discuté avec le travailleur social qui, à son tour, a parlé à Jennifer de la possibilité qu'on m'accorde mon indépendance. Il avait de bonnes nouvelles — si on obtenait l'accord du docteur Hightower, il se pourrait que les services sociaux nous donnent leur bénédiction. Le docteur Graham était prêt à rédiger une lettre disant que, pour des raisons médicales, il était indispensable que je vive indépendante. Maintenant que l'idée semble acceptée, j'hésite. Et si je foutais tout en l'air? Et si je continuais à être dépressive? Le docteur Graham a ajouté qu'il y avait une condition à tout cela: il faudrait que je m'inscrive à des cours à temps plein.

Je suis allée acheter les médicaments à l'étage inférieur. Le pharmacien, qui s'affairait derrière le comptoir, a tourné la tête vers moi pour me dire: «Tu es en bonnes mains avec le docteur Graham.»

— Il est pas mal, ai-je concédé.

— Le docteur Graham est un type bien.

Je me suis dit que les types bien sont souvent bizarres, et qu'ils ont parfois des faiblesses.

Une fois dehors, je me suis sentie mieux. Les douze comprimés orange s'entrechoquaient dans leur flacon. Le ciel jetait des feux bleutés. Les rayons du soleil se pavanaient comme s'ils voulaient dire: comment la mort pourrait-elle égaler notre splendeur?

Cela fait déjà longtemps que tout se désagrège et, à présent, je ne peux plus l'ignorer, surtout en l'absence du docteur Hightower. Nos entretiens du mardi ne produisaient pas de miracles, mais ils me permettaient d'exister, tout simplement. Je ne peux pas me confier au docteur Graham pour la simple raison qu'il refuserait de me prescrire des rivotril, mon seul moyen d'échapper du marasme. Les deux derniers jours ont été désastreux. Il y a très peu de choses auxquelles je peux m'accrocher. Je parle toute seule; un monologue ininterrompu — Tiens bon! *Après* avoir terminé cette nouvelle, *après* avoir versé toutes les larmes de ton corps, *après* avoir mis tes travaux à jour, tu pourras te suicider, pas avant. Toutes ces activités ne font qu'interrompre momentanément le processus. Je voulais prendre rendez-vous avec l'assistant du docteur Hightower; lorsqu'il m'a rappelée, j'ai simplement demandé si le docteur Hightower était parti, puis j'ai raccroché. J'ai téléphoné au pharmacien établi au-dessous du bureau du psychiatre et je lui ai dit que j'écrivais un essai sur le suicide chez les jeunes — un sujet trop peu exploré — et qu'il me fallait expérimenter les effets du rivotril. Il m'a taquinée, me disant qu'il recevait souvent des appels de patients de l'étage supérieur qui voulaient savoir combien de comprimés d'une certaine drogue il fallait prendre pour attirer l'attention sans pour autant disparaître de la surface de la terre. Je m'étais pourtant montrée on ne peut plus convaincante, on ne peut plus saine d'esprit. Il m'a appris qu'avec une dizaine de comprimés de 2 mg, je serais «dans les vapes pendant un bon bout de temps», tandis qu'avec une quinzaine de comprimés, «ça risque d'être dangereux». Le rivotril, m'a-t-il expliquée, est un médicament assez peu connu, qu'on utilisait autrefois pour traiter l'épilepsie. De nos jours, on s'en sert en psychiatrie pour contrôler les crises de panique et les sautes d'humeur.

— Tu es vraiment en train d'écrire un essai? Ou alors on te fait un peu trop de misères? a-t-il demandé gentiment.

Je n'ai absolument pas l'intention d'avaler 20 mg de rivotril simplement pour attirer l'attention. Il faut que je les mette en réserve, il faut que j'obtienne une autre ration hebdomadaire, puis une autre. J'en ai déjà pris deux, et ç'a bien marché: les deux dernières nuits, j'ai pu dormir d'un sommeil profond. Mercredi, je me suis endormie naturellement, j'étais épuisée. Mais quand je me suis réveillée le lendemain, j'étais terriblement triste... des fragments de rêves me revenaient, accentuant ma solitude. Savez-vous ce que c'est que de ressentir pareille tristesse? C'est comme si votre meilleure amie venait de mourir, sauf que la tristesse est pire, car en fait votre amie n'est pas morte et vous vous sentez malgré tout terriblement seule. Son existence vous garde en vie un peu plus longtemps, c'est tout.

2 MARS

Je me suis trompée d'autobus en me rendant à l'hôpital du quartier pour voir un psychiatre. Je me suis retrouvée à Burnaby. J'étais prise de panique; le ciel, d'un gris lumineux, était parsemé de nuages, puis il s'est mis à pleuvoir.

J'ai dû faire du stop à deux reprises pour me rendre à l'hôpital. Jamais je n'aurais pensé avoir autant de difficultés à trouver la clinique. J'ai tourné en rond pendant une demi-heure sous la pluie, glissant dans la boue et sur le gazon. La pluie tombait à verse; j'étais complètement désorientée, je ne reconnaissais rien. C'était comme dans ces rêves où on est incapable de se rendre dans un endroit familier parce que le paysage a complètement changé. Je faisais souvent ce genre de rêve quand j'étais gosse. Je rentrais chez moi après l'école et, tout à coup, les maisons se métamorphosaient. Je savais que je marchais dans la bonne direction et que j'approchais de chez moi, mais, comme il n'y avait plus de repères, je ne trouvais plus la maison.

Enfin, après avoir tourné là où il le fallait, j'ai fini par arriver à la clinique. Je suis allée aux toilettes. Une jeune fille aux cheveux trempés, les joues rouges de colère — on aurait dit qu'elle m'accusait de quelque chose — me regardait fixement dans le miroir. Elle est restée là un bon moment, sans bouger. Puis elle est entrée dans le bureau du psychiatre.

Je lui ai succédé peu de temps après. Il régnait un calme extraordinaire dans la pièce. Le psychiatre avait la peau brune et toute ratatinée, les cheveux fins. Je lui ai tendu ma nouvelle, *Prologue to a Therapist's Vacation*, au sujet de laquelle il n'a fait aucun commentaire. Me scrutant avec ses yeux de fouine, il m'a demandé de lui décrire ce que je ressentais; je lui ai répété plusieurs fois que j'avais l'impression d'être stupide, bonne à rien, et que j'étais très déprimée. «Pourquoi me regarde-t-il ainsi?» me demandai-je. Je le détestais. Mes sentiments étaient tellement caractéristiques qu'ils en étaient ridicules. Chose certaine, il ne pouvait pas me laisser sortir de son bureau dans un tel état. Il devait croire qu'il perdait son temps avec cette fille qui n'arrivait pas à s'exprimer. J'étais incapable de dire à quel point je voulais mourir, à quel point je me sentais folle, à quel point les jours me paraissaient sombres et tristes. Je ne pouvais ni pleurer, ni m'ouvrir les veines, ni briser les fenêtres du bureau... QU'EST-CE QU'IL ATTENDAIT DE MOI, BORDEL?

Le psychiatre a téléphoné à l'assistant du docteur Hightower, à qui il a demandé de m'accorder un rendez-vous. Puis il s'est levé pour signifier la fin de notre entretien. J'avais l'impression d'être le pire désastre créé par Dieu. En tout cas, s'Il existe, Il a commis la plus grosse gaffe de toute Sa carrière en me laissant venir au monde. J'ai fixé mon regard sur le psychiatre au corps maigre et ratatiné.

— Vous ne pouvez vraiment rien faire?

— Je n'ai pas le droit de te donner des médicaments. La seule chose qu'on peut faire, c'est de t'envoyer chez un thérapeute qui te suivra de plus près, te prescrira des médicaments ou t'enverra à l'hôpital. Quant à moi, si on me demandait de te prescrire une médication, j'essaierais la phénothiazine.

C'est un tranquillisant très puissant, un antipsychotique. On s'en sert régulièrement dans le traitement de la schizophrénie.

5 MARS

Le docteur Graham, le travailleur social et moi sommes entrés dans le bureau. Nous nous sommes assis en triangle, et les deux hommes m'ont regardée. Je sentais la panique monter — depuis quelque temps, ces accès de panique m'envahissent plusieurs fois par jour. D'aussi longtemps que je me souvienne, j'ai toujours souffert de ce problème. Jadis, les attaques ne survenaient que sporadiquement. Il s'agissait d'un trouble indéfinissable: j'avais des picotements dans les pieds et les mains, je me mettais à transpirer et j'avais l'impression de manquer d'oxygène; ma peur était telle que

221

ne me souvenais plus de rien, j'étais incapable d'écouter et parfois même de parler. La présence du docteur Graham et du travailleur social ne faisait que rendre la situation plus dramatique. Le gros visage du docteur se trouvait très près du mien, ce qui me mettait horriblement mal à l'aise. Le travailleur social, quant à lui, me regardait d'un air placide. Je serrais les bras de mon fauteuil.

Le docteur Graham a jeté un regard entendu au travailleur social. «Les accès de panique sont dus à l'hyperventilation.» Le travailleur social a hoché la tête en signe d'assentiment, ajoutant que je respirais beaucoup plus difficilement lorsque je parlais du docteur Hightower. Il ne me restait plus grand-chose à dire, excepté que je faisais beaucoup de rêves très colorés dans lesquels je vivais chez mes parents, qui ne cessaient de crier après moi. C'était moi qui suscitais les querelles, et mon père gueulait plus fort que ma mère. J'ai expliqué aux deux hommes que j'avais remplacé mon père par le docteur Hightower, et mon comportement habituel par la colère. Colère ressentie du fait qu'il m'avait «abandonnée». Le docteur Graham a hoché la tête, souriant, puis il m'a félicitée pour cette excellente déduction.

Ni l'un ni l'autre n'ont jugé bon de me prescrire des médicaments. Toutefois, en poussant un peu le docteur Graham, j'ai fini par le convaincre de me prescrire vingt autres rivotril. Un sensation de dégoût persistant m'a envahie — à quel genre de mort me préparais-je? Car maintenant ma réserve est suffisante; ma mort est garantie. Ce ne sera pas une simple tentative, comme avec les aspirines.

Plus tard, je suis allée au bureau de Outreach. Jennifer est arrivée peu de temps après. Tandis qu'elle allait et venait, ôtant manteau et écharpe, elle m'a fait signe de venir plus près d'elle. Elle a rencontré Mélanie et une autre assistante sociale. Il a été convenu que si je veux retourner chez Mélanie, ce sera obligatoirement pour une période de six mois. Si, durant ces six mois, je veux prouver que je suis capable d'être autonome, il faut que je retourne à l'école à plein temps, que je fasse preuve de beaucoup de maturité et que je démontre que je suis en mesure d'assumer la responsabilité d'un appartement. Cependant, même avec les lettres des médecins, un retour à l'école et un comportement irréprochable, elle est loin d'être sûre que les services sociaux consentiront à m'accorder mon indépendance. Quoi qu'il en soit, dès que je serai inscrite à l'école et que les services auront reçu les lettres, Jennifer se chargera de faire pression sur eux pour qu'on me donne cette chance. J'aurai la réponse dans un mois. Elle dit qu'il y a très peu d'espoir. Et avant qu'ils n'acceptent, il faudra quand même que je demeure chez Mélanie pendant six mois. Si je m'enfuis de chez elle, cela ne fera que confirmer mon irresponsabilité, et tout sera foutu. Dans un tel cas, Mélanie sera la seule personne à qui les services sociaux accepteront de me confier.

— Si tu t'enfuis et décides de revenir me voir au bout d'un certain temps, je me verrai obligée de te dire: «C'est Mélanie ou rien». Je sais que ce n'est pas très encourageant, mais c'est comme ça.

L'autre possibilité qui m'est offerte est d'habiter dans un foyer d'accueil où vivent six autres adolescentes. Je ne serai pas obligée d'y rester six mois, mais il faudra quand même que je retourne à l'école à plein temps.

Souriant à Jennifer, je lui ai dit que je l'appellerais lundi, puis j'ai décampé. J'ai maintenant tous les comprimés nécessaires. Le gouffre s'élargit, un gouffre sombre et sans fond. Ce que je suis en train d'écrire ne voudra jamais rien dire, jamais. J'ai mis trop d'espoir dans cet appartement. J'ai mené, au cours des six derniers mois, une vie plus ou moins stable. Ça n'a rien changé.

La vie n'est-elle pas censée offrir une multitude de choix? Et ces choix ne la rendent-ils pas exaltante, enrichissante?

J'ai marché sous la pluie jusqu'à l'hôpital du quartier, pour y assister à une première réunion pour adolescents dépressifs. Je suis arrivée une heure en retard. Autour d'une longue table rectangulaire étaient assis une douzaine de jeunes, avec un travailleur social à un bout et un psychologue à l'autre. J'ai éprouvé une haine soudaine pour tous ces gens. Les mots me manquent pour dire à quel point je les détestais. Leur visage était jeune. Ils se jetaient des coups d'œil furtifs, étendaient discrètement le bras pour saisir les biscuits aux brisures de chocolat se trouvant sur la table, puis les grignotaient tout en essayant de passer inaperçus. Le psychologue se montrait peu loquace. Lui et le travailleur social posaient toujours la même question: «Comment te sens-tu?» Les jeunes gens se regardaient à la dérobée, les yeux écarquillés, puis se mettaient à rire sottement et à raconter ce qu'ils avaient fait à l'école. L'un d'eux, par exemple, avait été gardé en retenue parce qu'il avait bavardé à voix basse avec un camarade de classe. À la fin, comme le gouvernement leur avait alloué quelques fonds supplémentaires, ils ont passé un quart d'heure à discuter du genre de bouffe qu'ils aimeraient recevoir pendant les réunions.

Lorsque la salle a été vide, j'ai dit au psychologue que je ne pensais pas que ces réunions pouvaient m'aider.

Ce soir, j'ai décidé que je me saoulerais. Je me sens un peu vide; j'ai mal à la tête. Tante Mary revient demain. Il va falloir faire quelque chose. C'est la première fois que je me sens aussi lucide; j'analyse froidement la situation, m'étonnant que des gens puissent croire qu'ils ne possèdent strictement rien.

Ce matin, le travailleur social qui se trouve au bureau du docteur Graham me dit au téléphone: «Je fais passer des entrevues pour un nouveau poste. La personne qui l'obtiendra va s'occuper des familles. Je viens justement de recevoir un gars des services d'urgence. Tu dois le connaître.»

— Vraiment? Je joue avec mon verre, la tête vide, planant un peu.

— Michael.

C'est curieux comme nos chemins n'arrêtent pas de se croiser. Michael a grandement impressionné le travailleur social; il veut quitter les services d'urgence, car il n'aime pas les horaires irréguliers. Le travailleur social doit voir d'autres personnes avant que le comité prenne une décision. Il semblait très satisfait de l'attitude de Michael. Je m'imagine déjà sortant allègrement de l'ascenseur puis entrant dans la salle d'attente pour me retrouver face à face avec M. Cœur Compatissant en personne.

Je suis allée voir l'associé du docteur Hightower — un homme étonnamment maigre qui fait penser à un cintre sur lequel on aurait drapé un col roulé couleur crème et un costume marron en velours côtelé. C'est lui qui remplace le docteur Hightower pendant son absence. Ses cheveux lui tombent sur les épaules, il a les joues creuses et, derrière ses lunettes, ses yeux sont rêveurs. Des yeux qui vous fixent sans jamais ciller. Ce n'est que lorsqu'il sourit — son visage donne alors l'impression de se fendre en deux — qu'il devient plus humain.

Il m'a fait signe de le suivre dans le bureau du docteur Hightower et s'est assis dans le fauteuil de mon psychiatre. Après m'avoir lancé un regard dépourvu de chaleur, il a posé une liasse de papiers sur ses genoux et s'est mis à prendre des notes. Plus il écrivait, plus je parlais rapidement. On aurait dit que nous nous livrions à une sorte de compétition. Au bout de quelques minutes, il a d'ailleurs cessé de lever la tête. Puis, l'opération terminée, il s'est mis à parler avec une extrême lenteur, l'œil toujours aussi impassible. J'ai fini par ne plus y résister; je lui ai demandé pourquoi il parlait si lentement.

— Parce que tu parles trop vite. C'est la seule façon de te faire ralentir.

Franc et direct, avec la douceur du docteur Hightower. Il a relu ses notes à voix haute, me répétant ce que j'avais dit. J'avais l'impression d'écouter les propos d'une jeune fille immature qui se prenait pour le nombril du monde. J'aurais ri si quelqu'un d'autre avait prononcé ces paroles. Lorsque je me suis mise à discourir sur le suicide, ça l'a manifestement contrarié; il était persuadé que j'étais assez égocentrique pour m'ôter la vie.

— D'après ce qu'on m'a dit, tu es une personne qui se fait du souci pour l'humanité, qui est très active politiquement et qui cherche à aider ses semblables, a-t-il lancé en guise de réplique.

J'ai roulé des yeux ahuris. C'est fou ce qu'on peut changer, parfois. Je ne sais plus où en j'en suis. On dirait que tout ce dont je suis capable à présent, c'est de les détester, mes semblables. C'est épuisant de se faire du souci pour les autres. On en sort complètement exténué, vidé de cette colère pourtant justifiée. Et les hommes sont tous des porcs. Tous sans exception, même le docteur Hightower.

Le docteur m'a déclaré que j'étais tout à fait en mesure de me conduire normalement si je le voulais, et que ça ne me ferait pas de tort de m'occuper d'autre chose que de moi-même. Il m'a carrément dit qu'il ne savait pas trop comment Hightower réagirait s'il apprenait qu'une de ses patientes était morte: «Il s'inquiète même quand elles sont malades. Si jamais tu te suicidais, je ne sais pas ce qu'il ferait. Je crois qu'il serait anéanti.»

Essayait-il de me faire comprendre qu'un psychiatre peut se faire du souci pour ses patients? Je ne voulais plus considérer les médecins ou les conseillers ou les travailleurs sociaux comme des êtres humains. Ça me rendait trop vulnérable. Il est plus facile d'aimer une personne qu'on a placée sur un piédestal que de l'aimer telle qu'elle est, ce qui est une torture.

9 MARS

La mort est si près. Elle ne me fait plus peur. Pourquoi me ferait-elle peur? Parfois, je regarde autour de moi en me disant que ce petit monde radieux, avec ses arêtes tranchantes sur lesquelles on peut trop facilement se couper, ses couleurs et ses fragments d'amour vont me manquer terriblement. Mais voilà, je suis prise au piège de ses politiques et de ses règlements. Les choses n'ont pas tourné comme je l'avais espéré, c'est aussi simple que cela. Qu'y a-t-il à ajouter?

Il vaudrait mieux que les rivotril fassent leur office. Sinon les services sociaux vont me juger définitivement inapte à vivre indépendante pour des raisons émotionnelles, et je serai doublement fichue. Je n'avais jamais pensé à cela. Cette fois, je ne peux plus manquer mon coup. C'est maintenant ou jamais. La troisième fois sera-t-elle la bonne?

Aujourd'hui, à la réunion, il était question de déterminer le jour où j'irais m'installer chez Mélanie, et pendant combien de temps. Ils veulent absolument que ce soit pour six mois. Je vais devoir retourner à l'école avant même que les services sociaux commencent à étudier la possibilité de m'accorder mon indépendance. Je suis trop déprimée pour essayer de retrouver cette formidable énergie que l'on a avant et pendant une tentative de suicide — ce terrible jaillissement d'adrénaline qui vous transporte là où personne ne peut plus vous rattraper.

Prism International, le magazine littéraire de l'Université de la Colombie-Britannique, a acheté deux de mes poèmes, *The Quiet Room* et *An Autumn Photograph*! J'ai sorti doucement la lettre de l'enveloppe et je l'ai lue. Je n'en croyais pas mes yeux. Cela faisait deux ans que j'attendais ce moment. Et je voulais me suicider? Qu'est-ce que c'est que cette histoire? Bon Dieu, ce que je peux être bête, des fois! Encore un prix ou une lettre d'acceptation et peut-être que... que quoi?

C'est incroyable. J'imagine que cela veut dire que j'ai du talent, que je pourrais être un écrivain. Il me semble que ce serait un sacrilège d'enterrer tout cela avec moi. Je me dis souvent que j'aimerais me suicider tout en préservant cette partie de moi-même qui a le tempérament et la détermination d'un écrivain. Cette part de moi-même a tant de choses à faire — tant de livres à lire, de choses à écrire.

10 MARS

Michael s'est vu confier le poste au bureau du docteur Graham!

Un travailleur social m'a téléphoné pour me féliciter d'être une des gagnantes du concours organisé par le *Alberta Poetry Yearbook.* Comment l'a-t-il appris?

— C'est Kristin qui me l'a dit. La plupart des gens ici sont au courant. Nous sommes tous très heureux pour toi.

— J'ai appris que Michael a posé sa candidature pour un poste au bureau du docteur Graham, ai-je dit, embarrassée.

— Oui! Et il l'a obtenu! Tu veux lui parler? Il est ici, juste derrière moi, assis à son bureau.

Je les imaginais, tous assis ensemble dans la chaleur du bureau, comme s'ils faisaient partie de la même famille. Ils me manquaient.

La voix de Michael s'est fait entendre à l'autre bout du fil — une voix musicale, un peu changée, fluette. Rien n'est constant... les sentiments comme le reste. Il m'a posé un tas de questions; six mois se sont écoulés depuis notre dernière conversation. Je lui ai dit que tout allait bien — on a tous besoin de faire semblant de temps à autre; ça m'arrive plus souvent qu'à mon tour. Sinon personne n'aurait envie de me parler. En apparence, les choses ne vont pas trop mal; j'ai fait preuve de stabilité, j'ai un professeur qui me donne des cours particuliers, le soir, j'assiste à un cours de création littéraire, j'espère avoir mon appartement et je vais peut-être retourner à l'école. Michael a hâte de commencer à travailler au bureau du docteur Graham (dans deux semaines), où il assumera les fonctions de conseiller familial. «Il est fait pour ça», a déclaré un autre assistant social. Je le vois d'ici: ses mains croisées sur ses genoux, ses beaux yeux verts, son sourire lumineux — que peut-on demander de plus?

11 MARS

Une nouvelle preuve que les hommes sont des porcs. Dans mon cours de création littéraire, il y a un gars qui me

229

donnait l'impression d'être très humain, très sensible. Aujourd'hui, après le cours, une étudiante a proposé de nous déposer chez nous.

La première chose qu'il a dite était: «Vous avez vu cette putain à l'extérieur du campus?»

— Ah oui?

Il était très admiratif et arborait un large sourire enfantin.

— Ouais! Tu l'as vue avec sa minijupe? Elle était super sexy.

Ce que je veux dire, c'est que je m'étais fait des idées extraordinaires sur lui — il avait un tempérament d'artiste, de créateur, il promettait beaucoup —, et que tout s'est écroulé avec ces seules paroles.

Depuis quelque temps, un sens très aigu de l'irréalité des choses se développe en moi — plus rien n'a d'importance; tout manque de substance. Il faut que j'étende le bras et que je touche ce qui m'entoure pour me convaincre que je suis là, que j'existe. Et même dans ce cas, il m'arrive encore d'avoir des doutes. Je prends du recul et je regarde autour de moi; je remarque certains petits détails que je n'avais jamais vus auparavant. Et je me rends compte de leur banalité; quoi de plus banal, par exemple, que la mort. En outre, j'ai souvent l'impression d'avoir vécu quelque chose qui, en réalité, n'a jamais eu lieu; certaines scènes ou visages de mon passé me reviennent alors à l'esprit. C'est comme un parfum évoquant un événement du passé; c'est comme si je retournais sur les lieux d'une époque révolue. On dit que juste avant de mourir nous voyons, en l'espace d'un instant, toute notre vie défiler devant nos yeux. C'est exactement ce qui m'arrive, sauf que c'est au ralenti. Mon univers fluctue continuellement; tout s'éloigne de moi. À quoi servirait-il de se battre? Pourtant, j'espère encore pouvoir écrire quelques petites choses, et faire du bénévolat pour Amnistie Internationale.

12 MARS

Je n'ai jamais autant désiré la mort. Je la désire avec fièvre; j'en éprouve un besoin quasi maladif; je meurs d'envie d'échapper à ce monde, de disparaître! Il m'oppresse de plus en plus, il va m'étouffer. Seigneur, faites que, lorsque je prendrai ces comprimés, ce soit sans rémission. De toute façon, il n'y a pas moyen de s'en sortir. Si tu es trop sensible, tu ne peux pas survivre; si tu manques de sensibilité, tu ne peux pas écrire.

Je crois que je suis devenue hystérique. Vaut-il mieux être hystérique que déprimée? Tout me semble plus coloré, comme lorsque je prends de l'acide; les angles ont disparu, tout s'est arrondi. La vie n'a *aucun* sens. Nous, êtres humains, ne sommes que de pauvres petites créatures insignifiantes qui courent çà et là, cherchant à donner un sens à notre existence, un sens qui nous échappe complètement.

Piégée. Certaines choses me reviennent en mémoire, de vieux souvenirs, des journées particulières, des moments privilégiés. Tout est découpé, comme des briques qu'on rassemble pour former un mur. Il n'y a *rien*. Essaie de comprendre, de voir exactement ce qui t'arrive. Tout est unidimensionnel, transparent. Le plancher peut à peine me soutenir, même quand je m'asseois dessus... Bon Dieu! je n'arrive même plus à écrire! Dans la cuisine, les étagères sont rondes, blanches; elle se gonflent, se courbent. Déformées, couleur pastel. Le four s'élargit; bourré jusqu'à la gueule, il a l'air d'une grosse mama en tablier...

J'ai perdu la tête. Aujourd'hui, j'avais un rendez-vous avec le docteur Graham, mais je n'y suis pas allée, me disant que la thérapie était une perte de temps. Plus je vais voir le docteur Graham, plus je deviens folle; pourquoi ne pas tout simplement laisser tomber? Les psychiatres — plus que quiconque, y compris moi-même — ne font que jeter la confusion dans mon esprit. Je compte trop sur eux et, par conséquent, je m'analyse trop, je me noie dans mes problèmes, je me replie sur moi-même et me détourne du monde extérieur. C'est la raison pour laquelle je ne suis pas allée à mon rendez-vous. Puis, dans l'après-midi, je me suis mise à paniquer, mais, à ce moment-là, il était trop tard, les gens avaient quitté le bureau... ils m'avaient échappé. Tout m'échappe.

Ce soir, je me suis installée sur le canapé pour y dresser la liste des différentes façons de trouver un appartement. C'est devenu une véritable OBSESSION! Ça n'arrête pas. Je m'y prenais avec beaucoup de logique, faisant semblant d'avoir l'argent nécessaire et préparant même un budget. Lorsque des gens ont suggéré qu'acquérir mon indépendance n'était peut-être pas la bonne solution, j'ai répondu: «Eh bien, dans ce cas-là, faites-moi enfermer dans un hôpital psychiatrique pour le restant de mes jours.» Ce n'était pas une boutade, c'était tout ce qu'il y a de plus sérieux. On peut penser que le fait d'avoir mon propre appartement ne va pas éliminer tous mes problèmes, mais moi je suis prête à parier le contraire. Si seulement on me donnait la chance! Pourquoi n'est-ce pas le docteur Graham qui a écrit cette lettre à ma place? Pourquoi fait-il semblant d'être humain, d'être magnanime, pourquoi me donne-t-il de l'espoir sans en peser d'abord toutes les conséquences?

Six mois de thérapie n'ont rien changé à ma relation avec mes parents. Je les ai appelés ce soir. Tandis que je parlais avec mon père, mes jambes sont tout à coup devenues molles comme du coton et je me suis dis: ET SI TOUS LES GENS SUR LA TERRE ÉTAIENT AUSSI POURRIS QUE MES PARENTS? C'est absolument impossible à imaginer. Mais qu'est-ce qui fait que les gens me déplaisent autant? N'y a-t-il personne pour m'expliquer ce qui m'arrive?

Au début, ça ne m'a pas gêné d'entendre ma mère crier, mais à la longue cela m'est devenu franchement insupportable. Mes parents m'ont dit qu'ils paieraient mon loyer à condition que je réussisse en mathématiques, ne sorte pas le soir, étudie d'arrache-pied et obtienne d'excellentes notes dans les autres matières. Je me demande pourquoi je prends tout cela tellement à cœur. Cette maudite sensibilité à fleur de peau! Qu'est-ce qui ne va pas dans ma tête? Qu'est-ce que mes parents ont bien pu me faire? M'ont-ils vraiment fait quelque chose? Ma mère criait, mon père me sermonnait, critiquant ma manière de vivre. Et si c'était pour mon bien? Je n'en peux plus. Ces carrés de mur s'enfoncent en moi, chassant des démons de mon corps. Seigneur, aidez-moi. Emmenez-moi loin d'ici!

14 MARS

Il y a tant d'injustices que je continue à vouloir changer. De quelque côté que je regarde, je vois des gens innocents se faire crucifier parce qu'ils essaient de faire le bien.

Je me vois qui tourne en rond, cherchant à me dissimuler sous une autre personnalité, sous un masque différent. Toujours en mouvement, mais circulaire. Essayant de fuir cette vie et ces horreurs que seuls les plus courageux d'entre nous peuvent affronter et essayer de combattre. On trouvera toujours des pauvres types couchés par terre, sous la pluie battante, dans le quartier des clochards, et les gens continueront à passer devant eux comme si de rien n'était. Au bout d'un certain temps, il faut renoncer, sinon on devient fou.

Il y a des gens qui, une ou deux fois dans leur vie, font des choses merveilleuses et créent pour les autres un peu de liberté, un brin d'espoir. Nous avons chacun notre définition du bonheur. Si on nous obligeait tous, pendant quelque temps, à traîner dans les bas-fonds de l'existence, n'aurions-nous pas une meilleure compréhension de ce qu'est le bonheur?

Je reprends la route vers nulle part, laissant tout derrière moi (c'est devenu une habitude). Le cendrier taché de nicotine repose, solitaire, sur le rebord de la fenêtre. Un seul tee-shirt est suspendu dans la penderie. Des valises et des sacs à dos attendent le matin.

Je veux faire ma part dans ce monde. Je veux me faire une vie à moi — une vie non pas choisie au hasard ou qu'on peut trop facilement troquer pour une autre, mais une vie qui créera quelque chose d'utile et de concret. On ne peut pas se contenter d'avoir des idéaux, il faut aussi apprendre à donner.

Je ne sais pas comment vivre raisonnablement. Je ne sais pas comment éviter d'être blessée par l'événement le plus insignifiant, comment devenir moins vulnérable dans mes relations avec les gens, si ce n'est en fermant et en verrouillant les portes pour m'assurer que personne ne peut pénétrer dans ma tanière. Comment fait-on?

Je veux que les êtres se montrent attentionnés les uns pour les autres, mais j'ignore ce qu'il faut faire pour les changer: j'ai trop de difficultés à leur faire face et à vivre en harmonie.

15 MARS

Les Chinois ont une superstition: pour eux, la grêle est signe de catastrophe. Lorsque que j'ai quitté la maison de tante Mary avec Mélanie, il s'est mis à grêler. Le ciel, obscurci par les nuages, crachait avec malveillance de petites boules de glace sur le pare-brise de la voiture. On aurait dit que les rues étaient criblées de balles, que des piverts frappaient les flaques d'eau à coups répétés.

Je n'ai pas pu dire au revoir à tante Mary. «Ferme la barrière derrière toi», a-t-elle dit en se lovant dans sa coquille. Son silence. J'ai eu un élan de tendresse, ainsi qu'un sentiment de regret et de culpabilité en la quittant. On pourrait dire que je ne cesse de répéter ma fugue initiale. Cette, fois, ce fut particulièrement dur, j'en avais le cœur brisé. Quelle tristesse! J'avais l'impression de quitter un sanctuaire que je ne retrouverais nulle part ailleurs. Un sanctuaire calme et tranquille; un endroit qui m'a appartenu pendant cinq semaines. La maison n'a pas changé depuis mon enfance, malgré quelques taches supplémentaires sur les murs, quelques traces d'encre sur les coussins. Ma chambre est toujours la même, avec ses couvertures rentrées soigneusement sous le matelas. Au chevet du lit, les mêmes animaux en peluche recouverts de plastique. Momifiés.

25 MARS

Le docteur Hightower n'a pas l'air reposé; son visage s'est assombri, ce qui lui donne un air vaguement menaçant. Ses yeux sont toujours brillants, mais ils sont moins lumineux que d'habitude; peut-être ne pleure-t-il plus au-

235

tant qu'avant. Il est enfin revenu, et j'ai survécu à son absence.

Je lui ai demandé, pour la forme, si ses vacances avaient été bonnes. Il m'a répondu qu'il a passé deux semaines à essayer de décompresser et une autre à se dire qu'il allait bientôt devoir reprendre le boulot. «J'ai besoin de vacances», a-t-il conclu. Il a eu un sourire furtif, puis il m'a demandé comment j'allais.

Je connais pratiquement par cœur tous les titres des livres qui garnissent les rayons de sa bibliothèque. Pendant nos entretiens, il m'est plus facile de regarder droit devant moi et de faire semblant de parler dans le vide, ou aux objets qui se trouvent dans mon champ de vision — en l'occurrence les livres de la bibliothèque. Cette dernière est bien sûr remplie de manuels de psychologie, appuyés les uns contre les autres. Lorsque nous discutons d'un point très délicat, je me mets à lire attentivement les titres. Si un jour j'entre dans son bureau et constate que certains livres ont été déplacés, retirés ou remplacés, cela risque de me troubler passablement. Les rayons de la bibliothèque sont autant mon psychiatre que ne l'est le docteur Hightower lui-même. N'est-ce pas à eux que je parle le plus souvent?

Au bout d'un quart d'heure, j'avais envie de filer, ce qui est quand même assez étonnant pour une personne qui dévore chaque minute de sa thérapie, qui s'accroche à l'heure qu'on lui accorde comme si c'était son seul et unique lien avec la vie. Ma tranquillité a disparu le jour où j'ai été submergée par mon amour pour cet homme. C'est si fatiguant d'aimer, et même de se faire du souci pour quelqu'un. C'est pourquoi j'ai éliminé ceux que j'aime de ma vie.

Le docteur Hightower est le dernier. Je me suis mise à lui raconter en gros ce qui s'était passé durant son absence et, pour la centième fois, je l'ai supplié de me donner des antidépressseurs. Cette prescription est absolument justifiée, mais il refuse de me prescrire des médicaments, quelles que soient les circonstances. Il insiste sur le fait que mes états dépressifs ne sont provoqués que par des éléments extérieurs, et qu'il peut me citer au moins douze de ces éléments. Et si l'un d'eux était de nature biologique? N'y a-t-il pas quelque chose que je puisse prendre? Je n'aurais pas la moindre hésitation à prendre des tranquillisants puissants, s'il le fallait; au moins, je me sentirais mieux. Il m'a répliqué qu'un des meilleurs moyens de se suicider était de prendre une dose massive d'antidépresseurs. C'est bon à savoir, mais pour l'instant ce renseignement m'est tout à fait inutile.

J'ai joué le tout pour le tout et lui ai demandé s'il avait déjà perdu un de ses patients. Oui, a-t-il répondu, et cette perte a été très douloureuse. Par la suite, il s'est demandé s'il avait commis une erreur, ou négligé quelque chose; s'il aurait pu, d'une manière ou d'une autre, empêcher la catastrophe. Je savais qu'il disait la vérité, mais ça ne changeait rien. Je ne voulais pas lui faire subir ce genre d'épreuve, pas par compassion, mais parce que ç'aurait été inutile. Ça me paraissait injuste qu'un homme dans sa position ait à se faire autant de souci. Si c'était à recommencer, j'aurais dit non à la thérapie; peut-être aurais-je fini par m'isoler complètement, là où je ne risquais pas de contaminer les autres.

Je lui ai dit que je pensais qu'il était préférable de mettre fin à nos rencontres. Il a exprimé son désaccord et a insisté pour que nous gardions nos prochains rendez-vous, espérant que j'allais m'y présenter. Bien que je me sois obstinée à lui faire valoir les avantages de mettre un terme à la thérapie (après tout, il ne se passe rien; je n'ai plus rien à dire), le docteur revenait sans cesse à la charge, répétant que je devais continuer à venir le voir. Qu'il se montrât si disponible me déconcertait. Comment renoncer à ces mardis? La semaine prochaine, le docteur Graham est censé me procurer d'autres somnifères. Ce serait bien pénible de passer au travers des journées sans béquilles, de renoncer à cette illusion de salut. Mais il faut que le docteur Hightower et moi nous nous détachions l'un de l'autre; il ne faut surtout pas qu'un jour il se mette à penser qu'il aurait dû s'y prendre autrement. La seule façon d'éviter cela est de faire cette coupure, de creuser un fossé entre nous et de devenir entièrement responsable de ma vie. Si je ne le vois plus, il ne se dira jamais qu'il aurait pu me sauver s'il avait fait telle ou telle chose.

Je suis allée au centre zen pour méditer. La tranquillité qui y régnait m'a été d'un grand secours. La salle de séjour, ainsi que la salle à manger, dont les planchers sont couverts d'un tapis brun doré, forment un seul grand espace; l'encens flottait dans l'air.

Six personnes, moi y compris, ont pris part au *zazen* ou méditation assise. Cela comprend vingt-cinq minutes de méditation, cinq minutes de marche, vingt-cinq minutes de méditation, cinq minutes de marche, vingt-cinq minutes de méditation, cinq minutes de chant et de saluts. L'exercice durant lequel il a fallu que je maintienne ma position pendant une demi-heure a été un véritable supplice. Je devais, en gardant les yeux à moitié ouverts, regarder fixement le tapis. Je les fermais souvent, glissant dans une inertie totale, me concentrant sur mes jambes qui, à force de demeurer croisées, étaient devenues douloureuses. J'essayais de fixer mon attention sur le docteur Hightower afin de me libérer de lui, mais son nom était enfoui au plus profond de mon être et ne voulait pas en sortir. Quand je pensais à lui, je ne voyais qu'un type bien, sur qui l'on pouvait compter.

Alors pourquoi cesser de le voir? Le contentement que me procurait cette conviction entrait et sortait avec ma respiration. Le moine avait tamisé les lumières, et la salle baignait dans une lueur dorée. De l'autre côté de la pièce se trouvaient trois individus vêtus de noir, immobiles. Malgré mon malaise, j'ai ouvert prudemment les yeux et les ai examinés.

Nous étions des idéalistes essayant d'unifier le monde; nous pensions qu'en faisant des cercles avec nos mains et nos bras nous pouvions apporter le bonheur et la paix. La robe de l'homme qui marchait derrière moi m'a effleuré les chevilles; je me suis sentie apaisée.

Après le chant, nous nous sommes assis autour d'une petite table japonaise pour la cérémonie du thé. Je me sentais beaucoup plus détendue, plus lucide, bien que rien n'ait encore été résolu. Peut-être la méditation avait-elle enterré les choses encore plus profondément, les occultant complètement. Si tel était le cas, ce n'était peut-être pas si mal.

Le pouvoir d'attraction du docteur Hightower est trop grand pour pouvoir y résister. «Je ne t'abandonnerai pas», m'a-t-il dit. C'était astucieux. «Tu ne peux pas m'empêcher de me faire du souci pour toi.» Il s'inquiète trop du bien-être de ses patients pour dire une chose pareille sans vraiment la penser.

27 MARS

Tout a commencé lorsque j'ai fait du stop. Je me tenais depuis quelques minutes sur le trottoir quand j'ai entendu un petit cri aigu derrière moi, comme un piaillement d'oiseau. «Où vas-tu? Si tu veux, je peux t'accompagner.»

J'ai vu surgir une femme minuscule comme un moineau. Une épaisse chevelure brune aux pointes fourchues lui tombait sur les épaules; elle avait un large sourire et des yeux qui, dans son visage maigre, paraissaient énormes. Ce visage semblait trop menu pour contenir les traits qui le composaient.

Elle se rendait à Mission. J'ai accepté de l'accompagner jusque-là; la nuit, peu épaisse, avait un éclat dur. Le trajet a été très long; nous nous fondions dans les ombres qui longeaient l'autoroute. Elle avait besoin de parler à une étrangère, une personne anonyme, quelqu'un qui absorberait une petite partie de sa douleur. Alors, elle m'a raconté sa vie, parlant sans arrêt jusqu'à notre arrivée à destination.

Lorsque nous nous sommes séparées, j'ai regagné l'autoroute en direction de Vancouver. Une voiture s'est arrêtée, avec un Hindou au volant. Il m'a invitée à monter. Dans la vingtaine, beau, bien bâti; un visage lisse et une moustache bien taillée. Il a commencé par parler de sexe et, lorsque nous sommes arrivés sur l'autouroute principale, il m'avait déjà demandé plusieurs fois de coucher avec lui, proposition à laquelle je m'étais obstinée à répondre par la négative. Il m'a fait remarquer qu'il commençait à se faire tard et que, si je le voulais, je pouvais passer la nuit chez lui, dans la chambre d'ami. Après un moment de réflexion, j'ai accepté son invitation.

K. vivait un cruel dilemme: il voulait s'envoyer en l'air avant d'aller se coucher et je refusais de le sucer, ou même de le masturber. Quel drame affreux! En plus, une de ses petites amies l'attendait chez lui et allait perdre les pédales s'il me ramenait à la maison.

Nous nous sommes penchés sur la question — moi avec amusement, lui avec angoisse — tandis que nous arpentions les alentours de Mission. Le ciel, parsemé d'étoiles, brillait de tous ses feux. Je lui ai conseillé de dire la vérité: il avait pris une auto-stoppeuse et, comme il était très tard, lui avait offert de passer la nuit chez lui. À quoi il a rétorqué que sa petite amie était très possessive et qu'elle le quitterait sûrement. La seule solution possible, selon lui, était de couper la poire en deux et que j'accepte au moins de le masturber.

— Où est le problème? a-t-il ajouté. C'est seulement ta main!

Comment lui expliquer ma répugnance? Comme il avait pris un peu de coke avant de me faire monter dans sa voiture, je lui ai demandé s'il en avait chez lui.

— Bien sûr. Seulement, il faudra attendre, parce qu'il faut d'abord que je me débarrasse de ma petite amie.

Alors, Evelyn la bonne poire, qui finit toujours par faire confiance aux gens parce qu'elle espère recevoir chaleur et compassion, a masturbé le bonhomme et, moins de cinq minutes plus tard, s'est fait larguer près d'une pompe à essence, en pleine brousse.

Avec le temps, on apprend à ne plus se sentir trahie et abandonnée par l'humanité au moindre petit incident. En fait, ce n'est qu'un jeu. Un jeu injuste, sans doute, mais il faut apprendre à accepter les disgrâces, à les évaluer et à passer ensuite son chemin. Sinon, elles nous rongent juqu'à ce que nous soyons incapables de nous relever.

Le caissier ne voulait pas me laisser entrer à l'intérieur de la station. Il m'a montré du doigt le panneau interdisant à toute personne étrangère au service d'entrer après minuit et, mal à l'aise, s'est enfoncé dans les entrailles de son repaire, comme une bête apeurée se réfugie dans sa tanière.

Il y avait un banc au coin de la rue. Je m'y suis assise à cheval et j'ai regardé autour de moi, me reposant quelques instants en essayant d'oublier le froid coupant. L'inextricable réseau de voies publiques tremblait devant moi, comme si les routes avaient oublié où elles menaient.

— T'as raté ton bus?

Un homme avait surgi de l'obscurité. Les néons jetaient une lumière pâle sur un visage haut en couleur. Il me regardait durement, mais avec curiosité.

— Non. Je faisais du stop pour Vancouver, et le type qui m'a prise m'a forcée à le branler puis m'a larguée dans ce bled.

La franchise avec laquelle j'ai donné cette explication m'a laissée pantoise. Toute ma vie était contenue dans cette simple et unique phrase.

L'homme m'a considérée avec une curiosité amusée; il semblait avoir beaucoup apprécié ma réponse.

— Monte, gamine, je peux t'emmener jusqu'à Pitt Meadows. Ce sera toujours mieux que de mourir de froid.

Nous nous sommes installés dans sa voiture et nous sommes engagés dans l'enchevêtrement d'autoroutes. Dans la lumière floue, j'ai remarqué que le type avait des cheveux bruns coupés en brosse, une moustache, des lèvres ourlées et des narines palpitant de manière un peu obscène. Ses traits étaient grossiers, son expression méprisante.

La voiture lapait la lueur grise de l'autoroute. Bâillant de sommeil, j'ai raconté mon histoire au conducteur. Il m'écoutait avec une sorte d'indifférence, poussant de temps en temps un grognement. Au moment où j'allais appuyer ma tête contre la vitre pour dormir, il s'est mis à parler.

— Ouais, moi aussi j'avais des problèmes à ton âge. On me traînait d'un foyer d'accueil à l'autre, et je n'avais pas encore quinze ans que je me droguais et vendais mon corps dans le centre-ville. Alors, t'es dans un foyer d'accueil et t'aime la drogue? On te refile combien par semaine? Dix dollars? Bon, si tu peux te démerder avec dix dollars par semaine, tant mieux pour toi, mais personnellement, je n'ai jamais rencontré personne qui pouvait se contenter de ça. Ça fait que tu dois choisir — ou bien tu fais le trottoir, ou bien tu oublies la drogue et tout le reste et tu retournes à l'école.

«Il y a des filles qui s'imaginent qu'elles sont assises sur une mine d'or. Elle se foutent le doigt dans l'œil jusqu'au coude. Mais elles peuvent TRANSFORMER leur cul en mine d'or. Je suis peut-être brutal, vulgaire, mais au moins je ne me fous pas de ta gueule. J'ai fait le parcours complet, j'ai tout vu, tout vécu. J'ai couché avec un tas de gens dans ma vie — je me suis envoyé des filles à la pelle, j'ai même fait des pipes à des mecs. La question, c'est de savoir si tu peux vraiment supporter ce genre de vie, et pour combien de temps. C'est comme pour n'importe quel autre boulot — on veut être la reine du business, on veut que les types s'amènent et distribuent leur fric. Qui va dire si c'est bien ou mal? Si on veut avoir ce qu'on veut dans la vie, il faut que ça devienne une obsession, tous les moyens sont bons pour y arriver. Et plus tard, lorsqu'on regarde en arrière, on n'a pas honte. C'est des conneries ces histoires de honte et de remords. Tout ce qu'on a fait pour arriver, eh bien, c'est comme l'eau sous le pont, elle passe et on n'y pense plus.

«Ça fait combien de temps que t'es dans la rue — un an? Et t'as pas encore vraiment commencé à faire le trottoir, c'est ça? Tu dois commencer à connaître un peu mieux les mecs, hein, chérie? Sinon, t'apprendras jamais. Alors, tu dis que les types sont différents de ce que t'imaginais? Eh bien, j'ai des nouvelles pour toi, ma petite: tout est différent de ce qu'on imagine. Il y a un tas de trucs à faire pour survivre, car, aussi triste que ça puisse paraître, c'est l'argent qui mène le bal. Chacun prend ce qu'il peut aux autres, tout ce qu'il peut. Au lieu d'avoir un job qui te rapporte quatre dollars de l'heure, tu peux en gagner cinquante, soixante, quatre-vingts pour une baise de vingt minutes — tu vois ce que je veux dire?

«Il faut que tu choisisses, sinon t'es foutue. Tu ne passeras pas au travers avec de la morale, ou en analysant, ou en disséquant, parce que tu vas t'apercevoir, quand tu auras atteint le fond, que ça pue, que c'est dégueulasse, que tu nages en pleine merde. Fous pas tout en l'air. Il faut laisser venir chaque situation, puis négocier. Considère le sexe comme un truc purement physique. C'est rien de plus que ça — un marché, un acte physique accompli pour du fric. C'est pas si terrible, y a même pas de quoi parler de violation de l'intimité. Tu ne peux même pas dire: "Tu m'as touchée, t'es un salaud!" Les gens ont tous des désirs et des besoins. Si tu peux les satisfaire, ton avenir est assuré.

«Attention, je ne te dis pas de courir au centre-ville et de vendre ton cul, je te mentionne simplement les possibilités qui te sont offertes. Tu ferais mieux de ne pas trop attendre avant de te décider. Si tu veux t'instruire en continuant à vivre dans un foyer d'accueil avec dix dollars par semaine, tant mieux pour toi, retourne à l'école pendant six ou sept ans. Mais si tu préfères la drogue et que, comme tu l'as dit, tu veux ton appartement, si tu veux tout ça le plus vite possible, alors il ne te reste plus qu'à faire le trottoir.

«Chaque fois que j'en ai envie, je descends en ville et je me paie une fille. Je ne suis pas un saint et je n'ai jamais prétendu l'être. Je vends de la coke. Tout marche comme sur des roulettes. Je ne tombe pas en amour, je ne m'engage jamais à fond dans mes relations. J'ai déjà été amoureux, ça fait trop mal. On souffre beaucoup trop et on en sort toujours perdant. Quand je baise avec une prostituée, je baise avec une illusion. Pas question de me laisser aller sur le plan émotif.

«T'es encore jeune, t'as toute la vie devant toi. Il y a autre chose que le sexe dans la vie. J'en ai jamais voulu aux michetons qui me baisaient quand j'étais gosse; c'est grâce à eux que je suis arrivé où j'en suis aujourd'hui. Certains d'entre eux ont continué à venir me voir; on passe plus de temps à bavarder qu'à baiser. J'ai commencé à les considérer comme des êtres humains. Mais il a fallu d'abord que je les traite en objets — c'est toujours dans ce sens-là que ça marche.

«Tous ceux auxquels je m'identifie sont des gens de la rue. Je ne veux pas connaître les autres. Les gens qui se conduisent soi-disant bien se cachent derrière des valeurs fausses. Ça me dégoûte; j'ai pas le temps de jouer à ces jeux-là. Pour moi, c'est dans la rue que ça se passe; c'est là que je comprends les gens et c'est là qu'ils me comprennent; on y trouve ce qu'on cherche et puis on s'en va chacun de son côté. Aujourd'hui, je suis content. J'ai tout ce que je veux. Mais pour en arriver où j'en suis, j'ai dû vivre un véritable enfer. Pour trouver le bonheur, il faut d'abord enculer le diable.»

Le type m'a donné un petit coup de coude pour me signaler que nous approchions de Vancouver. Trois heures du matin, la circulation était quasi nulle. Je suis sortie de la voiture, les paroles de l'homme très présentes à mon esprit. C'était la première fois que quelqu'un me parlait avec autant de franchise et de spontanéité; il avait vraiment les pieds sur terre. Je suis restée là, les yeux rivés au sol. À travers la lumière qui se mêlait à l'obscurité, le visage de l'homme semblait dégager une sorte de chaleur.

— Vous allez où, maintenant? lui ai-je demandé.

Il a haussé les épaules. «Je vais peut-être me promener un peu, puis j'irai au centre-ville pour me dégoter une fille.» Sourire désabusé. «Bon, assez parlé avec un vieux pervers. Si tu ne t'en vas pas, je pourrais te faire des trucs que tu n'apprécierais peut-être pas beaucoup.

Sur ce, il m'a laissée en rade sur l'autoroute transcanadienne.

Il m'avait tout expliqué et j'avais compris. Cela faisait trop longtemps que je pataugeais, remettant mes décisions à plus tard, me sauvant tantôt ici, tantôt là, espérant naïvement que les choses allaient s'arranger. Mais rien ne pouvait s'arranger.

Il faisait très noir; le ciel et la terre se fondaient l'un dans l'autre. Je me suis mise à marcher, puis à attendre. Les paroles de l'homme restaient omniprésentes. Il avait raison. Il fallait que je prenne une décision, basée sur mes capacités.

L'homme qui s'est arrêté avait peut-être soixante-dix ans. Son corps était tout rabougri et son visage, qui ressemblait à du mastic, donnait l'impression d'avoir été trop longtemps exposé au soleil. Il était saoul. La voiture glissait sur la route. Lorsque nous sommes arrivés à Vancouver, nous avons conclu un marché.

Il a appuyé sur un bouton pour incliner son siège et a baissé la fermeture éclair de son pantalon. «C'est bon.... c'est bon...», murmurait-il tandis que le masturbais. J'ai souri, le regardant dans les yeux, consciente de le satisfaire pleinement. C'était purement physique: ma main et son pénis; il ne volait pas mon âme. J'avais toujours craint de me perdre en me livrant à ce genre d'activité, mais ce n'était pas le cas. Et même si c'était le cas, ça ne changeait rien, car les choses ne pouvaient pas aller plus mal. Personne ne pouvait me punir autant que je m'étais déjà punie moi-même.

Il a saisi ma tête et a rapproché mon visage de son sexe. Comme il était vieux, saoul et aussi désarmé qu'un enfant, je n'ai pas résisté. Sa peau était aussi douce que celle d'un bébé. En l'espace de cinq minutes, j'avais gagné vingt dollars. Lorsqu'il a lâché son sperme, je me suis essuyée la main sur le siège de la voiture.

5 AVRIL

Chaque mouvement est comme un tremblement de terre. Je traverse une période de hauts et de bas. Les bas m'enfoncent loin de la surface. Un rendez-vous avec la mort. Ce n'est pas un crime de planer, puis de redescendre; c'est être pris entre les deux extrêmes, là où il ne se passe rien, qui est difficile.

J'ai passé quelques semaines à terminer deux nouvelles pour un concours organisé par le Conseil des arts de Burnaby pour les écoles secondaires de la région. Le film de ma vie se joue au ralenti. Ça me prend toute une journée pour lécher le dos d'un timbre et le coller sur une enveloppe, une autre pour me rendre compte que le gouvernement a majoré le coût des timbres de deux cents, deux pour acheter le timbre. Et pratiquement tout un week-end pour trouver une boîte aux lettres.

Chaque mouvement est un événement, une avalanche. Ma tête est comme un sac rempli de pierres. Pourquoi serais-je déçue de ne pas recevoir de courrier quand cela me prend autant de temps pour me préparer mentalement à écrire une lettre que pour passer un examen?

Ce que j'écris n'est sûrement pas très passionnant. Mais il y a beaucoup de gens qui naissent et meurent sur cette terre sans avoir rien fait de bien remarquable. J'en rencontre tous les jours dans la rue; ils cherchent tous quelque chose, quelque chose qui modifiera le cours de leur existence. Assez de gribouillage pour aujourd'hui. Je vais me rouler un joint.

10 AVRIL

Une de ces journées où je suis en amour avec tout le monde, même avec la vie, ou presque. C'est dangereux — chaque fois que j'ai fait confiance à quelqu'un, je me suis fait rouler. Peut-être mes espérances sont-elles trop grandes. Je fréquente peut-être les mauvaises personnes, celles qui n'ont pas le sens des valeurs. Mais où pourrais-je me placer sans faire trop d'histoires? Devrais-je retourner à l'école, rire sottement dans les toilettes en vérifiant si mes cheveux sont bien en place, parler à voix basse, d'un air extasié, de vêtements, de garçons et de sexe? Dois-je me replonger dans la politique, brandir des bannières rouges dans la rue, scander d'obscurs slogans marxistes?

Hier soir, je suis arrivée droguée au centre de méditation zen. Complètement hébétée, je me suis mise à sourire à mon ami Roy, qui m'y avait précédée. Je planais toujours au moment de la première méditation assise; le temps s'étirait, m'absorbait. Quand nous nous sommes mis à méditer en marchant, je ne pouvais plus me contenir, secouée par de petits rires irrépressibles. Je clopinais d'un bout à l'autre de la salle, foutant en l'air l'atmosphère sacrée.

À la fin de la séance, j'étais plutôt déprimée et j'aurais pris mes jambes à mon cou si je m'étais rendu compte tout de suite qu'il y avait quatre hommes assis autour de la table et que j'étais la seule femme parmi eux. J'étais une rivière silencieuse sur laquelle flottait des grains de sable. J'avais retrouvé mon calme, mes pensées étaient profondes. Nous avons engagé une discussion sur le sexe; un des hommes se demandait pourquoi les femmes avaient le droit de méditer avec les hommes, ou de devenir moines, puisqu'elles étaient cause de distraction. D'un ton indigné, j'ai répliqué que le but principal de la méditation était de créer l'harmonie, non pas de diviser les hommes et les femmes. Roy, élevant la voix, a déclaré que l'homme qui venait de parler n'essayait pas de rabaisser les femmes.

Après le thé, j'ai quitté le centre zen à toute vitesse, descendant les escaliers quatre à quatre. J'étais complètement vidée, j'avais l'impression que j'allais m'écrouler sur le trottoir. Roy me suivait, l'air faussement inquiet. Il m'a rejointe et s'est excusé d'avoir élevé le ton lorsqu'il essayait de me faire comprendre que j'avais mal interprété les propos de l'homme sur les femmes. Il m'accordait que ce dernier s'était montré plutôt agressif. Il était également d'accord pour dire que toute pulsion sexuelle qui se manifeste pendant les séances de méditation devrait être acceptée plutôt que refoulée. Puis il a ajouté que, pendant le *zazen,* il avait été pris d'une soudaine envie de moi, mais qu'il avait décidé de passer outre.

Je me sentais vaguement triomphante à l'idée de lui plaire, mais j'étais un peu perplexe. Roy me rappelait Michael, ce qui faisait surgir pas mal de réflexions: Michael, tu es un travailleur social, tu n'es pas censé éprouver de sentiments pour moi... Peut-être Michael en a-t-il pris un peu trop pour son grade dans cette histoire, tout ça parce qu'il est censé être surhumain, bien au-dessus d'une chose aussi honteuse que le sexe.

On a bu quelques verres dans un bar du centre-ville; des vagues d'amour et de désir me submergeaient, mais ce désir et cet amour ne devaient-ils pas être réservés à un être irréprochable, un être capable de sauver le monde? Au moins Roy n'était pas immoral — il disait que, même si je l'attirais physiquement, il ne me ferait jamais d'avances à moins que je ne l'encourage. Et même dans un tel cas, il essaierait de refuser, mais en serait probablement incapable...

La salle s'est mise à tourner autour de moi. Les joues de mon interlocuteur ont pris une teinte rouge foncé. «Tu sais quoi? a-t-il dit soudain, tu me plais.»

Vers une heure et demie du matin, nous avons quitté le bar et sommes retournés à pied jusqu'à la rue Granville, abrités sous un parapluie. Je me sentais toute réchauffée, aimée, enthousiaste. Roy se tenait près de moi; je l'acceptais tel qu'il était, tel qu'il pouvait être.

J'ai pris l'autobus jusqu'à Broadway. Comme je n'avais presque pas d'argent, même pas assez pour m'acheter des cigarettes, j'ai décidé de trouver un client — que pouvait faire une gamine dans de telles circonstances, sinon voler, vendre de la drogue ou faire une passe? J'ai fait du stop sous la pluie. La pluie, dans cette nuit, était d'une tristesse indicible. Deux types m'ont prise en voiture et m'ont amenée chez eux, à Kitsilano. On a bu et fumé du pot. Je me suis défoncée. Le salon ne cessait de tourner autour de moi.

J'avais oublié que je devais travailler. Il était trois heures du matin. J'ai montré à M., le plus jeune, une de mes nouvelles que je traîne toujours dans mon sac; il l'a lue, s'est tourné vers moi et a dit: «C'est GÉNIAL!» avec un accent vraiment sincère. Fantastique! Les deux gars voulaient baiser. Mais ils m'ont respectée, surtout M. Tout s'est bien passé.

19 AVRIL

Chez Mélanie. Le feu brûle dans le foyer, les flammes vacillent, crépitent. Je lui parle de mes parents — les querelles, les coups, la vie à la maison. Je pense à Michael et à ceux qui ont essayé de m'aider et qui ont cherché en vain un hématome ou une cicatrice à montrer du doigt en disant: «Regardez un peu ce qu'ils lui ont fait! Sauvez-la.» Non, ça se passait d'une manière beaucoup plus insidieuse. Mes parents criaient après moi et me frappaient quand je pleurais. Ma mère refusait absolument de croire une seule minute que je n'avais plus de devoirs à faire, plus de leçons à étudier, plus de travaux ménagers à accomplir. Jamais, jamais de répit. Si, au bout de cinq heures, j'avais fini tous mes devoirs, il fallait que j'étudie encore deux heures pour un examen qui n'existait que dans son imagination. Après cela, je devais passer une heure à faire des gammes. Et s'il n'était pas l'heure de me coucher, eh bien, il y avait toujours le plancher de la cuisine à balayer et à laver, la vaisselle à faire, les tapis à nettoyer...

Le feu s'éteint tout doucement. Mélanie va se coucher. J'avale péniblement un somnifère, qui finit par me tomber sur l'estomac. La réalité s'avance.

21 AVRIL

Lundi soir sur Broadway. J'observe le va-et-vient des voitures. À la fin de leur journée de travail, certains hommes se cherchent un petit morceau de chair avant de rentrer à la maison, sans réaliser qu'ils prennent parfois toute la personne.

Le type a trente ans et conduit une camionnette. Il a un beau visage de gosse, une moustache, des boucles brunes et le sourire facile. On bavarde. Il me trouve à son goût. Je sais qu'il va être doux, flatteur.

C'est parti. Il y a même un matelas au fond de la camionnette. Il enlève son jean, s'étend sur le lit et attend.

J'essaie de rire pour chasser la tension qui monte. Je place ma bouche sur son pénis, le suce et le sens durcir.

Non, je ne vomirai pas.

Il pose sa bouche sur la mienne, m'explore avec sa langue, arrache mes vêtements. Sa queue sonde le fond de ma gorge; j'arrive à me maîtriser, à contenir ma nausée. Léchant, suçant, caressant ses couilles, léchant ses couilles, tenant sa queue et l'enfonçant dans ma bouche.

«Tu es belle, ne cesse-t-il de répéter. Tu devrais devenir mannequin. Ou danseuse.» Je ne peux m'empêcher de rire; je me demande où il a vu ça.

C'est une épreuve d'endurance — combien de temps Evelyn tiendra-t-elle avant de dégueuler? Je m'imagine que je suis au cours d'éducation physique en train de faire des redressements assis. Allez, vas-y! Continue! Encore un peu, le chronomètre va bientôt sonner, tu vas bientôt pouvoir t'affaisser contre le mur, haletante, puis tu recevras une bonne note pour ta performance.

C'est fini. Il a lâché sa purée sur son ventre. Il me serre très fort dans ses bras; j'aime quand quelqu'un me serre dans ses bras. On se traîne à tâtons vers l'avant de la camionnette; on fume un joint. Il sort un vieux portefeuille abîmé et me montre des photos de famille — le jeune fils de sa femme, issu d'un mariage précédent, et leur petite fille qui, comme son père, a une fossette au menton et de jolies petites boucles. La mère, une belle femme vêtue d'un tailleur, tient la petite fille dans ses bras tout en souriant à la caméra. Il fut un temps où elle aimait baiser «après le boulot, avant le souper, après le souper et avant d'aller se coucher. Maintenant, c'est une fois par semaine, le dimanche, et encore, c'est parce qu'il faut bien. Ça fait dix ans qu'on est mariés. Crois-moi, le mariage n'est pas aussi épatant qu'on le dit.»

Il me dépose en face du journal pour jeunes. C'est Tommy qui m'ouvre la porte. J'atterris en pleine réunion. Arborant un large sourire, mon ami me serre dans ses bras, tout content de me voir. Je m'accroche à lui, à ce corps débordant d'amour et de virilité. Il relâche son étreinte, mais retient mes mains dans les siennes. Je voudrais que cet instant dure toujours. Au bord des larmes, je saisis ses poignets. «Tommy, je viens de faire une passe. Je déteste ça. Je t'en prie, serre-moi dans tes bras.» Consterné, il s'éloigne de moi et se précipite à la cuisine pour répondre au téléphone. Don et les autres me regardent; ils ont l'air d'attendre quelque chose. Tommy n'est plus là. Tristement, je me rends compte que je n'ai pas le droit de lui raconter ce genre de truc ou de lui demander de me réconforter.

22 AVRIL

J'arpente lentement le trottoir. Un homme au volant d'une Cadillac bleue se penche et me regarde marcher. Reviendra-t-il? J'arrive au coin de la rue et attends. Il revient et baisse la vitre de la voiture.

— Salut.

— Salut. Tu travailles?

Je lui souris dans l'obscurité. Et pour la première fois, au lieu de sauter dans la bagnole et de laisser le mec prendre l'initative, je me penche et dis: «Tu veux te faire tailler une pipe, mon chou?»

Evelyn!

J'entre dans la voiture. Le type est Québécois. Il habite Montréal. J'engage une conversation sérieuse, la seule façon pour moi d'éviter d'être blessée. Autrefois, il vendait et consommait des stupéfiants, et puis, un beau jour, il a cessé de se droguer, de boire et même de fumer. Le sexe est sa seule dépendance. Nous commençons à parler des prostituées et des dangers qu'elles courent en faisant le trottoir; il dit qu'il respecte trop les femmes pour leur vouloir du mal. Quand il descend en ville, il ne ramasse que des Amérindiennes parce qu'elles ont souvent besoin d'argent pour autre chose que de la cocaïne. Il fantasme souvent sur les Orientales; c'est pour ça qu'il m'a ramassée. Il ne drague que pour être sucé. Ses petites amies refusent de le faire.

Il a insisté pour qu'on trouve un endroit tranquille et romantique, alors on est allés aux alentours de Jericho Beach. L'heure de mon couvre-feu était passée depuis quelques minutes; je me sentais détendue et moins timide. C'est peut-être vrai que ça devient chaque fois plus facile.

Tout s'est bien passé; le type ne m'a même pas touchée. Il m'a dit calmement comment il désirait être sucé, et je me suis pliée à ses désirs. Il n'était pas exigeant. J'ai fait ce qu'il fallait pour le satisfaire, puis il m'a tendu des serviettes en papier pour que je m'essuie les mains. Ensuite, il m'a ramenée chez moi.

C'était bien. Il va essayer de me retrouver sur Broadway. Une partie de moi est si entêtée et si dégoûtée que j'ai difficilement trouvé le sommeil. Puis j'ai fini par sombrer dans des rêves peuplés de pénis attendant d'être sucés.

24 AVRIL

Le soir, à l'intersection de la rue principale et de Hastings, quelques minutes avant la séance de méditation au centre zen. Je regarde autour de moi dans l'espoir de trouver une âme charitable, mais personne ne se doute de mon désespoir, de ma détresse. Un gros homme d'un certain âge me fait monter dans sa Cadillac. Il porte une montre en or et une ceinture. J'exige trente dollars pour une pipe. Il me rit au nez.

— Je peux me faire sucer pour dix dollars dans ce quartier.

Je frémis à la pensée de ces filles de l'est de la ville, pour la plupart des Amérindiennes, qui font des passes pour une misère, se contentant souvent de ce que leur client veut bien leur donner. Dissimulant mon dégoût, j'essaie de parlementer avec le type, de le persuader, mais il est grossier. Finalement, je lui dis de me laisser sortir.

Mais il est excité et accepte de me donner plus si je le laisse enfoncer ses doigts poilus dans mon vagin. J'ai déjà dit non.

— Mes mains sont propres, dit-il. Regarde! Tu vois? Merde, tu es censée vendre de l'amour, pas de la haine!

Je ris amèrement.

— Non, lui dis-je. Je ne vends pas d'amour. L'amour ne peut être ni acheté ni vendu — comment peux-tu dire des choses pareilles? Tu ne comprends rien.

Evelyn.

Ça le dépasse complètement. Finalement, il me laisse sortir. «Fous le camp!» dit-il avec colère.

Méditation zen. La voix du moine retentit dans ma tête. Les larmes coulent sur mes joues. Je ne peux me défaire de cette tristesse qui m'accable. Tous regroupés dans une pièce, chacun de nous médite — mais séparément. Comment peuvent-ils savoir ce qui se passe dans ma vie, comment peuvent-ils partager mes misères? Ou même les comprendre? Je m'aperçois, en les regardant, que c'est trop exiger que de leur demander de l'aide, même à un seul d'entre eux.

Plus tard, je rencontre Roy, mon ami du centre de méditation, sur Commercial Drive. Nous allons prendre un café pour bavarder. Lorsque je lui apprends que je suis devenue une prostituée, il hausse les épaules avec indifférence, me disant que j'ai tort de me croire supérieure à mes clients.

— Tu n'es pas mieux qu'eux. Personne ne te demande de faire le trottoir; c'est ton choix. Tu procures un service à ces hommes. Personne ne t'y oblige, Evelyn. Tu vends ton corps; ils l'achètent. Ce sont les deux côtés de la même médaille.

Il retire une pièce de cinq cents de sa poche et la fait virevolter dans les airs.

Toutes les cellules de mon cerveau s'efforcent d'ignorer ou de nier ce que dit Roy; toutefois, elles finissent par admettre qu'il a raison. Jusqu'à présent, cette vérité ne m'était jamais apparue; je m'étais toujours dit que les hommes n'étaient que des créatures dégoûtantes, malfaisantes, dont le seul but était de faire du mal aux femmes, et surtout aux prostituées. Mais à présent que je fais le trottoir, et pas pour subvenir à des besoins essentiels, comment puis-je prétendre être toujours aussi pure?

Je me suis rendu compte que je n'étais qu'une ordure. Une salope.

Entendre que je ne vaux pas mieux que les hommes qui me ramassent dans la rue m'a profondément blessée. Mon orgueil en a pris un coup.

Voulant échapper à la tentation d'aller lever un client sur Broadway — une drogue dont je ne peux plus me passer —, j'ai supplié Roy de me laisser passer quelques jours chez lui. Les choses n'ont jamais été aussi compliquées.

* * *

Monter les escaliers quatre à quatre après une autre nuit de travail. Donner de grands coups dans la porte, enlever mes chaussures d'un coup de pied, entrer bruyamment dans ma chambre. Et Mélanie qui crie: «ARRÊTE!» Il y a quelque chose en moi qui se dessèche, qui meurt en poussant des cris qui se répercutent comme un écho. Que ça s'arrête, je vous en supplie, que ça s'arrête. À l'aide!

Émerger d'un sommeil provoqué par les somnifères, de rêves où je vois des visages d'hommes de physionomie et de nationalité différentes passer devant moi à la file indienne. Certains d'entre eux se détachent du rang et me font signe de les suivre. J'obéis.

Je passe devant une jeune prostituée qui arpente le trottoir. Elle est vêtue de blanc, dégage une forte odeur de parfum. Je me demande comment elle fait pour continuer à vivre comme ça. Les hommes la regardent, l'examinent avec convoitise. Je vais m'installer dans un bar où, tout en fumant, j'observe le va-et-vient des vendeurs de drogue — on vend du LSD et, bien sûr, du hasch. «Hasch?» demandent à voix basse les vendeurs aux gens qui défilent dans la rue; parfois on croit entendre «chut» au lieu de «hasch». Chut! le monde, arrêtez tout cela! Arrêtez! J'observe les tractations, les combines.

* * *

C'est durant les après-midi ensoleillés que les pires choses arrivent sur Broadway. Des femmes aux longues jambes et à talons aiguilles arpentent le trottoir. Les hommes se rincent l'œil. J'attends depuis déjà un bon moment. Je me sens de plus en plus frustrée; mes pensées, mes sentiments frappent les barreaux de la prison qu'est mon corps, se démenant pour briser leurs chaînes. Je n'en peux plus, et pourtant je ne quitte pas mon bout de trottoir.

Une camionnette gris bleu s'arrête. Je n'arrive pas à voir le conducteur, car la vitre cassée du côté du passager est recouverte de plastique. J'ouvre la porte. L'homme au volant ressemble à Michael. La ressemblance est vraiment étonnante — l'expression du visage, la gentillesse, le désir d'aider, la propreté. Je le regarde fixement, un peu irritée d'être restée en carafe si longtemps et de n'avoir pas encore gagné un sou.

— Tu veux que je te dépose quelque part? Rue Granville?

Je suis fascinée par la beauté de son visage. Puis une proposition jaillit de ma bouche quasiment malgré moi.

— Ça te dit de te faire sucer, cet après-midi?

— Quoi?

Il ne m'a pas entendue. Une seconde chance m'était donnée.

— Je peux te déposer rue Granville.

— Tu veux te faire sucer?

Mon Dieu! Ma langue, une fois de plus, n'en a fait qu'à sa tête tandis que je continue à le fixer, espérant que mes yeux lui communiquent quelque chose de mieux que les paroles vulgaires, ignobles, qui s'obstinent à sortir de ma bouche. Je m'enfonce de plus en plus dans l'abjection.

Il vient de comprendre. Contrairement à la plupart des hommes qui s'arrêtent, il n'a pas d'hésitation; il ne se pose aucune question du genre: Est-ce-qu'elle-demande-trop-cher? ou Va-t-elle-me-faire-ce-dont-j'ai-envie? Je le regarde en silence. Puis il répond: «Non, merci.»

Le regard qu'il porte sur moi change tandis qu'il prononce ces deux mots. Je ne lis dans ses yeux aucun désir de juger, de condamner, d'ironiser. Il m'observe avec douceur — comme si j'étais toujours un être humain.

Au bord du désespoir, j'essaie de prendre un air dégoûté et je m'entends lui répondre: «Eh bien, salut!» Puis je claque la portière.

Il démarre.

Une marée de larmes veut jaillir de mes yeux, là, sur la rue Broadway. J'ai envie de mourir. Je n'ai plus aucune raison de vivre; je n'arrive plus à me passer de la prostitution.

Un type dans la trentaine, en costume, me ramasse. Il travaille dans les ordinateurs. Il n'a que dix dollars en poche. Je me souviens de ma réaction, hier — un mélange de compassion et d'horreur —, lorsque l'homme qui m'a ramenée à Vancouver m'a dit qu'il y a des filles dans l'est de la ville qui sucent leurs clients pour dix dollars. Tandis que nous roulons, je m'entends néanmoins accepter la proposition du type.

Nous descendons dans un terrain de stationnement souterrain. L'homme sort son pénis; je commence à le sucer. Il enfonce ses doigts — brutalement et profondément — dans mon anus. Puis, moins d'une minute après, il balance sa sauce. Un instant plus tard, il s'exclame: «Je viens» (je ne comprends plus rien!) et attire mon visage contre son pénis. Je redresse brusquement la tête; il pousse un cri de colère et d'impuissance et, saisissant sa queue avec ses mains, il éjacule, éclaboussant ses sous-vêtements et son pantalon.

Il est furieux. Blottie dans un coin de mon siège, je m'assure que l'argent est toujours dans mon soutien-gorge et que le couteau caché dans mon sac est à portée de ma main. J'ai peur qu'il me frappe. Lorsqu'il a fini de s'essuyer, il dit, d'une voix implacable: «Je te prie de sortir immédiatement de ma voiture.» Je détale.

Que m'arrive-t-il? Je deviens complètement dingue. Je n'ai pourtant pas désespérément besoin d'argent! En plus, je déteste la façon dont je gagne ce fric. Il faut me croire, il n'y a rien de pire que la prostitution. C'est un véritable enfer; c'est tellement humiliant qu'on finit par ne plus se considérer comme un être humain.

26 AVRIL

Samedi matin. Marche annuelle pour la paix. Je me réveille tôt, mais pas pour me joindre aux légions de marcheurs.

Sur Broadway, le soleil brille. La circulation est dense. La majorité des voitures sont bourrées d'hommes, de femmes, d'enfants. Les autobus sont remplis de manifestants. Des amis m'ont téléphoné, il y a quelques jours, pour savoir si je voulais les aider à organiser une manifestation de jeunes afin d'attirer l'attention sur le fait que la jeunesse est sous-représentée dans le défilé. Selon eux, les organisateurs font preuve d'apathie, et il y a des problèmes plus urgents à régler, comme le sexisme, le racisme. Je suis tout à fait d'accord. Le problème, c'est que je me sens beaucoup moins à l'aise qu'auparavant avec les gens qui s'intéressent activement à la politique. Ma place est sur la rue Broadway bien plus que dans une marche pour la paix.

La lumière du jour, éblouissante, me donne mal au cœur. Les affaires stagnent ici. Je me dirige vers l'est, à la recherche d'un client sans prétention. Les rues sont gorgées de gens qui vont magasiner dans le quartier chinois. Tout ce monde, toutes ces voitures... Je me sens perdue.

J'ai l'impression que ma tête est bourrée de coton; au bout de quelque temps, je décide de rentrer chez moi. Rester debout aussi longtemps est incroyablement épuisant. Les problèmes liés à la prostitution me paraissent énormes;

je suis continuellement assaillie par toutes sortes de pensées; il ne me reste plus de temps ni d'énergie pour faire autre chose. J'ai même des difficultés à tenir ce journal.

Je rentre chez moi et me repose un moment, ordonnant au ciel de s'assombrir, aux marcheurs pour la paix de retourner à leur vie stagnante, aux badauds de rentrer chez eux pour se mettre à table. C'est bientôt samedi soir. Je commence à m'habiller et, pour la première fois, je décide de me vêtir comme une prostituée.

J'ai augmenté le volume de la radio pour mettre un peu d'ambiance. Je m'asperge de parfum, enfile des collants violets et un pull sans manches que je noue autour de mes hanches. La fille qui habite chez Mélanie me regarde, bouche bée. Puis elle me donne une paire de chaussures blanches à talons hauts qui sont trop petites pour elle. Je me coiffe et me maquille fiévreusement. L'opération terminée, je saisis mon sac à main et pénètre dans le salon d'un pas mal assuré.

Mélanie n'en croit pas ses yeux, mais elle me donne le bénéfice du doute.

— Ce sont tes vêtements?

— Oui, excepté les chaussures. C'est l'autre fille qui me les a données.

— C'est la première fois que je te vois habillée comme ça. C'est pour une fête?

— Non.

— Je n'ose pas la regarder en face. Elle sait que je vais faire le trottoir.

— Tu n'es plus la même personne.

Je sors de la maison d'un pas décidé et m'enfonce dans la nuit. Je me sens vulnérable, bien que séduisante. Je ne sais plus où j'en suis; il règne une telle confusion dans mon esprit que j'en arrive à me faire croire qu'au fond tout va bien, que je n'ai aucun problème.

Il se produit quelque chose de très curieux lorsque l'autobus arrive. En le voyant s'arrêter, je me demande si le chauffeur, en voyant que je suis une prostituée, va me laisser monter. C'est l'humiliation totale. Les passagers me dévisagent tandis que je me dirige vers l'arrière; il n'y a plus aucun siège de libre, excepté celui à côté du mien. Mais les gens qui montent dans l'autobus font comme s'ils ne le voyaient pas. La personne qui finit par s'y asseoir — un homme — hésite d'abord, puis il s'approche et s'assied. Je le sens qui frissonne. J'ai envie de le serrer dans mes bras et de le consoler, de chasser le froid qui s'est emparé de lui. Deux garçons sautent dans l'autobus et se tiennent à la poignée du dossier de mon siège. À ma grande horreur, j'entends l'un d'eux déclarer: «Non, c'est pas une pute.» L'autre, riant d'un air entendu, ajoute: «Mais si, c'en est une!» Je me retourne. Les deux gamins me regardent fixement.

* * *

Tard dans la soirée, je regagne Broadway et me dirige vers l'arrêt d'autobus le plus proche. Je suis trop saoule pour continuer à travailler. J'ai à peine fait trois pas que le conducteur d'une camionnette métallisée — un vieil homme plutôt moche — s'arrête devant moi et me demande si je suis libre. Je monte. Au bout de quelques minutes, je n'en peux plus: la mauvaise suspension de la camionnette me donne le tournis. Je lui dis de me laisser descendre. Je suis comme une poutre surnageant après un naufrage, ballotée par une mer déchaînée.

«Non, non», dit-il d'une voix geignarde tandis que je sors en chancelant de la voiture. Nous sommes à proximité des rues Broadway et Fraser. Je fais quelques pas en titubant dans la demi-obscurité. Deux hommes passent devant moi, me regardent. «T'en fais pas, bébé, tu vas survivre», me dit l'un d'eux d'une voix bienveillante.

Sur le trottoir, une margelle longe la devanture d'un magasin. Je me demande si je vais pouvoir l'enjamber pour m'y asseoir. J'y arrive tant bien que mal. Puis je pose ma tête sur mes genoux tremblants et me mets à pleurer.

Rien de romantique dans cette effusion de larmes. Je pleure parce que je suis saoule et que je me sens mal. Il y a trop de femmes qui traînent dans la rue, des femmes que je ne peux pas aider. Il y a trop d'hommes qui me prennent pour une prostituée et, ce qui est incroyable, c'est que *je suis* une prostituée. Un homme d'une quarantaine d'années s'avance vers moi. Taille moyenne, manteau de cuir noir. Il s'appelle Hank. Je m'attends à ce qu'il me fasse des avances, mais, à ma grande surprise, il passe son bras autour de mes épaules et me demande ce qui ne va pas. Il dit qu'il va m'aider, que je ne devrais pas travailler, que tout va finir par s'arranger. La voix pleine de larmes, je lui murmure qu'il ne faut pas qu'il me considère comme une prostituée, qu'il y a des tas de jeunes dans ma situation et que c'est à moi et non à lui de les aider. Mon émotion est si intense que je ne trouve pas les mots pour m'exprimer. Je voudrais tellement qu'il comprenne que, même saoule et submergée par la honte, je suis encore très forte et capable d'aider les autres.

Hank me quitte pendant quelques minutes, vraisemblablement pour appeler un taxi. Il a demandé à un passant de rester près de moi. C'est alors que j'entends un cri. C'est le vieil homme qui a ouvert la portière de sa camionnette et brandit des billets en gueulant: «Regarde, j'ai de l'argent! Regarde, j'ai de l'argent!» La situation est pour le moins absurde. «Écoute, lui dis-je, il y a d'autres filles qui travaillent au coin de la rue. Va t'en chercher une.» Je suis horrifiée par ces paroles.

Hank revient, passe son bras autour de mes épaules et m'amène, chancelante, de l'autre côté de la rue. Je n'ai pas cessé de pleurer. Un taxi nous attend. Hank me fait asseoir sur la banquette arrière et dit au chauffeur: «Je crois qu'elle a été battue. Elle dit que sa mère adoptive va payer le trajet. J'ai parlé aux flics, ils disent qu'ils ne peuvent rien faire.»

J'ai compris alors qu'il était inutile de compter sur la police. Elle ne m'aidera pas. Il y a beaucoup trop de gamines de quinze ans dans la rue. Trop de mômes en cavale, avec un casier judiciaire, qui travaillent pour un souteneur ou vivent avec un «papa gâteau». Il y a des filles qui sont encore moins chanceuses que moi.

Étendue sur la banquette arrière, je pleure et j'ai la nausée. Dans un souffle, je demande au chauffeur d'arrêter la voiture. J'ouvre la porte et vomis sur le trottoir. Comme ça, sans la moindre honte. Est-ce vraiment Evelyn? Que se passe-t-il? Sans dire un mot, le chauffeur me tend des mouchoirs en papier. Je me mets à parler des filles qui font le trottoir, lui expliquant à quel point cette vie est horrible. Le chauffeur garde un silence inquiétant. Puis nous arrivons chez Mélanie. Nous montons les escaliers du porche. L'homme frappe à plusieurs reprises, mais Mélanie ne répond pas. Alors il se tourne vers moi et, furieux, me crie: «J'ai l'impression que tu t'es foutue de ma gueule. T'as jamais eu l'intention de me payer.»

Sur ce, il descend lourdement l'escalier, rentre dans sa voiture et démarre avant que je puisse ouvrir la bouche.

Ce matin, je me suis réveillée à six heures, après avoir fait un rêve dans lequel je racolais un client. Le goût amer que la boisson m'a laissé dans la bouche, les vêtements que je porte ne me rappellent que trop bien la nuit précédente. Impossible de me rendormir. J'ai l'estomac en capilotade; les murs de la chambre tournent autour de moi. J'ai allumé la radio pour étouffer les pensées douloureuses qui tourbillonnent dans ma tête. Quand j'ai ouvert les yeux, la première idée qui m'est venue à l'esprit a été: «Ce soir, tu travailles.» Cette pensée et la violente émotion qu'elle a suscitée ont achevé de me réveiller. J'ai pris un bain, dégueulé, et je me suis remise au lit.

C'est le soir. Cet après-midi, je suis allée au Musée d'art de Burnaby, où j'ai lu deux de mes nouvelles: *The Window* et *The Waiting Room*. Les juges m'ont décerné le troisième prix dans le cadre du concours organisé par le Conseil des arts de Burnaby. L'écriture est pourtant passée au second plan dans ma vie. Mes pensées reviennent toujours au même sujet: le trottoir. Et c'est avec une appréhension croissante que j'envisage d'aller travailler le soir même. Mes crampes d'estomac ne me lâchent pas.

Les textes des autres invités m'ont plu, et le gars qui a remporté le premier prix m'a vraiment impressionnée. J'écoute, mais superficiellement; je n'arrive pas à m'identifier aux autres, aux jeunes aussi bien qu'aux adultes écrivains se trouvant dans la salle. Je me rends compte, avec découragement, que l'écriture exige un travail continuel, une ardeur sans borne; bref, tout ce qui, du moins pour l'instant, est au-dessus de mes forces. Je ne suis qu'une putain, une sale putain.

Il est presque huit heures du soir. Jusqu'ici, j'ai réussi à me retenir d'aller rue Broadway. Vais-je finir par revêtir ce terrible déguisement? Que m'arrivera-t-il si je retourne là-bas? La rue Broadway m'attire irrésistiblement. Je me demande ce qu'il y a de pire: le danger physique ou ces émotions que je n'arrive pas à comprendre à cause de l'épais brouillard qui les enveloppe? Je suis terrifiée. Les heures, les jours passent. Cette semaine, je n'ai rien fait d'autre que faire le trottoir et reprendre des forces pour recommencer.

CINQUIÈME PARTIE

du 1er mai au 11 août 1987

Jennifer s'est pointée avec un sourire plein d'espoir: je vivrai de manière indépendante à partir de septembre. La pauvre, elle a attendu en vain remerciements et manifestations d'amitié! Pourtant, elle les méritait. Mais j'étais défoncée et quelque peu incohérente. En plus, je ne crois pas qu'acquérir mon indépendance soit la panacée qui va métamorphoser mon existence. Vivre les pieds sur terre n'est pas facile; on découvre chaque jour qu'on n'arrête pas de se faire des illusions.

Je travaille, à l'occasion. J'essaie de m'y faire. Il faudrait que je m'organise pour avoir des clients réguliers, ce serait moins risqué. Je me suis fait un mec riche qui s'est enfilé un condom rempli de beurre — mon boulot consistait à lui lécher les couilles pendant qu'il regardait des photos pornos et se branlait chaque fois que l'envie lui en prenait. Vous auriez dû voir ce pénis engorgé luisant de beurre jaune! Et ce petit bruit mouillé chaque fois que le type se masturbait! Cet homme a toujours une hachette avec lui pour se protéger; il l'exhibe, comme ça on sait à quoi s'en tenir. La lame est terriblement acérée et lance des éclairs chaque fois qu'il la fait tourner entre ses mains.

La nuit dernière, je me suis fait ramasser par un type qui s'appelle Larry. Il m'a donné du fric, mais c'était seulement pour bavarder, toucher et embrasser. Il ne voulait pas de *blow job*.

Il refusait de considérer nos caresses comme un service donné en échange de fric. On a fumé un joint, puis il m'a filé deux comprimés pour m'aider à me détendre. Larry est un ex-camé. Il est séparé de sa femme et a un fils adolescent; c'est ça qui le rend si désespérément seul et anxieux. Il ressemble à Bob Dylan. Tout le temps qu'on par-

lait, il s'est agrippé à moi, les yeux pleins de larmes. Je n'-
arrivais pas à empêcher la compassion de me submerger. Il
ne voulait pas me laisser partir, disant qu'il fallait que
j'éprouve un sentiment pour lui. C'était de l'amour qu'il
voulait, pas du sexe. Ses doigts fins et doux me caressaient
gentiment dans l'obscurité de la voiture. Je ne savais plus
quoi faire pour lui plaire, désarmée devant son besoin de
chaleur. Il m'a dit qu'il ne pourrait jamais supporter que je
le rejette; il voulait une place à part dans ma vie. Il m'a demandé d'une voix tremblante: «Ça ne t'est jamais arrivé de
rester assise comme ça à parler avec les autres types,
hein?» Bien sûr que ça m'est arrivé. Moi aussi, j'ai parfois
désespérément besoin d'être acceptée.

On est censés se revoir samedi soir. Tout ce que je
peux faire pour lui, c'est prendre un après-midi pour rassembler les noms de quelques psychiatres et thérapeutes
susceptibles de lui venir en aide. Il y a des gens qui sont si
rongés par leur vide existentiel et leurs besoins qu'on ac-
cepterait même de se détruire pour les sauver.

Honnêtement, je crois que la mort est préférable au
monde dans lequel nous vivons, ce monde que je ne peux
pas changer. Peut-être qu'un jour je pourrai faire quelque
chose pour mes semblables. Mais leur cruauté m'écrase.

Je n'arrive plus à aligner deux pensées cohérentes; les
jours passent comme un tourbillon, et je n'écris pas, sauf
dans ce journal. C'est peut-être à cause du hasch, de mon
sommeil irrégulier, de la trouille et du stress que je ressens
quand je fais le trottoir. Je passe le reste du temps à fumer
et à m'immerger dans la musique. Ou alors je m'habille
pour le boulot. N'importe quoi pour oublier cette misère.

Parfois, je rêve d'aller dans une commune hippie. J'y
vivrais de musique et de drogue, de discours sur la paix et
sur la nécessité de changer le monde, tout en me faisant

frire le cerveau au LSD. Pourquoi pas? Je préférerais cela à être témoin de la souffrance. J'ai honte de ma vulnérabilité devant les horreurs qui m'entourent.

Me voilà de nouveau en train de fantasmer sur la mort. Pourtant j'émerge d'une longue période de dépression, grâce au printemps qui vient d'éclater dans toute la ville sans qu'on s'y attende. Cette énergie dingue, ce besoin démentiel de mort qui précèdent mes tentatives de suicide se sont dissipés. Les rivotril sont toujours dans le tiroir du bureau, sous la machine à écrire, petites taches ressemblant à des yeux tranquilles et clairvoyants.

2 MAI

La nuit dernière, je suis allée à l'angle des rues Broadway et Commercial. Il faisait froid, le vent me transperçait les bras. De vraies pointes de couteau. Tout mon corps était parcouru de frissons, comme quand on a peur. Je n'arrivais pas à me décrocher un client et envisageais sérieusement d'aller me poster à un autre coin. La fille avec laquelle je partageais le trottoir, une blonde expérimentée et avide, lorgnait voracement l'intérieur des bagnoles, tortillant ses hanches avec un culot incroyable. Elle n'a pas tardé à se dégoter un mec. J'en avais marre de rester là toute seule, exposée aux regards des automobilistes.

Une voiture brune est passée devant moi à plusieurs reprises, puis elle s'est arrêtée. Le conducteur m'a paru tout à fait inoffensif: barbe et cheveux bouclés grisonnants. On s'est mis d'accord pour un *blow job,* puis on a cherché un endroit isolé.

Pendant qu'on roulait, il a allumé un joint et me l'a tendu. Je l'ai presque fumé à moi toute seule, aspirant profondément la fumée afin qu'elle pénètre le plus vite possible dans mon organisme. Espoir de rédemption. J'aurais dû me souvenir que la dope ne me vaut rien quand je travaille. On est arrivés dans une sorte de chantier de construction, énorme fossé de sable entouré de hautes herbes, de rails de chemin de fer et de trains.

Soudain, j'ai été prise de terribles haut-le-cœur. À travers mon vertige, j'ai compris que j'avais dépassé mes limites. Puis j'ai été emportée sur des vagues et des vagues de nausée, roulant, nageant en cercles, tournoyant dans un tourbillon, pagayant dans le ciel... jusqu'à ce que je retombe et que tout se mette à tourner de plus en plus vite.

Le type parlait musique. Je roulais sur les vagues, arrivant à hocher la tête et à émettre de temps à autre un murmure d'appréciation, mais je n'arrivais pas à parler vraiment. Je suis sortie de la bagnole pour essayer de dégueuler, mais sans succès. L'air était frais; le ciel ressemblait à un manteau de velours bleu. J'ai entouré ma poitrine avec mes bras, espérant que la douceur de l'air me ferait du bien. Mes yeux étaient remplis de larmes.

Je suis revenue à la voiture et j'ai essayé de dire au type que je ne me sentais pas assez bien pour travailler. J'aurais voulu trouver un meilleur prétexte, mais l'effort nécessaire pour articuler ces quelques mots m'avait plongée plus profond encore dans ma nausée. Au début, le mec était plutôt amusé. Mais ça n'a pas duré; il s'est impatienté, puis s'est mis en colère.

— On est venus ici pour un *blow job,* pas vrai?

Il a défait sa braguette et a saisi ma main pour la mettre sur son pénis. Je me suis collée à la portière, luttant contre ma nausée. Alors il a empoigné brutalement mon bras et m'a obligée à le masturber. J'avais envie de vomir.

Il a abattu sa main sur ma nuque et a poussé ma tête contre son pénis pour que je le suce.

Il m'a menacée de me baiser si je ne m'exécutais pas. «Il y a longtemps que je ne me suis pas envoyé une Chinetoque», a-t-il ajouté. Je me suis réfugiée dans ma tête, me faisant toute petite pour pénétrer dans le labyrinthe de mon esprit, dans mes mirages. L'homme continuait à me faire mal. Alors, je me suis jetée sur la poignée de la portière, que j'ai réussi à ouvrir, et je me suis précipitée dans la nuit.

Pas un chat sur la dune de sable. C'était comme un autre monde. Le mec m'appelait, mais je l'entendais à peine. J'ai continué à patauger dans la boue sur mes talons aiguilles ridiculement hauts, les mains tendues en un geste de supplication vers les phares minuscules et scintillants des voitures que je voyais rouler plus bas, dans la ville. Puis je me suis mise à hurler. L'herbe dense et haute s'étendait jusqu'à une sorte de falaise; plus bas, des wagons de marchandises se voûtaient sur les rails. J'étais piégée. Quelque chose ou quelqu'un en moi s'est mis à prier Dieu avec haine, ce Dieu que j'avais créé à partir de rien pendant que j'essayais de trouver une saloperie de chemin qui me mènerait aux lumières de la ville.

Le type est sorti de la voiture et est venu vers moi. Perchée au haut de la falaise, sans défense, je l'ai regardé s'approcher. Il m'a crié qu'il était désolé et voulait me ramener chez moi. Je n'avais pas le choix; je me suis traînée vers la bagnole.

«T'es vraiment pas normale», m'a-t-il dit. Je me laissais ballotter par les cahots de la route, sans voix, tournant en rond dans ma tête. À mi-chemin, je l'ai supplié d'arrêter et me suis jetée dehors pour vomir tout ce que j'avais dans l'estomac. J'avais l'impression que ça n'arrêterait jamais.

Je me suis accroupie sur mes talons et mes collants scintillants pour dégueuler mes tripes et mes boyaux.

On a continué à rouler. Le retour a été interminable. Je l'ai amadoué en lui promettant de le baiser un autre jour. Il m'a laissée aller sans faire d'histoires.

La maison était déserte. Je me suis faufilée dans les pièces trop éclairées jusqu'aux toilettes, où j'ai recommencé à vomir avec des spasmes affreusement douloureux jusqu'à ce que mon estomac soit complètement vide.

Je me demandais si j'allais mourir, mais au fond de moi-même je savais que ce n'était pas fini et que mon triste coin de trottoir m'appellerait encore.

3 MAI

Larry a téléphoné; il m'attendait depuis plus d'une demi-heure. Sa voix était lourde de déception. Je me suis dit que c'était samedi soir et que si je ne voulais pas crever, il valait mieux que je me secoue et que je sorte de la maison.

Nous avons pris un café, puis on s'est mis en route pour aller chez lui. Il habite Burnaby. Larry est une pharmacie ambulante. Il a versé quelques comprimés dans mes mains et m'a dit: «Prends ça, ça va te calmer.» J'ai tout avalé. Évidemment, la nausée s'est pointée aussi vite. L'autoroute sinueuse devenait floue par moments. Puis la nausée s'est atténuée. J'étais très calme, voire indifférente; l'appréhension intuitive que j'avais ressentie lors de notre première rencontre s'est évaporée.

Une fois arrivés dans son appartement, on s'est mis à parler. Il m'a caressée. Je l'aime bien. Il n'est pas aussi dérangé que je l'ai cru. Tout ce dont il a besoin, c'est d'une petite amie. Il dit qu'au lieu de vivre seule je devrais m'installer chez lui. Il est chauffeur de taxi et n'est presque jamais là. J'aurais ma chambre et tous les comprimés dont j'ai besoin. Je lui ai demandé s'il faudrait que je couche avec lui; la réponse la plus claire que j'ai pu obtenir a été : «J'en sais rien.» Il s'imagine sûrement que je vais tomber follement amoureuse de lui. C'est pour ça qu'il est si gentil.

Il m'a filé quarante dollars. Je ne suis rentrée au foyer qu'à cinq heures du matin. C'est bizarre, Larry m'attire. Probablement à cause de sa gentillesse, de sa vulnérabilité. Peut-être aussi à cause des comprimés. Il est loin d'être stupide et a beaucoup lu. Après avoir parcouru quelques-uns de mes poèmes, il a déclaré : «C'est pas mal.»

6 MAI

Mercredi. Le soleil brille de tous ses feux. Un de mes clients vient d'appeler. La journée promet d'être bien remplie. J'étais un peu nerveuse et, comme je me sentais déprimée — je n'arrivais même pas à me sortir de la baignoire —, j'ai pris un des tranquillisants de Larry. Hier soir, j'ai essayé de me conduire en adulte avec lui, lui disant que je n'étais pas la personne dont il avait besoin, que nous devions cesser de nous voir. Je ne voulais pas le blesser; cet homme a l'air de se faire tant de souci pour moi. Le docteur Hightower prétend que Larry n'a d'autre but que de devenir mon souteneur. C'est pourquoi il me promet drogues et logement. En plus, il veut m'amener au Mexique. Je sais que le docteur Hightower a toujours raison; je l'aime, mais que peut-il faire? Il m'a expliqué qu'il connaissait bien les types comme Larry. Il y a cinq Noirs de la rue Broadway qui ne détesteraient sûrement pas que je travaille pour eux.

Tout ce qu'ils demanderaient, c'est que je fasse quelques clients chaque nuit. Eux aussi, ils me promettraient un logement et de la drogue.

Ça va mal. Je dois voir un client — le type au condom beurré — à neuf heures du soir. Mais Larry ne veut pas en entendre parler; il dit qu'il va me donner l'argent que je suis censée gagner. Que va-t-il se passer si un jour il disparaît et que j'ai perdu tous mes réguliers? Je vais être obligée de retourner dans la rue. Je ne veux pas revivre cette nuit où je me suis trouvée coincée entre un type enragé et une falaise. Aujourd'hui, l'envie m'est venue de retourner à l'école; je me disais que ce ne serait pas si mal si je me mariais et avais des mômes. Ce serait ennuyeux comme la pluie, mais au moins je resterais en vie et serais moins détraquée.

Hier soir, j'ai vraiment essayé. Je voulais sauver Larry, qui croit qu'il est en train de tomber amoureux de moi. Mais je ne suis pas la femme dont il a besoin. Moi, je veux quelqu'un qui me donne des baffes et m'accable d'insultes. Je n'arrive pas à me blesser suffisamment moi-même. Pourquoi suis-je comme ça ?

Le docteur Hightower se fait du souci pour moi. C'est formidable! Où en serais-je sans nos séances du mardi? Quel homme pourrait le remplacer?

J'ai envie de grimper au mur. Le hasch ne me fait plus d'effet. Tout ce qu'il m'apporte, c'est déprime et nausées. Larry me dit de tenir bon, qu'il va m'attendre à l'arrêt d'autobus cet après-midi avec «un truc qui va te détendre et te faire chaud au ventre». Il dit qu'il va me donner tous les comprimés dont j'ai envie, qu'il va devenir mon *Tambourine Man** et m'aider à sortir de mes matinées agitées. Le docteur Hightower a raison, ce type est nuisible; il va me

---

* Personnage d'une chanson de Bob Dylan. *(N.D.T.)*

276

faire des saloperies. Mais Larry est si rusé; il s'y entend si bien pour me faire le coup de l'amitié! Il sait si bien exploiter mes besoins et la sympathie que j'ai pour lui. Il essaie de me faire croire qu'il peut être à la fois un client, un ami et un fournisseur de drogue.

7 MAI

Les comprimés dont Larry me nourrit oblitèrent de gros morceaux de temps. Il y aurait pas mal de choses à dire sur ce sujet, mais je ne me sens pas capable de pondre quelque chose de cohérent.

J'ai passé l'après-midi d'hier et la plus grande partie de la soirée avec mon nouvel ami. Il a vu son médecin et en a récolté une batterie complète de comprimés. Des tranquillisants puissants, de toutes les formes et de toutes les couleurs. On dirait que les capsules laquées se sont accouplées aux pilules rondes pour donner naissance à de petites gélules ovales.

J'en ai avalé une de chaque, huit en tout. Puis on est allés s'étendre au soleil sur la plage. J'aime bien Larry; je me sens bien avec lui. Le temps a passé très vite, grâce à la drogue. J'étais détendue, sans passé qui vienne ternir le moment présent. Mon futur était limité, mais ce n'était pas plus mal.

J'ai sorti un joint de ma poche et nous l'avons fumé. Au lieu de rehausser le moment présent, il m'a donné des haut-le-cœur et tout s'est mis à tourner. La mer et les bateaux se sont figés comme s'ils figuraient sur une carte postale. Je n'arrivais pas à me sortir de la petite tombe de sable que j'avais creusée pour m'y coucher. Larry a dû me soutenir jusqu'à un endroit entouré de rochers et de souches, où je me suis affalée à l'ombre pour vomir. Je n'avais pas grand-chose dans l'estomac; au début, je n'arrivais même pas à dégueuler. J'ai fermé les yeux; des cercles colorés se sont mis à tournoyer sous mes paupières. Tant que je regardais le sol recouvert de coquillages écrasés, ça allait, mais lorsque je levais les yeux sur l'océan, la nausée me submergeait de nouveau. J'ai entendu des voix; j'ai cru que j'étais en train d'écrire un livre pour enfants. J'étais de plus en plus malade. L'océan grondait, rugissait. J'ai vomi à plusieurs reprises. Larry était assis plus loin et venait toutes les deux minutes pour me prendre la main et me demander s'il pouvait faire quelque chose. Parler augmentait ma nausée; je lui répondais du bout des lèvres. Je me rejouais la scène de la falaise, lorsque, pataugeant dans la boue, je courais vers le précipice. J'avais peur de Larry et m'écartais de lui, persuadée qu'il allait profiter de mon impuissance pour me frapper. Pourquoi ne le faisait-il pas? N'importe quel autre type l'aurait fait! Il ne me crachait même pas dessus en disant: «Tu me dégoûtes!» Il ne s'en allait pas. Non, il ne faisait rien de tout cela. Il se contentait de me soutenir avec gentillesse. Ce qui n'arrangeait rien, hélas. Alors, je lui ai dit de s'en aller, parce qu'il ne pouvait rien faire. Il m'a filé quarante dollars pour avoir laissé tomber le type au condom beurré. Je n'ai même pas eu la force de le remercier.

Je me suis étirée, j'ai réussi à me lever, puis je suis rentrée au foyer en titubant. Impossible de marcher droit. Lorsque je suis arrivée, la nausée avait disparu. J'étais bien, miraculeusement bien. L'effet des comprimés se faisait sentir dans mon corps tout entier; l'air était doux comme un oreiller de plumes. Je voguais sur un nuage. Je n'arrivais pas à me tenir assise, mais mon bonheur était délirant. J'ai appelé Larry pour lui dire quel bien-être je ressentais, ainsi affalée sur la table de la cuisine, complètement défoncée, si heureuse d'avoir échappé à la rue. Il m'a dit qu'il m'aimait.

Ma vie devient vraiment bizarre.

C'est dimanche. Le soleil brille. La fille assise devant la machine à écrire est une étrangère. Ce n'est pas Evelyn. J'ai la sensation que quelque chose d'horrible s'est installé et que cela ne fait que commencer.

Je n'ai qu'un souvenir très flou de ces derniers jours passés avec Larry. Il n'a pas cessé de me faire avaler des comprimés les uns après les autres. Pour me rendre euphorique, pour me calmer, pour me remettre d'aplomb... On n'a pas arrêté de faire l'amour, de se caresser. J'avais l'impression que je l'aimais. Je n'ai rien mangé. Pas question non plus de nous aventurer dans la chaleur et la lumière du soleil. J'ai bu de la méthadone pour la première fois de ma vie (Larry l'ignorait) et ça m'a soulevée de terre. Amour et bonheur absolu. La réserve de comprimés semblait inépuisable. Grâce à moi, Larry a eu son premier triple orgasme.

Mais quelque chose clochait. Mes yeux n'arrêtaient pas de se fermer et j'hallucinais. Comme lorsqu'on est très fatigué et qu'on voit des trucs bizarres au moment de s'assoupir. Comme lorsqu'on commence à rêver avant de tomber endormi. Impossible d'arrêter ça. Je voyais des boîtes aux lettres, des gens vêtus de blanc... toutes sortes de trucs; je ne me souviens pas. Je ne pouvais ni lire ni bouger. Je n'étais pas fatiguée, et pourtant mes yeux se fermaient. Les visions se matérialisaient autour de moi. Toutes les heures ou à peu près, mon corps était secoué par un spasme, provoqué par un sentiment intense de peur et de solitude. Alors, je m'accrochais à Larry.

La nuit dernière, en rentrant chez Mélanie, on a bu de la méthadone dans la voiture. Il m'est difficile de décrire ce qu'on ressent — la première fois, ça m'a fait le même effet que la coke, avec en plus une sorte de détachement par rapport à mon corps, comme si celui-ci flottait à côté de moi.

Mais, cette fois, au lieu de me sentir heureuse, je me suis mise en colère. Larry n'arrêtait pas de me parler du Mexique et de nous, et cela augmentait ma fureur. Quand on est arrivés au parc Stanley, je me suis mise à crier que j'en avais assez de cette vie dégueulasse qu'on m'avait donnée; que j'en avais marre d'être obligée de me prostituer, même avec lui; que j'avais fini par déboucher sur une période de créativité et que celle-ci avait été détruite par la drogue; que j'étais prête à tout pour devenir indépendante, mais que je finirais probablement par crever ou par vivre aux crochets de l'Assistance publique. La rage enfermée en moi a explosé. Je haïssais les hommes. Larry s'est accroupi à mes pieds, au bord des larmes, et m'a demandé mon couteau pour s'entailler le bras afin de me prouver à quel point il m'aimait. J'étais furieuse d'avoir passé ces derniers jours avec ce type et toutes ces drogues, alors qu'ils m'étaient si précieux et que j'aurais dû les passer à écrire. Mon inspiration est en train de mourir. Elle agonise.

J'ai l'impression que je ne pourrai plus jamais écrire. Je n'arrive même pas à mettre sur papier cette fureur qui me dévore. Cette frustration est affreusement difficile à supporter. Hier soir, je lui ai tellement cassé les pieds pour qu'il me donne du fric que Larry a fini par craquer. Non, je ne l'aime pas, bien que sa gentillesse soit exceptionnelle. C'est un connard, comme les autres. Mais il dit qu'il va s'arranger pour me donner de l'héroïne, si j'en veux vraiment. Il y a quelques minutes, un gamin a sonné à la porte pour me remettre un affreux poème d'amour, écrit par Larry. J'ai de plus en plus de raisons de mourir; mon corps ne peut plus supporter toute cette merde. Je ne sais plus où j'en suis et ce qui va arriver.

Larry a appelé hier pour me dire qu'il était agité, confus et qu'il voulait me voir. On a décidé de se retrouver à l'arrêt d'autobus. J'étais si nerveuse que j'en tremblais, me cognant partout. Ça devient une habitude; j'ai les jambes couvertes de bleus.

Larry est arrivé et m'a emmenée en bagnole. Il m'a raconté que son toubib lui avait prescrit sa provision hebdomadaire de comprimés. Il lui a parlé de nous. Une trouille terrible s'est emparée de moi. Il paraît que le docteur a prévenu Larry qu'il risquait la prison s'il continuait à avoir des relations sexuelles avec une gamine. Cet homme dit qu'on vit dans un rêve, que la vie est un truc réel, pas un roman.

Les amis de Larry lui ont conseillé d'être prudent. Ou alors de laisser tomber. Ils lui ont dit que j'étais peut-être en train de le manipuler inconsciemment. Tout ça, selon eux, parce que je fais le trottoir! Ils ont ajouté que des types qu'ils connaissaient ont fini au tribunal et même en prison parce qu'ils avaient eu une relation sexuelle avec une mineure. Eux aussi sont persuadés que notre relation est condamnée.

On est allés dans le terrain de stationnement d'un McDonald. C'est là que Larry m'a annoncé qu'il ne voulait plus me voir, sauf en tant qu'amie et à condition que je sois accompagnée d'une adulte. Il m'a déclaré tout cela calmement. Il venait de prendre de la méthadone, ce qui expliquait son détachement.

C'est lui qui m'a tenue en vie la semaine dernière. Nous nous sommes vus chaque jour et il s'est constamment occupé de moi. C'est pour cela que je suis devenue dépendante de lui et que je l'aime. J'aime faire l'amour avec lui. Peut-être n'est-ce pas vraiment de l'amour —

mes sentiments sont probablement dus aux drogues —, mais, quoi qu'il en soit, je ne peux plus me passer de lui. Je n'ai pas d'amis. Je n'ai que lui et le docteur Hightower.

«Toi au moins tu as tes comprimés, ai-je dit. Mais moi, qu'est-ce que j'ai?» Je pleurais. J'étais terrifiée à l'idée qu'il n'y aurait plus de méthadone, plus de comprimés pour me rendre heureuse, pour m'aider à tout oublier. Et il n'y aurait plus Larry. Il m'avait tirée de la rue lorsque ça commençait à devenir dangereux, et voilà qu'il me fallait y retourner! Maintenant que je ne pouvais plus fumer du hasch sans vomir, je n'aurais plus rien pour m'aider à supporter la rue, ou tout simplement pour endurer chaque jour qui passe.

La pluie tombait à travers les branches d'un cèdre. Larry m'a brusquement tendu un flacon de méthadone, me disant qu'il en avait apporté parce qu'il prévoyait que ce serait nécessaire. Je me suis sentie mieux après en avoir bu, mais mon complexe de perte/abandon (comme le nomme le docteur Hightower) était toujours là. Larry est un type ordinaire. Qui aurait pensé que je donnerais mon amour et ma confiance avec une telle imprudence ? Je me suis jurée que plus personne ne compterait jamais dans ma vie. Les amis de Larry et son médecin ont raison: il risque d'aller en taule. Le docteur Hightower dit qu'il marche sur un fil. Moi aussi d'ailleurs. La vie, les émotions sont toujours précaires, éphémères. Il fallait que je laisse partir Larry, comme ça je serais de nouveau abandonnée et je pourrais rentrer au foyer pour prendre des rivotril. La douleur qu'on ressent dans ce genre de situation est pénible. Mais il me reste assez d'énergie pour me suicider.

Larry a fini par changer d'avis. «Merde avec toutes ces histoires! Mes sentiments pour toi ne me disent pas de te quitter, eux. Je t'aime. Que les autres aillent se faire foutre!» On est allés prendre un café chez McDonald. La méthadone commençait à faire effet. J'étais tout à fait heureuse. Je marchais sur un nuage.

Nous sommes sortis sous la pluie pour retourner à la voiture, puis on s'est mis à rouler. J'étais à moitié couchée sur Larry, noyée dans une sorte d'extase faite de bonheur et de paix. La simple idée de rentrer chez Mélanie me répugnait; ça fait un bon moment que je déteste vivre dans cet endroit et que je rêve d'aller m'installer ailleurs.

Larry accepte que nous continuions à nous voir, mais sous certaines conditions. Je l'ai écouté les énoncer, mais j'étais trop défoncée pour me mettre en colère. Il a dit que nous ne pouvions plus avoir de relations sexuelles et il m'a interdit de lui téléphoner. Il a également décidé que nous ne prendrions plus de méthadone. Il veut également que je retire de mon journal tous les passages où il est question de lui et des drogues que nous prenons ensemble. Moi non plus je ne veux pas qu'il aille en taule, mais je refuse absolument de supprimer une seule ligne de mon journal. Pour finir, il m'a dit que je devrais rentrer au foyer après chacune de nos rencontres et qu'il m'est défendu de parler de nous à quiconque, excepté au docteur Hightower. Lui, de son côté, racontera à ses amis que nous avons rompu.

Mais ce n'est pas tout: il a ajouté que tout sera fini entre nous si je me remets à travailler. J'écoutais tout cela, bien au chaud dans la voiture, écoutant la pluie crépiter sur le pavé. Ce n'étaient que des mots. Mais maintenant je suis furieuse. Il n'arrête pas de m'imposer des règles. Trop de gens ont déjà fait cela avec moi. Ça suffit.

Il y a eu un tas d'emmerdes ces derniers jours. Il paraît que Larry a appelé les services d'urgence pour discuter des implications légales de notre relation avec un travailleur social. Par le plus grand des hasards, le téléphone a sonné dans le bureau de Outreach, et Larry a fini par entrer en contact avec Jennifer. Il a fallu une demi-heure avant qu'elle comprenne que c'était de moi qu'il parlait.

Lorsque Larry m'a avoué cela, j'ai explosé. J'ai aussitôt téléphoné à Jennifer et je me suis mise à gueuler; elle a répondu que j'étais en train de compromettre mes chances de vie indépendante. Art était là; c'est lui qui a essuyé le plus gros de ma colère. Il s'est passé des tas de choses dont je ne parviens pas à me souvenir dans l'ordre; les drogues de ces deux dernières semaines ont tout emmêlé. Quoi qu'il en soit, Larry m'a envoyé son fils Kirk pour me faire des excuses. Nous n'avons passé que quelques minutes ensemble, au cours desquelles j'ai failli le frapper. La colère affluait en moi sans que je puisse la maîtriser. J'avais envie de tuer. Je suis sortie de la voiture de Larry en claquant la portière, déclarant à Kirk que je me fichais pas mal de ne plus jamais revoir son père. Mélanie a appelé Jennifer pour lui demander ce qui se passait; elle lui a appris que je voulais m'en aller, mais que cela foutrait en l'air le projet de vie indépendante. Elle a ajouté que, légalement, Larry ne peut m'accueillir chez lui. Il paraît qu'il raconte que j'accuse Mélanie de me maltraiter. Tout a continué sur le même ton. Ce soir-là, je suis allée à l'appartement de Larry pour essayer d'y trouver de la drogue ou pour tout casser. Sur le chemin, un type m'a ramassée et m'a donné vingt dollars pour que je le regarde se branler.

J'ai passé une triste nuit au foyer. Ma colère s'est éteinte, mais impossible de pardonner à Larry, qui s'est comporté comme un hypocrite en racontant à Jennifer qu'il n'a jamais rien fait d'autre avec moi que de me caresser et de m'embrasser. Il s'est fait passer pour un type attentionné, qui s'inquiète pour moi.

Écrire tout cela m'est très pénible. Mélanie se dit très anxieuse parce que j'ai énormément changé au cours des deux dernières semaines. Je lui parais extrêmement perturbée et désespérée. J'ai tellement essayé de cacher tout cela! Aujourd'hui, je n'ai rien pris. C'est le soir. J'ai peur. Larry veut partir au Mexique; son visage s'éclaire quand il parle de toutes les drogues qu'on peut trouver là-bas et de la gentille Mexicaine à qui il pourrait faire un enfant. En clair, je ne suis pour lui qu'une gamine de quinze ans vivant dans un foyer d'accueil et avec laquelle il s'est payé du bon temps. Et il refuse de me filer autant de comprimés qu'il avait coutume de m'en donner avant. J'ai vraiment peur. La terrible obsession que j'ai pour lui est certainement due aux drogues, mais il n'y a pas que cela. J'ai fini par devenir dépendante de lui, mais je comble aussi son terrible besoin d'amour et d'affection. Mais s'il cesse de me donner de la drogue, je ne sais pas ce que je vais faire.

J'ignore dans quelle mesure les drogues agissent sur mon organisme et mon état mental, mais j'oublie un tas de choses, et mon cerveau commence à être passablement délabré. Je me fous de tout et de tout le monde, excepté de Larry et de ses comprimés. Je ne vois plus mes amis, je n'accomplis aucune des tâches que mon professeur m'assigne; les inquiétudes de Jennifer me laissent indifférente. Quant à vivre indépendante, je n'y pense même plus. Les travailleurs sociaux prétendent que j'agis de la sorte parce que j'ai peur de vivre seule. C'est faux, mais je n'ai pas envie d'argumenter de cela, surtout quand je me dis que je pourrais travailler et avoir un appartement à moi, tout de suite si je le voulais. Je ne pense même plus au docteur Hightower. Quand Larry n'est pas là, j'attends qu'il m'appelle, collée au téléphone. C'est comme si je n'avais plus de vie à moi. Lui, pendant ce temps, se réjouit à l'idée de partir au Mexique, son paradis sur terre, et il se demande pourquoi je ne me réjouis pas avec lui. Il continue à me dire qu'il m'aime et veut m'aider, sans avoir l'air de se rendre compte qu'aussitôt qu'il sera parti, je vais me retrouver sur le trottoir. Ou morte. Je vais me sentir affreusement seule sans lui et sans ses comprimés. Quand tout cela aura disparu de ma vie, il ne me restera plus rien. Je ne pourrai jamais affronter l'existence sans darvon, sans valium, sans méthadone, sans ces autres pilules qu'il m'a données et dont j'ai oublié le nom.

Je crois que Larry n'éprouve plus aucune attirance à mon égard. Ses amis l'ont convaincu qu'il joue avec le feu et que je le manipule. Peut-être ai-je essayé de le faire, mais, en fin de compte, c'est à moi que j'ai fait du mal. C'est toujours comme ça quand on essaie de manipuler quelqu'un. J'ai peut-être délibérément séduit Larry pour qu'il me donne de la drogue, mais tout s'est retourné contre moi. Maintenant je ne peux plus me détacher de cet homme; je ne suis plus capable de me passer de lui. Le jour où il rencontrera une autre fille, ou s'en ira, je vais devenir dingue.

Je ne peux pas continuer à vivre comme ça. Ce sont les matinées qui sont les plus pénibles. Les jours ressemblent aux robes informes et défraîchies des grosses femmes. Le docteur Hightower dit qu'il m'attend à la lisière d'une forêt tandis que je me traîne dans les sentiers. Il place les mains de chaque côté de sa bouche pour que le son porte vers moi et crie: «Tu t'es trompée de chemin, Evelyn!» Que puis-je faire? Je ne peux parler de ce qui m'arrive à personne; je suis censée être en possession de moi-même, avec mon écriture, mes cours sur la nouvelle, mes leçons particulières et la perspective de vivre indépendante en septembre. Personne n'a été foutu de remarquer que tous ces trucs tiennent ensemble grâce à un fil très mince prêt à se rompre à la moindre brise.

Larry m'a dit qu'il appellerait à huit heures. Il est sept heures trente. J'attends. Bien qu'il travaille aujourd'hui, il peut passer une demi-heure avec moi. Je deviens de plus en plus pressante et directe dans mes demandes de comprimés, et il me répond de la même manière, menaçant de diminuer les doses ou de ne plus m'en donner du tout. J'ai vraiment besoin de quelque chose *tout de suite,* Larry. Je ne crois pas que je l'aimerais s'il n'y avait pas la drogue — surtout si je considère mes sentiments pour les hommes en général. Ses comprimés me permettent de m'ouvrir; ils me rendent heureuse et aimante.

Je n'ai vu personne depuis près de deux semaines, excepté Larry. Je ne discute plus avec Mélanie; ça ne sert à rien. Cet après-midi, elle m'a suggéré de faire une cure de désintoxication et de me battre pour m'en sortir. Je ne m'étais pas rendu compte que ça commence à se voir. Elle croit que je me pique. Bon Dieu! J'essaie de ne pas me cogner aux meubles, mais c'est difficile. J'ai un gros hématome sur le poignet. Un de plus. Je n'ai aucun souvenir de la manière dont c'est arrivé. C'est curieux, ni les coupures ni les bleus ne sont douloureux.

Cela peut paraître bénin à côté de tout le reste, mais il faut que je prenne un rivotril chaque soir pour pouvoir m'endormir. Je suis une pharmacie ambulante. Si je vais au fond des choses, je m'aperçois à quel point tout cela est insidieux. Au début, je croyais que je prenais les comprimés de Larry pour le plaisir, ou pour m'évader de la réalité. Jamais je n'aurais cru qu'ils allaient me mener à ce désespoir. Je commence à comprendre beaucoup mieux les gens qui pénètrent par effraction dans une pharmacie pour y voler ce dont ils ont besoin.

Pas question que j'entreprenne une cure de désintoxication. Sans la drogue, la vie serait un désert. Je ne possède rien d'autre que mon écriture, mais cette écriture n'est rien comparée à la drogue. Quand j'avale les comprimés de Larry, les gens qui m'empêchent d'être heureuse s'effacent de mon souvenir, mon désespoir disparaît et je me retrouve dans un monde chaud, dans lequel je suis heureuse et comblée. Je me sens victorieuse; j'ai le sentiment d'appartenir à un grand tout. C'est extraordinaire, non?

Mais la peur rampe vers moi, la peur que Larry m'en donne moins, qu'il s'en aille, me laissant seule dans un désert. Je perdrais alors un amant et ce qui fait tout mon univers. Que faire? C'est la première fois qu'une chose pareille me tombe dessus. Ne sachant plus où j'en suis, je suis persuadée que c'est irréversible, qu'il est trop tard pour faire marche arrière et pour répondre aux appels du docteur Hightower.

19 MAI

J'ai vu le docteur Hightower. Ça s'est mal passé. Il y a quelques jours, Larry a laissé un message sur son répondeur automatique, dans lequel il disait combien il m'aimait et se faisait du souci pour moi. Contrairement à Jennifer, le docteur Hightower n'a pas cru un mot de toutes ces belles paroles et, me regardant droit dans les yeux, m'a répété à plusieurs reprises que si jamais il trouvait le nom de famille de Larry, il le ferait immédiatement mettre en prison. Au début, j'ai cru qu'il plaisantait. Quoi qu'en pensent les gens à son sujet, j'aime Larry. C'est un être humain intelligent et sensible qui, j'en suis sûre, ne me veut que du bien. Ce bien qu'il me fait ne correspond peut-être pas à l'idée que les gens s'en font, mais même si ma faculté de jugement n'est probablement plus très bonne, je suis encore assez lucide pour savoir que c'est moi qui accepte les comprimés qu'il me donne et que c'est moi qui en redemande. C'est moi qui m'accroche à lui. Je pourrais rompre avec Larry sans problèmes si je le décidais, mais je ne veux pas perdre la drogue qu'il m'offre. Il m'a probablement menti souvent, mais c'est néanmoins un être humain qui ne m'a rien fait de mal. Ce serait criminel de le mettre en prison.

J'ai été mal à l'aise pendant toute la séance. Comme si mon psychiatre et Larry étaient l'un en face de l'autre et s'affrontaient. Qui va gagner? Même s'il n'a plus la même importance à mes yeux, le docteur Hightower m'inquiète lorsqu'il dit que, depuis que j'ai rencontré Larry, quelques-uns des progrès que nous avons faits de peine et de misère se sont volatilisés.

Mon psychiatre fait preuve de sadisme lorsqu'il souhaite que Larry soit emprisonné. Je suis peut-être mineure, mais je n'ai pas besoin d'être dorlotée et je suis parfaitement capable — la plupart du temps — de me faire une opinion sur ce qui m'arrive et de prendre les décisions qui s'imposent. Il n'y a vraiment pas de quoi s'inquiéter pour l'instant: les drogues me rendent heureuse et mettent du piment dans mon existence, c'est tout.

Mais ça commence à se gâter. Mélanie voudrait que j'aille au pavillon psychiatrique pour me faire examiner, et je crois que le docteur Hightower est du même avis. Tout cela m'inquiète. Je suis tout le temps fatiguée; je n'arrête pas de dormir et il semble que je n'ai jamais assez de sommeil. C'est comme ça quand on prend de la drogue. Je sais très bien à quoi m'en tenir là-dessus. On dirait que tous ces gens croient que je n'ai plus de contrôle sur moi-même. Peut-être Larry me manipule-t-il consciemment, peut-être me blesse-t-il volontairement, peut-être n'éprouve-t-il rien pour moi... Je sais que tout cela est possible. Et alors, qu'est-ce que ça change? Rien du tout, surtout dans cette période où je suis si portée à l'autodestruction.

23 MAI

La rencontre avec Jennifer et Mélanie a duré plus de deux heures. Les yeux bleus de Jennifer, attristés, son visage pâle m'ont fait de la peine. On a surtout parlé de Larry et de la drogue. Jennifer a décidé de revenir mercredi pour voir s'il y a un changement. Si je continue à me droguer, elle et Mélanie vont me conduire à la clinique de désintoxication. Jennifer a l'habitude de régler le sort des «petits amis» plus âgés qui fournissent de la drogue à leur «protégée», les incitent à se prostituer ou les entraînent dans des perversions sexuelles. Un de ces types vient de sortir de prison à Okalla. Elle dit qu'elle va faire coffrer Larry si nous continuons à nous voir.

J'ai demandé où en était le projet de vie indépendante. Mélanie a fini par admettre que je faisais des progrès par rapport aux rentrées tardives et à l'observation des règlements du foyer, mais Jennifer avait l'air de s'en foutre royalement.

— Qu'arrivera-t-il si je m'en vais tout de suite et si je fais le trottoir pour m'offrir un logement moi-même? Qu'est-ce que je risque exactement?

Jennifer a répondu que Outreach alerterait les flics du quartier Mount Pleasant, ce qui allait rendre passablement difficile ma présence dans ce coin-là.

Bien sûr, je continue à voir Larry. C'est samedi matin et j'ai l'air d'un cadavre ambulant. La méthadone est loin d'être un traitement de beauté. On a pris une décision, Larry et moi. Je vais annoncer à Mélanie, à Jennifer et au docteur Hightower que nous avons rompu. Pas facile d'en arriver là. Je sens que le docteur Hightower essaie de me remettre dans le droit chemin. J'ai déjà annoncé la nouvelle à Mélanie, lui expliquant que la perspective d'aller en prison épouvantait Larry parce qu'il y serait privé de ses comprimés. Au début, elle m'a cru et était contente de moi, mais elle commence à avoir des doutes à cause de mon comportement de droguée, qui devient de plus en plus difficile à dissimuler. Ce sera encore plus compliqué de mentir au docteur Hightower, mais je n'y pense pas pour l'instant.

Mes yeux me font horriblement mal. Je prends beaucoup de valium en ce moment, avec du darvon et des tranquillisants. Tout ce qui me tombe sous la main. Pendant plusieurs jours, Larry n'a cessé de me dire qu'il ne me donnerait plus jamais de méthadone et que je ne recevrais des comprimés qu'une fois de temps à autre. Un après-midi, il m'a filé deux valium en me déclarant: «Ce sont les derniers.» J'en ai volé un autre dans la boîte à gants quand il est sorti de la bagnole. Heureusement, il m'en a encore donné quatre par la suite. Je commence à m'accoutumer au valium. Il ne me fait plus le même effet, même quand je fume du hasch et bois de la vodka en même temps.

Étonnant. Je viens de gagner, comme l'année dernière, le concours École secondaire et Université du magazine *Canadian Author and Bookman,* catégorie essai. Les prix de poésie et de fiction ont été remportés par des étudiants d'université. Mon essai s'intitule *Streets*. Incroyable cette constante dans l'écriture alors que tout le reste fout le camp. Ma relation avec Larry m'aura au moins inspiré deux poèmes: *Tambourine Man* (sur la drogue) et *Hanging O* (sur la méthadone et le suicide).

Si seulement mes yeux me faisaient moins mal! Je vois Larry cet après-midi; il ne travaillera pas cette nuit; on va prendre des valium.

29 MAI

J'ai commencé à prendre des mandrax (puissant somnifère qui ressemble au quaalude). Je suis terrifiée quand je pense à ce qui se passe en moi. Larry m'obsède. Il est une heure de l'après-midi; je l'attends, lui et les comprimés qu'il doit m'apporter. Quelle sensation étrange j'ai ressentie la première fois que j'ai pris des mandrax! Je me suis à moitié endormie; les yeux fermés, je me laissais emporter sur de sombres vagues tourbillonnantes sur lesquelles surnageaient des paillettes scintillantes. J'essaie vraiment d'arrêter de prendre ces trucs. J'oscille constamment entre l'importance de l'écriture et la séduction de la drogue. Les comprimés ont de si jolies couleurs...

Septième ciel. Je veux devenir un écrivain à succès, mais les vagues me submergent. Je dispose d'autres choses que de fétus de paille pour surnager, mais c'est quand même bien difficile. Le docteur Hightower perd de son importance à mes yeux et c'est dommage. Il pourrait m'aider si seulement je me montrais plus coopérante.

J'ai le choix : devenir un des meilleurs écrivains canadiens, une camée, ou mourir.

Dimanche après-midi. Il faut que je m'astreigne à écrire plus souvent dans ce journal. Écrire est meilleur que prendre de la drogue, j'en suis sûre. Et ma survie en dépend.

À l'insu de Larry, j'ai travaillé sur Broadway vendredi soir. Il faisait glacial, et la pluie sortait en grondant des ténèbres. J'étais la seule fille sur le trottoir. J'avais pris quelques valium avant de me mettre en route. Tout allait bien. Je n'ai rencontré que des types convenables.

Demain, Larry va acheter de la méthadone à son copain Kyle. C'est pour moi. Depuis qu'on se connaît, il a pris du jus huit fois et jure qu'il ne le fera plus jamais de peur de devenir accro. Il en a pris pendant dix ans et, quand on s'est rencontrés, il avait arrêté depuis un an. Il prétend qu'il ne prendra plus de mandrax parce que ça l'empêche d'articuler correctement pendant plusieurs jours. J'ai des problèmes de conscience. Je devrais arrêter de prendre de la méthadone, je sais, mais on se sent si bien... J'essaie de ne pas exagérer, mais je me suiciderais si je n'avais pas de drogue pour m'aider à oublier, jour après jour. Il vaut mieux continuer comme ça pour le moment. Je ne pense plus à la mort. J'espère vivre assez longtemps pour me faire un nom dans la littérature. Je pense même aller vivre à Toronto quand je serai plus vieille.

5 JUIN

Vendredi après-midi.

Mercredi dernier, j'ai retrouvé Larry et son fils Kirk dans une cafétéria. Kirk, dans la lumière du soleil, avait l'air malade. De plus, il n'arrêtait pas de passer fébrilement ses mains dans ses épaisses boucles brunes. Il était très pâle. Son père m'a octroyé quatre darvon. Kirk s'en était fait prescrire lui aussi. Il en a pris huit, oubliant qu'il s'en était déjà envoyé quatre un peu avant. Pas étonnant qu'il ait dû sortir de la bagnole pour vomir. Puis il s'est installé à l'arrière, caché derrière ses lunettes de soleil miroitantes. On a loué une cassette vidéo pour aller la regarder chez Larry, mais celui-ci a changé d'avis, déclarant qu'il préférait passer la nuit seul avec moi. Kirk et moi, on en a conclu qu'il avait envie de baiser. Alors Kirk s'est mis à chialer. Quelle saloperie cette drogue! Il a pleuré longtemps derrière ses lunettes de hippie. Puis c'est Larry qui s'y est mis parce que tout ce qu'il voulait, c'était faire une balade avec moi. «Tu veux tout simplement t'envoyer en l'air!» a dit Kirk d'un ton accusateur. J'ai essayé de les consoler tous les deux. Dingue. Larmes et comprimés. Et moi, m'efforçant de réconcilier le père et le fils !

On s'est arrêtés devant une bicoque que je ne connaissais pas. Kirk a disparu pendant un moment et est revenu avec deux morceaux de buvard blanc imbibés de LSD. Il nous a raconté que le hippie qui les lui avait vendus s'en était envoyé un et avait vu ensuite une boule de feu dans le ciel. Puis il a ajouté qu'il pouvait le retrouver aisément et lui acheter deux doubles doses pour trente dollars. Larry m'a accusée de n'aimer que le LSD.

9 JUIN

Depuis dimanche après-midi, où j'ai avalé quelques darvon, je n'ai rien pris d'autre. Et on est mardi! Formidable! J'essaie, j'essaie vraiment d'arrêter, bien que ce soit comme me trouver dans une confiserie avec plein d'argent dans les poches. J'ai une réserve de LSD, de valium, de darvon et de mandrax. J'ai fait un cauchemar la nuit dernière: j'étais chez mes parents qui m'obligeaient à leur obéir — ils m'envoyaient sur une plage où se trouvait un homme qui ressemblait au docteur Hightower. Celui-ci ne me reconnaissait pas, ne bougeait pas. Je restais là, immobile, fixant les vagues. J'ai sans doute rêvé cela parce que j'ai l'impression que le docteur Hightower est en train de me laisser tomber.

Je suis sortie avec Larry hier soir. Il volait quelques heures sur son travail. Il avait la grippe: fièvre et nausées. Moi aussi. Je me suis rendu compte, dans le restaurant, que j'avais les joues rouges et brûlantes.

Larry avait volé du darvon à sa mère, qui s'en sert comme analgésique. Il m'en a donné trois. J'ai décidé de ne pas les prendre tout de suite et de les mettre dans la bourse noire qu'il m'a offerte et qui contient également les clés de sa caravane, la clé de la maison de Mélanie, deux rivotril et de la marijuana. Panique! Je fouille dans mon sac pour y prendre la bourse et je me rends compte qu'elle n'est plus là. Heureusement, à part la marijuana, elle ne contenait pas d'autres drogues.

Nous sommes retournés au restaurant. J'étais affolée, terrifiée en pensant à la réaction de Mélanie quand elle apprendrait que j'avais perdu sa clé. Tout ça quand j'essaie si désespérément de prouver que je suis assez sérieuse pour vivre indépendante. On a cherché dans la voiture, dans le sac de Larry, dans la rue. J'ai renversé cinq fois le contenu de mon sac à dos sur la banquette. Une heure et demie de recherches! Tout ça pour rien.

J'étais effondrée. La bourse est certainement tombée sur le trottoir et quelqu'un l'a ramassée. C'était sûrement dans le centre-ville, près de la rue Granville. Dieu merci, mes autres comprimés n'étaient pas dedans!

J'étais si bouleversée en rentrant au foyer que j'en pleurais. Mélanie était surprise. Alors j'ai constaté que ni elle ni Jennifer ne me mettraient jamais de bâtons dans les roues pour m'empêcher de vivre indépendante. Après un bon bout de temps, j'ai fini par me calmer, après avoir renversé le contenu de mon sac à dos dans le salon et tout envoyé promener à coups de pied en poussant des cris.

Vers minuit trente, j'ai pris un rivotril pour pouvoir dormir. Je me suis réveillée à cinq heures, malade. J'ai attrapé la grippe. Larry me le paiera, le salaud. Mais au moins je n'ai pas pris de drogue depuis dimanche après-midi. Ça me fait du bien de me répéter cela, même si je suis malade à crever.

La prochaine fois qu'on prendra de l'acide, je veux qu'on aille sur le pont suspendu. Larry y allait quand il était môme.

«Et si on tombe?» m'a-t-il demandé avec le plus grand sérieux. On ne tombera pas. Que ressent-on quand on meurt? La vie et la mort sont vachement importants pour moi. Peut-être que Larry tombera par-dessus bord. Est-ce ça que je veux?

J'essaie de continuer à ne rien prendre, en grande partie parce que j'ai rencontré mon ancien prof de math hier après-midi et que nous avons beaucoup discuté. Que sont les drogues et la prostitution sinon une descente sur une pente raide? C'est clair. J'essaie de toutes mes forces. Mais c'est ce que je dis toujours.

Je suis arrivée avec une demi-heure de retard à mon rendez-vous avec le docteur Hightower. J'avais pris un de mes précieux darvon, ce qui m'a obligée à rester dans ma chambre remplie de fumée à écouter à pleins tubes des chansons déprimantes de Dylan, en me reprochant d'être responsable de tous les problèmes de Larry.

«Les drogués sont toujours en retard», a déclaré le docteur Hightower.

Ensuite, je suis allée attendre Larry devant le Dairy Queen. Il est arrivé en retard, comme d'habitude. Vingt minutes. Ses mains tremblaient; il avait pris tout ce qui lui restait de mandrax. Je lui ai filé un rivotril. Son accoutumance aux tranquillisants est si forte qu'il a demandé à son médecin de lui prescrire autre chose. Il dit que s'il continue à être aussi speedé, ça ne prendra pas deux semaines pour qu'il revienne à la méthadone.

On est allés chez Kyle et son amie Wendy. Il a fallu cinq bonnes minutes avant que Wendy vienne nous ouvrir, dans son peignoir de bain. Incapable d'articuler un mot. Kyle sait que Wendy n'arrêtera jamais de prendre du jus, mais ils s'aident mutuellement à traverser les moments de déprime, comme Larry et moi. La pente descendante.

Kyle titubait; il puait la marijuana. Dégueulasse. L'appartement était immonde — rouge à lèvres écrasé par terre, linge sale partout, piles de vieux journaux sur les tables, tasses pour mesurer le jus... En fait, on était venus pour que Larry puisse m'acheter de la méthadone. Il m'avait avoué dans la voiture que, samedi soir, quand on a pris deux mandrax chacun, il avait déjà bu du jus plus tôt dans la journée.

Kyle était affalé sur un divan-lit, Larry sur le sol. Ils parlaient d'un achat d'héroïne qu'ils essayaient de conclure depuis un certain temps. Je les écoutais vaguement; des lèvres du maigre Larry se détachaient onces, grammes et chiffres tandis que Kyle, le visage immobile et froid comme un marbre, lui répondait d'une voix éteinte. Larry a demandé du jus; Kyle a répondu qu'il n'en avait plus. (Comme on n'arrivait pas, il s'était dit qu'on n'en voulait plus.) Il en aurait demain. Une expression de désespoir sur son visage étroit, Larry s'est penché vers moi avec des yeux d'animal effrayé.

Comment faire pour le calmer? Je lui ai dit que je ne le fréquentais pas pour qu'il m'achète de la méthadone, que je ne me servais pas de lui pour me procurer de la drogue. Il s'est levé en vacillant, a fouillé dans son sac et en a sorti quatre darvon. Puis il s'est précipité dans la cuisine pour aller me chercher un verre d'eau. J'ai avalé trois comprimés, haussant les épaules à la vue du dépôt blanc au fond du verre. Je prendrai le quatrième demain; ça m'aidera à passer la journée.

Larry, accroupi devant moi, s'est mis à gueuler.

— Avale-le! Sinon je te l'enfonce dans la gorge!

J'ai essayé de lui expliquer que je ne pouvais pas me procurer d'ordonnance pour les darvon, contrairement à lui. Le valium est facile à trouver — Larry peut en acheter à Kyle en quantité (cent à la fois), mais je suis également dépendante des analgésiques. Ils ne tuent pas seulement la douleur physique; ils tuent aussi celle qui est dans ma tête.

Kyle contemplait la scène, les yeux écarquillés. Je regardais sa large mâchoire. Il s'est approché.

— Qu'est-ce que tu fous, Larry? T'es devenu dingue? Pourquoi forces-tu cette gamine à prendre ce comprimé?

— Avale cette saloperie avant que je me fâche pour de bon, a continué Larry.

J'ai fini par abandonner et j'ai avalé le dernier comprimé. Larry s'est calmé et a expliqué qu'il voulait que je plane, c'est tout. En fait, si j'ai accepté de le prendre, c'est parce qu'il m'a juré qu'il en avait d'autres et qu'il m'en donnerait si j'en voulais.

Wendy est entrée dans la salle de séjour en traînant les pieds. Larry a expliqué au couple que je voulais me shooter, *rien qu'une fois,* pour connaître l'effet que ça fait. Kyle et Wendy me regardaient avec un mélange de désespoir et de supplication. Puis Kyle s'est tourné vers Larry et l'a regardé droit dans les yeux.

— T'es fou! Tu ne te rends pas compte de la gravité de ce que tu vas faire. Tu veux vraiment laisser une gamine se shooter à l'héroïne?

Pendant ce temps, j'essayais de me convaincre que c'étaient le jus et la marijuana qui obscurcissaient l'esprit de Kyle.

— Je veux essayer une fois seulement. C'est promis. Je veux simplement sentir l'aiguille pénétrer dans ma chair.

Il ne pouvait pas comprendre. Wendy me suppliait de ne pas commencer à prendre de l'héroïne, et Kyle voulait que je comprenne la gravité de cette décision.

— Tu vas te retrouver tout de suite dans la rue, à travailler vingt-quatre heures sur vingt-quatre pour t'acheter ta dose.

— Je veux essayer, rien qu'une fois.

— C'est ce que tout le monde dit.

Kyle a détourné son regard, puis ses yeux se sont posés sur Larry avec insistance. Pendant un court instant, l'idée que Kyle avait raison m'a traversé l'esprit. Larry a abandonné. De toute façon, je ne pourrais pas devenir héroïnomane. Mon écriture passe avant tout.

17 JUIN

Larry me prend de plus en plus pour un psychiatre chargé de résoudre ses problèmes émotionnels, sexuels et ses problèmes de drogue. De plus, il prétend que c'est ma faute s'il est fauché — il n'a pas travaillé pendant une semaine quand on s'est rencontrés et, depuis, prend congé chaque samedi. Il me reproche de ne jamais être là quand il appelle au foyer et me rend responsable de son manque de sommeil. Lorsque je ne réagis pas à ses accusations, me contentant simplement de le regarder en silence, il s'entête: «Tu ne comprends rien. Comment pourrais-tu comprendre? Tu n'es qu'une gamine de quinze ans sans aucune maturité émotionnelle et sexuelle, qui se roule en boule dans un coin quand on l'engueule.»

J'ai l'impression que notre relation touche à sa fin. La vie a plus à donner qu'un Larry, avec ses darvon et sa méthadone. Je me sens souvent patraque, mais je n'ai pas pris de darvon depuis deux jours. Hier, je suis arrivée à l'heure au rendez-vous avec le docteur Hightower. J'étais tout à fait cohérente. On était contents tous les deux. J'ai compris combien il était merveilleux de pouvoir travailler avec lui en ayant toute ma tête à moi et mon corps libéré de tous ces trucs chimiques.

J'ai travaillé la nuit dernière. J'avais avalé quatre valium en quittant la maison pour être sûre de ne pas avoir peur. Malgré tout, je ne pouvais chasser de mon esprit la vision d'un couteau planté dans ma gorge.

Tout s'est bien passé. Aujourd'hui, le docteur Hightower m'a examinée comme s'il voulait me disséquer, puis il m'a demandé: «Qu'est-ce que tu cherches, à part l'argent?» Un tas de choses, je pense. Comportement autodestructeur, répétition de ce passé où j'étais maltraitée et sans défense. Pouvoir et contrôle sur les mecs. Me dire qu'ils paient pour me baiser, qu'ils me trouvent assez belle pour sortir des billets de leur portefeuille avant de baisser leur fermeture éclair. Cette dernière explication est la théorie la plus à la mode chez les psychiatres. Je crois qu'ils n'ont pas tort.

Je pourrais concocter sans problème une histoire poignante, une véritable histoire poignante, et économiser assez de fric pour pouvoir vivre indépendante et cesser de prendre de la drogue. Mais la prostitution fait très vite oublier les motivations, quelles qu'elles soient.

18 JUIN

Lorsque la nuit est tombée, Larry et moi sommes allés nous promener dans le quartier où je vivais quand j'avais six ans. Nous nous sommes assis sur le perron de la maison où j'habitais et, tandis que Larry me serrait dans ses bras comme un père et s'efforçait de me soutenir moralement comme l'aurait fait un psychiatre — ou quiconque qui aurait voulu m'éviter des blessures —, mes vieux souvenirs ont surgi les uns après les autres. Je me suis rappelée ce jour où, me réveillant dans ma chambre ensoleillée, j'ai constaté que j'étais seule dans la maison. Alors je me suis mise à sangloter parce que je croyais que mes parents m'avaient abandonnée. Une autre nuit, les cris de dispute de mes parents m'ont arrachée au sommeil. J'étais là, dans mon petit lit, terrifiée à l'idée que ma mère, rien qu'avec sa voix perçante et sa capacité d'infliger des blessures émotionnelles, finirait par tuer mon père. Mon père si affectueux avec moi! Dès qu'il m'entendait pleurer, il accourait dans ma chambre et me tendait sa main de géant à travers les barreaux du lit pour que je m'y accroche. Puis ma mère faisait irruption dans la pièce et l'empêchait de me réconforter. La lumière du couloir illuminait son visage pâle. Elle criait que si je n'arrêtais pas immédiatement de pleurer, elle allait quitter la maison. Qu'allais-je faire, me jetait-elle ensuite comme un défi, si je restais seule avec un

301

homme inutile qui ne serait même pas capable de prendre soin de moi? Je me retrouverais vite à la rue, où je mourrais de faim. Mon père devait se montrer très patient; me consoler était difficile après tous ces éclats. Et ma peur ne s'en allait jamais tout à fait. Il n'a jamais pu chasser la terreur dans laquelle vivait sa petite fille hypersensible.

19 JUIN

Larry a appelé hier soir et on a décidé de se retrouver à huit heures trente. La voix mal assurée, je lui ai dit au téléphone que le docteur Hightower avait raison lorsqu'il me conseillait de mettre fin à notre relation. Cela vaudra mieux pour tous les deux — en particulier pour moi et, à plus longue échéance, ce sera bien pour lui aussi. Son cœur appartient à la drogue. Il ne se trouve que temporairement entre les mains d'une fille de quinze ans qui l'aime avec trop de naïveté. Je me suis efforcée de le convaincre que nous devions cesser de nous voir. J'y avais pensé toute la journée. Je veux vraiment rompre avec Larry. Le docteur Hightower, le docteur Graham, Jennifer et Mélanie m'ont démontré que cette relation n'aboutirait jamais à rien, que nous finirions par nous utiliser de plus en plus, même si je l'aime. Quant à lui, il vaut mieux qu'il retourne à son véritable amour. Si nous laissons passer les jours et les semaines sans rien faire, se quitter va devenir de plus en plus difficile.

Mais l'heure n'avait pas sonné où Larry m'entendrait lui dire: «Au revoir, Larry, j'ai été contente de te connaître.» Vers la fin de notre conversation téléphonique, alors que la silhouette du docteur Hightower assis à mes côtés pour m'aider à formuler ma pensée commençait à se dissiper, je me suis rendu compte que j'avais besoin de voir

Larry. Bon Dieu, comme j'ai besoin de lui! Notre relation a été trop intense; il est impossible de la briser comme ça. J'ai donc abandonné. Honteuse de ma lâcheté, désespérée, je me suis mise en route pour aller retrouver Larry, essayant de ne pas me tracasser, de me convaincre qu'il valait mieux vivre au jour le jour, que tout allait bien et que les conseils de mon psychiatre n'avaient pas d'importance. Mais je n'arrivais pas à trouver valable cette façon de voir les choses.

21 JUIN

Larry et moi avons discuté pendant deux heures dans la voiture. Je lui ai de nouveau expliqué pourquoi nous devions faire une coupure nette, tout de suite, car tout allait se détériorer dans quelques mois, voire quelques semaines. J'ai ajouté que la rupture serait alors beaucoup plus difficile. Si nous attendons, il ressentira une plus grande rancœur contre moi, la petite garce de quinze ans responsable de la destruction de l'homme qui s'imaginait qu'il l'aimait trop.

J'avais la tête qui tournait. Je ne voulais pas me séparer de Larry. Je voulais qu'il bondisse de son siège pour m'emprisonner dans ses bras, pour me serrer, pour empêcher les mots du docteur Hightower de sortir de ma bouche, pour arrêter ce combat. Mais Larry n'a pas bronché. Il comptait sur sa drogue; il possédait tout ce qui était nécessaire pour occulter la douleur qu'il allait ressentir lors des prochains jours sans moi. Alors j'ai compris que sans Larry je serais privée de comprimés et de drogue. Un vertige inconnu m'a submergée. Puis j'ai commencé à osciller entre lucidité et perte de conscience.

Larry a bondi de son siège et s'est jeté sur moi, mais c'était pour ouvrir la portière. «O.K. Puisque tu te crois si mûre, barre-toi. Il faut que j'aille travailler. Ainsi, tu crois que ton psychiatre comprend les gens! Crois-tu qu'il comprend tout? Est-ce que je reçois cent dollars de l'heure pour te voir, moi?» Je n'ai pas eu le temps de réagir qu'il s'était déjà remis au volant. Mes jambes et mes pieds pesaient une tonne, mais je suis quand même descendue de la voiture.

Je me suis levée vers cinq heures du matin pour me mettre une compresse d'eau froide sur les yeux. Ils me faisaient mal à cause de la méthadone achetée à Wendy et à Kyle. Puis je me suis rendormie jusqu'à huit heures. J'ai appelé Larry à dix heures. Je ne me sentais pas très bien — toutes les drogues ont des effets secondaires, et la méthadone ne fait pas exception à la règle. Mon articulation était pâteuse et j'avais envie de dégueuler.

Nous sommes restés calmes. Je me suis excusée de ma stupidité lors de nos longs adieux. Larry m'a immédiatement pardonnée. Nous avons passé la journée de samedi ensemble. Échange de trois darvon contre cinq valium et d'un mandrax contre deux rivotril. Je ne me sentais pas dans mon assiette à cause de la méthadone et avais besoin de me détendre et de me reposer. On s'est couchés un peu après minuit. Mon épuisement était total. La bataille entre le docteur Hightower et Larry m'avait jetée dans une confusion profonde. J'étais vidée.

25 JUIN

Je me demande si continuer à écrire dans ce journal a un sens. Les comprimés rendent l'écriture difficile. Si je fais une overdose, tout sera fichu, et si je me jette à l'eau, toutes ces pages se noieront avec moi. Tout ce travail a-t-il été accompli pour rien?

Mardi, Mélanie et moi sommes allées chez mes parents pour récupérer mes effets personnels. C'était juste après mon rendez-vous avec le docteur Hightower, pendant lequel il est resté dans son fauteuil comme une masse inerte, sans rien dire qui m'aide vraiment. Larry m'a persuadée que le docteur Hightower ne peut rien pour moi, qu'il se fout de ce qui peut m'arriver. Est-ce que ça m'arrange et me comble de croire cela? Le docteur Hightower avait l'air de penser que j'étais effrayée à l'idée de retourner chez moi après plus d'un an, mais honnêtement je crois qu'il n'en est rien. Je me dis que ce sera amusant de me pavaner insolemment devant mes parents et de les faire payer pour ces quatorze années pendant lesquelles ils se sont ingéniés à fabriquer cet être complètement tordu qu'est leur fille. J'ai ressenti une grande fatigue pendant toute la séance avec mon psychiatre, comme si j'adoptais un des types de comportement de Larry dans l'espoir de venir en aide à ce dernier. Trop de comprimés, trop de stress, un sommeil difficile et fragmenté.

Mes mains ont commencé à trembler quand je me suis retrouvée dans ma chambre d'enfant. Le docteur Hightower ne m'avait pas préparée à cela. Le contact avec mes parents ne posait aucun problème; c'est plutôt d'être dans la maison qui m'était pénible. N'étant plus la même personne, j'avais l'impression d'être une intruse, une étrangère. J'ai dû avaler quelques valium pour surmonter cette sensation. Dommage, j'aurais voulu prendre la situation en main sans béquille.

Mais une fois installées dans la voiture de Mélanie, bourrée de mes valises et de mes boîtes, nous nous sommes dit que l'opération avait été un succès. Un sentiment de satisfaction m'a envahie. Ce n'est que plus tard, lorsque toutes mes possessions se sont retrouvées dans ma chambre, que j'ai perdu les pédales. C'était trop. Des centaines de lettres: formules de refus de maisons d'édition, lettres d'acceptation, magazines dans lesquels certains de mes textes ont été publiés lorsque j'avais douze et treize ans, les attestations de prix littéraires que j'ai décrochées des murs de ma chambre, des piles de livres, que je me suis mise à classer de toutes les manières possibles: du plus petit au plus grand, des livres de poche aux couvertures rigides, des romans aux essais. Des livres d'école, des magazines. J'étais assise par terre au milieu de mes trésors; les coupures de journaux parlaient de mes textes avaient l'air de se foutre de ma gueule. Je ne suis qu'une droguée, une ratée. Une ratée, maintenant j'en suis sûre. Je n'ai fait aucun progrès en écriture depuis que j'suis partie. Où est passée mon ardeur d'antan?

Cette nuit au milieu de mes succès passés a été une des pires de mon existence. Malgré un rivotril, du lait chaud, la moitié d'un mandrax et un darvon, le sommeil s'est obstiné à me fuir. Le plancher de ma chambre était recouvert des trophées d'une jeune inconnue bourrée de talent.

Le lendemain, j'ai pu commencer à me rassembler. Larry s'est pointé avec de la méthadone un peu faiblarde, mais ce fut quand même une journée formidable. Nous sommes allés au parc. Au moment où j'allais sombrer dans la déprime, le jus m'a soulevée de terre; je planais, j'étais heureuse. Larry m'a vendu quatre darvon. Je me suis souvenue de ce que m'avaient dit un jour Kyle et Wendy: «Sois tout à fait honnête avec Larry», et j'ai décidé de lui avouer que j'avais fait le trottoir plusieurs fois depuis que nous nous étions rencontrés.

On en a discuté; Larry n'avait pas l'air de m'en vouloir. Il disait qu'il m'aimait encore, qu'il m'acceptait telle que j'étais. J'étais bien, détendue, aimante.

J'étais invitée à participer, le soir même, à un récital de poésie qui devait se donner à la fin d'un petit spectacle de vingt minutes. Une femme qui avait lu un de mes poèmes dans *Prism International* m'a accueillie. Selon elle, c'est ce qu'elle a lu de plus beau dans ce magazine depuis longtemps. Elle est encore plus dingue que moi.

Le récital a été superbe. D'habitude je suis nerveuse: les yeux fixés sur moi me gênent, j'ai l'impression de parler une langue étrangère. Mais cette fois, en levant les yeux au-dessus de mes pages froissées, j'ai lu la compréhension et une sorte d'émerveillement sur les visages. Les gens buvaient mes paroles. Puis ils m'ont applaudie, et la femme m'a tendu une rose. Quelques personnes m'ont déclaré qu'elles s'étaient identifiées aux images et aux problèmes abordés dans mes poèmes, et qu'elles en avaient conçu le désir de se mettre ou de se remettre à écrire. Je me sentais si heureuse!

Larry est venu me chercher; il avait l'air sinistre. J'en ai conclu qu'il n'acceptait pas que je sois retournée faire le trottoir et qu'il était allé brailler chez Kyle et Wendy. Soudain, je n'étais plus l'écrivain naissant de Vancouver, mais une pute de quinze ans, une salope, une prostituée. C'était dur. Épuisant. Mon enthousiasme s'est éteint. L'autre face de la vie a repris le dessus.

La dureté de Larry m'a choquée et mise en colère. Il ne comprenait rien à rien, semblant croire que je prenais mon pied à sucer des queues d'inconnus. Qui aimerait vivre avec la certitude d'être une putain? J'ai éclaté en sanglots. Plus moyen de m'arrêter.

Le docteur Hightower m'a dit que le mandrax pouvait induire des épisodes psychotiques. J'ai bien l'impression que c'est ce qui m'arrive. Hier matin, tandis que je pensais avec hargne à mes deux vies — celle que je menais avant de quitter mes parents étant la bonne, l'autre la mauvaise — j'ai claqué la porte de la salle de bain avec une telle violence que la poignée s'est détachée. Ce genre de crise me prend souvent le matin. La rage déborde et je me mets à gueuler comme si j'étais dans une chambre capitonnée, chez les dingues.

27 JUIN

Je sais que je devrais continuer à écrire, sous l'influence de la drogue ou non. Ce journal ne sera peut-être jamais lu par personne, mais au moins il me permet d'éclaircir mon esprit confus. Pour l'instant, la drogue et l'écriture se trouvent à chaque extrémité d'un jeu de bascule. Les choses n'en étaient jamais arrivées à ce point.

Écrire m'est difficile. Les derniers jours ont été obscurcis par la drogue. J'ai vécu dans une sorte d'hébétude. C'est samedi soir. Je ne peux plus me passer de comprimés.

Un tas de filles travaillaient la nuit dernière. Une nuit complètement dingue. Saoulerie générale. L'année scolaire terminée, des bagnoles remplies d'étudiants fonçaient dans les rues. Les conducteurs nous criaient des obscénités. Je partageais mon coin de rue avec deux autres filles; les flics nous tenaient à l'œil. Je suis une proie idéale pour les abus de toutes sortes. Ce n'est pas lever des types ou gagner du fric qui m'intéresse, c'est me détruire. Ou alors trouver quelqu'un qui me fera sauter la cervelle sans me demander mon avis. La nuit dernière, mon seul but était de prouver que je suis une putain.

308

Toutes les filles avaient l'air de porter un masque: cheveux blonds décolorés et visages grossièrement peints. Je n'ai levé qu'un mec, qui a failli me faire pleurer quand il a commencé à s'attendrir sur les années soixante après m'avoir écoutée lire mes poèmes. C'était un type bien, qui a eu des remords quand tout a été fini; mais au fond, il n'était pas très différent des autres.

Larry m'a appelée à midi et on a convenu de se retrouver à huit heures. J'avais besoin de prendre quelque chose. Pourquoi? J'ai pris une demi-dose de LSD avec de la vodka. Le résultat a été plutôt pénible. En plus, Mélanie sait très bien que je continue à voir Larry.

Quelle est cette douleur que je veux oublier? Je me suis écroulée dans la voiture de Larry. Tout s'est très bien passé, mais le mélange d'acide et de vodka ne me convenait pas du tout. Jamais je ne survivrai à tout ça. La confusion est trop grande. J'ai peur d'être foutue en tant qu'écrivain. Les drogues ont pris trop de place dans ma vie. Je ne comprends même plus pourquoi. Tout ce que je sais, c'est que la simple idée de ne plus en prendre m'est intolérable.

29 JUIN

Lundi soir. J'ai réussi à ne rien prendre depuis samedi dans la soirée. Mon corps doit être en train d'éliminer les poisons. Mis à part des moments de fatigue et de dépression, je me sens plutôt bien. Je crois que je vais survivre à tout cela avec un minimum de problèmes. La tentative que je fais en ce moment ne vise pas à la désintoxication totale, c'est plutôt un repos. J'ai besoin de soleil, de laisser mon corps souffler un peu. Les comprimés l'ont complètement détraqué, ces derniers mois.

Le ciel est un océan bleu. Il fait moins chaud, mais les derniers jours ont été merveilleusement estivaux. J'ai décidé de ne plus me tracasser autant au sujet de mon écriture, du moins pendant quelques jours — c'est le moment de profiter du soleil et de me remettre un peu à la lecture. Les livres nourrissent. Il y a quelques années, quelqu'un m'a dit que pour devenir écrivain il fallait avoir la peau dure, mais je n'ai pas pris cette réflexion très au sérieux. Avant, la route me paraissait aisée. Ce n'est plus le cas aujourd'hui.

Le prof de math — celui qui m'a beaucoup aidée dans cette matière, pour laquelle je ne suis pas très douée — continue à m'être d'un grand secours. Je l'ai rencontré par hasard dans l'autobus et nous avons discuté pendant quelques heures. Il vient lundi prochain. Nous aurons une séance de travail au cours de laquelle j'écrirai pendant qu'il préparera son matériel pour son cours d'été. Étonnante, cette obstination avec laquelle certaines personnes continuent à m'aider; chaque fois que je suis sur le point de sombrer ou d'abandonner, il y a toujours quelqu'un qui s'amène pour me redonner des forces. Mon professeur est une source de discipline et d'inspiration; Mélanie est si impressionnée par l'influence qu'il a sur moi qu'elle voudrait que je continue à le voir durant l'été. Mais il a peur que cela entre en conflit avec sa fonction au conseil d'administration de son école. Nous resterons néanmoins en contact.

1er JUILLET

Incapable d'écrire pendant plusieurs jours. J'ai envie d'abandonner et de me consacrer entièrement à la drogue et à la prostitution. Je n'avais rien pris jusqu'à la nuit dernière, puis j'ai craqué. J'avais l'impression d'avoir deux trous à la place des yeux; c'était affreusement douloureux. Alors j'ai avalé un darvon, quelques rivotril et un mandrax. Mais je reviendrai à cette contrée couverte de pages blanches aussitôt que l'effet du valium que je vais prendre se fera sentir.

Donc, tu veux une existence pleine et enrichissante. Mais le talent exige qu'on le nourrisse, et ce ne sont certainement pas les drogues qui rempliront cet office. Ne pense pas à l'échec. Evelyn, demain tu auras seize ans. Tu es encore très jeune, d'accord, mais si tu continues comme ça, tu ne deviendras jamais adulte.

Blablabla. *Je deviendrai* écrivain. L'autre choix d'existence n'est pas du tout attirant, ainsi que d'autres filles essaient de le croire et comme je l'ai cru moi-même pendant quelque temps. La vie n'est pas un film où la jeune héroïne talentueuse sombre dans la drogue. Comment oserais-je ensuite me regarder dans un miroir? Tu es née pour être écrivain. Ne gaspille pas ton talent.

7 JUILLET

Le docteur Hightower fronce les sourcils. Je suis debout devant lui, prenant congé à la fin de notre séance. Ses yeux examinent mon corps avec inquiétude. «Tes fesses ont fondu! Je ne sais pas combien de livres tu as perdu, mais tu commences à avoir l'air... bizarre. Peut-être devrais-tu... Je ne sais pas. Laisse tomber, ne te tracasse pas pour l'instant.»

Je deviens trop maigre, moi? C'est vrai que j'ai perdu vingt-cinq livres, ces derniers mois, à cause du darvon. On commence à voir mes os. La plupart de mes vêtements sont devenus trop amples; ils pendent autour de moi comme des ballons dégonflés. Le docteur Hightower dit qu'avec mon ossature, je risque d'avoir l'air de sortir tout droit d'un dessin animé si je perds trop de poids.

Je veux être en bonne santé et capable d'écrire lorsque l'inspiration et l'espoir sont présents. Tout est là. Le travail me mènera peut-être à une existence plus riche que celle que je vis à présent. Les comprimés, même s'ils me font planer, ne sont qu'un élément superficiel de ce journal, une sorte de voile. Je ne veux pas que ces pages soient uniquement centrées sur la drogue, avec ses hauts et ses bas. Mais j'ai si peur d'avoir une vie ordinaire! Le vide d'une telle existence se transformerait aisément en puits de dépression. Quelle créativité pourrait jaillir d'un tel puits?

10 JUILLET

Je veux m'enfuir à Toronto, cette ville froide, même si plusieurs personnes prétendent que je la détesterais. Si je continue à moisir ici, ma vie va finir par ressembler vraiment à un échec. Que faire? Permettre à Larry de venir habiter avec moi? Larry et son corps décharné, Larry et ses flacons de comprimés... Qui veut aider l'autre?

J'ai envie d'envoyer mon poing droit à travers une vitre et de le sortir en sang et rempli d'éclats de verre. Alors je pourrai dire: «Voilà, je ne peux plus écrire tant qu'il ne sera pas guéri.» Ça me donnerait le temps de prendre du bon temps avec les drogues, non?

En fin de compte, ce qui ressort de tout cela, c'est que Evelyn est une fainéante. Evelyn n'est plus l'enfant prodige qui a pondu un poème naïf sur ce président trop occupé à fabriquer des armes nucléaires pour respirer le parfum des fleurs et admirer les montagnes. On ne dit plus: «Regardez

Evelyn Lau. Elle a eu tant de succès! Elle a un si beau talent... et pourtant elle est bien jeune!» Le monde adulte est peuplé de milliers, peut-être de millions d'écrivains qui bouffent de la vache enragée. La compétition est acharnée. Qui va s'intéresser à une gamine qui, bien qu'elle ait du talent, s'en fout et préfère fuguer, se droguer et se prostituer? Un psychiatre qui s'emmerde, peut-être. «Tiens, tiens, un cas intéressant! Enfin!»

Qui a dit qu'on devenait riche en écrivant? C'est bien plus facile de vivre sur le dos de l'Assistance publique. Tout ce que je veux, c'est me bagarrer pour que mes œuvres soient publiées.

13 JUILLET

Étonnant de voir combien l'écriture m'empêche de m'égarer. La machine à écrire m'appelle, comme si elle avait besoin que je tape sur ses touches en silence. Elle ne me laisse pas souffler, refuse de se laisser distraire par le soleil qui brille à l'extérieur. Elle vomit à la vue des comprimés.

C'est dingue! Je trouve que les drogues me mangent trop de temps et engourdissent ma créativité! La nuit, je rêve que je suis publiée — rêves brefs où un éditeur m'appelle pour me dire qu'il s'intéresse à mes écrits; longs rêves où je cours d'une maison d'édition à l'autre avec un manuscrit sous le bras et ne récolte que des refus.

Je sors rarement. Difficile de me décoller de la machine à écrire. Quand je ne tape pas, je prépare des envois de poèmes et de nouvelles à des maisons d'édition. Je regarde le profil de Larry se découper dans les rayons du so-

313

leil couchant. Il est pensif. «Je me demande comment tu vas réagir si tu n'arrives à rien avec ton écriture.» Je n'y pense même pas. Vous imaginez Evelyn haussant les épaules de dépit puis, découragée, s'installant dans un appartement minable et retournant à l'école? Je ne pourrais pas avaler un échec, même si ceux qui s'intéressent à moi y voyaient autre chose.

20 JUILLET

Ça fait une semaine que je cours comme une poule à qui on vient de couper la tête. Je ne pense plus qu'à vivre dans un endroit à moi et à écrire. Une force intérieure me pousse, ne me permettant le repos que lorsqu'un certain nombre de pages ont été révisées.

Mais je m'arrêterais volontiers. J'aimerais tant m'accorder la petite tasse de méthadone qui arrêterait ce cirque, qui m'empêcherait de courir à Outreach pour n'y trouver qu'une gamine furieuse parce qu'on n'est pas foutu de lui trouver un endroit où loger, ou des bureaux qui ferment deux heures trop tôt parce qu'il n'y a pas assez de personnel. Ou pour découvrir que Jennifer n'est pas là, ce qui va m'obliger à me lever tôt demain pour aller chercher le chèque de garantie de l'appartement, puis à courir chez le propriétaire afin de le lui remettre. Elle était pourtant censée me le donner aujourd'hui.

Je déteste quand le thérapeute tâte mes muscles puis me demande si je prends des valium. «Tes muscles sont très, très souples, mais cette souplesse n'a pas l'air naturelle.» Est-ce si évident? Je pourrais tout aussi bien me balader avec un tee-shirt portant l'inscription: *Je suis une droguée*. Mon corps est foutu. Je me bats contre ces salope-

314

ries de drogues, je bosse comme une dingue (tout en essayant de liquider mon passé), je me prépare à vivre indépendante, ce qui n'est pas si simple du point de vue émotionnel, j'essaie de résister au trottoir et je me prépare à l'idée de retourner à l'école si je n'arrive à rien en tant qu'écrivain... Tout ça en même temps. Et ce n'est pas tout: tandis que j'y suis, pourquoi ne pas m'offrir un dernier gémissement? *Je n'ai que seize ans.*

À cause de mon impatience (justifiée, si l'on considère la léthargie des éditeurs) et d'une production trop faible (injustifiée), je viens de recevoir une lettre sarcastique et très humiliante de l'éditeur de la *West Coast Review,* qui a découvert que *The Quiet Room* (qu'il avait accepté avec *There Once Was a Commune in my Back Yard*) a déjà été publié dans *Prism International.* Pourquoi ces gens ne comprennent-ils pas que si je n'avais pas envoyé mes textes à plusieurs magazines, cela m'aurait pris dix fois plus de temps pour en arriver là où j'en suis aujourd'hui, c'est-à-dire pas très loin. Je n'écris pas assez de poèmes et de nouvelles pour me permettre d'attendre six mois avant que les uns ou les autres soient acceptés ou rejetés. J'ai toujours envoyé mes textes à plusieurs éditeurs à la fois. J'aurais dû m'attendre à ce qui arrive aujourd'hui, à savoir que deux magazines décident de les accepter en même temps, me mettant ainsi dans une situation impossible. Et voilà que *West Coast Review* refuse de publier l'autre poème et va probablement me rayer de la liste de ses auteurs en puissance, après avoir décidé dans toute leur magnanimité de m'épargner des ennuis parce que je ne connais pas les usages étant donné mon jeune âge et blablabla...

Pourquoi n'irais-je pas travailler ce soir? Un peu de fric ne me ferait pas de mal. Larry ne me téléphone plus et sa promesse de me filer «au moins deux cents dollars par mois aussitôt que tu vivras seule» a l'air de s'être évaporée dans la brume. Et lui aussi s'est évaporé, ce connard. Je l'ai toujours payé pour la plupart des comprimés. Sans parler des *blow jobs* et des triple orgasmes à l'œil! J'en ai marre de ces conneries. J'ai envie de m'effondrer quelque part. Mais je n'en suis pas capable pour l'instant.

30 JUILLET

J'ai passé une heure avec le docteur Graham, éludant ses questions, jouant avec les mots. Tout cela dans le but d'obtenir une prescription de valium. Il est resté inflexible. J'avais pourtant un argument valable: de toute façon, je m'en procurerai. Mais si c'est dans la rue, il va falloir que je paie très cher, ce qui veut dire faire le trottoir. Toute cette merde pour acheter des comprimés! Et je n'en ai plus que deux. Incroyable comme ce type est buté! C'était non, non et non. Ça m'a sidérée. Qu'est-ce qu'il croit? Que je vais lui demander du darvon la semaine prochaine, puis du mandrax la semaine d'après, puis de la méthadone? Je lui ai expliqué que s'il me prescrivait vingt-cinq valium — la provision d'une semaine —, je les ferais durer un mois. Comment croit-il que j'arrive à affronter les situations difficiles, comme voir mes parents, par exemple?

— Je ferai n'importe quoi pour en avoir, docteur Graham. (*Blow job, blow job, blow job.*)

— Je t'ai dit non. Figure-toi que j'ai confondu ton nom avec celui d'une autochtone sur mon carnet de rendez-vous. J'ai reçu cette fille pendant six ans et je l'ai vue descendre la pente grâce au darvon, aux amphétamines, au valium et à tout le reste. Elle a fini par faire une overdose.

316

Quand j'ai quitté son bureau, il a détourné la tête. Je suis allée à lui à contrecœur, bien qu'impulsivement, et je l'ai entouré de mes bras. «Merci... Peut-être dois-je vous dire merci.»

Quelle pitié! Je n'arrête pas d'interrompre mon travail pour téléphoner à Larry. Mais il ne répond pas. Ça fait une heure que son téléphone est occupé. Il a dû décrocher pour ne pas avoir à me parler. Comment faire sans mandrax? C'est absolument intenable. J'ai fini par appeler Kyle. Je le verrai en fin d'après-midi ou en début de soirée pour lui acheter de la méthadone. Ce n'est pas exactement ce que je souhaitais, mais c'est mieux que rien. Il faut que ça marche, il le faut. Mais ça ira.

Brève séance avec le docteur Hightower, tard dans la journée. Je suis entrée dans son bureau comme une folle. Puis j'ai dû faire du pouce pour rentrer chez moi. Un type en Mercedes blanche m'a ramassée. J'étais échevelée, mal fringuée — short et tee-shirt —, je n'arrêtais pas de me gratter là où j'avais été piquée par des moustiques, mais ça ne l'a pas empêché de me demander un *blow job*...

J'ai parlé au docteur Hightower des choses les plus sombres enfouies au tréfonds de moi-même. Mais il faut croire que c'était superficiel. Il m'a dit, déçu: «Tu ne fais que raconter tout cela. Tu te souviens de choses que tu as vécues, mais tu ne les sens pas, tu ne les revis pas. Les drogues te servent d'armure. Tu ne pourras faire aucun travail sérieux sur toi-même tant que tu ne cesseras pas d'en prendre.» Bon Dieu, j'ai plus que jamais besoin de liquider ce qui s'est passé dans mon enfance! Sinon je ne pourrai pas aller plus loin. Non, j'ai besoin de voir Larry, c'est tout.

— Tu es devenue ce que tous les travailleurs sociaux qui t'aiment bien ou qui se sont occupés de toi craignaient le plus. Leur crainte la plus profonde. Une putain droguée.

Le docteur Graham essayait de secouer ma léthargie, de susciter ma colère.

— La vérité est choquante, n'est-ce pas?

Il m'écoutait lui dire que je me fichais pas mal de mon écriture; que, pour la première fois de ma vie, cela me laissait totalement indifférente. Une seule chose compte: les drogues. Même celles qui ne me paraissent plus aussi formidables — mon corps s'habitue de plus en plus aux substances chimiques. Dire que je me croyais immunisée! Une sorte de reporter, un journal intime sous le bras, expérimentant les drogues et la rue avec désinvolture, sans y mettre vraiment le nez. Je m'imaginais que mon corps et mon cerveau étaient différents; jamais je n'aurais cru qu'ils se feraient si aisément embarquer. Jamais pensé une seconde qu'il pourrait en être ainsi.

— Les travailleurs sociaux s'en foutent. S'ils se sont occupés de moi, c'est parce qu'ils étaient payés pour le faire. Vous croyez qu'ils m'auraient écoutée s'ils avaient été caissiers dans une banque? Ce sont des travailleurs sociaux, on les paie pour qu'ils écoutent et fassent semblant de s'intéresser. La plupart d'entre eux ne se souviennent probablement pas de moi.

— Ce que je disais au docteur Graham était vrai.

Après la séance, je lui ai demandé ma prescription habituelle de somnifères pour deux semaines. Il a refusé, le visage figé par la colère. Plus de rivotril!

Seigneur, non! Est-il aveugle? Ne voit-il pas que tout s'écroule? Les rencontres avec mes parents, et moi, qui me

318

regarde dans le miroir de leur salle de bain avaler des comprimés; l'écriture qui ne signifie plus rien — je ne veux plus écrire, jamais —; les drogues qui représentent tout mon univers; et la mort...

J'ai cru que j'allais tomber dans les pommes. Mon cœur battait trop vite; je transpirais abondamment. J'avais suffisamment de comprimés pour me suicider : vingt-cinq rivotril, cinq mandrax, cinq darvon. Je les ai mis dans un flacon. Il y en avait assez. J'ai jeté ce que j'écrivais dans une corbeille à papier, puis je suis allée à mon futur appartement. Une bouteille de vodka sur la commode, des cigarettes, un cendrier. Tout était prêt.

Il y avait assez de comprimés sur la commode pour me tuer, je le savais. J'ai commencé à les avaler les uns après les autres. J'avais l'impression qu'ils augmentaient en nombre; certains formaient des petits tas écœurants. J'ai d'abord avalé les darvon, puis les mandrax, puis les rivotril. Erreur de calcul! Je ne me suis pas écroulée sur le sol. Des éclairs ont commencé à m'aveugler; j'avais l'impression que quelque chose bourdonnait autour de moi. Mais j'avais encore assez de force pour me traîner jusqu'au lit. J'étais légère, aérienne, comme si mon âme se détachait de mon corps. Sauf que mon âme est noire et n'avait nulle part où aller. Les comprimés se battaient, hurlaient et se heurtaient en moi. C'était douloureux; j'étais affreusement malade. Oh! Dieu! Impossible de décrire ce que j'ai ressenti. Moi qui avais cru que la mort par overdose était sans douleur! Non, c'était la pire chose au monde. Je voyais le visage de Jennifer, ses yeux bleus, son teint pâle, le bleu de ses foutus yeux... Jennifer grâce à qui j'étais dans cet appartement, Jennifer qui m'avait convaincue de ne plus m'enfuir, qui m'avait écoutée, comprise. Je n'avais pas le droit de la décevoir. Elle avait tant fait pour moi! J'ai pensé aussi à Lar-

ry, que j'aimais, puis, dans les éclairs qui m'aveuglaient —
mon corps continuait à flotter et la douleur à me torturer de
plus belle —, j'ai crié le nom du docteur Hightower.

Alors, l'obscurité a commencé à couler sur moi, et j'ai
eu peur. Puis la terreur m'a envahie. Tu avais oublié que la
mort est irréversible, Evelyn, c'est ça? La mort n'a rien à
voir avec la méthadone, qui ne fait de l'effet que pendant
quelques heures. Je suis arrivée à me sortir du lit, je me suis
forcée à vomir, puis je suis allée téléphoner chez un voisin.
Il était absent. J'ai composé le 911. Je ne savais pas si les
comprimés s'étaient déjà répandus dans mon sang. Quatre
policiers sont arrivés; une ambulance attendait dehors.

J'ai perdu connaissance. Quand je suis revenue à moi,
j'étais dans un lit d'hôpital, aux soins intensifs. Un médecin
était en train de m'enfoncer un tube plein de charbon dans
la gorge. Jusqu'à l'estomac. J'étouffais. J'essayais d'enlever le tube, mais le médecin me maintenait solidement.
Horrible. On ne devrait jamais avoir la trouille ou des regrets quand on se suicide. On m'a fait un lavement d'estomac; on a collé des électrodes sur ma poitrine et on m'a
fait des intraveineuses. Jamais je n'aurais cru que ça se ter-
minerait de cette manière. Tout s'est passé dans une sorte
de brouillard infernal. Je me suis réveillée dans des draps
tachés de sang et de charbon, avec des tubes gastriques entrant et sortant de mon corps. J'étais complètement groggy.

On m'a emmenée au pavillon psychiatrique. Il y avait
des femmes qui criaient, des hommes qui parlaient sans arrêt. Une femme pleurait dans une chambre d'isolement; une
autre prétendait qu'on la gardait prisonnière depuis quarante ans et que seule une personne perchée au sommet
d'une montagne avec un interrupteur l'autorisait à sortir de
temps en temps. L'infirmière au visage de poupée était toujours là. Elle m'a immédiatement demandé si j'avais enfin

trouvé la foi. Le psychiatre au visage de marbre était fidèle au poste lui aussi, conversant avec deux étudiantes. Puis Mélanie est arrivée et a discuté avec eux. La nuit dernière, tandis que je m'agitais comme une folle dans mon lit sans trouver le sommeil, j'ai supplié qu'on appelle le docteur Hightower. Refus. Tout se déroulait comme dans un film ennuyeux dont on ne voit pas venir la fin. Pourquoi n'avais-je pas essayé de m'endormir sous les couvertures en attendant que les comprimés fassent leur travail? Pourquoi était-ce si douloureux, si affreusement douloureux? Quand vais-je mourir? Je ne peux supporter tout cela, je ne peux plus. Je suis malade à crever.

Plus de somnifères, plus de moyens d'en finir, sauf en me jetant du pont. Seigneur! Jennifer est venue me voir, et Mélanie lui a dit que ce qui était arrivé prouvait que je ne suis pas en mesure de vivre indépendante. Les médecins lui ont dit la même chose. En conséquence, elle ne sait pas si le ministère approuvera la demande pour le 1er septembre. Mes chances sont très minces. À moins que je ne me fasse désintoxiquer et accepte de me plier à certaines règles. D'autres comédies à jouer. Si seulement je pouvais mourir sans effort! Bon Dieu, ça fait si mal quand on vous enfonce ce tube rempli de charbon dans la gorge! Et tout ce sang… Je veux *mourir*.

Les yeux bleus de Jennifer se sont remplis de larmes tandis qu'elle me regardait en silence, assise sur le divan. Je suis allée vers elle et me suis demandé pourquoi elle s'attachait ainsi aux gens. Je t'en prie, ne t'attache pas à moi, je ne peux t'apporter que tristesse. Je ne veux pas la décevoir, et pourtant je lui fais du mal. Je veux qu'elle soit heureuse. Je veux simplement que les gens vulnérables comme elle, qui aiment trop, soient heureux. Elle mérite beaucoup mieux que cet affreux gâchis. J'ai mal; il n'y a que larmes et sang autour de moi. Je ne crois pas que je vais m'en tirer cette fois.

Sixième Partie

du 14 août au 1er octobre 1987

Je suis obligée de jouer à d'autres jeux et de dire des mensonges, même à mon psychiatre. Comment en suis-je arrivée là? Je suis engloutie par la peur, par l'anxiété, par la dépression. Car la dépression s'est installée; je m'y enfonce. Je suis exténuée; la nausée ne me quitte pas. Il ne me reste plus d'énergie pour lutter. Chaque cauchemar me fait penser à un château de cartes qui s'écroule, les cartes s'aplatissant les unes sur les autres en quelques secondes: Mélanie décidant que je ne suis pas en mesure de vivre seule; le directeur différant son autorisation de sortie; le docteur Hightower pas très présent; Larry et la drogue; et moi, toute seule, sans comprimés et n'aspirant qu'à la mort. Trop tard, Evelyn, tu t'es dégonflée au moment crucial.

Mon anxiété au sujet de l'autorisation de vivre seule à partir du 1er septembre tourne à l'obsession, qui ne risque pas de se dissiper facilement avec l'overdose et la faiblesse générale qui en a découlé. Cet appartement dont je rêve depuis si longtemps ne m'a jamais paru aussi désirable. Je l'aime par-dessus tout. C'est cet appartement et le visage de Jennifer planant au-dessus de moi qui m'ont poussée dans la salle de bain pour y vomir, puis chez le voisin pour appeler la police. Si les gens qui m'ont prise en charge décident d'ajourner la date de ma liberté parce qu'ils s'imaginent qu'une vie indépendante constituerait un danger pour moi (comme si Mélanie me protégeait de tout; comme si je ne pouvais pas faire une autre tentative de suicide chez elle!), quelque chose va arriver. Les cours recommencent en septembre; si je ne suis pas dans mon appartement à ce moment-là, je n'irai tout simplement pas à l'école, pour la bonne raison que je me suis inscrite dans un établissement qui se trouve dans l'est de la ville.

Le docteur Hightower a admis que cela faisait en quelque sorte partie d'une politique générale. Les services sociaux sont dans l'embarras quand les mômes à qui ils ont accordé l'autorisation de vivre seuls se suicident dans leur appartement! C'est très triste. Et c'est dur de ressentir une telle colère et de se trouver dans l'impossibilité d'agir. Si je refais une autre tentative de suicide, le système psychiatrique tout entier va refermer ses puissantes mâchoires sur moi et m'avaler tout entière, me plongeant dans les tourments, la dépression, l'impression terrible de m'être fait piéger et la certitude d'être fichue à jamais.

Pour l'instant, je suis obsédée par l'idée que je vais devoir continuer à rentrer chaque soir chez Mélanie. Cette crainte n'est pas tellement différente de celle qui m'habitait quand je vivais chez mes parents. Cette peur dans laquelle s'engloutissait chacun de mes pas incertains vers «la maison». Je suis terrifiée à l'idée de retourner chez Mélanie. J'ai peur de Mélanie elle-même, sachant très bien que, quoi que je fasse, elle se retournera contre moi. Ma colère se nourrit d'elle-même et ne cesse de grandir. On dirait que l'hostilité, le ressentiment et cette haine immense que je ressens sont assez grands pour avaler le monde.

Ce sont encore et toujours les comprimés qui pourraient, temporairement du moins, m'éloigner de ce qui va peut-être se transformer en dépression nerveuse. La méthadone aide un peu, mais elle ne suffit plus. La nuit dernière, je me suis réveillée à trois heures trente avec un irrésistible besoin de me gratter le corps entier. Symptôme classique. Plusieurs cauchemars se bousculaient dans ma tête, m'interdisant la paix et le sommeil.

J'ai besoin d'être dans mon appartement où, comme une épouse névrosée, je n'arrêterai pas de tourner en rond, frottant ceci ou cela, m'assurant constamment que les objets sont bien à leur place, le visage luisant de fierté désespérée devant mon petit royaume. Je suis si seule pour affronter ce qui vient de m'arriver! Si je ne m'étais pas dégonflée ce soir-là, je n'aurais pas à vivre ces tourments. L'image de l'appartement ne serait pas en train de s'éloigner dans le futur. Je serais moins seule et dépressive lorsque je n'ai pas de comprimés et plus prudente quand j'en ai.

16 AOÛT

Mon seul ami, c'est Larry. Je n'ai plus de somnifères, mais il me donne parfois des mandrax. La nuit dernière nous avons bu de la méthadone, mais en quantité insuffisante. Je n'ai pas les moyens d'en acheter davantage puisque je ne travaille pas. On a aussi été chercher des valium chez Kyle et Wendy. Les journées sans comprimés se traînent à n'en plus finir. C'est à peine supportable. Quand je pense qu'il y a un an le docteur Graham m'a regardée avec stupéfaction quand je lui ai dit que je voulais faire l'expérience d'une cure de désintoxication. Puis ce fut le LSD et la marijuana. Lundi, il m'a examinée et m'a dit: «Pourquoi ne ferais-tu pas une cure de désintoxication?» Je ne le pourrai pas si on ne m'y force pas; je ne supporterais pas la vie sans drogue. Même si je n'arrive plus à rassembler les rimes qui se tortillent dans ma tête pour en faire un poème. L'écriture ne m'attire plus. Tant pis, ce n'est pas si terrible; il n'y a pas de quoi en faire une maladie. Il n'y a qu'une chose qui me rende malade, c'est de passer une journée sans comprimés. La présence de Larry, et ce qu'il me donne pour que je me sente normale et même — oui — heureuse, sont mes seuls réconforts. Vivre chez Mélanie, c'est comme vivre dans une prison. Et la question de savoir si je vais devenir un écrivain ou une droguée ne se pose plus. Cela n'a plus d'importance. Le problème est ridiculement bénin lorsqu'on le compare à la lutte quotidienne ou au plaisir délicieux que procurent l'attente et l'absorption de méthadone, de mandrax ou de quoi que ce soit qui me garde en vie (ce que je veux être) et satisfaite de moi et de l'univers.

18 AOÛT

Il faisait si atrocement froid hier soir, lorsque j'ai quitté l'appartement de Larry pour aller prendre l'autobus, que j'ai fini par faire du stop. Une longue voiture bleu foncé s'est arrêtée. Le conducteur, vingt ans environ, avait de longs cheveux bouclés lui retombant sur le front et le nez crochu. Le tableau de bord de sa bagnole était programmé. Les portières pouvaient être verrouillées par le conducteur. Le type portait une chemise jaune pâle à manches longues. Je me suis effondrée sur le siège avant et lui ai demandé s'il pouvait me déposer à Kitsilano.

Il y avait un bout de temps que C. tournait en rond dans l'espoir de tomber sur son vendeur de coke. Nous avons décidé de stationner quelque part pour un *blow job*. Sans problème, me suis-je dit. Je voulais juste un peu de fric pour acheter de la méthadone. C. m'a raconté qu'il avait vécu dans des foyers d'accueil et dans des familles adoptives, et qu'il possédait maintenant trois bagnoles et louait les services de filles dans des bureaux d'hôtesses. Pas un mot de plus. Quand on est arrivés au terrain de stationnement, il m'a dit que si je n'enlevais pas mon débardeur, pas question qu'il me file trente dollars. Le salaud. Je lui ai

328

répondu que je pouvais gagner beaucoup plus que ça en restant habillée: trente dollars pour un *blow job,* à prendre ou à laisser. Il en avait vraiment envie, alors il a accepté.

Mais il est devenu violent pendant la séance et m'a arraché mon soutien-gorge. Quand j'ai voulu protester, il a dit: «Sois gentille ou je te donne une fessée.» De toute façon, il m'aurait quand même battue après. Il a pris ma tête pour la faire aller de bas en haut, puis il s'est couché sur moi. J'ai commencé à me débattre pour de bon. Il faisait noir, et nous étions seuls dans le stationnement. Je me tordais dans tous les sens pour essayer de lui échapper, mais il était plus fort que moi. Il voulait baiser, et j'avais peur qu'il sorte un couteau si je refusais. Il m'a arraché mon débardeur. Puis il a joui sur moi; son sperme a giclé sur mes seins, sur mon ventre et sur mes cuisses. Je ne voulais plus de mon corps. J'avais envie de le jeter aux quatre vents, ce corps devenu trop dégueulasse pour m'appartenir. Marqué à tout jamais par ce sperme blanc dégoulinant sur tous mes membres.

J'ai cessé de me débattre et je suis arrivée à me détendre suffisamment pour lui passer doucement la main dans les cheveux. J'ai caressé son dos, ses bras. Puis je lui ai dit, dans un murmure, que ma position était inconfortable et qu'il serait gentil de retourner un moment à sa place. Il a obéi.

Alors j'ai attrapé mon sac et me suis jetée sur la portière. Impossible de trouver la poignée. Les larmes me sont montées aux yeux.

— T'es enfermée, a-t-il dit.

Il n'a pas été assez rapide. Une fraction de seconde avant qu'il atteigne le dispositif de verrouillage, j'avais trouvé la poignée et ouvert la portière. Seigneur! La nuit était complètement tombée. Je me suis jetée hors de la bagnole avec mon débardeur à moitié enlevé et mon soutien-gorge accroché à l'épaule. Seigneur, seigneur!

Je ne savais plus quoi faire. Heureusement, les services d'urgence se trouvaient trois pâtés de maison plus loin. J'y suis allée pour me laver. Un travailleur social m'a demandé une description du type, puis il m'a ramenée au foyer.

25 AOÛT

Cinq jours d'abstinence. J'ai l'impression qu'ils ont duré un mois. Mais il faut que je cesse de prendre des drogues. Tandis que je me balade, clignant des yeux sous les rayons d'un soleil trop éclatant, j'imagine Larry, dans sa bagnole, ouvrant la boîte à gants, y prenant une bouteille de méthadone et la balançant devant moi comme un pendule. C'est le troisième jour qui a été le plus dur — dépression et épuisement associés à de fortes nausées et à une oppression allant jusqu'à la suffocation. J'avais l'impression que je n'arrivais plus à respirer.

Tous ces gens que je veux impressionner par mes écrits! Impressionner est le mot exact. L'imagination revient; c'est elle qui m'aide à tenir bon. Je passe des heures devant ma machine à écrire. Dans la chaleur suffocante, je respire le désir et le besoin d'écrire.

La séance d'aujourd'hui avec le docteur Hightower a été très productive. Nous avons fait du meilleur travail en une heure qu'au cours des derniers mois. Je me sentais si disponible, si fière d'être nettoyée de toutes ces saloperies de drogues. Le docteur Hightower a noté ce qui a émergé après *trente-cinq minutes* de discussion sur la prostitution.

«J'étais en train de combler quelqu'un, ce que je ne pouvais pas faire, lorsque j'étais enfant, avec mes parents.»

J'ai dit cela! C'est moi qui ai dit cela, pas le docteur Hightower. Ces mots sont sortis de *ma* bouche. Ce n'était qu'une phrase, quelques mots très simples, et pourtant, après la fierté et l'euphorie initiales, la peur m'a étreint. Et l'anxiété. L'impression d'être perdue, mise à nu.

— Est-ce que tu réalises l'importance de ce que tu viens de dire?

C'est trop lourd. Cette évidence a probablement sauté depuis longtemps aux yeux de tous ceux qui se sont occupés de moi, comme elle a sauté aux yeux du docteur Hightower. En faisant ces *blow jobs* qui se terminent par un orgasme, je comble quelqu'un, *ce que je ne pouvais pas faire avec mes parents.* Que le type soit un client de passage ou un régulier ne change rien à l'affaire. C'est *quelqu'un.* Le plus pénible a été de découvrir que je n'avais pas été capable de satisfaire mes parents, et que je le pouvais moins que jamais. C'est désormais sans espoir. Il faut que j'abandonne cette idée. Le docteur Hightower a raison lorsqu'il dit qu'il est inutile d'espérer que mes parents changent. Pourtant, je nourrissais inconsciemment cet espoir. Je ne savais pas que toutes ces choses étaient enfermées en moi!

J'ai besoin d'avoir du valium dans ma poche. Je n'y toucherai pas. Je jure que je n'y toucherai pas. Larry a appelé ce soir. J'aurais pu facilement lui extorquer de la méthadone, mais tout s'est mis à vaciller dans ma tête et, de toutes mes forces, j'ai écarté cette envie, parlant calmement à Larry, le repoussant. Mais cela m'a vachement secouée. La voix de Larry, si familière... Cette voix annonciatrice du don de la drogue. Nous nous sommes montrés plutôt froids l'un envers l'autre, mais je lui ai quand même demandé de me rappeler demain. Je ne peux pas résister, c'est aussi simple que cela. L'attrait irrésistible de la drogue. J'ai eu le sentiment d'être trahie lorsque j'ai appris que Kirk avait décidé d'entrer en cure de désintoxication. Je voudrais que ça rate; j'ai besoin de reformer cette communauté que j'essaie d'abandonner depuis plusieurs jours.

Mais je veux aussi être moi-même et me tourner vers ce journal lorsque j'ai des problèmes. Mettre ces problèmes sur papier plutôt que les refouler dans mon inconscient avec des drogues. Je veux me sentir entière, en bonne santé, heureuse. Je veux être en mesure d'affronter tout ce qui se présente sans l'aide de la drogue. Je veux éliminer cette envie compulsive afin qu'elle cesse de me détourner de mon chemin. Je veux tirer le meilleur de moi-même, rester forte. Et pourtant, comme je voudrais que Larry vienne ici demain avec de la méthadone! Seigneur! Je veux désespérément ressentir la plénitude qu'elle apporte: la certitude que le monde est merveilleux, et que je le suis aussi... Ces sentiments extraordinaires! Qui a dit que tout irait de mieux en mieux? J'espère que toi, Écriture, tu pourras m'aider! Ne faiblis pas; il faut que tu te montres plus forte que jamais, que tu te montres irrésistible.

30 AOÛT

Un spectacle à moi toute seule, ce matin, lors de la rencontre à propos du projet de vie indépendante, tandis que je me déplaçais à l'aveuglette dans mon brouillard «valiumisé». Mélanie avait l'air si nerveuse que j'avais envie de lui tendre un tranquillisant par-dessus la table. Jennifer a fait le bilan de mes activités durant les cinq derniers mois chez Mélanie, puis elle s'est tue. J'ai répondu aux questions, fait des suggestions, expliqué, analysé. Tout s'est passé, dans cette pièce éclairée au néon, comme dans

332

un rêve étincelant. Tout était parfait. Les autres n'avaient rien à dire; j'aurais pu tout aussi bien diriger la réunion moi-même. J'ai même proposé de passer mes week-ends chez Mélanie pendant le premier mois. «Pour que l'adaptation soit plus facile», ai-je ajouté. Ils ont donc approuvé la vie indépendante à certaines conditions: week-ends chez Mélanie pendant le mois de septembre, rencontres hebdomadaires avec Jennifer, école, adieu à la prostitution, poursuite de la thérapie avec le docteur Hightower, écriture et un cours d'auto-défense. Jennifer et Mélanie étaient étonnées de mon comportement. Elles avaient manifestement craint des éclats, des larmes, une fuite hors de la pièce. Elles ignoraient que tout cela était dû à la magie du valium, grâce auquel je me sentais assez forte pour supporter n'importe quoi.

Plus tard, il m'est apparu que je n'avais peut-être pas tellement envie de vivre seule, que je ne voulais plus jamais être seule. Mon appartement au sous-sol ne brillait plus de tous ses feux inaccessibles — il y avait des taches sur le tapis, des araignées avaient pondu dans les placards, la vie en était absente. Je me demandais pourquoi je m'étais autant battue pour l'obtenir, pourquoi il m'était apparu comme une planche de salut. Larry ne se montre plus beaucoup. Peut-être voyais-je cet appartement comme une oasis qui ne serait pas destinée à l'épanouissement et à l'étude, mais au sexe, à la drogue et, au bout du compte, à la mort? Mais j'ai gâché mes chances en ce qui concerne le suicide. Quelle ironie! Si je suis passée au travers de cette réunion sans problème, c'est uniquement à cause des comprimés que Larry m'a donnés quand il me tenait sous son emprise. Sans eux je me serais noyée. Le désastre. Désastre qui aurait peut-être dû avoir lieu.

Le rôle joué par Larry dans les bienfaits que me dispense la drogue est devenu celui d'un gêneur. Il n'est que le grossier emballage de ce cadeau précieux qu'est la drogue; il est bien difficile de le défaire et de m'en débarrasser. Quelque chose en moi le hait avec une telle violence à cause de ce qu'il m'a fait que je le voudrais mort; en fait, je voudrais le tuer, bien que cela ne soit peut-être pas nécessaire: il est constamment malade et semble se rapprocher tout seul de la mort. Mais il ne faut pas qu'il meure. Où trouverais-je les prescriptions? Et la méthadone?

Je ne voudrais pas donner l'impression d'être désespérée, ou accrochée, même si tout ce que je dis peut le laisser supposer. Au contraire, je veux croire que tout cela est faux. Demain, nous serons le 1er septembre. Je vais déménager, m'installer chez moi. Pourquoi nierais-je que j'espère un changement total dans mon existence, un bond dans une sorte de paradis ? Une vie nouvelle.

1er SEPTEMBRE

Je crois qu'il conviendrait de marquer d'une pierre blanche ce premier jour de mon indépendance. Commençons tout d'abord par écrire les quelques phrases de circonstance. Je râle parce que j'avais en tête les matériaux d'une nouvelle et qu'après avoir écrit des pages et des pages, j'ai fini par tout déchirer! Trop provocante. Je ne suis pas encore prête, ou alors j'essaie de me défiler. Il y a plus d'un an que je n'ai pas écrit de nouvelle. Juste quelques esquisses. Ma dernière idée m'est venue d'un rêve. Le docteur Hightower m'a dit que je tenais là un excellent sujet. Mais créer quelque chose qui est en fait un mini-livre me fait trop peur. J'essaie de me dire que cela ne change rien, qu'écrire c'est écrire, mais je sais, moi, que cela change quelque chose. C'est là le problème.

Je ne crois pas que je recommencerai à me prostituer, pas après avoir déterré les raisons de cette horreur avec le docteur Hightower. L'idée même de la prostitution m'est devenue à peine concevable. Evelyn, une prostituée? Non, ces deux entités ne vont pas ensemble; alors, pourquoi essayer de les rassembler et de faire d'elles une seule et même personne?

Je n'ai pas envie d'écrire. Désolée. Plus tard peut-être. Je m'en tiens pour l'instant à ces quelques mots dans mon journal, pour dire que tout va bien. Il me suffit de penser qu'un jour je m'y mettrai vraiment. Pas de promesses. Rien qu'un peut-être. Mais je travaillerai d'arrache-pied.

3 SEPTEMBRE

Une fois de plus j'ai succombé, après six jours d'abstinence. Le docteur Graham m'avait dit que ce n'était pas le troisième jour qui était le plus dur — pas avec la méthadone —, mais les sixième, septième et huitième. Ceux-là sont pénibles. Quand je pense que dans ma candeur je m'imaginais que le fait de ne prendre de la méthadone qu'une fois par semaine allait m'empêcher de devenir accro! Le docteur Graham dit que tant que je prendrai du jus, même une fois la semaine, mon corps continuera à être dépendant.

La journée d'hier n'a pas été trop difficile. Je crois que c'est le fait d'avoir de la méthadone sous la main qui m'a fait craquer. À part cela, je suis vraiment bien dans cet appartement, dans cet espace qui n'appartient qu'à moi, dans lequel je me sens beaucoup plus motivée pour écrire. Je me sens entière, heureuse d'être capable de m'en tirer toute seule. J'ai l'impression d'être en sécurité, comme si j'appartenais à cet endroit. Aucune sensation d'être coupée du reste du monde, ou piégée.

Mis à part quelques heures de-ci de-là, je n'ai pas dormi depuis quatre nuits. Je n'ai pas de rivotril. Je suis inquiète; j'ai la migraine et la nausée. Je me tracasse au sujet du fric, mais l'appartement disparaîtrait en fumée si on me prenait dans la rue, ce qui est de toute façon devenu trop horrible et effrayant pour que je sois ne fût-ce que tentée d'y retourner.

Larry a passé la nuit ici; j'ai pu dormir quatre heures. La méthadone m'a donné une sensation de bien-être, de détente, de plénitude, mais mes pupilles n'ont pas rétréci comme d'habitude. Larry m'a également filé quatre mandrax, deux tranquillisants et deux darvon. Il déclare qu'il se sent coupable et immoral lorsqu'il me donne de la méthadone, mais je me demande si ces sentiments ne viennent pas tout simplement du fait que je ne le paie pas. Il semble avoir décidé de ne plus en prendre. «Reprendre de la méthadone serait comme me trouver en pleine tempête enveloppé dans une couverture chauffante mais sans endroit où aller.»

L'angoisse me submerge, parfois. Peut-être ne puis-je pas vraiment me faire à l'idée de devenir adulte. Mes parents m'ont volé mon enfance et la plus grande partie de mon adolescence. Je ne suis plus vraiment une adolescente et je ne l'ai d'ailleurs jamais été. C'est dur. J'espère que j'arriverai à écrire sérieusement dans le cadre de mon cours d'anglais et que, petit à petit, le négatif disparaîtra de mon existence. Je veux être comme les serpents qui se débar-

336

rassent de leur vieille peau. Et surtout, avec l'aide du docteur Hightower, j'espère être capable d'intégrer mon enfance au présent — plus de dénis, plus de blocages — et de développer l'estime de moi-même qui m'a toujours fait défaut.

6 SEPTEMBRE

Si tout n'était pas si triste, les choses n'iraient pas trop mal. J'ai beaucoup vu mes parents ces derniers jours, en partie pour être avec ma sœur Karen, en partie pour rassembler mes derniers effets personnels et, bien sûr, en guise d'autopunition. S'il n'y avait que la rage ressentie devant la personnalité irrémédiablement figée de ma mère et l'éternel silence de mon père, la situation serait supportable. Mais ma mère persiste à faire ses petits gestes d'amour pathétiques et désespérés et mon père s'obstine dans un silence qu'il croit compréhensif. Tout cela me déchire. J'ai envie de tuer, de détruire des objets et de me tuer moi-même, tout en même temps. Affreusement triste, le spectacle de mes parents s'efforçant de se contenir de peur de dire ou de faire quelque chose qui pourrait de nouveau m'éloigner d'eux. Mais leurs tentatives sont si évidentes, si maladroites, si cousues de fil blanc qu'elles révèlent encore plus clairement ce qu'ils essaient de cacher. Leurs efforts n'aboutissent à rien, mais ils les font néanmoins, et tout cela me rend immensément triste. Mon chagrin brûle dans les feux les plus ardents et s'éteint dans un océan sans fond. Je voudrais les protéger, les serrer dans mes bras, les aimer sans réserve. Un amour auquel je pourrais tout sacrifier. Mais je sais que cela est impossible: cet amour n'existe pas. L'espoir est gravé dans leurs traits; leur cœur se gonfle dans l'attente d'un geste d'acceptation. Il m'arrive de poser un bras sur leurs épaules, comme ça, en passant, mais il faut pour cela que je sois défoncée. Ce qui arrive souvent, il faut bien le dire.

En ce qui concerne la drogue, j'ai momentanément perdu la partie. Le matin, je suis parfois si hébétée à cause des tranquillisants que j'en titube. Je zigzague; il faut que je m'appuie sur Karen pour me déplacer. Mes parents n'y voient que du feu. Leur ignorance et leur incroyable résistance à la vérité les protègent. Briser ce mur est impossible. Il les abrite si bien.

J'ai avoué à Larry que je le haïssais et avais envie de le tuer, mais ça ne nous empêche pas de passer de plus en plus de temps ensemble. C'est un besoin compulsif. On dirait que je ne peux survivre sans lui; il y a un espace en moi qui n'aspire qu'à être rempli par lui — mais peut-être n'est-il qu'un espace lui aussi. Sa présence m'est intolérable lorsque je suis à jeun. Ce sont donc les drogues qu'il me donne qui m'attirent vers lui et m'éloignent de la lucidité. Je prends trop de méthadone; hier, elle n'a même pas rétréci mes pupilles. Il va falloir doubler la dose. Je n'ai dormi que trois heures la nuit dernière, me grattant partout; mon corps est couvert de marques. Je ne sais plus quoi faire. Je ne suis plus qu'une ruine dévorée par le stress, épuisée par le manque de sommeil.

Larry vient ce soir après le boulot. J'ai allumé la lampe au-dessus de mon bureau et je tape à la machine, cherchant mes mots, essayant désespérément de donner un sens à ce vide sortant de mon cerveau ramolli. J'ai passé le week-end chez Mélanie, pour respecter ma parole, en tout cas pour faire ce que l'on attend de moi, même si nous savons tous qu'il ne s'agit que d'un simulacre. J'ai détesté cela. Quel ennui d'être là sans ma machine à écrire, mes livres et mes effets personnels! Ce vide n'a pas arrangé les choses et m'a conduite à deux doigts de la déprime.

Un de mes anciens clients réguliers a téléphoné samedi matin chez Mélanie. Après lui avoir répondu évasivement d'abord, puis déclaré carrément que c'était terminé pour moi, j'ai fini par accepter d'aller chez lui pour un *blow job*. Cent dollars! L'argent n'a pas grande importance; ce n'est que du papier. J'ai cessé de résister lorsqu'il m'a déclaré que c'était moi qu'il voulait, «parce que tu es différente». Toujours avide de rassembler des indices pouvant m'éclairer sur ma personne et mes réactions par rapport à toute cette merde, j'ai foncé! Quand nous sommes arrivés chez lui, R. m'a offert un rhum coke, puis nous avons fumé la «surprise». «Pour ma petite chérie», a-t-il murmuré en me tendant un joint de hasch avec une joie enfantine.

Irrésistible. Je n'ai pas eu le courage de refuser et, comme d'habitude, je suis allée dans la salle de bain pour avaler un gravol afin de prévenir la nausée qui ne manquerait pas de me submerger. Haut-le-cœur, spasmes, terrible envie de vomir. R. est gras et mal foutu. Il a le béguin pour moi parce que j'ai les pieds sur terre, que je ne sirote pas mes drinks et que je n'ai pas froid aux yeux. À quoi tout cela me sert-il à présent? Le docteur Hightower serait certainement intéressé de savoir pourquoi j'ai accepté de voir ce type. Après tout, je ne suis plus une prostituée et je n'ai plus besoin de me coller à cette identité. Mais ce qui est familier me donne une sensation de sécurité. Même si cette sécurité repose sur un terrain miné. R., masse de graisse blafarde couchée sur moi, prêt à me baiser, nos deux corps ballottant sur un lit d'eau... J'ai roulé par-dessus lui comme sur un ballon de plage. Je ne peux pas! Je pourrais être enceinte, tu comprends?» Un jour viendra où ces mots ne feront plus d'effet. Mais il n'y aura pas d'autre jour; ce qui s'est passé aujourd'hui est un accident isolé. Ça n'arrivera plus jamais.

La prochaine séance avec le docteur Hightower sera inutile, stérile: je serai trop gelée pour suivre la thérapie. Je ne ressens plus aucun besoin, aucune curiosité. Les drogues me font régresser si loin que la psychothérapie devient absurde.

Je me demande si je ne devrais pas tout laisser tomber. Quel ennui! Il me semble qu'il n'y a plus rien qui vaille la peine de se battre. Mais ceux qui se laissent impressionner par les apparences sont contents. On dirait que Evelyn va mieux: elle a son appartement, elle voit ses parents, elle est retournée à l'école... C'est vrai, je suis retournée à l'école. Mais personne ne connaît ma rage et mon désespoir, ma nausée, ma tristesse indicible, si effrayante et pourtant plus désirable que le vide absolu qui m'étourdit parfois. C'est comme ça. Mais je survis, je passe d'un jour à l'autre dans l'attente d'un événement extérieur ou intérieur. Surgiront-ils isolément? Formeront-ils un tout? J'attends, marchant dans les rues, tandis que tous mes rêves s'engloutissent dans le passé. Avec l'envie de transpercer Larry d'un coup de couteau afin de mettre un point final à toute cette histoire. Pour pouvoir reconstruire.

8 SEPTEMBRE

«Qui voudrait être déprimé quand il y a moyen d'être bien dans sa peau?» disait Alice dans son journal intitulé *Go Ask Alice*. Moi, je le veux, je crois. Éteinte. C'est d'ailleurs ce que j'ai voulu être toute ma vie. Aujourd'hui, je comprends pourquoi les tranquillisants me paraissent si attirants.

La matinée d'hier à l'école s'est bien passée. Extrêmement éprouvante pour les nerfs au début, mais je m'en suis relativement bien tirée grâce à la préparation du docteur Hightower. Ce n'est pas comme l'an dernier, lorsque j'y étais allée sans conviction, haïssant les professeurs qui pour moi représentaient l'autorité, brandissant ma bonne éducation comme un bouclier. Cette communauté à l'intérieur d'une école n'est pas si horrible après tout! J'ai rencontré Lana et bavardé avec elle. J'ai eu un très bon contact avec quelques élèves; ils n'étaient pas sur la défensive. Moi non plus. Une adolescente. Apparence de normalité; moments où on croit pouvoir s'y insérer.

9 SEPTEMBRE

Chaque jour, au cours d'anglais, nous faisons semblant d'écrire un journal intime. Dix minutes. Je recopierai désormais ces notes dans mon vrai journal.

«Le professeur se conduit comme mon psychiatre. "Ne censurez pas vos pensées. Ce que nous faisons ici pourrait vous servir de thérapie. Vous pouvez aussi raconter vos rêves." Il saute de l'estrade et ouvre les bras. Rires.

«Peut-être pourrais-je écrire mon désespoir, et ma conviction aiguë que l'école ne me convient pas plus que par le passé, qu'il faut que je m'en échappe? Valium. Je pourrais appeler Larry avant le déjeuner; il viendrait et, sans poser de questions, sans gestes d'amour inutiles et dépourvus de sens, il me tendrait un flacon à épices rempli de méthadone. Puis je flotterais, heureuse, inaccessible, pendant les cours de sciences et de français. Et tous les autres. La drogue et l'école s'additionnent difficilement (en outre, que donnerait cette addition?), mais j'en veux tout de suite, et mon désir est violent. Qui pourrait m'en priver? La feuille sur laquelle j'écris devient floue, mouvante; mon cerveau ne produit plus de pensées remarquables. Je me disais bien que la drogue deviendrait un jour débilitante. Elle s'infiltre sans pitié dans mes pensées. Je rêve éveillée d'un océan liquide, jaune, amer, d'un goût horrible; un océan enfanté par Kyle et Wendy, qui se répand sur mon bureau de bois clair patiné, sur ces pages vierges, sur mes ongles bleuis, sur moi. Sur moi! Je veux me noyer dedans.

«Les drogues ne m'inspirent plus. Après quelques joints, après les deux ou trois premiers trips d'acide, et même après la première expérience avec la méthadone, l'inspiration s'est envolée. Je n'ai plus rien à dire qui pourrait intéresser quiconque. Quelle suffisance de croire qu'un lecteur pourrait avoir envie de lire un journal dans lequel un jeune écrivain plein de promesses éructe quelques incohérences sur la drogue! Il serait furieux de s'être fait avoir. Mais moi, je ne suis pas furieuse, je suis désespérée. J'ai un tel besoin de drogue! Je n'hésiterais pas à prendre une dose d'acide si je pensais que cela va faire disparaître mon désespoir, mais je sais par expérience que cela ne servirait à rien.

«J'ai du valium, du mandrax et du LSD dans mon sac à dos, avec un sandwich au beurre d'arachide et des chemises contenant des documents. Je veux être examinée par les yeux perçants de mes compagnons afin qu'ils découvrent que je ne suis qu'une ruine. Si je ne réussis pas ici, où le pourrai-je? Je n'ai plus d'idées, plus de méthode, plus d'inspiration. La pensée du suicide pèse sur moi comme une toile épaisse, suffocante, convaincante dans sa finalité.»

La journée d'aujourd'hui a été rude, pourtant elle me paraît moins terrible maintenant que je suis sous l'influence de la méthadone. Chaque touche de la machine à écrire cognant sur la feuille m'ébranle tout entière. Beaucoup de choses me passent par la tête, c'est effrayant.

À l'école, où je dois une fois de plus me livrer à un combat permanent pour m'intégrer, les seuls élèves avec lesquels j'ai encore quelque chose en commun sont les rockers. Certains élèves m'ont surnommée «l'effrontée». Est-ce qu'ils savent seulement que cette hardiesse dissimule ma maladresse et ma solitude? Je veux m'intégrer et je commence à traîner avec les gars et les filles en veste de cuir, qui aiment le *heavy metal,* haïssent les pédés et les mauviettes, méprisent le monde en général et sont incapables de dire trois mots sans y ajouter *Fuck!* en gueulant le plus fort possible. Ils sont probablement plus conformistes que les autres. L'un d'eux s'est attaché à moi.

J'ai eu peine à passer au travers de la journée, éclatant en larmes à plusieurs reprises quand j'étais loin des regards des autres. Je *mourais* d'envie de prendre de la méthadone. Insupportable. J'ai fini par avaler un valium.

Les cours sont longs et difficiles. J'ai complètement oublié mes leçons de sciences et de français. Beaucoup de temps a passé depuis ma dixième année. Ce temps pourrait paraître une éternité à d'autres gens. J'ai passé l'heure du repas du midi et quelques heures après l'école avec mon nouvel ami, l'écoutant divaguer sur ses relations et celles de ses copains avec le *heavy metal,* la drogue, et sur leurs rigolades dès qu'il est question de suicide. Je savais que je serais immédiatement rejetée si je faisais preuve du plus infime soupçon d'intelligence, de perspicacité ou de créativité; si je disais «Je n'en ai pas» au lieu de «J'en ai pas». Non, Evelyn dit: «J'en ai pas» et est acceptée. Quelle torture! Toutes ces conneries me donnent si mal au cœur que j'en vomirais sur les foutues touches moqueuses de ma machine à écrire. Seigneur! Malgré toutes mes expériences, je n'ai personne avec qui je puisse m'entendre, parler, avoir des choses en commun. Ça ne peut pas durer, je commence à m'en rendre compte. M'exprimer par monosyllabes, refouler mon individualité me donnent la nausée. Ça me ronge.

En fait, je ne me sens pas bien du tout. Je ne sais plus quoi faire. L'école est merdique, et ce qu'il y a d'ironique dans cette situation (encore faudrait-il avoir le courage d'en rire), c'est que je dois prendre quelque chose chaque matin pour arriver au bout de la journée. Demain, Larry viendra me chercher à l'heure du déjeuner et nous irons acheter du valium. Mon Dieu, je t'en supplie, aide-moi !

10 SEPTEMBRE

«Les élèves de la classe vont et viennent. Ce que j'écris ici n'a pas d'importance: le prof préfère la quantité à la qualité. Je suis affamée d'instruction, mais l'école n'en est pas moins une perte de temps. Je ne sais plus comment me comporter; les apparences sont tombées à cause de la méthadone.

«Un jour, à l'école que je fréquentais, pendant un cours de sciences, on a vu un gars se faire arrêter parce qu'il vendait de l'herbe. On s'est précipités à la fenêtre pour regarder. Il donnait des coups de pied aux flics qui le maintenaient. Ce spectacle m'a laissée indifférente.

«Le silence bourdonne, les néons sifflent, comme pour exprimer leur sympathie. Le prof a quitté la classe, et quelques élèves se sont tournés les uns vers les autres pour bavarder bruyamment. J'en ai marre, même si une partie de moi-même est attirée par les livres que j'ouvre avec avidité, comme un chien s'empare d'un os. Mais presque tout le reste de ma personne hait ce cirque et réclame des drogues pour pouvoir l'endurer. Hier, Larry m'a filé quatre mandrax et trois tranquillisants.

«Gloussements. Soupirs. Le jus a laissé des cicatrices, des séquelles. Zébrures rouges (vaisseaux sanguins éclatés?), protubérances, fines lignes là où je me suis grattée trop fort en dormant. Le poison me sort par tous les pores, comme un excédent.

«La sonnerie. Les élèves, qui sont restés figés pendant les dernières minutes, se précipitent maintenant vers la porte comme une marée humaine. Seule dans une classe d'anglais, à finir mon travail. Finissant quoi?»

Si l'appartement ne me remontait pas le moral, j'envisagerais de nouveau le suicide. Au lieu de cela, je reste assise sans bouger. J'ai une migraine atroce et je suis vaguement saoule. Mon nouveau copain et moi avons semé le trouble pendant le cours de maths modernes. Je me suis bagarrée avec le prof à propos de sexisme parce qu'il avait organisé une compétition au tableau entre filles et garçons. Je suis un peu gênée d'avoir fait toutes ces histoires. Je ne me souviens même pas de ce que j'ai pu raconter; j'aurai de la chance si je passe dans toutes les matières. Sauf en anglais, bien sûr. Jennifer n'est pas libre en ce moment; je pourrais faire le trottoir que tout le monde s'en foutrait. J'ai envie de tuer, mais je sais que la première personne qui mourrait si je prenais vraiment cette décision serait Evelyn elle-même.

15 SEPTEMBRE

Cinq mois retranchés de mon existence. Cinq mois de dépendance au valium, au darvon, au mandrax et à la méthadone. Au début, la méthadone me faisait planer pendant trois jours; aujourd'hui, elle ne provoque plus qu'un changement d'humeur, une détente: j'en prends pour avoir la force d'avancer, pour maintenir une attitude «normale», pour prévenir la douleur, la panique — ou pour m'aider à écrire. Cinq mois volatilisés. Il y a vraiment de quoi être enragée. Je ne peux pas continuer comme ça, surtout quand une minute de présentation orale au cours d'anglais pourrait se résumer par une simple note dans mon journal de classe: «valium!» Je refuse de continuer d'attenter à mon corps, et surtout à cette portion de mon individu qui renferme force et appétit de vivre; cette partie saine de mon individu qui me permet d'écrire. La drogue a trop d'effets secondaires: conversations oubliées, trous de mémoire, agressivité incontrôlable, désespoir, terrible anxiété, insomnie. On trouve des flacons de mandrax, de valium et de darvon partout dans mon appartement. Je vais les garder. Pas question de les foutre aux toilettes. Mais ma réserve n'est pas inépuisable et il faut que j'en prenne avec modération. Larry est foutu. Moi, je vais redevenir forte et saine; je vais combler les centaines d'heures qu'il m'a volées — les heures de lent suicide aux comprimés et à la méthadone — en étudiant, en écrivant, en dormant et en discutant avec mes vrais amis.

Je vais arrêter de m'empoisonner à la méthadone. Arrêter de voir Larry. De prendre des comprimés. Mon cerveau obsédé par la drogue sera alors libre de faire des escapades plus enrichissantes. Il ne s'agira pas de privation, mais de destruction de barricades. Je reprendrai alors le chemin de l'accomplissement de ce qui a toujours été ma destinée: la réussite en tant qu'écrivain.

Le docteur Hightower a été très clair aujourd'hui: je fais des progrès. Je suis retournée à l'école, ce qui occupe la majeure partie de mes journées, et j'ai cessé de faire le trottoir. J'ai un appartement confortable. Il dit que je ne vois pas Larry pour obtenir de la drogue, mais que je prends de la drogue pour voir Larry. Cette dernière déclaration m'a d'abord mise en fureur, puis j'ai compris ce qu'il voulait dire. Larry a servi d'ancre pendant ces cinq derniers mois; il est devenu une sécurité, un être familier, digne de confiance. Je me suis attachée à lui autant qu'aux drogues. Car je peux lui faire faire ce que je veux. Un pouvoir dont inconsciemment je ne peux plus me passer. Il m'est utile en tant que compagnon, amant, thérapeute et pourvoyeur de toutes sortes de bonheur.

Ces derniers temps, j'ai de plus en plus souvent envie de refuser la méthadone qu'il m'offre, mais je continue à la prendre de peur de le perdre. Et sans elle, il m'est impossible de le supporter. Je ne peux me permettre de le perdre; je serais privée de cette méthadone si précieuse dans les moments de panique. Ce soir, on est censés en prendre, et pourtant je n'en ressens aucun désir.

Je suis bien. J'ai diminué l'intensité de la sonnerie du téléphone. Ce soir, j'irai méditer avec les bouddhistes zen. Le docteur Graham m'a octroyé quelques rivotril pour apaiser mon angoisse. Ils supprimeront le besoin de valium, d'herbe, et surtout de ce dingue de comprimé bleu de mandrax auquel je succombe chaque jour à quatre heures trente du matin et qui m'empêche d'aller à mes cours du matin.

Je ne prendrai pas de méthadone ce soir. Je n'ai plus besoin de cinq valium pour passer au travers d'une minute de présentation orale devant la classe d'anglais; je refuse d'être entraînée à la ruine par Larry, qui est devenu beaucoup plus un symbole qu'une personne; je refuse de prendre ce chemin qui va me mener à une impasse. Evelyn est un écrivain et un être humain à part entière. Ce n'est pas une fille brisée en petits morceaux. Je ne ressens même pas le besoin d'être vindicative vis-à-vis de Larry.

Cinq mois, c'est presque une demi-année de mon existence. Je veux sortir de cette torpeur. Ça suffit comme ça. Je n'irai pas jusqu'à prétendre que cela va être facile, mais je veux continuer à progresser, libérée de la méthadone et de Larry.

16 SEPTEMBRE

«Chacun des comprimés, chaque tasse de méthadone ont été les agents actifs d'un suicide symbolique. Combien de fois, étendue l'œil grand ouvert sur mon lit, ai-je regretté de ne pas posséder un revolver afin de me foutre une balle dans la tête. Pour qu'elle fasse éclater le modèle originel — le modèle existant avant la naissance — et le transforme en petites particules colorées.

«Après l'allégresse initiale vient l'effondrement émotionnel et physique. Larry n'est plus là. Il est parti pour de bon. POUR DE BON. Tu comprends ça, toi, petit côté sombre qui souffre et suffoque dans cette classe d'anglais? Dieu sait à quel point une dose de méthadone te rendrait heureuse et loquace. Suintant à travers le futur et le destin et colorant le mien en noir. Il n'y a pas d'autre moyen d'y arriver. Comme le docteur Graham le disait, c'est maintenant ou plus tard, avec la différence que quelques mois plus tard ce sera tout simplement plus difficile.

«Je serai bonne avec moi-même; je me pardonnerai, parce qu'au premier contact avec les comprimés, je ne savais pas ce qui allait arriver. Comment aurais-je pu le savoir? En fait, Larry méritait des mots bien plus durs que cet adieu bref et clément. Il méritait pire. J'espère qu'il ira brûler en enfer. C'est vrai qu'il vit son enfer sur cette terre, comme la plupart d'entre nous. J'espère qu'il mourra dans la souffrance, sachant qu'il est et a toujours été un lâche, un raté, incapable de s'élever, de jeter au loin la béquille des narcotiques.

«Je ne chercherai pas d'autres Larry; je refuse de re-vivre ce cauchemar avec un autre homme, une autre dro-gue. La petite voix sombre, en moi, crie que ce n'était pas toujours un cauchemar, qu'il y a eu des moments de plaisir, de succès, des moments où j'avais la force d'affronter mes problèmes. Ses caresses les plus douces, sa présence. La petite voix ajoute que je n'aurais pas remporté un tel suc-cès, entendu de tels applaudissements, lors de cette soirée où j'ai lu mes poèmes, si je n'avais pas pris de la métha-done pour être calme et sereine.

«Je ne veux pas que mes notes d'aujourd'hui se termi-nent ainsi. Maintenant, je suis libre. Libre de remplir cet es-pace que Larry a occupé (je dis bien espace, pas vide) avec ma créativité. Larry a cessé d'être une personne pour deve-nir un nom — il n'est plus qu'un de ces innombrables pa-pas gâteaux pourvoyeurs de drogue qui ont mis en scène ces mauvais films tuant des centaines d'actrices.»

21 SEPTEMBRE

«Les choses m'envahissent. Les lampes fluorescentes clignotent au-dessus de mes lèvres et de mon front couverts de sueur. Des vers luisants, des barres de feu se tordent — ils veulent sortir du tableau noir pour aller se tortiller entre les affiches sur les murs. Ce n'est pas à moi que tout cela arrive. De quoi suis-je à nouveau punie? La lumière éclate entre mes yeux et la feuille de papier, formant de minus-cules éclairs fluorescents. Une fois qu'on s'accroche à un sauveur, on ne peut plus le lâcher! Les élèves qui t'entourent sont des créatures étrangères; tu n'aurais jamais dû venir ici. Comment pourrais-tu y vivre sans prendre de drogue? Je ne peux accepter cela; il y a eu trop d'expériences à assimiler, de larmes brûlantes dans mes yeux, de *blow jobs* et de *titfucks* dont je me souviens comme si c'était hier, et lui, avec ses cheveux blonds comme des baguettes de tambour... Et soudainement, toute cette neige. Je tremble trop fort à l'intérieur de moi. Neige étincelante. L'acide aurait dû être versé dans le café du prof, pas dans le mien. Tu n'allais tout de même pas te punir une fois de plus. Tu étais pétrifiée, comme l'araignée qui vient de recevoir un jet d'insecticide et qui agonise. Trop terrible à imaginer. J'écris sur un rayon de lumière fluorescente, je suis cette bombe solitaire larguée dans l'océan. Comment vais-je revenir à la maison après ce qui se passe en ce moment; cette incroyable lumière blanche se découpant en minces lamelles autour de chacun de nous. Barrières ou ouvertures?

«Ceci est le monde des adolescents, et je le connais si peu que je n'arrive pas à en faire partie. Je n'arrive pas à comprendre leur humour — où est-ce de la cruauté? Je ne supporte pas leurs regards. On devrait arracher leurs yeux. Comment pourrais-je me détendre avec ces créatures qui m'encerclent?

«Ma vie entière repose sur un appartement dans un sous-sol. Si quelque chose arrive à cet endroit, je suis perdue. Je dépends entièrement de lui. Je suis terrifiée à l'idée qu'on puisse me le prendre. Je préférerais être violée des milliers de fois que de vivre une telle catastrophe; en fait, si je le perdais, c'est vraisemblablement ce qui arriverait. De retour au trottoir, à mon coin de rue!

«D'où viennent ces arcs-en-ciel en crème glacée? Il n'y a rien qui ressemble à la vraie vie dans cette pièce. Comment ces gens peuvent-ils accepter d'être disséqués et examinés comme des particules minuscules sur la plaque d'un microscope? Ils essaient de se rouler en boule, de se défendre, de donner des coups. Ils essaient en vain de trouver un endroit sûr. Ce que tu ne comprends pas, Evelyn, c'est que tu es la seule à recevoir de la neige et des rayons d'arc-en-ciel miroitants dans les yeux. Tout est tellement différent, et pourtant personne ne voit rien. Je te hais, toi qui accepte de rester debout devant la classe d'anglais en croyant que tu mérites d'être jugée. Les couches multicolores de lignes écrites sur ce papier sont plus réelles pour moi qu'une minute devant cette foutue classe d'anglais. Je suis vraiment aux abois. Pourquoi suis-je dans cette classe trop brillamment éclairée; pourquoi ces silences tournoyants dans lesquels je peux passer les doigts? Pourquoi ce logement au sous-sol représente-t-il plus que ma vie? Merde, cette vie demande plus d'espace dans l'univers que je pourrai jamais en prendre moi-même, un espace qui pourrait être rempli d'arcs-en-ciel et de vers luisants! La lumière forme des ronds et irradie en prismes dentelés. Vous êtes tous beaucoup trop enfermés dans vos corps. Une classe d'anglais de onzième. Et vous, les filles, êtes-vous descendues dans la rue pour sucer le pénis d'un vieux? Avez-vous vu la laideur derrière la noirceur qui la dissimule? Avez-vous titubé dans vos bas déchirés, sur vos talons aiguilles? Non, tout cela vous faisait trop peur, n'est-ce pas? Des hommes s'arrêtaient devant des femmes, qui se penchaient sur eux parce qu'elles avaient besoin de fric pour payer ce bonheur fugitif dont nous essayons tous de nous emparer: ce bonheur tissé dans l'obscurité éclairée au néon. Lorsque les voitures s'arrêtent, vous croyez toujours que ce sera différent, que quelqu'un va en sortir pour vous prendre dans ses bras et vous serrer si fort que vous vous arrêterez de trembler. Quand c'est trop, tout explose. Et puis, c'est le suicide, avec les comprimés empilés sur la commode. Ces gens n'étaient pas là. Il faut que je rentre chez moi; il vaut beaucoup mieux que je retourne au trottoir pour sucer des vieux et garder cet endroit qui m'appartient. Dieu, aide-moi! J'AI PEUR DE RETOURNER À LA RUE POUR UNE ILLUSION.

«Les gens plaisantent sur le viol. Essayez, vous verrez. Essayez de défendre, dans une bagnole, ce qui vous reste de vie alors que vous barbotez dans les vapeurs d'un mandrax et constatez soudain que vous allez peut-être mourir...

«Merde, ce n'est pas cette classe qui va me permettre de garder mon appartement, c'est la rue! La familiarité du trottoir est plus facile. Personne ne sait... Mes deux univers sont trop éloignés l'un de l'autre. Je suis dans un couloir, plaquée au sol; je ne veux pas mourir alors que je suis encore dans la merde. Jusqu'au cou. Tu n'aurais pas dû être obligée de revenir à l'école. Tu devrais être capable d'assumer la rue, le monde réel, être capable de survivre, de payer ton loyer et d'être différente des autres. DE DEVENIR ÉCRIVAIN. Ils devraient te donner le temps, l'espace et les ressources nécessaires pour y arriver, parce qu'ils savent tous que tu mourras si tu ne les obtiens pas. Ils ont vu ce talent que tu possédais et ne peuvent le laisser mourir. Mais il ne peut survivre, ce talent, dans des couloirs d'école, où il serait piétiné.

«Je ne me laisserai pas envahir. Je suis trop exposée à leurs regards. Je peux accepter que mon corps soit envahi, de n'importe quelle manière, mais pas mon esprit. C'est pire que tout.

«Parfois, je me dis que je ferais mieux d'aller me perdre dans la rue jusqu'à ce que je n'existe plus pour les autres. On me voit trop distinctement ici. Elle sort pour repérer les endroits écartés dans lesquels elle pourra se cacher et peut-être devenir elle-même: une fille au soleil.

«Écrire est meilleur que baiser: l'union du papier et de la plume. Les corps m'encerclent, tournent autour de moi.»

24 SEPTEMBRE

Hier, je me suis libérée de toute forme d'angoisse mentale et émotionnelle en décidant de quitter l'école. Le docteur Hightower m'a prévenue que cela pourrait se retourner contre moi: après toutes ces tentatives de retour à l'école, laisser de nouveau tout tomber pourrait briser entièrement l'estime que j'ai pour moi-même et me plonger dans une plus grande confusion. De telle sorte que je pourrais perdre mon appartement, échouer dans un foyer d'accueil, fuguer, refaire une autre tentative de suicide (et peut-être la réussir) et me retrouver dans un hôpital. Non! J'ai écouté les paroles du docteur, et bien que j'aie quitté son bureau et rejoint la clarté du soleil avec la détermination de rester à l'école, j'ai craqué aussitôt. L'intégration est trop difficile et, sans porter un masque, je ne peux pas m'intégrer du tout. Ça, c'est la chose la plus importante. Et puis il y a les longues heures, le travail. Mon trip à l'acide de cette semaine m'a révélé deux choses: je pense souvent au suicide parce que je ne peux m'intégrer nulle part. Je permets à un tas de gens d'entrer dans ma vie et je m'ouvre entièrement à eux, mais je me retire aussitôt que l'intimité s'installe. Ils ne voient pas à quel point je me sens peu sûre de moi. Ils ne comprennent jamais réellement qui je suis.

Mardi, avec la bénédiction du docteur Hightower, j'ai appelé la police, et un flic est venu prendre des notes sur ce qui s'est passé avec Larry. Cet homme pourrait, à l'heure qu'il est, être en train de faire la même chose à une autre gamine influençable ou à une femme. Le docteur Hightower m'a dit que le docteur de Larry allait être étroitement surveillé par la police. Ce médecin fait des prescriptions inconsidérées à ses patients drogués qui, je le sais par expérience, les revendent en partie. Mais ce n'est pas seulement pour cette raison que j'ai permis au nom de Larry, à sa réalité d'individu faible et lâche, de passer le seuil de mes lèvres. J'ai en moi un besoin de vengeance — au nom de mes écrits, de mes rêves, de mon être le plus intime. Il y a eu viol. La police sera sans doute incapable d'agir utilement, mais quelqu'un bénéficiera peut-être de mon expérience.

La nuit dernière, je suis allée à l'appartement de Larry. Il y avait trop de choses à détruire. En outre, ce n'est pas dans mes habitudes de faire délibérément du mal aux gens. Le fait d'être là ne m'a apporté que tristesse et désir; je me rappelais comme dans un rêve les nombreuses nuits que j'ai passées sur le divan et dans la chambre, à hocher mécaniquement la tête, comme le font les drogués. Je me croyais au paradis à cette époque. J'ai parcouru méthodiquement l'appartement, l'inspectant avec curiosité, ouvrant les tiroirs, regardant sous les divans. J'ai trouvé des photos de Larry et de sa petite amie précédente, des cartes remplies de mots d'amour. J'ai scruté le visage de cette femme pour essayer de comprendre cet être qui m'avait précédée et s'était arrachée à Larry. Comme je l'ai fait. Elle aussi a cherché sécurité et douceur auprès de cet homme, loin de sa vie de danseuse et de prostituée.

Il y a deux postes de télévision dans l'appartement, un vidéo, un tas de livres, des cassettes, toutes choses que j'aurais pu détruire. Mais je n'en ai rien fait. Ç'aurait été faire preuve d'enfantillage.

Après avoir décidé de quitter l'école, je me suis sentie tranquille, heureuse. Je me trouvais soudainement en possession de temps que je pourrais consacrer à la créativité, au plaisir d'être chez moi, à la lecture et à l'écriture. L'école m'obligeait à boire (oui, le matin, en me levant!). C'est dur d'être attentive ou de passer des examens lorsqu'on a le cerveau embrumé, les yeux qui se ferment et qu'on passe en chancelant d'une classe à l'autre. Je me suis dit que ma santé et ma clarté d'esprit étaient plus importantes que l'instruction. Mais j'ai beaucoup d'inquiétude à l'idée de perdre mes amis et mes proches à cause de cette décision, qu'ils percevront peut-être comme un échec. Jennifer est rentrée de vacances hier, mais elle a été trop occupée depuis son arrivée pour me rappeler. J'attends son coup de fil. Il y a peut-être d'autres possibilités — cours par correspondance, par exemple — mais mon principal souci est de savoir si les services sociaux vont me permettre de rester seule si je déserte l'école et refuse de quitter mon appartement. Je pourrais faire le trottoir quelques nuits par mois pour payer mon loyer et ma nourriture. J'ai un peu d'argent à la banque, mis de côté quand je me prostituais. J'ai fait le vœu de ne pas y toucher jusqu'à ce que je vive indépendante et en aie vraiment besoin. Si le pire arrive, j'aurai deux mois d'assurés financièrement, ce qui me permettra de faire des plans et de trouver quelque chose, mais je me retrouverai probablement très vite sur le trottoir.

Je suis sereine. Pourquoi se tracasser avant de savoir quelles possibilités s'offrent à vous?

1er OCTOBRE

J'en ai marre de ravaler ma culpabilité et ma douleur. L'alcool ne me rend ni prolifique ni brillante. Je ne trouve aucune normalité dans le fait d'être écrivain; je ne suis même pas sur la même longueur d'ondes que les autres auteurs. J'en ai marre de ces pages blanches étalées devant moi, mais c'est la seule chose que je possède. J'ai envie de sortir, de prendre quelques mandrax et de voir s'ils vont faire leur boulot; j'ai envie de couper des tranches dures et éclatantes dans quelque chose de doux et de malléable: une gorge. J'ai envie de plonger un couteau dans quelqu'un d'autre que moi, mais le courage me manque. Qui as-tu peur de blesser? Pourquoi est-il plus important que toi? Je me consume de rage. Je hais les hommes. Je ne peux plus lever un type parce que cela foutrait tout en l'air. Comme s'il y avait encore quelque chose à foutre en l'air! Quel mensonge, quelle illusion, va te faire foutre, Evelyn, espèce de salope, connasse, imbécile de suceuse! Je ne supporte plus cette terre remplie d'hommes; je veux foutre le camp. Je veux m'envoler et monter en flèche n'importe où. Il n'y a plus que de la merde. Tant de merde qui me tombe de partout sur la tête. On croit qu'on est à l'abri, on laisse tomber ses défenses pendant quelques secondes et on la reçoit en pleine gueule. C'est toujours la même histoire. Je ne suis plus assez droguée pour l'ignorer. La réalité est laide.

Je ne sais plus s'il faut pleurer (comme si cela m'était encore possible), ou me couper les veines des poignets, ou hurler, ou mettre le feu à la baraque. Un type m'a ramassée il y a quelques semaines. Je faisais du stop. J. ressemblait à mon psychiatre et parlait comme lui. Il était intelligent, perspicace, et si réconfortant! Un ami, quelqu'un en qui on peut avoir confiance. Il vient d'appeler pour m'annoncer que nous avions une «amie» commune. Je n'ai pas pu deviner qui c'était. Il a fini par me dire que c'était une fille de New Beginnings qui s'était souvenue de moi, bien que nous n'ayions pas vécu ensemble! Je l'ai rencontrée lorsque je suis allée au foyer d'accueil pour dire bonjour à la responsable. Une blonde, mince, droguée au talwin et au ritalin, qui fait le trottoir. J. l'a rencontrée il y a huit mois et ils ont couché deux fois ensemble. Elle semble le considérer comme un ami, bien qu'elle soit trop droguée pour s'en préoccuper vraiment. Pauvre petite fille de quinze ans.

Ce soir, j'étais saoule. Il s'est jeté sur moi; je me suis mordu la langue pour ne pas crier, haïssant ce moment et le fait qu'il s'imaginait qu'il pouvait m'aimer. Toujours les mêmes salades! Cette fois, ça ne marchera pas; toutes ces conneries à propos de ce soi-disant besoin qu'ils ont de moi! Bon Dieu, qui a besoin de cela? J'en ai marre de ces histoires. Tu es à la recherche d'un autre Larry, c'est ça? Tu veux de nouveau te retrouver au coin de la rue et te sentir belle et finaude? Va te faire foutre, Evelyn, creuse un trou et rampe à l'intérieur. J'ai vraiment laissé tomber quelques-unes de mes défenses en faveur de ce J. Il avait l'air si digne de confiance. Un ami. Ouais, il était si clairvoyant! Hé, tu te rappelles Larry? TOUS LES HOMMES SONT PAREILS. Je vais m'enfuir et abandonner ces types pour trouver un éditeur riche qui m'aimera. N'importe qui, n'importe quel type qui, pour une fois, ne me mentira pas. Mais au point où j'en suis, comment pourrais-je savoir s'il ne me ment pas? Après deux ans dans la rue, ou presque, cette connasse continue à avoir confiance, elle ne peut toujours pas faire la différence entre un salaud et un type à peu près fiable — mais c'est peut-être parce que ça n'existe pas. Mettez n'importe qui devant moi et, automatiquement, il en profite! Essayez! Bon Dieu, comme je hais les hommes! Je hais la vie.

Septième Partie

du 9 octobre au 20 décembre 1987

Hier soir, je suis allée me blottir dans le lit de Ed, mon voisin. Un jour — si j'arrive à bien maîtriser l'art du dialogue —, il deviendra le personnage principal d'une nouvelle ou d'un roman que j'écrirai. Je le trouve fascinant — il avoue être vulnérable et anxieux, mais il est honnête et ne dissimule jamais ses sentiments. Malgré son honnêteté, Ed demeure impénétrable. Quand il chausse ses verres fumés, c'est comme s'il voulait dresser un mur entre lui et le reste du monde. Je ne connais pas ses secrets.

Il me considère comme une amie et ne semble pas avoir envie de coucher avec moi. Je me sens frustrée, maladroite, surtout quand je suis dans son lit — le fait qu'il m'y accepte est-il une sorte d'invitation? Mais je sais aussi que si nous avons des rapports sexuels, cette forme de vie commune va devenir très difficile; Ed deviendra moins inaccessible et perdra, par le fait même, son caractère fascinant.

Il me regarde parfois dormir, intrigué; il n'a pas l'habitude de partager son lit avec une autre personne. Je me suis réveillée à cinq heures du matin et me suis efforcée de rester immobile tandis qu'il se tournait et se retournait nerveusement. Par moments, il se pressait contre moi et laissait courir ses doigts sur mon corps. Je me réjouissais, dans mon demi-sommeil, me disant: «Hé, il y a moyen de le séduire, même s'il n'en a pas conscience!», mais lorsqu'il s'est aperçu que j'étais réveillée, il a essayé de me convaincre qu'il voulait simplement me pousser un peu pour avoir de la place. Il était désolé! Bordel de merde, que c'est agaçant!

Lorsque je me suis réveillée pour la seconde fois, vers huit heures trente, il me tenait la main. Mais c'était sans doute parce qu'elle lui était tombée dessus ou quelque chose du genre!

Pourquoi ne me contenterais-je pas d'être son amie? Je me comporterais avec lui comme avec Tommy quand il vient dormir chez moi, c'est tout. J'avoue que c'est une question d'ego: j'ai l'impression que je ne lui plais pas, qu'il ne me trouve pas séduisante. Dois-je arpenter la rue Broadway pour prouver que je ne suis pas moche?

Hier, je suis allée chercher les résultats de mes examens au campus King Edward. J'ai été ravie d'apprendre que j'avais réussi en mathématiques de base et n'avais fait que quelques erreurs en rédaction et en lecture. J'ai remis ces résultats au directeur du programme BTSD (*Basic Training and Skills Development*) afin qu'il me dise quand je pourrai m'inscrire. Il s'est montré très impressionné.

— Tu pourrais entrer à l'université demain, si tu le voulais. Tu as mieux réussi en anglais que quatre-vingt-dix pour cent des diplômés d'université.

Bien que les compliments soient toujours bienvenus, ils n'aident guère à publier des livres ou à payer loyer et nourriture. J'étais très contente, mais cela ne m'empêchait pas d'être pessimiste. Le directeur a téléphoné à Jennifer pour lui dire que je n'aurais pas besoin de passer des examens d'entrée, mais cela n'a rien changé à la situation: Evelyn a seize ans; Evelyn pourra continuer à vivre indépendante à condition de retourner à l'école; Evelyn aimerait s'inscrire dans une école supérieure ou dans une université, mais elle n'a aucune disposition pour les mathématiques et pour les sciences. Le directeur m'a envoyée chez un conseiller. Voici ce qui a été convenu:

Du 26 octobre au début décembre, je fréquenterai King Edward à plein temps et j'y récupérerai — tenez-vous bien! — une année de mathématiques et de sciences en *un mois*. Je dois faire un résumé de mes activités littéraires (publications, contacts avec les éditeurs, etc.), et une demande d'admission spéciale sera ensuite faite à la doyenne du collège de Langara. Espérons qu'elle me permettra de m'inscrire aux cours de première année qui débutent en janvier.

C'est beaucoup. J'ai l'impression d'avoir vieilli de plusieurs années; je n'aurais jamais cru que j'arriverais jusqu'au collège. Mais ce n'est pas encore fait; peut-être vais-je mettre le holà à ces beaux projets. La prostitution est bien moins compliquée et, en plus, elle permet de payer le loyer. Le docteur Hightower prétend que je ne me sens pas digne de faire des études. Et si ce n'était que de la paresse? De toute façon, ça n'impressionnera personne de savoir que j'ai réussi à entrer à Langara avec une neuvième année, surtout pas Jennifer, qui en a marre d'écrire des lettres à des directeurs pour justifier mon contrat de vie indépendante. Elle a pris des dispositions pour que je rencontre un travailleur social qui va me consacrer dix heures par semaine. Je suis très tentée de lui en faire voir de toutes les couleurs, à ce type.

10 OCTOBRE

Mélanie m'avait avertie que je n'aurais pas la vie facile. Elle et le docteur Hightower m'ont donné le conseil suivant lorsque j'ai emménagé dans mon appartement: ne couche jamais avec un homme qui habite la même maison.

Ce répit de mon angoisse chronique ne pouvait durer indéfiniment. Hier après-midi, j'ai pris deux plaquettes d'acide. Mes raisons n'étaient pas très bonnes: Jennifer était censée venir chez moi avec le nouveau travailleur social. J'étais furieuse qu'on ait ajouté cette nouvelle condition non stipulée au contrat; en outre, la nuit que j'avais passée avec Ed m'avait mise en colère — j'étais blessée dans mon orgueil, je me sentais laide, rejetée. Quant à ce «congé» que j'avais pris de l'écriture, il s'était transformé en blocage. J'étais terrifiée à l'idée de condenser une année de maths et de sciences en un mois, et encore plus terrifiée à la pensée d'entrer à Langara avec seulement une neuvième année.

J'ai décidé d'aller faire une longue promenade. Deux heures plus tard, je rentrais chez moi, mécontente: au lieu d'avoir de jolies hallucinations, j'avais la tête pleine de colère et d'inquiétude. L'acide avait fait exploser ma rage et ma peur; je ne ressentais aucune envie de me suicider, la colère l'emportait sur tous mes sentiments — un peu contre Ed, davantage contre moi-même, contre mon âge, contre le pouvoir des services sociaux, contre l'impuissance relative de Jennifer, contre le programme BTSD/Langara.

Je me suis effondrée dans un des fauteuils de Ed et je lui ai dit que j'avais pris de l'acide. Je l'avais réveillé et il avait paru contrarié en me voyant entrer chez lui en chancelant, mendiant son aide. Ne m'avait-il pas déjà suffisamment aidée en me sauvant la vie, même si c'était un hasard? (N'eût été la proximité de son téléphone au moment de l'overdose, je n'aurais jamais pu appeler la police.) Je n'avais pas la moindre intention de bouger. Puis le propriétaire est arrivé, et nous sommes allés chez moi.

Les murs, les objets colorés de mon appartement tournaient autour de moi. Impossible de fixer mon regard sur quoi que ce soit. Au moins l'appartement était en ordre — «Je trouve que tu l'as mieux décoré que n'importe quel autre locataire», a dit Ed —, sinon on m'aurait sans doute mise à la porte. J'étais complètement défoncée, ou alors je devenais folle; la situation était intenable. Je me suis étendue sur le lit et je n'ai plus ouvert la bouche.

Lorsque le propriétaire est parti, nous sommes retournés chez Ed et je me suis installée sur son lit. Visiblement mal à l'aise, celui-ci se tenait à distance. Il s'est rasé, a mis de l'ordre dans l'appartement. Tout tournait, tout flottait autour de moi. Mon corps criait de douleur. Je détestais mon logement, je détestais l'écriture; la perspective de retourner à l'école me rendait malade.

— Si j'arrive à passer au travers de cette nuit, je pourrai passer au travers de n'importe quoi, lui ai-je dit.

Je savais que c'était l'acide qui donnait cet aspect menaçant aux choses, mais cette certitude ne m'était d'aucun secours et ne pouvait me convaincre que tout irait mieux le lendemain. Ma vie me semblait stupide, vaine et absolument, absolument horrible. J'étais sûre que le lendemain tout serait pareil, qu'une nuit de sommeil n'apporterait aucun changement.

Ed a fini par venir s'asseoir à mes côtés, et je me suis cramponnée à lui. Nous nous sommes étendus sur le lit et je lui ai décrit, à voix basse, quelques-unes des images confuses qui se bousculaient dans ma tête. Il regardait distraitement la télévision, me serrant contre lui, ses bras enlaçant mes épaules. On a parlé, puis on a baisé. C'était la troisième fois seulement qu'il couchait avec une femme. La première fois, c'était avec une fille qu'il avait rencontrée lors d'une soirée: il était ivre mort, ne savait même pas son nom et ne l'a plus jamais revue; la deuxième fois, même scénario: il n'a jamais repris contact avec sa partenaire (il n'avait pas bu cette fois-là). Avec moi, il s'est plutôt montré maladroit. C'était gênant et, par moments, très drôle. Ed est différent de cette multitude d'hommes que j'ai racolés dans la rue; comparé à eux, c'est encore un môme. Tout cela a mis un baume sur mon ego.

Puis nous avons discuté. Je ne suis pas tellement habituée à voir des corps nus; certaines parties du corps me sont beaucoup plus familières: avant-bras, visage, mains, pénis... J'étais bouleversée par ce qui m'arrivait. Dans l'ensemble, ça s'est quand même bien passé, même si en couchant avec moi Ed a perdu un peu de ce qui, à mes yeux, le rendait si attirant: son inaccessibilité. Il avait non seulement eu peur que je le rejette, mais il était jaloux de certains de mes amis, de Tommy par exemple, que je serre dans mes bras et embrasse affectueusement chaque fois que nous nous voyons. Ed propose même de m'épouser si jamais je perds mon appartement. (VOUS VOYEZ, EVELYN EST TOUT À FAIT CAPABLE DE SURVIVRE DANS CE MONDE. SI CE N'EST PAS AVEC SON ÉCRITURE, CE SERA AVEC SON CORPS.)

Bien entendu, ce dernier développement comporte certains problèmes. Nos amis, nos intérêts et nos styles de vie sont complètement différents — Ed est timide, introverti, il n'a aucune ambition. Et nous habitons si près l'un de l'autre qu'il nous sera difficile de nous éviter quand nous n'aurons pas envie de nous voir.

«J'imagine que ce n'est pas la première fois», a-t-il dit. Il faisait allusion au fait que ce n'était sûrement pas la première fois que je couchais avec un inconnu.

En un sens, c'est pareil avec lui. Étant donné son inexpérience et sa timidité, Ed est très différent des types que je rencontre dans la rue et des hommes en général. Il voudrait que notre relation dure. Je suppose qu'on ne peut pas, après avoir couché dans le même lit, faire semblant qu'il ne s'est jamais rien passé alors qu'on partage la même salle de bain et la même porte d'entrée.

Je suis inquiète. J'aurais des regrets, je le sais, si je n'étais pas convaincue que je me sentirais encore plus vile et plus laide si nous n'avions pas couché ensemble. Comme la vie est compliquée! Mon angoisse est presque aussi vive que par le passé. Mais j'essaie de la mettre hors de combat. Ce qui m'inquiète, c'est que je m'enferme peut-être dans un mode de vie — j'ai lutté pour mon autonomie, pour être indépendante, et voilà que Ed et moi vivons pratiquement ensemble! Il va falloir que je fasse preuve de maturité. Après tout, c'est ma vie.

11 OCTOBRE

Il y a des gens qu'on ne peut découvrir qu'à la longue. Parfois, je préférerais que les gens gardent leurs vêtements, ou qu'ils n'enlèvent que le strict nécessaire: les vêtements protègent. La pire des choses, c'est lorsqu'une personne se tient complètement nue devant vous et que vous n'arrivez pas à voir de quoi elle a l'air — cet être devient tout à coup un étranger, un intrus; alors, vous vous repliez sur vous-même.

Où est Larry? Combien de tasses de méthadone nauséabonde et tiédie par le soleil, combien de darvon roses se sont dissous dans son corps malade? J'ai connu avec lui des expériences avilissantes qui, heureusement, ne me sont plus nécessaires. Mon appartement forme un tout comprenant des amis plus valables, une vie meilleure. Maintenant que j'ai recouvré la santé, j'éprouve un sentiment de dégoût chaque fois que je pense à lui. (C'est fou le nombre de maladies que nous nous infligeons nous-mêmes! Kirk et moi étions hyponcondriaques, rampant devant Larry pour qu'il fasse pleuvoir sur nous un arc-en-ciel de comprimés et de méthadone.)

Où est passée cette femme que j'ai vue sur les photos de Larry? Cette femme qu'il a également empoisonnée avec ses caresses? Nous ne nous sommes jamais rencontrées; cette malheureuse qui, après huit ans, s'est tirée des griffes avides de Larry est demeurée un parfait mystère. Tandis que j'écris ceci, je m'aperçois qu'il me manque, comme la mort douce qu'il représentait.

> *«Do not go gentle into that good night*
> *Rage, rage against the dying of the light...»*

Ce poison n'était pas nécessaire. Il faut comparer les avantages de la santé aux désavantages de la maladie pour se rendre compte que ça n'en valait pas la peine, à aucun moment. Ce fut une expérience, c'est le moins qu'on puisse dire, mais il y d'autres expériences à faire. Il en existe à profusion.

Pourquoi est-ce que je pense à Larry? Larry avec son visage marqué de plis profonds et ses reins pourris faisant fleurir des petites bosses blanches sur ses avant-bras. Astucieux marché: *blow jobs* à gogo en échange de ce flacon à épices, rempli d'un liquide couleur de pisse qui me détendait ou me débilitait pendant plusieurs jours. Espérait-il que cela durerait toute la vie? Comme les hommes sont étranges! Et les femmes le sont plus encore, même celles qui ne vivent pas ce genre d'expériences et se sont créé une sécurité illusoire. Peut-être s'est-il trompé; le *Tambourine Man* de Bob Dylan n'a peut-être jamais été un vendeur d'héroïne. Larry n'avait qu'une chose en tête: la drogue. Je ne veux plus recevoir de lettres de refus de magazines littéraires prestigieux, complimentant ma poésie mais précisant qu'ils préféreraient des poèmes où je ne décris pas mes expériences avec la drogue. En feuilletant mes dossiers, d'abord avec ennui, puis avec une inquiétude grandissante, je me suis rendu compte qu'ils ne contiennent aucun poème inédit où il n'est pas question de drogue.

M'est-il déjà arrivé de pouvoir regarder dans les yeux un homme avec qui je couche et de l'accepter tel qu'il est? Certainement pas avec un vieux camé bon à rien ou un client anonyme avec une bosse sous son pantalon! Pour ce qui est d'une relation durable, je suis encore vierge.

Parfois, lorsque je regarde en arrière, il m'est difficile de croire que je ne me droguais pas déjà quand j'étais môme, que je n'avalais pas déjà de jolis petits valium bleus pour m'aider à traverser mes crises, pour me rendre acceptable aux yeux des autres et à mes propres yeux.

Marions-nous, machine à écrire; aide-moi à traverser ce que Mélanie appelle les années difficiles.

«Do not go gently in that good night...»

Mes mots, mes sentiments seront éclatants; ils ne se répandront jamais avec douceur dans la nuit.

20 OCTOBRE

D'après le docteur Hightower, j'ai énoncé une évidence qui mérite d'être notée dans ce journal: «J'avais besoin de savoir qu'un homme me désirait physiquement.»

Nous discutions de sexualité et de ce que cela représente pour moi, c'est-à-dire quelque chose d'assez désagréable et incompatible avec l'amour. Pour la première fois, j'ai pleuré devant le docteur en lui racontant un fait apparemment insignifiant: ma mère avait l'habitude d'aller aux toilettes sans fermer la porte et profitait de ces occasions pour me parler de choses et d'autres, m'obligeant ainsi à me tenir dans l'embrasure et à la regarder pendant qu'elle faisait pipi. Cela suscitait en moi à la fois curiosité

et répulsion. J'en étais arrivée à considérer les organes gé-
nitaux, surtout ceux de la femme, comme quelque chose
d'impur, de malpropre. Encore aujourd'hui, je n'aime pas
savoir que mon vagin existe; cette partie de mon corps me
remplit d'horreur, de dégoût.

Habituellement, je prends du darvon avant de coucher avec quelqu'un. Faire l'amour ne m'excite pas et
cela me fait mal. Quand je couche avec Ed, ça fait mal
aussi, mais comme j'éprouve un grand besoin de me blottir contre quelqu'un, je considère cela comme un échange
de bons procédés. Non, ce n'est pas vrai; je connais la vérité mais ne veux pas l'admettre. J'ai énormément de difficultés à concilier le sexe avec l'intimité; alors je reste là,
étendue sur le lit, à compter les minutes et à me demander quand ça va finir, espérant que ça ne durera pas trop
longtemps. Pour moi, la pire chose serait sans doute
d'être obligée de regarder dans les yeux l'homme avec
qui je couche, d'y lire sa vulnérabilité, sa confiance. Peur
de la nudité, de me sentir exposée, peur qu'il découvre
que je triche.

Mon corps est brisé, mon vagin est «là-bas, quelque
part sur Broadway», comme dirait le docteur Hightower. Il
ne me sera pas facile de réapprendre à m'épanouir sur le
plan sexuel, ne serait-ce qu'en partie. Cela risque-t-il de
prendre toute une vie?

23 OCTOBRE

Incapable de parler. Mes doigts doivent écrire, sous
peine de devenir paralysés. Je prie, non pas pour obtenir de
l'aide, mais pour autre chose. J'essaie peut-être, en priant
avec frénésie, de chasser toute pensée de mon esprit.

Nos derniers ébats sexuels ont été horribles. J'ai dû étouffer un sentiment de dégoût pour pouvoir prendre le pénis de Ed dans ma bouche. Je devrais pourtant être habituée, avec tous ces pénis anonymes qui se sont enfoncés dans ma gorge! Mais non. Ça s'est passé exactement comme avec un client; je n'arrivais pas à me dire que je ne faisais pas ça pour de l'argent; je n'arrivais pas à concevoir que, le lendemain, Ed me regarderait tendrement dans les yeux alors que nous avions fait *ça*. Mais comment aurais-je pu lui faire comprendre l'intensité de ces sentiments — rage, répulsion, incroyable résistance de mon corps et de mon esprit?

Hier, j'étais non seulement déprimée mais très contrariée; je détestais cette partie de Ed qui — même si c'est tout à fait normal — me désire physiquement; mais j'aime bien l'autre partie. Ne sachant plus quoi faire pour surmonter mon dégoût, j'ai téléphoné à Larry et, abandonnant toute pudeur, je l'ai supplié de m'envoyer de la méthadone. Il avait l'air de s'en foutre complètement. Alors, violant le serment que je m'étais fait, je lui ai rappelé que lorsqu'il avait eu besoin de moi au mois d'avril dernier, j'avais tout fait pour l'aider. Mais Larry n'a rien voulu entendre; en fait, il se foutait éperdument de ce qui pouvait m'arriver. Je lui ai déclaré que s'il continuait de refuser de me donner de la méthadone, je retournerais sur le trottoir. Indifférence totale. Il ne s'agissait que de vaines menaces, et je lui avais déjà menti auparavant. Je lui suis devenue si indifférente qu'il ne se souvient probablement plus de mon visage. Après avoir raccroché, je me suis mise à pleurer, me disant que j'avais encore besoin de lui, que j'avais toujours eu besoin de lui — les nuits dans son appartement, la drogue, ses douces caresses. Il n'y avait que cela, à l'époque, qui pouvait me faire du bien.

J'ai mis des vêtements élégants et je suis sortie. J'avais décidé de me punir; je déteste faire le trottoir sans avoir rien pris. Je n'y suis pas habituée. Je ne savais plus comment se comporte une prostituée — je ne ressemblais plus à celle que j'étais auparavant, cette femme sur laquelle les hommes fantasmaient. Mais je me suis obstinée, sans couteau, sans carte d'autobus, afin de n'avoir d'autre choix que de faire du stop et de me retrouver à la merci d'un homme.

Une Corvette s'est arrêtée alors que je me dirigeais vers mon coin habituel, à l'angle des rues Commercial et Broadway. Le conducteur avait vingt-sept ans, des cheveux bruns ondulés, le nez court. J'avais oublié comment sourire et ce qu'il fallait dire, alors je lui ai parlé comme à un ami intime. J'ai commis l'erreur de lui dire que j'avais peur et que je me sentais seule; j'ai commis l'erreur de croire que faire confiance à un client l'empêcherait de se conduire comme un salaud. J'ai commis l'erreur de descendre dans la rue pour me trouver un ami.

D. n'arrivait pas à jouir pendant que je le suçais; il n'arrêtait pas de m'empoigner de toutes les façons possibles. Ça ne me faisait rien; c'était tout au plus semblable à un mauvais trip à l'acide, un de ces trips pendant lesquels on se dit qu'on n'aurait jamais dû en prendre. Sauf qu'ici, c'était la réalité. De toute façon, l'important était d'avoir dégoté un client et de m'être suffisamment salie et dégradée. J'ai demandé à D. de me ramener chez moi, mais il s'est montré si gentil et plein d'égards que je n'ai rien osé dire quand il a acheté une bouteille de vin et s'est mis en route pour son appartement.

Il habite Richmond. Il semblait, lui aussi, avoir grand besoin de parler. Nous nous sommes assis sur le canapé et il m'a déclaré qu'il avait trouvé en moi une amie. Ce qui est incroyable c'est que, après avoir passé autant de temps dans la rue, j'aie été assez naïve pour le croire! Si bien que lorsqu'il a passé un bras autour de mes épaules je l'ai laissé faire.

Alors, il a arraché mes vêtements et m'a violée. Je savais qu'en m'abstenant de crier ou de donner des coups de pied, j'éviterais d'être blessée. J'essayais de le repousser, mais en vain; je lui parlais sur un ton suppliant, mais cela ne servait à rien: «Ce n'est peut-être pas le bon moment, D. Non. Pas maintenant, je t'en prie, laisse-moi. Je ne peux pas... non...» Je lui avais parlé de mes problèmes sexuels; qui sait, peut-être était-il nécrophile?

Si ce connard m'a fait un enfant, je suis fichue. Jamais je ne pourrai assumer une chose pareille.

D'une voix caverneuse, j'ai réussi à le convaincre que je l'aimais bien et que je sortirais volontiers avec lui en fin de semaine, mais que ce soir, non, il n'était pas question que je reste chez lui; j'ai refusé de le sucer tandis qu'il me ramenait chez moi. Dieu merci, je m'en étais tirée! Mais j'étais terrifiée. Mes parents m'ont appris qu'en se conformant aux désirs des autres, on évite très souvent d'être blessé; qu'en étant docile, apparemment insensible, on s'en tire avec un minimum de cicatrices — le saignement est interne.

Il était minuit. Incapable de rester seule, je suis allée frapper chez Ed. Il m'a ouvert et je me suis immédiatement glissée dans son lit. J'étais transie, en état de choc. Je m'attendais à ce qu'il me frappe, à ce qu'il me foute à la porte, à ce qu'il crie; mais non, à ma grande surprise, il m'a prise dans ses bras. Il ne comprenait pas, il ne comprendrait jamais, mais j'avais au moins la certitude qu'il ne m'enverrait pas au diable, du moins pas pour l'instant. Le sommeil s'est fait désirer longtemps.

Ce matin, lorsque le réveil a sonné, Ed m'a secouée, s'est mis à califourchon sur moi puis, d'une voix calme (pas comme celle de l'homme aux cheveux blonds qui, dans un terrain de stationnement, m'a suppliée, menacée, puis s'est mis à frotter son pénis entre mes seins et a répandu sa semence sur ma poitrine), il a dit: «Prends tes seins et serre-les l'un contre l'autre.» Bien sûr, il ne savait pas, il ne pouvait pas savoir qu'il me faisait revivre une autre agression sexuelle. «Mon Dieu! Mon Dieu!» me disais-je dans mon brouillard, tandis que chaque morceau de moi se détachait pour disparaître à jamais. Oh! mon Dieu!

Pour une raison qui m'échappe, je n'ai pas du tout été étonnée lorsque, après m'avoir violée, Ed a mis ma main sur son pénis et s'est mis à me caresser. La nuit dernière, dans son lit, j'ai regretté d'avoir manqué mon suicide il y a deux mois. Je ne sais plus quoi faire de mon corps, si ce n'est nettoyer, faire la lessive, la vaisselle, docilement, machinalement. J'ai peur. Je vais téléphoner au docteur Hightower et éviter Ed autant que possible — les services sociaux ne doivent pas être mis au courant, ce qui veut dire que je vais devoir être forte, très forte, que je vais devoir faire semblant. Je suis assise devant ma machine à écrire et je me dis qu'il faut à tout prix que je conserve mon équilibre, du moins en surface.

29 OCTOBRE

J'ai parlé à Ed de tout ce dont j'ai discuté avec le docteur Hightower lors de notre dernier entretien. J'ai essayé de lui expliquer que notre relation me faisait peur parce que familiarité signifie sécurité; j'ai ajouté que j'étais très familière avec mes clients. Je lui ai dit que la prostitution m'empêche de me lier trop intimement à lui, qu'elle est un moyen d'acquérir une certaine forme de contrôle sur soi-même et sur les autres. Le fait de s'engager dans une relation, de partager des expériences, de se mettre à nu devant l'autre, de faire des choses ensemble me fait terriblement peur. Quand j'habitais chez mes parents, ceux-ci ne me laissaient jamais sortir de la maison; je n'ai donc jamais eu l'occasion d'apprendre comment on se comporte en société. En fait, les seules aptitudes sociales que je possède concernent la drogue — je sais comment les prendre — et les hommes qui payent pour le sexe — je sais comment les manipuler. Comment puis-je prendre part à des activités normales, comme aller au cinéma, sans avoir recours à des tranquillisants pour m'aider à passer au travers de la soirée?

Ed ne conçoit pas ce genre de problème. Je ne peux le lui reprocher; il ne voit pas les choses du même point de vue que le docteur Hightower. Il croit que je m'autodétruis, point final. Il faut qu'il comprenne; ça nous aiderait tant, surtout moi! Si seulement il en était capable. Si seulement je n'avais pas besoin de boire et de prendre de la drogue pour sourire, pour converser, pour faire semblant.

Hier, je suis allée à Langara avec Steve, le travailleur social qui s'occupe de moi en particulier, pour y rencontrer le titulaire du département d'anglais. Grandement impressionné par mes écrits, cet homme estime que je suis amplement qualifiée pour entrer en première année d'anglais. La responsable du service des inscriptions, quant à elle, m'a informée que je suis trop jeune et qu'avant d'être admise, il faudrait d'abord que je termine ma douzième année. Plus tard, Steve m'a dit qu'il avait dû se mordre la langue pour ne pas lui dire ses quatre vérités. Engourdie par les valium, je n'ai même pas pleuré. La femme du service des inscriptions avait l'air de se dire que la vie était loin d'être une partie de plaisir et que, pour réussir, il faut jouer selon les règles, même si elles sont injustes.

Elle va cependant en parler au directeur, après quoi une décision sera prise. Je me suis dit que j'allais d'abord terminer mon journal, puis que je me réfugierais dans la drogue et la prostitution. Ensuite, lorsque tout sera fini, quelqu'un écrira un épilogue, comme dans *Go Ask Alice,* dans lequel on annoncera que je suis morte — accidentellement ou avec préméditation? —, puis on publiera le tout et ça fera un best-seller.

Hier soir, vers onze heures, j'ai décidé d'aller travailler. La ville, lavée par la pluie, était inondée; on glissait sur l'asphalte mouillé. Je n'avais pas peur, pas après avoir pris un autre valium.

11 NOVEMBRE

Mes règles vont au moins m'empêcher de travailler pendant quelques jours. Le docteur Hightower voudrait savoir pourquoi rien ne change; il affirme que je deviens psychologiquement paresseuse — selon lui, bien que j'utilise les techniques qu'il m'a apprises pour affronter les difficultés quotidiennes, je continue à refuser d'aller au cœur du problème. Il se garde toutefois d'exercer une quelconque pression sur moi, soulagé de ne plus avoir à se demander, semaine après semaine, si je suis toujours en vie. Je ne ressens plus l'envie de me suicider, la vie que je mène est beaucoup plus normale, beaucoup plus calme — excepté, bien sûr, lorsque la nuit tombe et que les lumières de la ville se mettent à scintiller. La prostitution est devenue une sorte d'exutoire, et le valium, ma récompense pour avoir survécu à une autre journée.

Ce qui est curieux, voire comique, c'est que les hommes que l'on nous a appris à respecter, les professeurs, les hommes d'affaires et ceux qui représentent l'autorité, sont ceux qui roulent tranquillement dans la rue à la recherche de filles qui vont leur servir à prouver leur virilité, leur pouvoir de séduction. Ces hommes refusent d'admettre qu'il s'agit d'un acte lourd de conséquences et qu'au fond d'eux-mêmes ils en sont conscients.

Pour l'instant, tout va bien. Je me demande ce que la doyenne de Langara me dira demain; ils sont censés avoir pris une décision en ce qui me concerne. Va-t-on placer la barre trop haute, là où je ne peux pas sauter? Et après? Bien que la prostitution fasse maintenant partie de ma vie, bien qu'elle soit devenue en quelque sorte une habitude, je ne crois pas que je pourrais pratiquer ce métier uniquement par nécessité. Ce ne serait pas bien. Je deviendrais vieille en moins de temps qu'il n'en faut pour le dire.

14 OCTOBRE

Une des principales raisons pour lesquelles je continue à me prostituer est que le trottoir est vraiment le seul endroit où j'ai l'impression d'être quelqu'un. Jamais je n'aurais cru que j'en arriverais un jour à croire cela. Les clients ne traitent-ils pas les filles comme de la viande, la plupart du temps? Il est pourtant vrai que la rue est le seul endroit où je me sens appréciée. En dehors du trottoir, je ne suis rien. Un jeune écrivain qui tire le diable par la queue — et une prostituée. Une prostituée qui peut gagner de l'argent, satisfaire ses clients, en être récompensée. Des gens m'approuvent, enfin! Si seulement mon écriture pouvait susciter une telle approbation, mais ça n'est jamais arrivé; ça n'arrivera peut-être jamais. Ma frustration ne fait que croître, mais je puise une certaine consolation dans le fait que, même s'il est très peu probable que je réussisse comme écrivain, je suis très douée comme prostituée. Et mes succès sont là, dans le présent!

18 NOVEMBRE

D'après le docteur Hightower, je devrais avoir plus d'égards pour les sentiments des autres. «Tu as tendance à te centrer sur toi-même, ce qui à ton âge est tout à fait normal puisque tu cherches ton identité.» Mais le docteur ne croit pas pour autant que je sois égoïste. Je suis tellement occupée à essayer de me connaître moi-même que je ne prends pas le temps d'essayer de connaître les autres. Selon lui, je me suis améliorée de «trois cents pour cent», en ce sens que je ne fuis plus les situations difficiles. Je ne me suis pas encore défaite, cependant, de l'habitude de me comporter avec les gens que je rencontre comme s'ils étaient mes parents.

J'ai longuement parlé de Ed au docteur.

— Je l'imagine, dans quelques années, en train de dire à sa femme ou à sa petite amie qu'à une certaine époque il a fréquenté une vraie garce, une fille complètement dingue. Non, il ne dira jamais une chose pareille.

— Sûrement pas. Il est plus probable qu'il dise: «Il y a quelques années, j'ai connu une fille que je ne comprenais pas très bien mais que je trouvais très sympathique.»

C'est pire, et encore plus triste.

Ed garde ses distances. Je ne peux pas lui en vouloir. Sous certains rapports, je me porte très bien. Lorsque j'ai rencontré Art, ce matin, sur le campus King Edward, il m'a dit que j'avais l'air d'une étudiante. Tant mieux. L'école devient une chose positive dans mon existence; elle me permet de vivre d'une manière radicalement différente. Rien à voir avec la rue. C'est un élément stable, qui m'aide à me tenir ensemble. Je fais même mes devoirs, et pas seulement dans l'autobus.

J'avais projeté de travailler ce soir et la proposition de F. de me conduire à mon coin de rue et de garder un œil sur moi m'a stupéfaite. En somme, il jouait les maquereaux! Sans savoir dans quelle aventure je m'embarquais, j'ai accepté son offre. À vrai dire, je ne le connais pas très bien; c'est un gars avec qui je suis sortie quelques fois et qui m'a appris à conduire. Par malheur, lorsqu'il a frappé à ma porte (je venais tout juste de finir de m'habiller), Ed passait dans le couloir avec un panier à linge. S'il ne veut plus me voir, c'est son affaire — la prostitution fait partie de ma vie, un point c'est tout. Je n'ai pas l'intention de cesser de faire le trottoir simplement pour lui faire plaisir. Je lui en voudrais trop, sans compter que j'aurais l'impression de m'être fait piéger. Il m'a suppliée de lui demander de l'argent au lieu de me prostituer. Ce qu'il ne comprend pas, c'est que sur le trottoir j'ai au moins le sentiment d'être un individu à part entière; j'y suis indépendante, le pouvoir que j'exerce est tout à fait remarquable. Et j'y éprouve le sentiment d'être différente des autres, ce que je n'avais jamais connu avant de descendre dans la rue. Avant, j'avais l'impression d'être une salope. Maintenant, c'est tout à fait le contraire, les hommes m'apprécient et je me sens beaucoup plus forte. Le docteur Hightower prétend que je me prépare une vie très solitaire, mais pour l'instant je m'en tire assez bien.

F. a stationné sa voiture non loin de l'endroit où j'ai l'habitude d'amener la plupart de mes clients, c'est-à-dire un peu à l'écart de la rue Broadway. Ce fut une nuit pour le moins fructueuse. J'ai rapidement atteint le cap des cent dollars — pas surprenant quand vos deux premiers clients possèdent une Mercedes. Le deuxième client m'avait déjà ramassée quelques mois auparavant, à l'époque où je voyais encore Larry. Il me semble qu'il y a un siècle! Quand je l'ai reconnu, je me suis souvenue que l'argent que j'avais gagné avec lui avait été déposé, peu de temps après, sur une table de cuisine en échange d'une tasse de méthadone. Je me porte tellement mieux à l'heure où j'écris ces lignes! J'ai bavardé un moment avec une autre prostituée qui s'était fait emmener par un mec qui m'avait fait des propositions. Elle est plus âgée que moi. Il fut un temps où elle était accrochée au talwin et au ritalin, mais il paraît qu'elle n'en prend plus. Les filles de la rue Broadway s'étaient regroupées, leur imperméable cachant leurs vêtements de prostituée. J'en ai conclu que je pouvais moi aussi éviter de me geler les fesses en enfilant une veste que je pourrais ouvrir pour montrer ma poitrine chaque fois qu'un type se pointerait. Décidément, la soirée avait bien commencé — les hommes étaient convenables et vite satisfaits.

F. m'a offert une paire de bas en résille, que j'ai obligeamment enfilés lorsque nous sommes revenus à mon appartement. Il a commencé à m'embrasser et à me peloter les seins, ce qui m'a plongée dans la situation impossible habituelle — je ne voulais pas le repousser par un non catégorique et heurter ses sentiments. Alors, je suis restée passive tandis qu'il ôtait ma petite culotte et enfouissait son visage entre mes jambes. Il faut que j'apprenne à me tirer de ce genre de situation, et vite. Mais je déteste blesser les gens. En outre, j'espère toujours qu'ils vont s'arrêter avant d'essayer de me pénétrer. Ils ont donc de bonnes raisons de se mettre en colère et de m'accuser d'être une allumeuse.

J'aime la chaleur et le contact physique non sexuels; j'en suis arrivée à considérer mon corps comme un objet si dépourvu de sexualité et d'individualité que même lorsque quelqu'un me caresse les seins ou le vagin, cela me laisse indifférente.

23 NOVEMBRE

Tommy est resté chez moi pour y dormir et je suis allée chez Ed. Nous avons commencé à nous embrasser et à nous caresser, puis il a enfoncé ses doigts en moi, profondément. J'avais l'impression qu'il avait plus de cinq doigts à chaque main. C'était douloureux, et ça l'est devenu plus encore. Insupportable. Il ne pouvait voir mes larmes. «C'est mieux comme ça?» a-t-il demandé innocemment. D'une voix étouffée, je suis arrivée à répondre oui. C'était épouvantable; ce que j'avais vécu avec Joe sur la côte et ce que j'avais souffert à la maison se reproduisait: j'étais, comme toujours, incapable de me défendre. Et je me réfugiais une fois de plus dans les larmes silencieuses. Les cris montaient en moi et me submergeaient, mais je ne pouvais rien dire lorsque papa me frappait parce que j'étais allée à la Cour d'appel plutôt qu'à mon cours de sciences sociales, ou quand maman me faisait réviser mes leçons pendant d'interminables heures, sans interruption, comme elle l'avait toujours fait, jusqu'à ce que je connaisse tout sur le bout des doigts. Elle avait une règle pour me frapper. Ou simplement sa main et ses paroles blessantes. Quant à moi, il ne m'était jamais permis de prononcer un mot pour me défendre. C'était comme rester debout à un coin de rue et pleurer à l'intérieur de moi-même tout en disant à un client qu'il a une grosse queue, la plus grosse qui existe.

J'ai échappé à Ed et me suis précipitée dans la salle de bain. Lorsque je suis revenue, il était à moitié endormi. Cette masse de souffrance qu'était mon corps s'était colorée de différentes manières: ma poitrine était verte et orange; mes pieds et mes mains rouges et bleus. J'avais l'impression d'avoir été découpée en tranches, mais il valait mieux ne rien dire, car parler n'aurait fait qu'accentuer la douleur — c'est une chose que mon enfance m'a apprise. Les élancements dans mon estomac m'empêchaient de respirer et, alors que j'étais sur le point de m'endormir, des spasmes ont parcouru tout mon corps. Ed s'est réveillé. Il m'a prise gentiment dans ses bras, croyant que la méthadone était responsable de mon état. Un déclic a fini par se faire à l'intérieur de moi et, pendant cinq minutes, j'ai hurlé de rire comme une hystérique. Puis je suis tombée endormie.

1er DÉCEMBRE

Ed m'a avoué qu'il m'aimait. Nous étions étendus sur le lit, puis il m'a regardée et a dit: «Je t'aime.»

J'ai aussitôt appelé la romantique Evelyn à la rescousse, qui a ri et déclaré froidement: «Sans blague? Quelle surprise! Et pourquoi tu m'aimes? Comment ça se fait?»

— Je t'aime, c'est tout.

Il n'a pas bronché, du moins en apparence, mais je crois que mes paroles l'ont fait souffrir. Je m'effarouche au moindre geste, au moindre mot suggérant une idée de fusion avec un autre être. Tout cela parce qu'il y a une autre personne à l'intérieur de moi qui refuse de s'attendrir. L'autre Evelyn se tient en surface. La vraie est laide, et on ne peut l'aimer.

Ed avait touché la vraie Evelyn. Je me suis d'abord sauvée en esprit, puis après l'avoir regardé avec terreur, je lui ai tourné le dos et j'ai pris la fuite. Je n'avais pas besoin d'un mot de plus pour me sentir menacée.

Le vent soufflait avec force, poussant les piétons, les obligeant à se plier en deux pour lutter contre les rafales. Une femme m'a dépassée et a dit à l'homme qui l'accompagnait: «On aurait dû la tuer.» J'ai attrapé cette phrase pour la loger à l'intérieur de moi-même. Oui, il y a longtemps qu'on aurait dû la tuer. Ils auraient dû me liquider il y a longtemps, très longtemps.

J'avais l'impression de devenir folle. J'aurais voulu faire du stop et être emmenée très loin, là où il fait chaud, pour échapper aux fêtes de Noël. Pendant cette période, la plupart de mes amis s'en vont et je ne peux me permettre de fréquenter ceux qui restent parce que je suis trop vulnérable. Une fois de plus, ce sera la période la plus lugubre de l'année, celle où je serai seule parmi les lumières chaudes et étincelantes. J'avais envie d'être quelque part sur une plage, couchée au soleil, mince, délicate, et droguée. J'aurais voulu décolorer mes cheveux en blond et jeûner jusqu'à ce que mon corps ne soit plus qu'un paquet d'os et de muscles. J'aurais voulu avoir le regard vide. J'aurais voulu être une de ces gamines prostituées que l'on retrouve sous la terre, où un étranger les a enterrées sans cérémonie. Et changer de nom — une simple initiale ferait l'affaire. Alors tout irait bien; le reste de ma vie serait effacé.

Je suis rentrée à la maison à la fin de l'après-midi et j'ai pris deux plaquettes de LSD. La déclaration d'amour de Ed m'avait effrayée. Je ressentais le besoin de séparer ma vie de celle des autres; je voulais des rapports physiques intenses mais occasionnels. J'avais envie d'aller quelque part où il fait chaud mais j'ignorais ce que j'allais bien pouvoir y faire, ainsi livrée à moi-même. J'aurais voulu savoir qui était réellement Ed. J'aurais voulu qu'il me détruise. J'aurais voulu l'obliger à se détruire lui-même. Je voulais me venger de cet intrus qui avait osé me dire qu'il m'aimait.

J'ai laissé tomber une plaquette de LSD dans une tasse de tisane et je l'ai portée à Ed.

Il n'avait jamais pris d'acide auparavant. Il lui était arrivé un jour de fumer du hasch et de manger quelques champignons, mais son expérience de la drogue s'arrêtait là. Tandis que la plaquette fondait en tournoyant dans la tasse, je planais déjà, mais ce n'est pas à cause de cela que j'ai voulu lui faire boire cette tisane.

Ed était devenu, comme l'aurait dit le docteur Hightower, mon cobaye.

Il a bu la tisane avec confiance. Tout se bousculait en moi: l'euphorie provoquée par l'acide, une sorte d'appréhension et d'inquiétude vague; le tout ponctué de gloussements. Ed a même pêché ce qui restait de la plaquette pour la mastiquer, croyant que c'était une feuille de thé. Une partie de moi-même croyait que l'acide n'aurait aucun effet sur lui. Après un moment, il m'a regardée avec suspicion.

— J'ai un peu mal au cœur. Tu es sûre qu'il n'y avait rien dans la tisane?

— Sûre. Comment va ton mal de tête?

— C'est fini, mais maintenant j'ai mal au cœur et mes idées ne sont plus très claires. Je me sens tout drôle. Je frissonne de partout. Tu es sûre que tu n'as rien mis dans ma tasse?

— Voyons, tu sais très bien que je ne ferais pas ça!

Je lui ai fait un large sourire. Ça marchait! On était parti pour une longue soirée.

— Écoute, Evelyn, je ne serai pas en colère si tu me dis la vérité. Je ne me sens plus du tout pareil. C'est comme si j'avais pris du hasch. Je me sens faible et léger. Je serai furieux contre toi si tu continues à nier et que je découvre ensuite que tu m'as fait avaler quelque chose. Alors, il vaut mieux me le dire tout de suite, m'a dit Ed après quelques minutes.

— D'accord.

Je l'ai regardé, incapable de réprimer mes glousse-ments, à la fois provoqués par la nervosité et l'excitation.

— J'ai mis de l'acide dans ta tisane.

Il s'est d'abord montré exaspéré, puis il a dit: «Tant pis. De toute façon, il est trop tard.» Je planais; c'est lui qui était devenu faible! J'étais curieuse de voir ce qui allait sor-tir de tout ça, de découvrir des aspects cachés de sa person-nalité. La vérité allait apparaître. Il était en mon pouvoir. Ce pouvoir n'était pas aussi cruel qu'il y paraissait — je sa-vais que je serais gentille et secourable —, mais il m'appar-tenait.

Ed n'arrêtait pas de glousser nerveusement. En fait, il était content d'avoir été contraint d'accepter mon cadeau. Chose que je ne pouvais tolérer que jusqu'à un certain point: il ne fallait pas que ce soit un vrai bon trip, car cela gâcherait mon but premier. Si j'avais été vindicative, je me serais contentée de lui donner la tisane et j'aurais quitté l'appartement. Mais cela n'aurait rien donné non plus.

Tandis que Ed était entièrement livré à ses glousse-ments irrépressibles, j'avais atteint le sommet et était deve-nue pensive. Nous étions étendus sur le lit et il me caressait avec une sorte d'émerveillement — mon corps lui semblait sans doute plus chaud et plus doux que d'habitude. Par contre, ses doigts me paraissaient froids. Je me suis réfu-giée dans ma coquille. Il m'a annoncé qu'il se sentait très excité, ce à quoi je ne m'attendais pas du tout. J'avais en-tendu des rapports contradictoires de types qui avaient fait l'amour en plein trip de LSD — d'après certains, c'était cauchemardesque; la peau de leur partenaire ressemblait à de la chair de poule et les rendaient malades de dégoût, tandis que pour les autres, l'expérience avait été étonnante, merveilleuse. Étant donné que c'était moi qui avait mis l'acide dans la tasse de Ed, je ne savais pas comment répondre à son désir — j'avais peur que ma peau le révulse et qu'il découvre ainsi qui j'étais réellement, apercevant ma laideur sous la surface. J'ai fait non de la tête quand il m'a demandé d'ôter mon chandail, lui déclarant que le moment était mal choisi.

Ed s'est obstiné et a fini par enlever mes vêtements. Ses caresses et ses baisers étaient glacés. En dépit de mes protestations, il se penchait sur moi d'un air menaçant, voulant me violer — plus tard, il m'a avoué, tout confus, qu'il avait pris plaisir à ce sentiment de dominer une femme, à cette sensation d'être l'agresseur. Il a essayé d'aller jusqu'au bout, mais n'a pas pu. Je ne cessais de lui répéter que je ne voulais pas faire l'amour, mais il s'est obstiné et a fini par me pénétrer. J'ai détourné la tête pour pleurer; il m'a proposé de le branler, ce qui le consolerait de ne pas arriver à jouir. Cela ressemblait beaucoup trop aux propositions des types dans la rue. Vingt dollars pour une branlette.

J'aurais pu l'arrêter de force au lieu de le repousser. J'aurais pu le mordre, le griffer, le bourrer de coups et fuir à travers l'appartement, mais il serait peut-être devenu violent. Je ne voulais pas qu'il vive ensuite avec ce souvenir, qui m'aurait été également pénible. Mais outre cette peur — sa perte de contrôle sur lui-même était assez grande pour qu'il devienne brutal —, j'étais curieuse de voir jusqu'où il irait. Je voulais me faire une opinion sur sa sensibilité, découvrir quelles étaient ses valeurs et apprendre dans quelle mesure il me respectait.

Je l'ai donc soumis à ce test ultime. Ed, qui avait pourtant un sens moral et était porté à se faire du souci pour les autres, était devenu incapable de maîtriser ses pulsions. Il avait perdu tout contrôle sur lui-même. Le plaisir l'emportait sur la culpabilité. Il a continué à me baiser alors que je pleurais, le repoussais et le suppliais d'arrêter.

Alors, j'ai vu le visage pâle de Jennifer, ses yeux bleus rêveurs, et j'ai eu envie qu'elle sache ce qui m'arrivait. Elle allait sûrement me venir en aide. Mélanie me manquait, ainsi que les petites responsabilités qui m'incombaient dans sa maison; Mélanie qui m'écoutait et me connaissait bien. Je la voyais, dans sa cuisine pimpante où elle régnait en maître. Pendant un moment, le LSD et l'expérience que je faisais avec Ed m'ont amenée à m'intégrer complètement à la petite fille que j'étais avant de quitter la maison. Je voyais la petite Evelyn de douze ans assise, solitaire, sur le tabouret du piano installé près du balcon, cachée par les tentures, tandis que les gens passaient dans la rue. J'étais redevenue la petite fille. J'étais la petite Chinoise recluse que les enfants de l'école ridiculisaient, dont ils se moquaient sans pitié, la gamine que ses parents battaient dans l'espoir de lui donner une vie meilleure. J'étais assise sur le tabouret du piano, convaincue qu'aucun homme ne supporterait jamais de me toucher, et surtout pas avec tendresse. Ed avait démenti tout cela. De mon côté, j'avais prouvé, lorsque je faisais le trottoir, que les hommes pouvaient m'aimer, et m'aimer, et encore m'aimer lorsque je me déguisais d'une certaine manière, et cela aussi était un démenti. Même si, de ma part, il s'agissait d'un acte de défi. Je ne faisais cela que pour me moquer de la petite fille, que pour essayer de la réduire au silence, pour essayer désespérément de la réduire au silence à jamais. Sans voir à quel point elle était belle; sans comprendre qu'elle avait, dans sa solitude, sa laideur et son désespoir, donné naissance à un écrivain. Les drogues et la prostitution l'avaient cachée sous un voile, mais celui-ci était si transparent que, parfois, son vrai visage apparaissait et les gens pouvaient la voir. Je m'étais efforcée de mener une vie différente et violente pour prouver que la petite fille n'existait pas et n'avait jamais existé, mais elle était toujours là, car elle était la vraie Evelyn. J'ai constaté que ma vie était un mensonge.

La dernière séance avec le docteur Hightower a rendu les choses plus claires et m'a permis d'accepter ce qui était arrivé au cours de la semaine et de la nuit dernière. Pendant un long moment, il m'a été possible de ne faire qu'une seule et même personne avec la petite fille. J'ai senti sa souffrance, une souffrance aiguë, infinie. Je sais qu'il est inutile d'essayer de la tuer. Tout ce qui me reste à faire est de me souvenir des derniers mots du docteur Hightower:

«Tu peux explorer et essayer de comprendre ta propre psyché, mais tu ne peux pas détruire celle des autres. Que tu l'aies tenté une fois est moralement acceptable, mais ne recommence jamais. Cela va bien au-delà de la psychologie et de la psychiatrie. Je ne parle pas souvent de ces choses-là, mais il s'agit ici de bien et de mal. Ne fais plus jamais cela.»

7 DÉCEMBRE

Je choisirais la prostitution plutôt que l'école secondaire. Je choisirais la prostitution plutôt que de vivre avec mes parents. Le docteur Hightower dit que les souffrances que j'ai connues depuis que j'ai quitté la maison sont beaucoup moins aiguës que celles qui m'habitaient lorsque j'y vivais, et c'est vrai qu'il n'y a aucune comparaison. Je me suis souvent demandé comment cette petite fille qui était moi pouvait passer de longues heures à son bureau, près de la fenêtre, repliée sur elle-même. Pas étonnant qu'elle soit devenue introvertie et un peu bizarre. Il y a des gens qui me trouvent étrange. Je ne sais que penser de cela, si ce n'est qu'il y a en moi quelque chose qui me différencie des autres. Être différente signifie qu'il est difficile de s'intégrer, qu'on n'est pas facilement acceptée, mais c'est également un mécanisme de protection.

Il n'y a plus que des tranches de misère dans ma vie à présent, alors que chez mes parents la vie était une misère compacte et sans fond qui m'engloutissait tout entière, tandis que j'étais enfermée dans ma chambre et regardais par la fenêtre. Il m'a semblé en reconnaître une tranche hier soir, alors que j'étais assise dans un restaurant, avec mes bas en résille, à manger des cuisses de grenouille en compagnie d'un type obèse ressemblant à un énorme ballon de plage. J'ai frémi quand il a commandé un autre verre, un après tant d'autres. La tranche de misère m'est apparue soudainement, comme un éclair: J'étais avec R., un de mes réguliers; j'avais la tête embrouillée, les yeux douloureux et j'essayais de retrouver mes esprits. Les deux choses qu'il attendait de moi n'étaient pas si terribles: un *blow job* dans son lit d'eau et, plus tard, un autre devant un film porno rempli de halètements. C'était facile. S'il y a une chose qui ne demande pas beaucoup de matière grise, une chose qui n'exige aucune intelligence, c'est bien ça (bien que je puisse me vanter d'avoir évité plusieurs fois des coups parce que je comprenais la psychologie des hommes et savais comment leur parler). Non, ce n'était pas si terrible. Ces deux gestes étaient comparables à des tâches ménagères, comme faire la vaisselle ou balayer les tapis. C'était même plus simple encore.

La misère se trouve dans les fausses manifestations d'affection, dans l'énergie et le temps perdus. La misère se pointe quand on fait semblant. Hier, j'ai passé sept heures avec R. La misère consistait à l'étreindre, à lui caresser les bras, à l'embrasser avec une passion experte, à l'appeler «chéri». La misère était de m'exhiber dans ce restaurant avec cet homme — pour quelle autre raison une jeune Orientale se serait-elle trouvée là avec un homme dans la cinquantaine, obèse et soufflant comme un asthmatique? Bon Dieu, c'est tellement évident, tellement drôle, une fois la gueule de bois passée, une fois que mes vêtements puant l'eau de cologne bon marché ont été entassés dans le panier à linge! Tordant, bien qu'un peu triste et saugrenu. La pluie, la grisaille de l'hiver me donnent toujours cette sensation d'être perdue, ces sentiments de solitude et de mélancolie. J'aspire à autre chose. Comme si une voix m'appelait, portée par le vent. Tandis que j'étais dans ce restaurant, je pensais, avec un sourire intérieur, combien il aurait été magique d'avoir à mes côtés, à la place de R., un éditeur. Mais en suis-je vraiment sûre?

Ce qui est drôle, c'est de voir à quel point l'argent accumulé en faisant le trottoir signifie peu et ne sert pas à grand-chose. Il aide, bien sûr. Il aide à rendre la vie plus agréable et, rien que pour cela, il n'y a rien de tel que les *blow jobs*. C'est tout ce qui les entoure qui est difficile, tout ce que l'on accomplit parfois avec un sentiment de désespoir, essayant d'être légère et pleine de vie dans cette sordide noirceur. Oui. La vérité est brutale, à savoir que l'argent gagné en se prostituant n'a pas d'importance. Quinze dollars pour un poème publié me donneraient la sensation d'être riche et transformeraient les jours gris en été verdoyant inondé de lumière. C'est cet argent-là que je gagne avec amour. Et c'est là que je me sens entière, gué rie, et belle.

Je vis dans mon propre univers de perceptions. C'est un monde complexe, qui me soumet à de constantes stimulations et dans lequel un tas de pensées se bousculent. Je suis confondue à l'idée que chaque être humain est entouré de son propre monde. Essayer de comprendre ne fut-ce que l'un de ces mondes exige que l'on y consacre toute son existence.

C'est ce que fait le docteur Hightower pour gagner sa vie.

Je suis comme ces poupées russes en bois peint, coupées en deux, qu'on peut ouvrir et dans lesquelles on trouve une autre poupée plus petite possédant exactement la même forme et les mêmes traits. On continue à ouvrir chaque poupée les unes après les autres, jusqu'à ce qu'on trouve le cœur, la femme en bois plein, aux traits flous. Je suis toujours surprise quand j'en arrive là. Et désappointée qu'il n'y en ait pas d'autres; je voudrais qu'elles se renouvellent sans cesse jusqu'à ce que la dernière soit si minuscule qu'on puisse à peine la voir.

Le docteur Hightower croit que j'ai au moins deux personnalités: la mienne et celle de la petite fille. Je suis son fantasme. J'ai travaillé longtemps à cette création, pendant de longues heures au lit, devant le piano et devant mon bureau près de la fenêtre de ma chambre. Mais je ne suis pas achevée. Je ne suis jamais tout à fait une autre personne, et c'est une source constante de frustrations. La volonté de devenir quelqu'un d'autre, de devenir parfaite, me permet de continuer, me stimule. Mais j'ai constamment besoin d'être en contact avec la petite fille en partageant sa douleur. Cette douleur provoquée par l'oppression et la perte de mon intimité, c'est dans la rue que je la trouve. Oui, il y a des choses pires que de faire un *blow job* à un inconnu, et ces choses je les ai vécues pendant quatorze ans à la maison. Il faut que je reste en contact avec cette petite fille et ses souffrances afin de ne pas perdre ma capacité d'écrire, cette capacité qu'elle a développée et défendue si férocement, cette capacité que ses parents ont niée, qui rendait son père rouge de colère et le faisait se saisir de la règle la plus proche afin de lui taper sur les mains quand elle était assise au piano. Frappant jusqu'à ce que les larmes brouillent la vue de la petite fille, l'empêchant de distinguer les touches, la lampe et la partition étalée devant elle...

Le docteur Hightower m'a fait observer que j'actualisais le fantasme de la petite fille en faisant le trottoir, car c'était l'idée qu'elle se faisait de la liberté. C'est vrai. Je ne peux pas m'empêcher de vivre ce fantasme, même si c'est dangereux. Et le docteur ne peut pas se disputer avec un fantasme. Je crois que je suis laide sous les vêtements voyants et le maquillage et je ne peux accepter, bien que j'essaie de toutes mes forces, ce que le docteur Hightower croit si fermement: que même avec ces vêtements je suis belle. Comment peut-il penser cela? Il ne m'a jamais vue. Il fallait que je me cache. J'étais sans défense. J'ai toujours pensé que si j'étais assez belle ou même suffisamment désirable pour être une prostituée — prouvant ainsi mon infériorité et ma supériorité sur mes camarades d'école en osant faire ce qu'aucune d'elles n'aurait jamais osé faire et en me mettant dès lors hors d'atteinte — alors je leur ferais regretter tout ce qu'elles m'avaient fait souffrir. C'est comme cela que je me vengerais de leur conduite à mon égard. Pas en devenant écrivain, car elles pourraient se moquer de cela comme elles se moquaient de mes vêtements et de mon intelligence, mais en me prostituant. Être une prostituée démontrerait mon impudence; mon pouvoir leur ferait peur.

Elles envieraient mon fric et l'adoration des hommes. Je serais quelqu'un à qui elles n'oseraient plus jamais répliquer.

La semaine dernière, une de mes camarades de classe m'a vue sur le trottoir. Incapable de cacher sa surprise et sa curiosité.

— Evelyn, c'est toi?

Je faisais du stop. Je n'ai même pas bronché en la voyant.

— Salut, Jackie. Ça va?

— Tu es retournée à l'école?

— Ouais, à King Ed. Je prends des cours de réajustement.

— Tu es dans la même année que moi, n'est-ce pas?

— Non. C'est une sorte de programme de rattrapage.

Je n'ai pas pris la peine de lui expliquer. J'avais peur que mon armure se brise et qu'elle me voie telle que j'étais.

Maintenant, je veux m'intégrer. Mais je n'ose pas encore croire que la petite fille possédait quelque chose de joli. Je n'ai aucune idée de ce à quoi ressemblait son corps. Peut-être était-ce la souffrance et le besoin désespéré d'appartenance? Peut-être le fait d'entendre sa mère lui décrire son corps comme une chose honteuse et laide lui avait donné la certitude que personne ne pourrait jamais la toucher sans réprimer un sentiment de répulsion?

Peut-être.

Jackie m'a regardée.

— Je suppose que tu n'as plus les mêmes notes qu'avant?

Tu te souviens, disaient ses yeux. Je sais qui tu étais, je suis allée à l'école avec la petite fille.

— Non.

J'ai évité son regard. Elle est partie. Je triomphais. Mon masque ne s'était pas fendu. Si elle était toujours aussi immature qu'elle l'était deux ans plus tôt — je sais que ce n'est pas juste, mais j'ai tendance à voir mes camarades d'école telles qu'elles étaient lorsque je les ai quittées —, elle irait tout raconter à l'école le lendemain, chuchotant aux autres: «Devine qui j'ai vue hier soir? Tu te souviens d'Evelyn? Ouais, EVELYN! Devine comment elle était habillée? Devine ce qu'elle faisait?» Et je triomphais en me disant que c'était exactement ce qu'elle allait faire.

Sur le trottoir, tout est à la fois drôle et triste.

Mais maintenant je suis pensive, tandis que j'essaie d'apaiser ma peur d'aller travailler. Je veux voir et sentir cette petite fille dont l'existence me paraît de plus en plus réelle, cette petite fille qui grandit à l'intérieur de moi, se débarrassant de sa laideur tandis que le docteur Hightower et moi tentons de découvrir qui elle est réellement. Je ne la comprends pas tout à fait, c'est pourquoi je ne peux pas encore la définir. Mais je la sens. Elle est là, elle est en train de naître et, avec confusion et une sorte de déni, je m'aperçois qu'elle n'est pas laide du tout.

9 DÉCEMBRE

Cinq heures du matin. Je n'ai pas dormi de la nuit. Une pluie noire tombe avec un bruit de vague, comme si le monde entier était un océan. La fenêtre est ouverte et laisse entrer la brise matinale. Je suis assise, la fumée de ma cigarette s'élevant en volutes au-dessus de moi. J'essaie de m'intégrer. Quel joli mot sans signification! Je revois les poupées russes, littéralement remplies d'elles-mêmes.

Il y a quelques heures, j'étais au boulot, sans crainte d'aucune sorte. Il n'y a pas de raison d'avoir peur dans la rue; c'est là qu'est ma maison. Pour une raison qui m'échappe, c'est là où je suis le plus en possession de moi-même. Ailleurs, je ne suis pas encore sûre de moi; j'ai peur que mon masque tombe en pièces, je me demande s'il y a beaucoup de gens qui voient à travers. J'ai honte. Dehors, dans la rue, je n'ai pas honte. On peut parler à des inconnus et se comporter comme on le veut avec eux; ils sont les seuls avec lesquels on peut avoir ces familiarités. Dehors, je suis absolument invisible.

Un tas de voitures de police montaient et descendaient la rue Broadway. Le docteur Hightower est certain que les flics me connaissent, qu'ils ont au moins mon signalement. Je lui ai répondu que ce n'était certainement pas le cas, car je ne me conduis pas de manière ostentatoire. Le docteur Hightower dit que les policiers recommencent à embarquer des filles.

Je me suis contentée de deux clients. Le deuxième était un adepte de la drogue, et nous avons pris un peu de cocaïne ensemble. Le petit tas de poudre blanche étalé, puis divisé en lignes minces... C'est peut-être pour ça que je n'arrive pas à m'endormir. Mais c'est très bien comme ça; je savais, lorsque l'effet a été passé et que j'ai aspiré à une autre dose, que je n'en recevrais pas. Après m'avoir fait planer, la drogue m'a plongée dans une sorte de paranoïa, puis dans une déprime déplaisante bien qu'heureusement supportable. La cocaïne qui a rempli mes narines avant de couler dans ma gorge était amère. L'homme était couché à l'arrière de sa camionnette et voulait que je prenne le contrôle, content de s'abandonner tout entier à mes mains et à ma bouche. Si j'avais été prudente, je n'aurais pas accepté de grimper dans une camionnette noire comme de l'encre avec un drogué dingue. Mais je ne m'en fais pas trop. Je ne sais pas ce qui me permet de m'en tirer à chaque fois; c'est peut-être parce que je me fous de tout.

Quelques hommes m'ont sollicitée au moment où je m'apprêtais à quitter la rue Broadway, mais je les ai envoyés promener. Quelques-uns de mes vieux clients rôdaient aux alentours. Je les vois encore tourner le coin des rues Broadway et Commercial, comme si cet endroit était un aimant. Un aimant les attirant irrésistiblement. Il y a des gens que je n'ai pas envie de voir. C'est peut-être parce qu'il y a du danger en perspective. Pourtant, quelques bleus ne me font pas peur; jusqu'ici, j'ai été particulièrement chanceuse.

Tout va bien. L'expérience avec Ed est terminée. Nous ne nous aimions pas, mais il a représenté une certaine sécurité. Il a été le «petit ami» dont le nom m'a permis de dissuader certains clients d'aller trop loin. Il a été le voisin prêt à me défendre contre des dangers éventuels avec une force inexistante mais jamais mise en doute. Ce serait bon de conserver cela, mais plus rien ne marche entre nous. Je laisse beaucoup trop de moi-même sur mon coin de rue, il ne reste pas grand-chose pour lui. On a baisé il y a quelques heures. J'ai fait l'amour mécaniquement; c'était si dépourvu de romantisme que c'en était ridicule. Mais je voulais que ce soit ainsi; je voulais qu'il ait une érection et qu'il mette son pénis à l'intérieur de moi. Un pénis, pas celui de Ed ni celui de quelqu'un en particulier. Tout s'est bien passé. Nous nous sommes confirmé, sans échanger un mot, que nous ne ressentions plus rien l'un pour l'autre. J'ai pris le contrôle sur notre relation, mais ça ne me donne rien. Chacun de nous a tiré une leçon de cette expérience, mais ça s'arrête là. Ed préfère se masturber que de baiser avec quelqu'un qui n'en a pas envie et qui reste inerte. C'est parfait, mais cela démontre bien qu'il n'y a plus rien entre nous. Nous avons si peu en commun. J'espère que nous continuerons à avoir de minuscules attentions l'un pour l'autre, puisque c'est tout ce que nous pouvons faire, et que nous essaierons de ne pas nous blesser mutuellement.

La putain invraisemblable! J'ai pleuré sur le palmarès de la classe de huitième. Presque tous les élèves qui ont écrit sur le mien disent que je suis trop intelligente ou me remercient — une gifle en plein visage, un dernier sarcasme — de leur avoir «donné des réponses». D'autres me disent de garder le sourire, ce sourire torturé et grimaçant. J'ai regardé leur visage jeune et propre. C'est beaucoup moins eux que je critique que ce que j'étais à cette époque, et que je suis toujours sous ma carapace. C'est là que gît l'horrible vérité. C'est plutôt douloureux. J'aurais voulu qu'ils me voient défoncée, draguant des types dans la rue. J'aurais voulu qu'ils me voient me débrouiller toute seule. Il y a longtemps que je désire que tous ceux qui font partie de mon passé me considèrent comme une ratée, une stupide ratée.

Mais à quoi bon? Au lieu de cela, je me sens flouée, j'envie la frivolité qui était la leur, les groupes qu'ils formaient. J'aurais voulu en faire partie aussi désespérément que n'importe qui d'autre. Maintenant, je suis trop loin de tout cela, et je ressens une sorte de souffrance lorsque je me dis que je n'ai jamais eu une vraie enfance, une vraie adolescence. Même si je me demande pourquoi, je ne peux blâmer mes parents qui ne savaient pas ou ne comprenaient pas. Peut-être est-ce moi qui est à blâmer? Moi, la personne qu'ils ont créée.

Je pourrais me remettre au lit. Mais c'est le matin. J'aimerais savoir ce qui va arriver.

10 DÉCEMBRE

Dans quelques jours, Ed partira pour aller passer deux semaines avec sa famille. C'est souvent aux alentours de

Noël que je m'aperçois que je n'ai jamais pris la peine d'essayer de bien connaître mes amis. Peut-on dire que je connaisse vraiment quelqu'un? Que j'aie la moindre petite idée de ce qui se passe dans l'univers des autres? Sur le plan émotionnel, ma relation avec Ed a été à sens unique; il en sait beaucoup plus sur ma vie intérieure et intime que j'en sais sur la sienne. Il ne parle pas volontiers de lui, ni de ses émotions, ni de ses sentiments.

Lors de l'une de nos dernières séances, le docteur Hightower m'a regardée avec perspicacité et, avec gentillesse, a déclaré: «Tu devrais cesser d'avoir peur de paraître idiote.» C'est vrai, j'ai aussi peur de cela que je suis effrayée par le sexe. Mes premières expériences avec Joe ont été douloureuses. Pendant très longtemps, j'ai été terrifiée à l'idée d'avoir des rapports sexuels, mais quand cela m'est arrivé, j'avais pris de la drogue. C'est curieux, mais finalement je n'ai éprouvé aucune douleur; en fait, je ne savais même pas ce qui m'arrivait. Je ne me rappelle même pas avec qui j'étais.

Je veux sauver cette fille qui a été piégée dans sa relation avec Larry. Je suis furieuse de ce que cet adulte qui aurait dû être un individu responsable m'a fait. Beaucoup moins avec les drogues qu'en me manipulant.

Ce que je peux trouver de plus comparable à la souffrance ressentie lorsque j'étais chez mes parents est ma vie de prostituée. Tandis que le travail d'intégration se fait, que mes différents visages se superposent pour n'en faire qu'un, certaines choses m'arrivent. Aujourd'hui, par exemple, j'ai vu très clairement que, depuis que j'ai quitté la maison, j'ai peur et je me suis mis en tête qu'on m'obligerait à y retourner. Ce n'est pas la peine de me dire que personne ne peut me forcer à y retourner, de me dire que si je décidais d'y retourner moi-même — à la suite d'une aberration mentale —, j'agirais différemment. Pour une raison que j'ignore, cette peur d'être de nouveau opprimée a toujours plané au-dessus de moi. Elle ne s'est jamais dissipée. La prostitution est une réaction à cette peur — bien qu'il fasse maintenant beaucoup trop froid pour rester dehors et que je m'en tienne à quelques clients triés sur le volet. Je n'en ai encore ramené aucun à mon appartement. Celui-ci est sacré, même si cela signifie que je ne me ferai pas un seul client de tout l'hiver.

Il était inévitable que je consacre une partie de l'argent gagné dans la rue pour acheter de la drogue, bien que je n'en sois plus dépendante. Je n'en suis plus l'esclave. Je comprends à présent la dépendance et l'esclavage, et je ne laisserai pas les hommes qui vivent de la rue prendre tout mon être. Ils n'arriveront jamais à me faire travailler pour eux. Je vis selon mes propres lois.

Il y a deux choses qui me semblent normales dans mon monde: accorder des faveurs sexuelles contre de l'argent, et l'accessibilité à la drogue. Je me sens moins inquiète que jamais dans mon travail; étant donné ma faculté à voir les hommes tels qu'ils sont et mon habileté à éviter les risques, il était normal que je devienne trop confiante.

Le fait que je puisse vivre de manière aussi efficace avec la prostitution et les drogues, alors qu'il m'est impossible de sortir avec un ami sans ressentir une grande angoisse, a toujours été pour moi le comble de l'ironie. Comment puis-je croire que la prostitution est méprisable lorsque les compliments pleuvent de toute part, que les hommes ne cessent de m'appeler? Comment le puis-je, alors que la petite fille se demandait souvent si un homme arriverait au moins à se masturber en pensant à elle? Elle ne savait pas à quoi ressemblait un pénis à cette époque, ni comment l'homme s'y prendrait, mais cela importait peu.

Elle n'aurait jamais cru que quelques années après, des hommes paieraient pour la toucher. Aujourd'hui, elle déteste ça, mais elle sait aussi que le plaisir n'est pas gratuit, qu'on ne peut pas triompher sans perdre quelques plumes.

Je sens que je progresse rapidement. De nouvelles émotions viennent au jour; tout bouge à l'intérieur de moi. Je me sens relativement en sécurité et je refuse que ce sentiment soit altéré ou menacé de quelque manière que ce soit.

11 DÉCEMBRE

Je n'ai plus besoin de valium pour travailler. On dirait que je peux adopter la personnalité de la prostituée aux talons claquant sur les trottoirs sombres et glacés sans avoir pris un comprimé au préalable, comme si un changement automatique d'état d'esprit se faisait au moment où j'arrive dans la rue. Mais n'importe qui pourrait ressembler à une prostituée à condition de porter les vêtements adéquats et d'étaler suffisamment de maquillage sur son visage. Ce qui démontre à quel point les hommes peuvent parfois se gourer.

La prostitution deviendra-t-elle pour moi un mode de vie? Mes clients continuent de me dire que je ne suis pas cynique, que trouver quelqu'un comme moi dans la rue, c'est comme trouver une pierre précieuse. Je ne sais pas si je dois considérer cela comme un compliment. De toute façon, c'est sans importance, mais cela me donne un sentiment de sécurité.

Il fait trop froid pour faire le trottoir. Cet après-midi, j'ai commencé par voir un client régulier. Je ne garde pas beaucoup de réguliers parce qu'après un certain temps, ils exigent plus de moi; un *blow job* ou me presser les seins ne les satisfait plus, de même que me lécher et enfoncer leurs doigts dans mon vagin jusqu'à ce que cela me fasse mal. Ils veulent leurs entrées dans mon appartement et coucher avec moi. Bien que l'on puisse me trouver insouciante, je suis, sur les plans émotionnel et psychologique, prudente avec les hommes. Mais cela ne dure pas toujours, certains d'entre eux sont intelligents et manipulateurs. C'est de ceux-là qu'il faut avoir peur, pas de ceux qui ont l'air étrange ou qui sont forts comme des taureaux.

Je suis heureuse. Je travaille beaucoup, mais chaque fois que ma mâchoire me fait mal ou que mes bras s'engourdissent, chaque fois qu'un homme prend une éternité avant de jouir, je me répète que cela vaut mieux que de passer l'aspirateur dans l'appartement de mes parents — une de mes occupations pendant les jours de congé; le soir, j'étais confinée dans ma chambre pour étudier.

Une plus grande partie de moi commence à prendre ses distances. Embrasser ne me dérange pas, mais c'est encore une corvée lorsque ça ne suscite pas d'autres émotions, d'autres désirs. Les *blow jobs* sont strictement un travail, un échange d'argent contre un service quelque peu ridicule. Ça fait longtemps que mes seins ne m'appartiennent plus — les hommes les touchent, les malaxent, les serrent entre leurs mains. Ils ne font plus partie de moi. Ma poitrine s'est aplatie; elle est devenue asexuée. La prochaine chose qui va se détacher de moi sera mon vagin, dont s'emparent leurs doigts fouineurs. Mais peut-être n'a-t-il jamais été mien, peut-être était-il celui de ma mère? Le docteur Hightower et moi nous demandons si, lorsque je suis sur le trottoir, je ne souhaite pas inconsciemment que ce soit le corps de ma mère que les clients souillent.

Et puis il y a les triomphes. Alors que je faisais du stop pour rentrer chez moi, un jeune gars m'a ramassée. Il avait belle allure au volant de sa petite voiture dernier cri. Ce sont les beaux mecs qui me font peur parce qu'ils menacent l'identité de la petite fille laide. Ils sont inattendus, aussi; je suis toujours étonnée quand ils me font des propositions. Je ne me sens pas très en sécurité avec eux sur le plan émotionnel. Je savais que si ce type avait été à l'école avec moi, il aurait été de ceux qui me ridiculisaient, et cela me donnait un sentiment de pouvoir aussi bien que d'effroi. Ce sentiment a ébranlé mon identité, a porté atteinte à la connaissance que j'ai de mon être véritable.

14 DÉCEMBRE

L'envie de cocaïne est si immédiate, si intense! Je peux facilement m'imaginer quelqu'un possédant un grand sac de cocaïne et ne faisant rien d'autre dans la vie que de rester assis à la sniffer. Cela ne demande aucune intelligence; lorsque la poudre blanche entre dans mon nez, je désespère avec bonheur, je me sens éthérée. J'ai dit à Ed la nuit dernière que s'il me surprenait de nouveau avec de la cocaïne, il fallait qu'il s'en empare et la jette dans les toilettes. Malheureusement, il part mercredi matin.

Je crois que je vais abandonner le trottoir. Il a neigé la nuit dernière. Aujourd'hui, j'ai passé la première partie de mon examen de biologie à King Ed. J'ai probablement échoué.

15 DÉCEMBRE

Dans quelques heures, je verrai le docteur Hightower. Où en est mon intégration? Est-ce la peur de rejoindre la petite fille qui m'incite à prendre de la coke? Je n'arrive pas à mettre deux idées l'une derrière l'autre; mon nez n'arrête pas de couler, il me fait mal quand je respire. Je suis allée chez un de mes amis hier soir. Je n'avais pas beaucoup d'argent, mais il m'a filé ce qui me manquait et on a réussi à déposer deux petits tas de poudre sur une assiette, puis on l'a sniffée et fumée avec un de ses copains.

Ed m'a annoncé son départ pour demain, mais ça m'a laissée indifférente. Je crois que j'ai triomphé de lui le jour où je lui ai dit de jeter la drogue dans les toilettes, le plaçant ainsi dans une position d'autorité.

Pourquoi ne puis-je m'empêcher d'analyser mes moindres gestes ? Ça ne me vaut rien. Quel enfer!

18 DÉCEMBRE

Un billet enroulé. Le poudrier gris ouvert, exposant deux miroirs — l'un enfermant son visage dans un carré, l'autre le grossissant dans un cercle. Le miroir carré est recouvert de poudre et parsemé de petites particules blanches cristallines. La lame de rasoir est à côté du poudrier; ses bords sont tachés de la même poudre blanche. Tout l'attirail est à côté de mon lit.

Les deux miroirs, le rond et le carré, invitent à la contemplation. Ni l'un ni l'autre ne renvoyant une image flatteuse, elle évite de se regarder lorsqu'elle sniffe une ligne. Elle ne regarde pas ses yeux troubles. Ni son nez rouge et irrité. Elle se contente d'espérer que sa narine gauche va continuer à supporter la poudre.

Le paquet est presque vide. Elle le terminera avant que le jour se lève. Il est quatre heures du matin — une autre nuit sans sommeil. Ça lui est égal. Elle ne sait pas pourquoi elle n'écrit pas à la première personne. Tout ce qu'elle sait, c'est qu'elle pense aussi à la troisième personne. Elle aime se dépeindre elle-même comme un personnage tragique, une jeune fille intelligente qui devient prostituée et droguée. Cette histoire dramatique lui plaît. Elle se rend compte qu'elle a toujours eu envie de faire souffrir certaines personnes, bien qu'elle arrive à peine à blesser quelqu'un dans la vie réelle.

Elle veut capituler. Elle veut se rendre, abandonner la lutte. Ses pensées s'attardent sur ses écrits, et elle se demande pourquoi ils avaient autant d'importance pour elle. L'ironie de son destin l'a frappée trop soudainement, trop concrètement. Elle a été le fantasme de beaucoup d'hommes, mais elle est incapable de manifester son plaisir ou même de montrer un quelconque intérêt pour le seul homme pour qui elle éprouve quelque chose. Elle ne peut gémir et supplier dans la vraie vie comme elle le fait docilement au téléphone, même si elle est parfois incapable d'étouffer son rire ou ses larmes. Elle y encourage les fantasmes de domination des hommes, leur sadisme. Au téléphone, elle se traîne à quatre pattes, elle fait tout ce qu'elle ne ferait jamais dans la vie réelle. Ils la croient. Ils veulent désespérément la croire. Elle est Ève, responsable du péché originel, la tentatrice, la femme à plusieurs visages. Ils ne savent pas qu'elle est très jeune, mais ça leur serait égal s'ils le savaient. Elle est, lors de ces communications téléphoniques érotiques, meilleure qu'elle l'aurait jamais cru. Elle met sa culpabilité de côté. Elle se moque secrètement de ces hommes, mais il lui arrive aussi de pleurer. Parce qu'elle voudrait que quelqu'un occupe sa pensée, que quelqu'un l'aime, mais même cela ne suffirait pas. Elle veut s'aimer elle-même suffisamment pour s'accepter.

Les magazines. Les femmes auxquelles il imaginait faire l'amour alors qu'il était en elle. La belle pin-up au fond du tiroir — les jambes largement écartées, cheveux noirs relevés, yeux verts. La femme déposée soigneusement et tendrement au fond du tiroir, bien étalée. À côté des condoms. Et lui, tendant la main pour en prendre un tandis qu'elle est couchée à ses côtés, obéissante, ignorant ce qui se passe. J'admets qu'il a gagné cette fois-là. Je pleure sur les lignes de poudre blanche. Je meurs d'envie d'avoir les yeux verts; ça me rend dingue.

Ses journées sont devenues informes. Le besoin répété qu'elle a d'une autre ligne de poudre blanche ponctue le passage du temps. Elle se demande si elle est bonne actrice. Elle se demande ce qu'elle va faire quand il reviendra. Pourtant elle sait qu'elle va s'arranger; c'est peut-être là qu'est la vraie tragédie. Les fugues font partie du passé, et elle est bien trop triste pour se suicider.

C'est bien sûr lorsqu'elle n'est plus capable de supporter ses sentiments qu'elle passe à cet autre mode de vie et de pensée. Elle ne s'aime toujours pas. Elle se demande quand ça va commencer à lui faire mal. Elle admet qu'elle a déjà ressenti des souffrances déchirantes. Elle a l'impression d'être usée. Elle sait qu'elle n'est pas la seule. Elle a trahi ses convictions; désormais, elle ne fera plus la promotion des femmes en tant qu'objets, n'encouragera plus les fantasmes sexuels violents des hommes. La meilleure chose à faire est de ne plus y penser. C'est une guerre personnelle et, bien qu'elle soit politisée, il y a des questions plus urgentes à résoudre que les problèmes politiques. Elle sait qu'il se fait du souci pour elle. Elle sait que sa peur de ne jamais être aimée l'a poussée à le placer trop haut. Elle sait qu'elle mérite mieux que cela, et cette conviction est accompagnée du désir de se ménager un peu.

Elle aimerait disparaître avant qu'il revienne. Effacer toute trace d'elle-même dans l'appartement avant que les deux semaines s'écoulent — de manière à ce qu'il le trouve vide lorsqu'il rentrera — satisferait son faible pour le mélodrame. Comme si elle n'avait jamais existé. Il ne saurait pas où la retrouver. Détresse totale. Mais ce genre de comportement n'est ni pratique ni authentique.

Elle veut être aimée. Elle veut s'aimer. Elle veut donner aux autres, elle veut faire naître de nouvelles idées et se consacrer à l'écriture. Elle veut être en bonne santé. Elle veut qu'on l'accepte.

Elle veut que meure la moitié d'elle-même. Elle n'est plus très sûre de quelle partie il s'agit; elle ignore si les parties ont été séparées avec suffisamment de soin. Elle veut que l'homme qui fait l'amour à la femme aux yeux verts pendant qu'elle est couchée à ses côtés, jambes écartées, souffre le plus longtemps possible. Mais elle se rend compte qu'elle ne se maîtrise plus très bien elle-même. Elle se demande pourquoi elle s'est fait du souci. Elle a le contrôle là où il ne faut pas. Elle se demande pourquoi il lui est arrivé de s'en foutre. Elle n'aime pas, ne comprend pas la fusion rapide qui se fait parfois en elle. Elle veut un autre corps, un autre visage... d'autres yeux. Elle a l'impression d'avoir perdu quelque chose qu'elle n'a jamais possédé, ce qui est pire que de perdre quelque chose que l'on a. N'est-ce pas idiot de croire qu'une chose qu'on ne possède pas est réelle?

Elle ne sait pas quelle partie d'elle-même elle voudrait être à présent. En conséquence, elle optera probablement pour la pire solution, qui consiste à être les deux en même temps. Elle ne croit pas qu'elle pourra supporter qu'il la touche de nouveau, mais elle se trompe elle-même, car n'importe qui peut toucher ce corps qui ne lui appartient pas vraiment. Elle était toujours là quand il le voulait. Ses seins. Son vagin. Si elle pensait qu'il lui avait donné beaucoup plus que ce qu'elle lui avait donné, elle, c'est parce qu'il lui semblait qu'il lui avait sauvé la vie, mais à présent elle sait qu'elle aurait de toute façon survécu. Elle avait survécu à tout, mais cette fois elle en était sortie vieillie, usée et légèrement dingue.

20 DÉCEMBRE

La seule chose qui caractérisait ces nuits sans sommeil et ces jours flous était la succession de lignes de poudre blanche se reflétant dans le miroir. Mes mains tremblent sur les touches de la machine à écrire. Bon Dieu, tu signifies tant pour moi, journal! Aide-moi à étudier, à écrire, à me tenir loin des drogues.

Cette dernière semaine a été comme une maladie. J'ai si peur de moi, de mes sentiments, d'être seule. La paranoïa s'intensifie. J'ai peur de mourir, de perdre le contact avec mes émotions — ces fils qui, attachés ensemble, constituent ma personnalité. L'éternité. Je comprends enfin ce que j'ai ressenti cette nuit d'août, lorsque j'ai pris ces comprimés amassés devant moi. Je voulais revenir à ces pages et en arracher cette petite fille, car je l'aime. La voir souffrir physiquement et émotionnellement me fait mal. Je me rends compte que j'ai encore besoin de me racheter, chose que je ne peux faire qu'en prenant soin de moi. Ce que je n'ai pas fait ces jours derniers. J'ai peur; je me sens toute petite. Mais être semblable à une enfant de douze ans livrée à elle-même et incapable d'affronter la réalité fait partie du travail d'intégration. C'est si fort, comme si quelque chose se déchirait à l'intérieur de moi.

Je dois absolument maintenir mon équilibre. Je suis ce petit enfant qui, dans la maison où je suis née, s'éveille après sa sieste de l'après-midi et découvre que ses parents ne sont pas là. Comme j'étais sûre d'avoir été abandonnée!

Comment aurait-elle pu supporter la terreur de la prostitution, les mauvais trips d'acide, les antidépresseurs? Il faut que je me persuade que je suis toujours la personne qui a fait ces choses, qui s'est découvert une capacité incroyable et inattendue de vivre avec les drogues et avec les hommes. Je sais comment faire le meilleur des *blow jobs*. Cesse de penser à cela, tu as trop peur des hommes. Tout va bien. Calme-toi. C'est à cause de la cocaïne. Si tu refuses d'accepter et de reconnaître cette petite fille, appelle le docteur Hightower et dis-lui: «Hé, pas si vite, je ne suis pas prête!» Il aurait dû savoir. Il aurait dû prévoir ceci et ne pas me pousser comme il l'a fait. Maintenant, il devrait s'arrêter et prendre soin de moi pendant un moment.

Oh! Seigneur! Je plane tellement que j'hallucine. Pourvu que la fusion ne se fasse pas trop vite!

HUITIÈME PARTIE

du 4 janvier au 20 janvier 1988

Je suis au bord du précipice. Je ne fais aucun progrès en écriture. Les cours à Langara commencent vendredi. Quant à mes cours de rattrapage à King Ed, ils sont dans une impasse. Je deviens folle, et mon rendez-vous avec le docteur Hightower n'aura lieu que vendredi. Je ne me souviens pas d'avoir traversé des moments aussi difficiles sur le plan émotionnel. J'ai besoin d'aide, et je me fiche pas mal de la forme qu'elle prendra.

Hier soir, j'ai cassé de la vaisselle. Il y avait des fragments de verre sur le tapis, dans l'évier et sur le comptoir. Je suis sortie et j'ai fait du stop sans raison particulière. Un type appelé Spencer m'a ramassée. Cet homme a si bien compris mes besoins que cela pourrait devenir désastreux. Il pourrait me manipuler sans aucun problème s'il le voulait. La vue que l'on a de son penthouse est époustouflante; la ville s'étend en contrebas, et les montagnes bleues ont l'air de ceinturer la terrasse. Nous sommes restés là jusqu'à deux heures de l'après-midi, puis j'ai voulu m'en aller. Il m'a calmée. Son ventre s'était transformé en coussin chaud et moelleux. Spencer avait envie de faire l'amour, mais ne voulait pas m'y pousser; notre différence d'âge lui importait peu et il se disait prêt à m'épouser. J'en étais arrivée au point où plus rien ne me touchait. Après tout, pourquoi pas? Vivre dans un penthouse et faire semblant d'y être grâce à ma plume, faire semblant d'avoir réalisé tous mes rêves... Je me hais, quel que soit le déguisement que je décide d'adopter.

Spencer a déclaré qu'il avait décidé de m'aimer et de se consacrer à cet amour parce que j'en ai besoin. J'ai accepté d'aller dîner avec lui ce soir, puis de passer la nuit dans son appartement. Je sais que mon corps ne m'appartient pas, je sais que Spencer me laissera tomber. Il m'est apparu comme un prince charmant dans sa voiture sport, ouvrant la portière pour m'inviter à pénétrer dans son conte de fées, mais dans les contes de fées, les hommes n'ont pas de pénis. Je voulais qu'il soit mon père et mon thérapeute. Je suis déçue, très déçue. Il est temps d'y aller, mais je n'ai pas envie de sortir de chez moi. Je voudrais m'en aller dans un endroit tout à fait vide, sans aucune décoration pour le réchauffer, parce que cet endroit doit ressembler à ce que je suis à l'intérieur de moi-même. Cette nuit, je vais aller dormir dans ce merveilleux penthouse et rêver que je me le suis offert avec d'innombrables heures passées devant ma machine à écrire plutôt qu'en levant le pouce pour arrêter des bagnoles. Jamais je n'aurais pensé que la prostitution deviendrait un substitut de l'écriture.

5 JANVIER

Quand, rue Broadway, j'étais debout à la nuit tombante, des hommes s'arrêtaient et disaient: «C'est toi que je veux parce que tu as la peau saine. Tu n'es pas comme les autres filles, qui ont l'air en si mauvais état. Au premier regard, on voit que tu es saine.» Moi aussi, j'ai toujours cru que j'étais immunisée contre les maladies.

Le docteur Hightower m'a dit que je vivais un dangereux fantasme. Je commence à m'en apercevoir. J'ai toujours transporté avec moi un sentiment enfantin d'invulnérabilité. Hier, dans une clinique, j'ai découvert que R. m'avait transmis des trichomonas.

Ce n'est pas tellement grave, mais c'est inattendu. Et cela ébranle et ma certitude d'être à l'abri de toute contagion et mon système consistant à croire que le fait d'être différente m'immunise. Mais ce n'est pas tout: R. m'a dit que j'étais sa petite fille, son unique petite fille, et a prétendu qu'il m'aimait. Une autre méprise, un autre exemple de confiance mal placée, alors que j'aurais dû apprendre il y a longtemps à ne plus avoir confiance. Je me sens si blessée qu'il faut que je me durcisse pour me protéger non seulement sur le plan émotionnel mais également sur le plan physique. Cette confiance a déjà été ma façon à moi de me protéger, mais c'est un bien piètre moyen.

Je suis allée chez la pharmacienne pour acheter des médicaments. Elle n'arrêtait pas de se plaindre de ce que sa fille avait été martyrisée à l'école; des élèves avaient ridiculisé son nez et sa boîte à lunch. À la cafétéria, l'équipe de football au grand complet l'avait encerclée pour se moquer d'elle. J'ai éclaté en sanglots. Je me suis soudain mise à hurler contre la cruauté des gens.

Spencer est venu me chercher. J'avais retrouvé mon calme et réussi à dissimuler ce qui me bouleversait. Ça m'a fait du bien de le voir. Il m'a demandé ce que j'attendais de notre relation, me priant de lui donner une réponse tout à fait honnête. Je l'ai regardé avec étonnement. Spencer m'a alors dit qu'il avait des amis qui donneraient cent dollars pour un *blow job*. J'ai seize ans et je suis orientale, deux atouts importants. Il a ajouté que ces types étaient sains. Selon lui, je peux me faire dix mille dollars par mois. Puis il m'a dit que j'avais eu tort de croire qu'il n'existait que mon coin de rue où je ne gagnais jamais plus de cinquante dollars en faisant des *blow jobs*.

— Pourquoi te limiterais-tu à cela? Tu pourrais au moins te faire le double. Je vais me consacrer à toi, à t'aimer et à t'aider, puisque c'est cette forme d'aide que tu recherches. C'est bien ça que tu veux, Evelyn?

Je lui ai répondu qu'en attendant de réussir en tant qu'écrivain, j'aimerais collaborer à un magazine ou à un journal. J'ai ajouté que si je ratais mon coup, je me rabattrais sur les *blow jobs*.

Spencer m'a dit qu'il connaissait les éditeurs de plusieurs journaux, et que si je voulais écrire quatre articles sur différents sujets, il s'arrangerait pour que je puisse les rencontrer. C'est alors que la vérité m'est apparue.

— Les *blows jobs* sont plus faciles, ai-je dit.

C'était la première fois que je reconnaissais cela devant quelqu'un. Alors, j'ai déclaré à Spencer que j'étais d'accord pour rencontrer ses amis. Puis j'ai ajouté que je voulais qu'il s'occupe de moi et qu'il me paie chaque fois que nous aurions des rapports sexuels. Il a accepté.

Une fois ce marché conclu, nous sommes allés dîner. Puis nous sommes retournés à son appartement et nous nous sommes mis au lit. Je me suis déshabillée en regardant les montagnes, les lumières, les voitures. On se sent supérieur lorsqu'on regarde les choses d'en haut; j'essayais de programmer mon esprit au fantasme.

Ce qui a suivi peut être considéré comme le *blow job* le plus difficile de toute ma carrière. Une demi-heure avant que cela aboutisse! Ma bouche et ma langue demandaient grâce. Spencer a fini par jouir. J'ai avalé et me suis précipitée à la salle de bain avec des haut-le-cœur.

Je suis chez moi. Spencer exerce un pouvoir sexuel sur moi. Il prétend que je possède un cerveau du tonnerre et un corps formidable. «Tu es jeune, intelligente et séduisante. Tu as tout ce qu'il faut dans ton jeu pour obtenir ce que tu désires.» Spencer m'a fait découvrir les limites que je me suis imposées, alors que je croyais en fait les avoir brisées, les avoir transcendées. Il me fait peur.

La nuit dernière, j'ai pris un taxi dans la nuit pluvieuse pour aller chez Spencer. Je pensais que j'allais pouvoir m'endormir près de lui, le valium que j'avais pris m'avait rendue somnolente. Ce n'est que plus tard que je me suis souvenue de cette nuit où j'avais été incapable de satisfaire un homme. Cela s'était passé au tout début, lorsqu'un client m'avait passé un joint qu'il m'avait regardée aspirer à grosses bouffées. Puis j'avais dû me sauver dans la nuit. Les lumières des phares trouant l'obscurité, l'herbe, la boue. Je m'étais arrêtée au bord de la falaise et j'avais regardé dans le vide. L'homme et la falaise. Au moins, j'avais l'excuse d'être une débutante luttant encore contre ses préjugés sur la prostitution. Il y a une éternité de cela. Cela me fait penser à ces écriteaux accrochés aux arrêts d'autobus dans toute la ville: «Adolescents, soyez conscients des dangers de la rue.» Je le suis.

Je suis seule avec mes frustrations et mon insuffisance. Je n'ai pas la moindre excuse. J'ai rassemblé tous les morceaux de moi-même à présent; en fait, je me suis sentie très bien après la période de transition. Mais une fois dans la chambre, la petite fille s'est pointée et a repris les commandes.

C'est difficile à raconter. Nous nous sommes mis au lit et avons commencé à nous embrasser, à nous caresser. Le valium et le manque de sommeil m'engourdissaient. Après une sorte d'absence, durant laquelle je n'ai strictement rien ressenti, la petite fille a pris ma place. Elle a investi mon corps, conquis mon esprit et mes émotions; impossible de lui résister. Je pouvais à peine supporter que Spencer me touche, parce que c'était elle qu'il touchait. Participer à cela la plongeait dans la plus intolérable des souffrances. Elle ne pouvait

415

le supporter — elle n'avait pas l'âge pour avoir des rapports sexuels, et encore moins pour se prostituer! Il m'était impossible de reprendre le contrôle de la situation, c'était sans espoir. Dieu sait que je recherchais le pouvoir, mais la petite fille ne voulait pas se laisser convaincre. Elle était si absorbée, si submergée par la douleur qu'elle ne me voyait plus. Là, sur le lit d'eau, tandis que Spencer la serrait dans ses bras, elle nageait dans un océan de souffrances.

Elle a refusé de me laisser faire l'amour. Plus tard, dans le salon, je suis redevenue moi-même, riant tandis que Spencer me mettait des menottes aux poignets. Mais il ne m'a pas payée et, quand j'y ai repensé après, j'étais furieuse contre moi. Je devrais éviter Spencer parce qu'il est tout près de tomber amoureux de moi. Et il dit que si cela devient réciproque, il faudra que je vienne vivre avec lui. Dans ce boulot, dès que les hommes pensent qu'ils sont amoureux de vous, leurs fantasmes deviennent tellement omniprésents qu'ils s'imaginent qu'on est également amoureuses d'eux, et adieu le fric. Jeté par la fenêtre. S'ils croient que vous aimez ça et que la relation est basée sur l'affection, ils ne paient plus. Spencer est intelligent et intuitif; il a déjà saisi la dichotomie entre la petite fille et l'adolescente consciente des dangers de la rue. S'il était plus jeune, si nous ne nous étions pas rencontrés de cette manière, j'aurais pu tomber amoureuse de lui. Mais dans les circonstances présentes, tout cela est épouvantable pour la petite fille, dont l'émergence est en quelque sorte un avertissement.

14 JANVIER

Je ne veux même pas écrire ce qui est arrivé la nuit dernière. Jusqu'à maintenant, la prostitution a représenté pour moi une sorte de sécurité, et voilà que tout à coup je ne peux plus faire le trottoir et ne sais plus où j'en suis. Le pouvoir sur les hommes et leurs fantasmes a été si gratifiant! Que s'est-il passé? Si c'est là ce que le docteur Hightower essaie d'accomplir, je devrais peut-être cesser de le voir. Peut-être devrais-je vivre ma vie dans ce qu'il définirait comme la solitude — un choix horrible? Mais j'y serais à l'abri. La prostitution m'a au moins apporté, pour la première fois de ma vie, la possibilité de m'identifier à un groupe. Je pourrais difficilement me qualifier d'écrivain sans provoquer les rires et les sarcasmes, tout cela parce que je n'ai que seize ans. Ainsi qu'une amie me l'a dit hier: «Tu es la marginale des marginales. Je veux dire, que vas-tu faire si même les écrivains ne t'acceptent pas?»

La solitude.

Si la petite fille pouvait être abattue, alors je pourrais retourner au trottoir. Je pourrais me pomponner sur le lit de Spencer, avec vue sur la ville. Je pourrais me baigner dans la pénombre, au-dessus des lumières miroitantes. Au-dessus de tout.

Même Spencer dit que je devrais donner à la petite fille une chance de grandir et de s'intégrer à moi, sinon elle sera toujours omniprésente: effrayée, blessée, et luttant pour prendre toute la place.

Je me sens épuisée quand je pense à la nuit dernière, lorsque je me suis déguisée pour aller au boulot. Je n'avais rien pris. J'ai fait du stop. Un gars m'a ramassée et m'a promis de me ramener à mon coin de rue, mais il s'est arrêté chez des amis et m'a laissée dans la camionnette. J'ai attendu un peu, puis je suis sortie et me suis mise à marcher à grandes enjambées sous la pluie. C'est alors que la petite fille s'est mise à émerger tout doucement. J'essayais à chaque pas de l'en empêcher, mais elle refusait de se soumettre. Sa crainte, et surtout son dégoût, l'emportait sur sa souffrance. J'avais peur qu'elle vomisse lorsqu'un pénis s'enfoncerait dans sa bouche. Entêtée, j'ai recommencé à faire du stop. Un homme s'est arrêté et a accepté de me ramener à mon coin de rue, mais il a demandé que je fume d'abord un joint avec lui. La petite fille a saisi l'occasion et, avant je puisse la faire taire, elle a dit oui. C'était une garantie qu'elle ne retournerait pas au boulot ce soir-là.

Elle préférait avoir la nausée, vomir et halluciner à cause de la marijuana plutôt que de sucer avec art la queue d'un mec.

Mais je me suis obstinée. Je suis retournée à mon coin de rue, où je suis restée deux minutes sous la pluie glacée. Je n'ai pas retouché mon maquillage, je n'ai pas roulé des hanches; je suis restée là avec le sentiment de n'être pas à ma place, gelée et immobile comme une banquise. J'étais incapable de faire quoi que ce soit, alors je me suis dirigée vers l'arrêt d'autobus.

Au retour, la petite fille ne cessait de se regarder et de se demander pourquoi elle était vêtue de manière aussi comique. Elle se trouvait hideuse. Je me trouvais hideuse.

Je ne veux pas que le docteur Hightower ou qui que ce soit d'autre me retire cette occupation, laquelle, étrangement, donne du sens à ma vie, car elle me procure une immunité et un sentiment d'appartenance. Je suis fatiguée de me battre avec cette petite fille grâce à qui je me métamorphose.

20 JANVIER

Figure du père. Une figure de père inadéquat, faible. Larry n'avait que quelques années de moins que mon père.

Il était aussi squelettique que lui. Mais j'aimais passionnément mon père lorsque j'étais enfant; je l'aimais de toutes mes forces. J'étais confiante, dépendante; il me donnait de si grandes joies. C'est ce qui s'est passé au début avec Larry. Mon ignorance des médicaments était due à mon jeune âge. Alors que ces comprimés faisaient obstacle à mon développement, je croyais que Larry me les donnait pour me rendre heureuse. Puis tout a mal tourné, mon père a perdu son emploi, s'est refermé sur lui-même, est devenu sombre, renfrogné et impénétrable. Comme j'étais une fille, il a décidé que c'était à ma mère qu'incombait le soin de m'éduquer. Confusion totale. Pareillement ressentie avec Larry lorsque celui-ci a commencé à s'éloigner, à me manipuler inconsciemment. Puis il y a eu ces efforts désespérés pour m'emparer de nouveau des joies perdues et d'un amour si solide qu'il en était tangible. Jusqu'à la déconfiture. Ma fuite, ressentie par mon père comme un coup de poignard. Tous ces symboles: mon désir de revivre ce moment, dans le parc Stanley, et de fuir Larry dans le but de le jeter dans un tel désespoir qu'il en conçoive l'envie de se poignarder. Faisant brutalement comprendre à mon père l'importance de ce qu'il m'avait donné, de ce qu'il avait partagé avec moi dans mon enfance, avant de me priver de tout cela en m'abandonnant. J'ai fini par leur faire mal à tous les deux. Il m'était difficile de blesser Larry très longtemps ou très profondément, car ses émotions étaient altérées par la drogue. Et c'était pareil avec mon père, à cause de son refus de changer et d'accepter ma nouvelle existence. Je ne pouvais pas me précipiter vers lui en criant: «Ta fille est une *prostituée*!» Il se serait complètement fermé devant ce nouveau message afin de se protéger.

Il y a bien des comparaisons à faire. Des similarités. Et voici que Spencer est entré dans ma vie. Pourquoi mes sentiments à son égard sont-ils si forts? Ce n'est pas seulement parce qu'il possède biens matériels que je commence à désirer avidement. Mais pourquoi ce désir avide? Il va à l'encontre de tout ce qui me rend heureuse, de toutes les choses auxquelles j'attache de la valeur. Ces choses-là sont plus importantes que de contempler Vancouver d'une terrasse en s'imaginant que toute la ville vous appartient, qu'elle est sous votre domination. C'est beaucoup plus que cela. Spencer, dans ses vêtements coûteux, ne personnifie-t-il pas le père idéal, avec cette conscience qu'il a de ce qui se passe dans le *moment présent* (pas dans une autre décennie ni dans une autre culture), son sens de l'humour, sa façon de jouer avec moi comme si j'étais encore petite, son intelligence, sa perspicacité, sa capacité de m'accepter telle que je suis? Mais c'est faux, il ne m'accepte pas. Et voilà que la lutte recommence, voilà que je veux de nouveau être acceptée telle que je suis par mon père, que je le veux à moi toute seule. La compétition a recommencé (je le veux tout à moi, je suis jalouse de ma mère ou de quiconque pourrait partager son amour ou prendre ma place dans son cœur); je veux être tout pour lui.

Que dire de Spencer? Spencer agite des petits morceaux d'amour devant moi, puis il les reprend. Il promet de me téléphoner et ne le fait pas. Il promet de venir chez moi, je l'attends, et il ne vient pas. Alors, quand nous nous voyons, je lui suis reconnaissante parce que, durant mes vaines attentes, j'en arrive à avoir terriblement besoin de lui, comme s'il n'existait que dans le but de me sauver, de me soustraire aux luttes et aux moments sombres de mon existence. Il n'a cessé de grandir en importance. Je lui suis reconnaissante des petites parcelles d'amour qu'il me donne. Reconnaissante de ses caresses, de ses baisers, de ses petits tapotements affectueux sur ma tête lorsque celle-ci repose sur son ventre et que j'ai besoin d'être réchauffée par la chaleur et le volume de son corps tandis que nous regardons la télévision. Je l'embrasse désespérément quand, après une longue attente, il finit par se montrer. Je suis jalouse de ses attentions dispersées, ne comprenant pas pourquoi il me place au centre de sa vie pendant un moment pour m'oublier ensuite pendant plusieurs jours. Je ne sais pas quelle place j'occupe dans sa vie, et cette incertitude suscite un besoin intense d'être rassurée. Je veux me sentir égale. Je ne me fais pas désirer comme je le devrais, donnant peu et prenant beaucoup, tendant et retirant. Toutes les ruses féminines, jusqu'à ce qu'il m'ait tout donné et soit couché à mes pieds dans une admiration aveugle et sans borne. Mes besoins émotionnels intenses me rendent incapable d'agir ainsi. C'est plutôt lui qui a ce type de comportement.

Spencer est redoutablement intelligent; j'ai découvert cela tout de suite. Sa conduite envers moi est-elle délibérée? Si elle l'est, c'est réussi, et je pourrais finir par lui donner tout ce qu'il veut dans le seul but de l'avoir à mes côtés, très près, tout entier, pour me protéger. Quels sacrifices suis-je prête à consentir pour obtenir une sécurité émotionnelle et psychologique? Ne suis-je pas prête à *tout* sacrifier?

J'aspire à l'attention sans partage de Spencer. J'en ai autant besoin que j'avais besoin de l'attention sans partage de mon père lorsque j'étais enfant, me cramponnant à son pyjama pour l'empêcher de retourner vers ma mère, baignant dans cet amour sirupeux, à l'heure du coucher, lorsqu'il avait fini de me raconter les mêmes vieilles histoires. J'avais peur d'être seule. J'avais peur de ces sentiments de vide et de désolation qui ressemblaient à la souffrance, qui me transperçaient tandis que j'étais couchée dans l'obscurité, au bord du sommeil. Ces sentiments sont toujours présents.

Larry et Spencer, les deux facettes de mon père, l'une faible, l'autre forte. C'est avec mes yeux d'enfant que je vois Spencer; je déforme, j'amplifie ses forces. Consciemment ou non, il joue un jeu dangereux avec moi. Je retrouve les sensations éprouvées lorsque j'étais couchée dans mon lit d'enfant; je revois la table de nuit, la lampe, les piles de livres, les égratignures dans le vernis foncé de la table. Je revois mon père, si grand par rapport à moi, dans son pyjama trop large, serrant les petits livres d'images dans ses mains noueuses. Je sais ce que cela signifie de mendier un peu de chaleur et de lumière parce qu'on a besoin d'être rechauffée. Je sais ce que c'est de les voir s'en aller et refermer la porte.

Épilogue

L'idée d'écrire un épilogue résumant ce qui m'est arrivé depuis que j'ai quitté la rue m'a d'abord rendue perplexe. J'étais partagée entre l'envie de faire plaisir aux lecteurs — en racontant que j'ai quitté la rue, que je ne prends plus de drogue, que la vie est merveilleuse — et de dire la vérité. Puis j'ai relu ce journal et revécu les luttes menées afin que chacune de ces pages soit honnête; tous ces moments où je sentais que je me devais cela à moi-même et à ceux qui allaient me lire. Alors, je me suis dit qu'il n'était pas question d'enjoliver cette conclusion.

Quelques-uns des problèmes qui se sont posés au cours de cette dernière année existent toujours. L'un d'entre eux concerne l'image de moi-même que j'ai créée, celle de «l'ex-prostituée devenue écrivain». Je ne sais dans quelle mesure cette image va affecter mes futurs écrits et l'être que je vais devenir.

Un autre problème est lié au fait que beaucoup de gens s'étonnent que je ne sois pas pleinement heureuse depuis qu'un certain passé est liquidé et du fait que ce livre ait vu le jour alors que j'étais encore adolescente. Me croiser gentiment les mains sur les genoux, sourire béatement et me dire que tout est parfait n'est pas dans ma nature. Mon but, en publiant ce livre, n'était pas de faire de Evelyn Lau «la gamine sauvée de la rue». Je sais que la plupart des gens trouveraient cette définition plus attachante, mais elle ne correspond pas à la réalité.

Ce journal me colle tellement à la peau que j'ai l'impression d'être née avec. Il n'y a pas de réponses définitives, mais j'espère néanmoins que sa publication empêchera quiconque de me regarder des pieds à la tête et de me demander comment je me sentais quand j'étais une prostituée. Mais je m'attends quand même à des questions de ce genre.

Il y a un an que j'ai quitté la rue. Ma vie me semble si différente de ce qu'elle était quand j'écrivais ce journal! Elle est basée sur d'autres valeurs, d'autres règles. Mais sous certains aspects, c'est toujours pareil; quel que soit l'endroit où l'on se trouve, les gens ne sont pas vraiment différents de ceux qu'on a connus. On ne devrait jamais évaluer une expérience par rapport à une autre et décider qu'elle est meilleure ou pire; par contre, il faut tirer une leçon de chaque expérience et s'efforcer d'apprendre quelque chose des personnes dont on a décidé de s'entourer. L'expérience est comme la connaissance: on ne peut l'effacer.

Ce livre m'a beaucoup coûté, beaucoup plus que ce que j'avais à donner. Étant mineure au moment de sa publication, j'ai été confrontée à plusieurs problèmes d'ordre légal avec le gouvernement. J'ai recommencé à prendre des tranquillisants. Bien que ce problème soit moins aigu qu'auparavant, je lutte encore contre les drogues.

Ces deux années de chronique semblent parfois si loin de ma vie présente que j'ai l'impression qu'il s'agit d'un roman. À d'autres moments, j'ai une conscience aiguë de ce qu'elles m'ont appris, je comprends à quel point elles m'ont façonnée. Le manuscrit de ce livre avait neuf cents pages et a été réduit d'un tiers. Le résultat final me satisfait, bien que le fait de le lire et de le relire, de le retaper, de le retravailler m'ait replongée dans mes souffrances passées. Certains jours, je ne voulais plus qu'il soit publié. J'avais

424

peur d'attirer sur moi une forme d'attention que je ne désirais pas. Mais j'ai néanmoins terminé mon travail. Et je crois à ce livre. Le reste est sans importance.

Une de mes découvertes les plus pénibles a été de me rendre compte qu'en désirant réussir en tant qu'écrivain, je cherchais également l'amour et la considération qui sont censés l'accompagner. J'ai cru longtemps que publier un livre serait comme entrer dans une nouvelle famille, celle dont je rêvais. Ce raisonnement présente une ressemblance étonnante avec ce à quoi j'aspirais lorsque j'étais dans la rue: me sentir acceptée, faire partie d'un foyer. Deux illusions.

Cette dernière année a été pleine de surprises. Mon rêve s'est réalisé, et certaines personnes m'ont apporté leur aide après le choc inévitable qui accompagne la réalisation d'un rêve; tandis que la plupart des gens ne pouvaient accepter que je ne joue plus le rôle de la victime, que je gagne ma vie uniquement avec ma plume et que je travaille d'arrache-pied. Je ne pouvais retourner en arrière, non parce que j'avais peur ou parce que ce à quoi j'avais si désespérément aspiré — publier un livre — s'était réalisé, mais parce que j'ai compris que les choses ne sont jamais telles qu'on les a imaginées.

Je ne sais de quoi l'avenir sera fait. On s'attend probablement à ce que j'écrive d'autres livres, mais d'autres possibilités s'offrent à moi. L'année dernière, j'ai terminé un cours de scénarisation et publié prose et poésie. Je voudrais faire d'autres incursions dans le journalisme, collaborer à des magazines ou, tout simplement, faire quelque chose qui n'a rien à voir avec l'écriture. Peut-être retournerai-je à l'université dans quelques années. Mais je refuse que l'on me pousse à faire quoi que ce soit; je sais par expérience que l'on ne peut tirer avantage de cette forme d'obéissance.

Ce livre n'a été qu'une phase de ma vie. J'espère qu'il sera profitable à ceux qui le liront. Je suis convaincue que nous sommes ce que nous étions destinés à devenir. On ne doit pas faire semblant dans le but de plaire aux autres. Il faut parfois vivre sa vie. C'est ce que j'ai l'intention de faire.

Table des matières

Ce livre est imprimé sur
du papier contenant plus
de 50% de papier recyclé
dont 5% de fibres recyclées.

Achevé   Imprimerie
d'imprimer Gagné Ltée
au Canada Louiseville